Histoire vivante de la pensée économique

Jean-Marc Daniel

Histoire vivante de la pensée économique

Des crises et des hommes

PEARSON

Pearson Education France a apporté le plus grand soin à la réalisation de ce livre afin de vous fournir une information complète et fiable. Cependant Pearson Education France n'assume de responsabilités ni pour son utilisation, ni pour les contrefaçons de brevets ou atteintes aux droits de tierces personnes qui pourraient résulter de cette utilisation.

Publié par Pearson Education France

47, bis rue des Vinaigriers

75010 Paris

Tél. : 01 72 74 90 00

Tous les noms de produits ou marques cités dans ce livre sont des marques déposées par leurs propriétaires respectifs.

Mise en pages : FAB Orléans

ISBN : 978-2-7440-7450-9

Sommaire

Introduction 1

1. La pensée économique avant la science économique
De l'Antiquité à la fin du XVIIe siècle 9
1.1. La pensée économique dans l'Antiquité 10
1.2. La pensée scolastique 16
1.3. L'ère mercantiliste : accumuler des métaux précieux 23

2. Les physiocrates et Adam Smith
XVIIIe siècle 41
2.1. Les précurseurs de la physiocratie 42
2.2. Les physiocrates 54
2.3. La physiocratie en action 61
2.4. Adam Smith et la ponocratie 70
2.5. L'opposition aux premières pensées libérales 79
2.6. Bilan et héritage des physiocrates 83

3. Les économistes classiques : Ricardo, ses disciples, ses adversaires et son héritage
1815-1848 87
3.1. La faiblesse des idées du XVIIIe siècle au sortir des guerres napoléoniennes 88
3.2. David Ricardo (1772-1823) et la formulation de la nouvelle théorie 92
3.3. La naissance de l'enseignement de l'économie autour des thèses de Ricardo 107

3.4. Les autres économistes de l'école classique 113
3.5. L'école historique allemande : la contestation « allemande-étatiste » de l'école classique 129
3.6. Bilan et héritage de l'école classique 132

4. Le socialisme ou la critique de l'école classique
XIXe siècle 139
4.1. Aux origines du mot 141
4.2. Les précurseurs 143
4.3. Le socialisme utopique 147
4.4. Karl Marx (1818-1883) ou le socialisme scientifique 155
4.5. 1848 ou le socialisme en action 164
4.6. La pensée religieuse 168
4.7. Bilan et héritage 170

5. Le marginalisme, les néoclassiques
Les années 1870 175
5.1. Les précurseurs 176
5.2. Les premiers néoclassiques 185
5.3. Aperçu sur une pensée économique religieuse : Frédéric Le Play (1806-1882) 201
5.4. La seconde école historique allemande 204
5.5. La politique économique s'adapte : crise, reprise, méprise 209

6. L'affirmation des néoclassiques
1890-1930 213
6.1. La seconde vague néoclassique anglaise 214
6.2. L'école de Lausanne après Walras : l'optimum de Pareto (1848-1923) 230
6.3. L'affirmation de l'école autrichienne 232
6.4. L'enseignement de l'économie en France : Charles Gide (1847-1932) 237
6.5. Le socialisme : la rénovation austro-marxiste 240
6.6. La pensée allemande s'installe en Suède : la naissance de l'école scandinave 245
6.7. L'économie politique aux États-Unis 248
6.8. Bilan et héritage de la seconde vague marginaliste 252

7. La révolution keynésienne
1930 – Seconde Guerre mondiale 257
7.1. L'équilibre remis en question 259
7.2. Keynes ou l'affirmation de la pensée « allemande » 270
7.3. Keynes face à ses opposants 287

7.4. Les économistes redéfinissent leur rôle : Ragnar Frisch et la Société d'économétrie 294
7.5. Bilan et héritage du keynésianisme 297

8. La synthèse selon Samuelson
1950-1979 303
8.1. Paul Samuelson (1915-2009) et la synthèse 304
8.2. Keynésiens stricts et keynésiens modérés face à la croissance 310
8.3. La politique économique face à l'inflation 324
8.4. François Perroux (1903-1987) et les pôles de développement 336
8.5. La Scandinavie s'affirme keynésienne quand l'Allemagne devient libérale 338
8.6. À l'est, du nouveau 343
8.7. Bilan et héritage du keynésianisme de deuxième génération : la politique économique des années 1950-1960 346

9. Le retour de la pensée « anglaise » : monétarisme et nouvelle macroéconomie classique
1980-2006 351
9.1. Milton Friedman (1912-2006) et le monétarisme 352
9.2. L'école de Chicago et la diffusion du monétarisme 358
9.3. La contestation de l'État au-delà du monétarisme : la courbe de Laffer 362
9.4. La nouvelle macroéconomie classique 364
9.5. Le retour des problèmes néoclassiques : la nouvelle microéconomie 369
9.6. L'école autrichienne 375
9.7. Les keynésiens font de la résistance 378
9.8. À l'est, le marxisme se meurt 385
9.9. Le monétarisme en action et les ambiguïtés américaines 386

10. État des lieux
10.1. Les interrogations sur la forme 395
10.2. Les nouveaux chantiers de réflexion sur le fond 398
10.3. L'économie, jusqu'où ? 405
10.4. Le débat sur la crédibilité de la science économique 411

Conclusion générale 415
Index 423

Introduction

Retracer l'histoire des idées économiques suppose évidemment de cerner son sujet. Cela suppose ensuite de trouver un point de départ dans le temps pour cheminer jusqu'à l'époque contemporaine.

L'économie telle que nous la pratiquons naît réellement au XVIIIe siècle. C'est à partir de là en effet que la réflexion sur la société et les relations entre les hommes intègre un objectif clair : accroître les ressources de tout un chacun.

Auparavant, le monde vit, globalement et durablement, dans une économie de pénurie, marquée par des disettes voire des famines à répétition. Chaque fois que l'humanité pense pouvoir mieux se nourrir et mieux vivre, les naissances se multiplient et, de nouveau, le manque se fait sentir. C'est au XVIIIe siècle que débute l'aventure moderne de la croissance, grâce initialement à une agriculture de plus en plus efficace, où l'augmentation de la population ne signifie plus appauvrissement systématique, mais bien plutôt augmentation de la main-d'œuvre et, *in fine*, augmentation de la production. C'est également à cette époque que le terme d'« économie politique » (*political economy*) s'impose pour désigner la réflexion sur la richesse d'un pays, sur la croissance et la répartition de ses fruits. Étymologiquement, il vient du grec et signifie « étude de la gestion [économie en grec] de l'État [politique en grec également] ».

Habituellement, on considère que le premier à avoir employé cette expression, et donc à pouvoir être qualifié d'économiste, est Antoine de Montchrestien. Paru en 1615, son *Traité d'économie politique* est un texte très politique dont le contenu se conforme à l'étymologie de cette expression. Il contient avant tout des conseils au jeune roi Louis XIII sur la meilleure façon de s'acquitter de sa tâche de souverain. Les textes qui suivent immédiatement ce traité et qui font référence à l'économie politique pourraient être qualifiés aujourd'hui de manuels de finances publiques. Ils visent le plus souvent à faire des propositions sur la gestion de l'État au sens strict du terme.

Antoine de MONTCHRESTIEN, le premier économiste ?

Antoine de Montchrestien, sieur de Vasteville, est né en Normandie en 1575. La légende voudrait qu'il ait été un lointain cousin de Corneille. Ce lien supposé pourrait expliquer son goût pour la littérature, et notamment le théâtre. Certains vont même jusqu'à lui attribuer la paternité de certaines œuvres de Molière.

Il accède au rang d'économiste avec la parution de son *Traité d'économie politique*. Défenseur du monde de la production et du commerce, il met ses idées en pratique et crée une entreprise de métallurgie qui produit des instruments de cuisine. Dans son livre, il soutient le principe mercantiliste des bienfaits d'une augmentation de la quantité de monnaie en circulation (voir chapitre 1). Cohérent jusqu'au bout, il est pourchassé par les autorités car son usine sert à masquer une activité de… faux monnayage. Il meurt dans une échauffourée près de Domfront (aujourd'hui dans le département de l'Orne), des mains du magistrat qui le poursuit, un certain Jean Turgot, ancêtre de l'économiste du XVIIIe siècle.

La « date de naissance » de la science économique est donc plutôt à chercher au XVIIIe siècle. C'est à cette époque que s'impose l'idée que la fortune de l'État ne peut s'analyser sans comprendre comment se crée la richesse totale du pays. Elle trouve son expression la plus aboutie dans une formule célèbre de François Quesnay, un des premiers à s'autodésigner sous le nom d'économiste (voir chapitre 2) :

> Pauvres paysans, pauvre royaume ; pauvre royaume, pauvre roi.

Cette formule traduit bien ce que va être la méthode de l'économiste : chercher à dépasser les apparences et analyser en profondeur la réalité sociale pour en tirer des lois de comportement et des recommandations à faire au décideur. En l'occurrence, il s'agit de dire au gouvernement qu'il ne se défera durablement de la dette publique que par la croissance, et non par l'annulation et la banqueroute. Ce qui commande à la gestion de l'État, c'est la bonne santé de l'agriculture. Un économiste du XIXe siècle, Frédéric Bastiat, dira qu'en économie, il y a « ce qui se voit et ce qui ne se voit pas ». Dans cette sentence, on doit comprendre que l'économiste est celui qui est capable de montrer ce qui ne se voit pas, tandis que bien souvent l'homme politique est celui qui se contente de réagir à ce qui se voit.

Cette mutation fondamentale, où l'économie devient réflexion complexe à partir d'une observation initiale sur la création de richesse et sur sa circulation, est née très clairement au XVIIIe siècle. Il est pourtant difficile de la dater précisément. On peut se référer à trois événements :

- l'introduction en 1767 du terme de « *political economy* » dans le monde anglo-saxon, par l'*Inquiry into the Principles of Political Economy* de James Steuart, un Écossais ayant longuement vécu en France (voir chapitre 2) ;
- la parution en 1776 du célèbre livre d'Adam Smith, *La Richesse des nations* ;
- la publication sanctificatrice de l'article « Économie politique » dans l'*Encyclopédie* de Diderot et d'Alembert, tant cet ouvrage a été considéré comme le vecteur privilégié de diffusion de la culture française du XVIIIe siècle et de la pensée des Lumières, culture et pensée qui sont grandement à l'origine des modes de raisonnement modernes dans leur ensemble. Choisir cet article, publié en novembre 1755, est néanmoins contestable car son contenu se révèle, là encore, éloigné de ce que nous considérons comme de l'économie au sens contemporain. Mais il a de nombreux partisans, son auteur n'étant autre que Jean-Jacques Rousseau.

ROUSSEAU économiste

La vie de Rousseau, qui commence le 28 juin 1712 à Genève, a été maintes fois racontée, ne serait-ce que par lui-même dans *Les Confessions*. Cette vie qu'il qualifie de lamentable est celle d'un personnage hors norme, génial et ambigu. Ses contradictions sont fameuses, comme l'abandon de ses enfants alors qu'il se fit pédagogue en rédigeant l'*Émile*, ou le réquisitoire contre le théâtre de sa *Lettre à d'Alembert* alors qu'il écrivit des pièces et des opéras. Ses brouilles multiples le sont tout autant, de Diderot à Voltaire en passant par le musicien Rameau ou le philosophe David Hume. Il a néanmoins connu des fidélités réelles, par exemple vis-à-vis de Mme de Warens, une aventurière qui lui mit le pied à l'étrier, de Sophie d'Houdetot, qui lui inspira de platoniques et éphémères élans, ou de Thérèse Levasseur, une servante illettrée qui fut sa compagne jusqu'au dernier jour.

Alors que Rousseau devait se consacrer dans l'*Encyclopédie* aux articles sur la musique, Diderot – avec qui il est en froid depuis février 1754 – lui propose de s'exprimer sur des sujets plus fondamentaux. C'est ainsi qu'il compose son article sur l'« Économie politique » : il s'agit pour lui de corriger les positions extrêmes contre le droit de propriété qu'il a défendues dans le *Discours sur l'origine de l'inégalité parmi les hommes* (1755). Ce sera peine perdue et, la brouille allant en s'amplifiant, Rousseau reprendra son texte, publié après 1758 sous le titre de *Discours sur l'économie politique*. Dans ce dernier, Rousseau part de l'interprétation ancienne de l'expression, celle la rattachant à son étymologie. À l'instar de Montchrestien, il y parle autant science politique qu'économie. Ses idées économiques ne s'y trouvent qu'en partie et on ne peut en avoir une vue complète qu'à condition de lire le *Discours sur l'origine de l'inégalité*, les *Considérations sur le gouvernement de Pologne* (parues en 1782) et son *Projet de Constitution pour la Corse* (qui ne sera publié qu'en 1861).

Certains commentateurs se font un malin plaisir à souligner les incohérences de Rousseau et, de façon plus générale, de son œuvre. Ses théories économiques sont susceptibles de subir cette critique. Ainsi, l'*Économie politique* insiste sur la légitimité de la propriété privée comme fondement de la société, quand, rappelons-le, cette même propriété est présentée dans le *Discours sur l'inégalité* comme la source des malheurs de l'humanité… Il expose quelque peu sa vision de l'avenir économique dans l'*Économie politique*, mais surtout dans ses conseils aux Corses. Il imagine une société agricole fonctionnant en autarcie qui, par son austérité, se rapproche de la pureté perdue. Rousseau se veut apologiste de l'agriculture parce qu'elle rend libre, et du monde rural parce qu'il est simple. Il se pose en détracteur du commerce et de l'industrie, parce qu'ils rendent riche et favorisent l'émergence des villes où règnent luxe et corruption. Quant à l'État, il lui assigne de promouvoir les valeurs civiques et recommande, sur un strict plan économique, de contenir ce parasite potentiel. Souvent considéré comme un précurseur du socialisme, il est résolument anti-étatiste. Un des moyens de limiter le rôle de l'État est de ne lui laisser comme ressources que celles provenant de la gestion du domaine public. D'autant que, à travers la fiscalité, « l'État, écrit Rousseau, enrichit des fainéants de la dépouille des hommes utiles ». Les seuls impôts acceptables sont ceux qui, perçus sur les riches, réduisent les inégalités.

Théoricien d'un inclassable socialisme rural aux accents moralisateurs, Rousseau s'oppose aux écoles économiques de son temps et son statut d'économiste est à la fois incontestable et usurpé…

Si l'on fait donc remonter les débuts de la science économique au milieu du XVIIIe siècle, est-ce à dire qu'il n'y avait pas de pensée économique avant ?

En fait, ce n'est pas le cas, mais les écrits économiques antérieurs souffrent en général de trois défauts :

- Ils ne sont que très rarement exclusivement économiques. Leur réflexion sur la richesse et l'augmentation de la production vient compléter des considérations plus générales sur la nature de l'État, sur la justice, sur la morale ou porte sur le rapport avec les préceptes de la religion.
- Ils sont plus normatifs qu'analytiques : les auteurs ne cherchent pas à comprendre et à déduire, mais à prescrire. Ces textes comportent des recommandations souvent très précises de ce que doit faire l'État, quand ils ne sont pas des descriptions de la société idéale, qualifiées

systématiquement d'utopies après la parution en 1516 de l'*Utopie*[1] de Thomas More.

- Enfin, leur manque de cohérence est assez patent et ces écrits restent centrés sur des aspects relativement peu importants de l'économie.

Avant le XVIIIe siècle, une pensée économique existe au sens où les problèmes de richesse et de production ne sont pas ignorés, mais il n'y a pas de science économique.

Nous allons donc consacrer un premier chapitre aux débuts de la pensée économique, quand celle-ci ne se définit pas encore comme scientifique. Puis nous examinerons, à partir des premiers économistes reconnus comme tels que furent les physiocrates, comment la pensée économique a progressé. Chaque école a cherché à résoudre un problème de son temps, avant d'être corrigée par une autre école, se structurant une ou deux générations après et cherchant à modifier l'héritage pour le rendre plus conforme aux réalités nouvelles. Ce processus selon lequel la recherche conduit à l'amélioration permanente de la théorie est celui de la physique et, très rapidement, l'économie a tâché de se rapprocher des méthodes de celle-ci.

Un des problèmes de l'économie est de garder la cohérence de la physique. Si un physicien d'aujourd'hui ne pense pas comme Newton et connaît les limites et les faiblesses des idées de ce génie, il n'en reste pas moins qu'à son époque, progressivement, tout le monde a adopté son point de vue. En économie, ce n'est pas le cas, même si les divergences entre économistes sont moins marquées que ce que pense en général l'opinion publique.

En pratique, chaque époque affiche un cadre conceptuel dominant et un cadre dans lequel s'inscrit la contestation, contestation qui conduit les tenants du cadre dominant à revoir en permanence leur théorie.

Historiquement, l'économie peut s'analyser selon trois types de pensée, décrits notamment par la philosophie allemande (Werner Sombart, Oswald Spengler), qui expliquent l'action humaine selon des éléments différents et associent ces éléments à des régulateurs précis :

- Premier modèle (« anglais ») : le déterminant est **l'intérêt**, le régulateur est **la concurrence et le marché**.

1. Le titre exact est *De optimo reipublicae statu deque nova insula Utopia*.

- Deuxième modèle (« allemand ») : le déterminant est **la raison**, le régulateur est **l'État et la planification**.
- Troisième modèle (« espagnol ») : le déterminant est **la foi**, le régulateur est **la charité et l'Église**.

Pour chaque époque, nous présenterons le modèle dominant, qui le plus souvent appartient à la logique « anglaise », la remise en cause « allemande » et, si besoin est, nous dirons un mot de la pensée religieuse.

La logique « anglaise » commencera avec les physiocrates et Adam Smith ; suivront les économistes classiques avec Ricardo et ses disciples, puis néoclassiques avec Jevons, Walras et Menger, sachant que chaque fois nous aborderons les « Allemands » qui leur font face. Puis nous verrons comment l'étatisme et l'esprit « allemand » ont un temps triomphé en Angleterre même, avec Keynes, avant de voir les thèses « anglaises » refaire surface dans le monétarisme puis dans la nouvelle macroéconomie classique.

Nous terminerons en faisant le point sur les enjeux actuels de la recherche en économie, alors même que la crise de 2008-2009 à la fois a ébranlé la confiance portée aux économistes et semble avoir suscité une demande croissante d'expertise de leur part.

Bibliographie

Livres généraux de référence d'histoire de la pensée économique :

Charles Gide et Charles Rist, *Histoire des doctrines économiques depuis les physiocrates jusqu'à nos jours*, Dalloz, 2000, 920 p., ISBN-10 : 2247041299.

Henri Denis, *Histoire de la pensée économique*, Puf, 2008, 725 p., Quadrige Manuels, ISBN-10 : 2130563174.

Joseph A. Schumpeter, *Histoire de l'analyse économique*, Gallimard, 2004, 530 p., ISBN-10 : 2070313417.

John K. Galbraith, *Économie hétérodoxe*, Seuil, 2007, 1000 p., ISBN-10 : 2020896222.

— 1 —

LA PENSÉE ÉCONOMIQUE AVANT LA SCIENCE ÉCONOMIQUE

De l'Antiquité à la fin du XVIIe siècle

Comme la pensée économique avant le XVIIIe siècle a eu une influence sur l'élaboration de la science économique, il serait dommageable de ne pas en dire un mot, même si, par exemple, Charles Rist et Charles Gide, dans leur livre remarquable sur l'histoire de la pensée économique[1], considèrent qu'un travail sur ce thème suppose de commencer avec les physiocrates, c'est-à-dire les économistes du milieu du XVIIIe siècle (voir chapitre 2). Pour notre part, nous allons évoquer successivement la pensée économique dans l'Antiquité, la pensée médiévale – et plus particulièrement scolastique – et, enfin, les idées des mercantilistes.

Si l'on ne choisit pas le XVIIIe siècle comme origine de l'économie, de nouveau se pose le problème du point de départ, le tout premier point de départ de l'économie politique.

1. C. Gide et C. Rist, *Histoire des doctrines économiques depuis les physiocrates jusqu'à nos jours*, Larose et Tenin, 1909.

1. La pensée économique dans l'Antiquité

1.1 *Hésiode*

La tradition admise aujourd'hui est de faire du poète grec Hésiode le premier auteur à avoir parlé d'économie. Né en Béotie, Hésiode vécut au VIIIe siècle av. J.-C. Au décès de son père, il se dispute la propriété familiale avec son frère, Persès. C'est Persès qui obtient de la justice de la cité où ils vivent la totalité des biens. Or, il accumule les déconvenues et s'endette lourdement. Pour l'amener à la sagesse et à une bonne gestion, Hésiode compose le poème *Les Travaux et les Jours*, ouvrage qui énonce deux vérités fortes sur le plan économique : le travail est le fondement de la vie en société et une forme d'apanage de l'humanité ; celui qui travaille a la possibilité de connaître une vie heureuse et décente. Le poème très représentatif de la littérature de l'époque et de la manière de penser et de s'exprimer des premiers auteurs grecs, contient une description de la vie de Prométhée, des considérations sur la sagesse des dieux et une formule qui revient régulièrement dans les livres des économistes jusqu'au début du XXe siècle :

> Travaille si tu veux que la famine te prenne en horreur et que l'auguste Déméter à la belle couronne, pleine d'amour envers toi, remplisse tes granges de moissons. En effet, la famine est toujours la compagne de l'homme paresseux ; les dieux et les mortels haïssent également celui qui vit dans l'oisiveté, semblable en ses désirs à ces frelons privés de dards qui, tranquilles, dévorent et consument le travail des abeilles.

Le travail de l'agriculteur comme source de richesse, de bien-être et de sagesse est une figure rhétorique mais aussi scientifique au succès durable. Ainsi, Virgile encense dans les *Géorgiques* les agriculteurs et fait du travail de la terre non seulement un élément essentiel pour nourrir l'humanité, mais encore un facteur d'équilibre dans la conduite de sa vie[2].

---

2. Citons seulement ce vers célèbre des *Géorgiques* : « *O fortunatos nimiùm sua si bona norint, agricolas !* » (Combien heureux l'homme des champs s'il pouvait vraiment mesurer son bonheur !).

1.2 *Xénophon*

Le deuxième personnage qui a vocation à passer pour le grand initiateur de l'économie est Xénophon. Vivant au IVe siècle av. J.-C., Xénophon[3] est un disciple de Socrate. Il écrit une vie de ce dernier sous forme de dialogue, comme le fera ensuite Platon (les *Mémorables*), un traité de pédagogie inspiré de l'éducation du roi perse Cyrus (*La Cyropédie*) et un livre de conseils pratiques aux responsables de la gestion d'un domaine agricole. Constitué d'un ensemble de recommandations à mettre en œuvre pour la gestion domestique – *oikou nomos* en grec (mot à mot, cette expression signifie « la loi de la maison ») –, cet ouvrage s'intitule tout naturellement *L'Économique*.

Début de *L'Économique*

J'entendis un jour Socrate parler en ces termes sur l'économie :

« Dis-moi, Critobule, donne-t-on à l'économie le nom d'art, comme à la médecine, à la métallurgie et à l'architecture ?

– Je le crois, Socrate.
– On peut déterminer l'objet de ces arts. Peut-on également déterminer celui de l'économie ?
– L'objet d'un bon économe, si je ne me trompe, est de bien gouverner sa maison.
– Et la maison d'un autre, si on l'en chargeait, est-ce qu'il ne serait pas en état de la gouverner comme la sienne ? Un architecte peut aussi bien travailler pour un autre que pour lui : il doit en être de même de l'économe.
– C'est mon avis, Socrate.
– Un homme qui, versé dans la science économique, se trouverait sans biens pourrait donc administrer la maison d'un autre, et recevoir un salaire comme en reçoit l'architecte qu'on emploie ?
– Assurément ; et même un salaire considérable, si, après s'être chargé de l'administration d'une maison, il l'améliorait par son talent à remplir ses devoirs. »

---

3. Il est l'auteur de *L'Anabase*, livre abondamment utilisé par les étudiants en grec ancien. Récit d'une expédition de mercenaires grecs dans l'Empire perse, il décrit notamment le désarroi des Grecs face à l'immensité des terres qu'ils traversent et leur enthousiasme quand ils voient enfin la mer, qu'ils saluent du célèbre cri de *Thalassa !* (la mer en grec).

Alors qu'Hésiode fait l'apologie du travail sans plus de détails, les gains de productivité reposant sur la volonté des dieux (c'est « Déméter à la belle couronne » qui garantit au paysan un niveau de récolte convenable), Xénophon donne des conseils plus pratiques et construit un raisonnement qui pourrait passer pour une analyse microéconomique de la production agricole. Il écrit notamment :

> Ce n'est point en plantant selon nos besoins que nous obtiendrons de meilleures récoltes ; c'est en examinant ce que la nature aime produire, à nourrir en son sein... même en friche, elle indique encore sa nature. Si sa végétation naturelle est belle, elle vous donnera, bien cultivée, de belles récoltes.

De façon plus structurée, des idées économiques vont émerger dans le cadre où se développe habituellement la pensée grecque antique, c'est-à-dire autour de la philosophie. On en retrouve donc trace dans l'œuvre des grands philosophes du temps. Nous retiendrons ici les deux plus illustres, Platon et Aristote.

1.3 Platon

Platon écrit à une époque où les Grecs doutent de la pertinence de leurs institutions. L'homme grec, qui doit normalement tout à la cité et doit construire sa vie pour la servir, a de plus en plus de mal à l'accepter. L'une des raisons de ce refus latent est l'existence d'inégalités sociales fortes. Dans la société antique, les inégalités sont importantes, même entre les hommes libres, et comme cette société ignore la croissance économique, tout enrichissement d'un individu se construit sur l'appauvrissement d'un autre. D'où des révoltes à répétition des pauvres, dont l'objectif est de piller, suivies souvent de l'avènement de tyrans. Ces tyrans grecs assurent la pérennité de leur dictature par la répression de la richesse. Ils imposent par la violence aux plus riches de transférer une partie de leurs ressources aux pauvres (et accessoirement à eux-mêmes...). Situation qui n'est guère favorable à la paix civile, ni à l'émergence d'une croissance économique.

Cet état de fait conduit Platon à imaginer une société idéale et apaisée, dans deux livres : la *République* et les *Lois*. Souvent présenté comme un précurseur du communisme, un communisme qualifié d'aristocratique, Platon veut introduire dans les relations économiques la logique d'attachement patriotique à la cité qui est le fondement de la vie politique grecque. De ses textes, la postérité a retenu sur le plan strictement économique deux idées-forces.

La cité idéale des 5 040 citoyens

La première est qu'une société harmonieuse suppose peu d'hommes. La cité idéale doit rassembler 5 040 citoyens, pas un de plus, pas un de moins…

> Les Grecs étaient fascinés par les propriétés plus ou moins magiques des nombres. 5 040 est mathématiquement égal à 7 (c'est-à-dire le produit de tous les nombres de 1 à 7 !). On trouve donc là un multiple du nombre particulièrement recherché qu'est 7 et, en outre, un nombre divisible par tous les nombres de 1 à 12 (à l'exception de 11), ce qui permet des configurations très diverses pour les assemblées spécialisées de citoyens.

La volonté d'une limitation de la population, qui est à la fois politique et économique – abriter beaucoup d'habitants suppose pour une cité de s'approvisionner de plus en plus loin, ce qui a un coût –, mérite d'être soulignée car elle est rare en économie, même si à la fin du XXe siècle l'écologisme militant l'a remise à l'honneur. Ces 5 040 citoyens sont agriculteurs, partagent leurs repas et vivent dans une sorte de communauté agraire austère et besogneuse, où on recherche l'élévation de l'esprit dans l'étude des mathématiques. Un monde idéal où la violence a fait place à un ennui studieux…

La circulation de la monnaie

La seconde idée est que la cité détermine tous les paramètres de l'organisation sociale et, en particulier, les conditions qui président à la circulation de la monnaie. Pour Platon, la monnaie est une *nomisma*, c'est-à-dire le fruit d'une convention sociale, d'une décision juridique (*nomos* en grec). Un objet devient monétaire parce que le pouvoir politique le veut et sa valeur est garantie par ce pouvoir. Ce faisant,

Platon initie un débat toujours d'actualité sur le lien profond entre monnaie et pouvoir politique[4].

1.4 Aristote

Aristote aborde trois problèmes :

- l'origine du prix et la valeur des objets;
- la nature de la monnaie;
- la nature profonde du prêt à intérêt.

Valeur d'usage et valeur d'échange

Il constate que la valeur d'un bien ne va pas de soi. Il identifie une **valeur d'usage** (qui correspond au service rendu) et une **valeur d'échange** (qui se forme sur le marché). C'est ainsi que l'air a une valeur d'usage très élevée (sans lui, on meurt), mais une valeur d'échange nulle. La valeur d'échange et plus précisément le prix sont au centre du problème économique. Dans quelle mesure est-il légitime que le prix, qui est la mesure concrète de la valeur d'échange, s'écarte de la valeur d'usage ? Aristote introduit une notion qui sera ensuite développée et abondamment commentée au Moyen Âge, celle de « juste prix ». Pour que le prix qui se forme sur le marché soit juste, il identifie deux conditions :

- L'acheteur doit être libre de son choix : il doit pouvoir décider de ne pas acheter s'il trouve que ce qu'on lui propose est trop cher.
- Le vendeur ne doit pas être en position de force dans la détermination du prix. Alors que la valeur d'usage d'un bien donné reste la même, un vendeur en situation de monopole peut augmenter comme il l'entend la valeur d'échange.

Aristote introduit donc la notion de **monopole** – dont le succès ne se démentira plus dans le vocabulaire économique – et associe justice et concurrence. Il développe à cette occasion une analyse sur ce qu'il faut entendre par justice, qui sera reprise et précisée par les scolastiques.

---

4. En déclarant que la monnaie est déterminée par la loi et en lui donnant l'appellation de *nomisma*, il est à l'origine du mot « numismatique », la science des médailles et des monnaies.

La nature de la monnaie

Si Aristote admet avec Platon que la valeur et le pouvoir libératoire de la monnaie reposent sur la sanctification publique, il n'en considère pas moins qu'elle rend un service indépendant de la volonté de l'État et qu'en tant que telle, elle a une existence autonome.

Concrètement, dans le troc, les deux participants à l'opération doivent avoir des besoins compatibles. Si je veux échanger un litre d'huile d'olive contre un kilo de pain, il faut que le boulanger ait envie de recevoir de l'huile. Or, rien n'est moins sûr. En revanche, dans une économie monétaire, le pouvoir d'achat universel de la monnaie la rend acceptable en toute circonstance. C'est ce service qui la rend utile et qui lui donne un rôle qui ne dépend pas directement de l'organisation politique.

Indépendamment de l'État, le monde du commerce est amené à choisir un objet matériel pour en faire de la monnaie. Aristote est l'initiateur du **principe de la monnaie matérielle**. Le débat entre Platon et Aristote sur la nature de la monnaie traverse toute l'histoire économique jusqu'à aujourd'hui.

Le prêt à intérêt

Aristote part de l'idée que l'argent ne crée pas l'argent. Celui qui emprunte le fait en général dans l'urgence pour se défaire d'engagements antérieurs pris à la légère. S'il paie dans un premier temps avec ce qu'il emprunte, il finit par se trouver dans l'impossibilité physique de rembourser. Aristote voit dans le prêt un mécanisme qui conduit inexorablement les emprunteurs à la ruine, puis à la perte de leur liberté. Il condamne donc le prêt, tout comme le feront les penseurs économiques religieux du Moyen Âge. La finance islamique continue à fonctionner sur cette condamnation et est obligée d'inventer des faux-semblants pour la contourner.

Le prêt et le transfert de propriété par l'accumulation des dettes constituent un des problèmes récurrents de l'économie antique. Chez les Hébreux, pour éviter les dégâts provoqués par les mécanismes d'endettement, on procédait tous les sept ans au réexamen des dettes et à l'annulation de la plupart d'entre elles.

Si les Grecs ont une pensée économique, certes embryonnaire, les Romains, réputés pour leur science juridique, n'en ont guère. La société romaine ne conçoit pas la croissance économique, au point que Vespasien (empereur de 69 à 79 apr. J.-C.) qui, par ailleurs, remet de l'ordre dans les finances de l'empire[5], se prive de la possibilité de tirer des ressources d'une croissance plus soutenue dans la mesure où il prend un édit interdisant le progrès technique.

La chute de l'Empire romain va mettre un terme momentané à toute forme de production intellectuelle pouvant être considérée comme économique.

2. La pensée scolastique

Il existe au Moyen Âge une pensée économique, même si elle ne s'exprime pas de façon autonome, mais dans le cadre de réflexions religieuses et philosophiques. Pensée enseignée (*scholasticus* en latin), la pensée médiévale se structure en effet autour des textes religieux. Elle prend un essor particulier après la prise de Constantinople en 1204 par les croisés. Celle-ci a deux conséquences majeures : elle permet la diffusion en Occident de la culture antique conservée par la société byzantine et consolide ainsi la diffusion des œuvres d'Aristote ; elle conduit à une introduction d'une quantité importante d'or, et donc de monnaie, suite au pillage de la prestigieuse cité. Cet apport monétaire en or vient renforcer un apport monétaire en argent dû à la mise en exploitation, à compter de 1160, de nouvelles mines en Europe centrale.

Comme le XIIIe siècle est caractérisé par une amélioration palpable des conditions de vie, les savants de l'époque sont amenés à s'interroger sur les raisons de cette amélioration, sur son lien avec l'augmentation de la quantité de monnaie en circulation et sur ce que le grand Aristote a pu dire d'éclairant sur le sujet.

Aristote occupe en effet à compter de ce moment la place centrale de toute réflexion ; les penseurs du XIIIe siècle entreprennent de le lire

5. Il est à l'origine en particulier d'une taxe sur l'urine dont l'usage était répandu comme agent nettoyant du fait de son acidité. Commentant la création de cette taxe, il déclara : « L'argent n'a pas d'odeur » (*pecunia non olet*).

puis de l'enseigner pour en faire un élément de consolidation de la foi chrétienne et de compréhension de la société. La philosophie, de plus en plus assimilée aux œuvres du grand penseur de l'Antiquité, est supposée se mettre au service de la théologie (« *philosophia ancilla theologiae* »). Parmi les textes d'Aristote que les scolastiques étudient se trouvent des passages portant sur des sujets économiques. Saint Thomas d'Aquin (1225-1274), brillant commentateur d'Aristote, s'en inspire pour formuler une doctrine économique qui reste encore, pour l'Église d'aujourd'hui, une référence incontournable.

2.1 Problématiques chrématistiques : propriété privée, juste prix et usure

Abordant ce qui pour lui est de la « chrématistique[6] » – et pas encore de l'économie –, saint Thomas d'Aquin traite trois problèmes : la propriété doit-elle être publique ou privée ? Quel doit être le niveau des prix ? Peut-on prêter à intérêt ?

La défense de la propriété privée

L'Église à l'origine a peu de doctrine économique. Le chrétien, de passage sur la terre avant d'accéder au salut éternel, est normalement peu sensible à la richesse et à son augmentation. Les Saintes Écritures ne précisent-elles pas « qu'il est plus aisé qu'un chameau passe par le chas d'une aiguille qu'il ne l'est qu'un riche accède au Royaume des cieux »[7] ?

Saint Paul, dans l'*Épître aux Thessaloniciens*, déclare :

> Si quelqu'un ne veut pas travailler, qu'il ne mange pas non plus.

La pensée économique chrétienne de référence repose donc sur deux éléments clés : la défiance vis-à-vis de la richesse ; le respect et la nécessité du travail.

De ces principes vient d'abord que le mot « chrématistique » a plutôt une dimension péjorative. Une théorie de la richesse n'est légitime que

6. Vient de *chréma* qui en grec signifie la richesse ; le mot n'a rien à voir avec le chrême, de *khrisma*, qui signifie en grec un onguent et qui est utilisé dans le vocabulaire religieux.
7. Extrait de l'Évangile selon saint Matthieu.

si elle ne devient pas une théorie de l'enrichissement et des moyens de le mener à titre personnel. Viennent ensuite des mouvements que l'on pourrait qualifier de collectivistes, que l'Église gère avec plus ou moins de bonheur, rejetant les uns comme hérétiques ou essayant de les absorber dans des ordres religieux proclamant les mérites de la pauvreté, comme les franciscains.

Saint Thomas d'Aquin, qui est dominicain, s'inscrit en faux contre ces mouvements et défend la propriété privée. Il le fait sur des bases pragmatiques. En effet, l'homme ne peut pas être considéré à proprement parler comme propriétaire d'un élément de la Nature, qui appartient à Dieu. Si Thomas choisit la propriété privée, c'est que le soin (*cura*) que l'on met à gérer un bien qui nous appartient est plus grand que celui que l'on peut consacrer au bien commun. « Ce qui appartient à tous n'appartient à personne » est une de ses formules les plus célèbres. La propriété collective incite à la négligence, à l'abandon et à la paresse.

Ce respect de la propriété privée s'étend à l'État qui ne doit pas y porter atteinte par l'impôt. Le roi, les seigneurs, l'Église ont des domaines et c'est de la gestion de ces domaines qu'ils doivent tirer leurs ressources. Si l'Église est en droit de réclamer 10 % de la production – à travers la dîme, impôt définitivement implanté en France sous Charlemagne –, ce n'est pas pour assurer son train de vie, mais pour redistribuer sous forme d'aumône ou pour entretenir des services publics comme des lieux de soin (ce que les scolastiques appellent la « justice distributive »). Cela ne signifie pas que l'État n'a aucun rôle économique. Il est le garant de la monnaie et le roi, dont l'effigie orne les pièces, est le maître de la quantité de monnaie en circulation.

Le niveau des prix

Pour ce qui est des échanges, Thomas développe une théorie devenue une référence universelle, celle du « **juste prix** ». Il s'inscrit dans les traditions philosophique grecque et juridique romaine, le mot « juste » faisant plutôt appel à un raisonnement juridique. Le Code Justinien, qui est le regroupement effectué au VIe siècle des principaux textes de droit romain, prévoit des sanctions pour celui qui dans un échange a commis le crime de *laesio enormis* (la vente à un prix manifestement excessif).

Thomas, prenant appui sur ce code et s'inspirant d'Aristote, identifie deux formes de justice :

- la **justice distributive**, dont nous venons de parler et qui est assurée par l'État et l'Église en essayant d'influer sur les revenus et en prenant en charge directement certains d'entre eux ;
- la **justice commutative**, qui provient du contact privé entre les individus et de leurs échanges (« les commutations »).

Le mérite de saint Thomas d'Aquin est de dépasser dans son analyse de la justice commutative l'aspect strictement juridique, c'est-à-dire d'aller au-delà de l'appréciation par un magistrat de ce qui est un prix correct, pour se demander si, dans l'échange, un prix s'impose de lui-même.

Le juste prix est celui pour lequel l'échange est bénéfique au vendeur et à l'acheteur (il leur donne l'impression que leur situation respective s'est améliorée). Ce prix n'est atteint que si les deux participants à l'échange sont libres et égaux, c'est-à-dire, en langage moderne, si le marché fonctionne suivant les règles de la concurrence. Dans la vie courante, le juste prix est le prix de la concurrence.

Mais lié à l'échange plus qu'aux biens échangés, le juste prix n'est pas une évaluation de la valeur intrinsèque de ce qui est vendu.

Reprenant un passage de saint Augustin, saint Thomas d'Aquin constate qu'un cheval peut avoir un prix supérieur à celui d'un esclave alors que, conçu à l'image de Dieu, l'homme est incommensurablement supérieur au cheval.

Le juste prix peut aussi échapper à la stricte logique concurrentielle et dépendre du statut social du vendeur et de l'acheteur. Si l'acheteur est un grand seigneur, il doit consentir à payer plus qu'un manant sans moyen. Symétriquement, si l'acheteur est un nécessiteux, le vendeur doit faire un rabais par charité.

En outre, il est des cas où l'on paie sans obtenir d'objet matériel ou même sans pouvoir évaluer le service rendu. C'est le cas pour les professions intellectuelles comme le juriste, le philosophe, l'écrivain, le médecin, à qui on donne une somme dont le but est d'honorer leur compétence (d'où le nom d'honoraires).

En résumé, le juste prix est le fruit d'une combinaison subtile de concurrence, d'amour de son prochain et de respect du savoir.

Le prêt d'argent

Depuis la plus haute Antiquité, le prêt à intérêt est condamné par les philosophes et par la religion judéo-chrétienne. Aristote a écrit que l'argent ne créant pas l'argent, étant stérile, l'emprunteur est dans l'impossibilité de payer un quelconque intérêt. L'Église insiste dans sa réprobation sur le fait que l'emprunt est un mécanisme inégalitaire : le prêteur peut attendre, quand l'emprunteur est souvent acculé. Dès lors, le prêt (à l'époque appelé « usure ») est unanimement condamné.

Saint Thomas d'Aquin essaie d'atténuer l'interdit. Il fait une distinction entre l'intérêt et l'usure. Le mot « intérêt » correspond à la situation dans laquelle le prêteur est associé à l'action de l'emprunteur et au risque afférent. De façon confuse, il sent la nécessité de distinguer le prêt de trésorerie que cherche un failli en puissance et le crédit à un entrepreneur capable de créer de la richesse.

Ainsi formulée par saint Thomas d'Aquin, la pensée scolastique, en économie comme en d'autres domaines, se fige. Elle recule même parfois, comme lorsque le pape Clément V déclare en 1311 que quiconque défend le principe du crédit est un hérétique.

2.2 Originalités franciscaines et renouveau thomiste

La pensée scolastique se renouvelle toutefois à deux occasions : à travers l'affirmation d'une pensée franciscaine en opposition à celle du dominicain qu'est saint Thomas d'Aquin, puis dans l'Espagne de Charles Quint quand l'Église doit faire face à la Renaissance.

Jean Buridan[8] (v. 1300-1358) et Nicolas Oresme (1320-1382)

Les deux hommes incarnent la pensée franciscaine qui domine la Sorbonne au XIVe siècle. Se voulant proches des humbles, ils construisent une théorie économique qui attribue aux instruments de l'économie (comme la

8. Jean Buridan est resté célèbre dans l'histoire pour son association à une théorie de l'indécision fondée sur la parabole de son âne, incapable de choisir entre l'eau et l'avoine et mourant de faim.

monnaie ou les finances du royaume) une utilité sociale telle que les puissants ne peuvent prétendre s'en servir à leur guise. Dans son *Traité des monnaies*, Oresme émet ce qui est l'ancêtre de la théorie monétariste : le Prince, en cherchant à modifier la teneur en métal des monnaies, provoque la hausse des prix et nuit au commerce. Il n'est pas propriétaire de la monnaie, qui appartient « au peuple des marchands », lequel en a besoin pour réaliser des échanges justes. Le Prince a des devoirs et, parmi ceux-ci, Oresme cite l'obligation de faire « bonne yconomie » (selon l'orthographe du XIIIe siècle). En ce sens, il s'oppose au dominicain qu'est Thomas d'Aquin, pour lequel le Prince n'a de compte à rendre qu'à Dieu.

Oresme et la politique monétaire

Issu d'un milieu de paysans pauvres de Normandie, Nicolas Oresme gravit l'échelle sociale grâce à l'Église et à ses talents intellectuels. Il est un esprit universel qui annonce les grands penseurs de la Renaissance. Il fait faire des progrès considérables aux mathématiques en découvrant, par exemple, l'équation de la droite ou les règles de calcul sur les fractions (c'est lui qui introduit les notions de numérateur et de dénominateur, et qui formalise la division). Il s'intéresse à la musique, à la philosophie, à la physique. Convaincu comme Buridan que la Terre tourne autour du Soleil et non l'inverse, il a la prudence de ne pas le clamer sur la place publique. Moins prévoyant, Buridan doit quitter Paris pour Béthune et abandonner la direction du prestigieux collège de Navarre, qu'il confie à Oresme.

Son *Traité des monnaies* est considéré comme le premier ouvrage strictement économique de l'histoire. Il demeure des zones d'incertitude sur ce texte, ne serait-ce que parce que le manuscrit autographe a été perdu. En particulier, sa date de parution est incertaine, située entre 1355 et 1360.

Oresme reste un scolastique et s'exprime suivant les règles de l'époque, qui exigent que l'on enchaîne les citations d'Aristote et celles tirées des Saintes Écritures. Son livre, d'une cinquantaine de pages, est conforme à ce procédé qui peut paraître d'autant plus artificiel que les citations sont souvent sorties de leur contexte et plus détournées qu'utilisées. Après des considérations techniques sur la métallurgie monétaire, Oresme aborde le problème de la quantité de monnaie

en circulation. Il défend l'idée que toute augmentation de cette quantité conduit à une augmentation des prix et non pas à une augmentation de la richesse. En particulier, lorsque Philippe le Bel, qui a régné à la fin du XIIIe siècle, essayait d'accroître ses ressources en dévaluant (c'est-à-dire en diminuant la quantité de métal contenue dans les pièces, de façon à pouvoir en fabriquer plus avec le même stock d'or et d'argent[9]), il se trompait car le résultat a été une hausse des prix ayant amputé le pouvoir d'achat de tous, État compris.
Son opposition aux manipulations monétaires le conduit à conseiller à Charles V, le fils de Jean II, de mener une politique monétaire de strict respect de la valeur affichée des pièces de monnaie. Il supervise en 1360 la création d'une nouvelle unité monétaire, le **franc**. Selon une hypothèse, Oresme aurait insisté auprès de Charles V pour que le pouvoir royal s'engage à ne pas porter atteinte aux pièces mises en circulation, c'est-à-dire qu'il s'engage à ne pas mentir sur la qualité de la monnaie : l'outil monétaire de Charles V ne ment pas, il est naturel de l'appeler le… franc. Ce qui milite pour cette interprétation est le fait que sous Charles VI, quand le pouvoir royal recommence à rogner les pièces, il change le nom de la monnaie et revient à l'usage du mot « livre ».

L'école espagnole de Salamanque

Au XVIe siècle, la pensée scolastique connaît ses derniers grands développements avec l'école de Salamanque. Elle s'incarne dans l'enseignement des dominicains Francisco de Vitoria (?-1546), Martin de Azpicuelta (1492-1586), Domingo de Soto (1495-1560) et Tomas de Mercado (1530-1576). Formés à Paris, ils sont convaincus de l'absolue supériorité du thomisme. Ils reprennent l'idée centrale du juste prix et prolongent les évolutions apportées par saint Thomas d'Aquin dans trois directions.

Le juste prix reste pour eux une notion marquée par son fondement juridique. Il y a juste prix si acheteur et vendeur sont libres et honnêtes. La traduction la plus immédiate de cette honnêteté est leur égalité dans l'échange : ils doivent savoir la même chose du bien vendu.

9. Assez paradoxalement, cette opération porte à l'époque le nom de « rehaussement ».

Progressivement se mettent en place les hypothèses que vont retenir les économistes des XIXe et XXe siècles pour caractériser la concurrence, à savoir la liberté de l'échange et l'égalité, notamment d'information sur la nature du bien échangé. Mais comme chez saint Thomas d'Aquin, pour l'école de Salamanque, l'égalité de savoir ne signifie pas égalité de condition et donc d'attitude. Pour un bien de luxe, le prix peut être énorme, l'acheteur en tirant une satisfaction d'ostentation.

Le principal apport de l'école de Salamanque est d'imposer une relecture du métier de marchand.

Celui-ci était naguère décrié. Aristote n'a que mépris pour les enrichis qui manquent de culture et dont l'utilité lui paraît faible. La société médiévale s'organise selon le principe célèbre de la tri-fonctionnalité, où le paysan produit, le noble se bat en respectant un code de l'honneur et l'Église garantit le salut éternel. Au XVIe siècle, le marchand cesse d'être un paria. Le commerce, au sens de l'époque (c'est-à-dire l'activité urbaine incarnée par les artisans et les commerçants), devient une « activité digne de louanges ». Si une vente se fait au juste prix, le profit qu'en tire le vendeur est un « juste profit ».

Enfin, si l'usure reste maudite, le prêt à intérêt tel que théorisé par saint Thomas d'Aquin est présenté non seulement comme acceptable, mais même comme souhaitable.

Certes, la papauté condamnera encore au XVIIIe siècle solennellement l'usure, mais le travail des dominicains de Salamanque a achevé de libérer le monde du commerce des interdits religieux et le monde de la réflexion économique des lourdeurs aristotéliciennes.

Une nouvelle époque commence pour la pensée économique.

3. L'ère mercantiliste : accumuler des métaux précieux

Après les drames du XIVe siècle, marqué par la peste et la guerre de Cent Ans, le siècle suivant amorce une refonte des pratiques intellectuelles qui va mener au XVIe siècle à la Renaissance.

L'économie politique de la Renaissance et de l'âge classique de Louis XIV est le mercantilisme.

3.1 *Mutations économiques et culturelles*

La Renaissance voit le jour dans un univers économique bouleversé par la découverte du Nouveau Monde. Selon une formule célèbre parmi les économistes du XIXe siècle, le premier économiste ne fut ni Montchrestien ni Adam Smith, mais… Christophe Colomb !

Les caractéristiques du XVIe siècle sont d'abord **un afflux considérable de métaux précieux**. Même si une partie devient des bijoux ou des objets de luxe, l'essentiel se convertit en monnaie, entraînant une hausse sensible des prix. On estime qu'entre 1450 et 1550, la masse monétaire en Europe (hors Empire ottoman) est multipliée par huit. La hausse des prix devient un paramètre structurant de la situation économique qu'entretient l'apport régulier de nouvelle monnaie, si bien que, pour la première fois depuis la fin de l'Empire romain, on peut parler d'inflation[10].

La deuxième caractéristique qui frappe l'imagination est que le pays dominant, l'Espagne, a acquis sa puissance politique, économique et militaire non par le travail de ses habitants, mais par l'accès à un **stock de monnaie**. Ce constat va à rebours de la pensée scolastique qui se méfie de l'accumulation de monnaie – à la fin du Moyen Âge, l'expression de chrématistique se voit adjoindre celle de chrysédonisme, qui signifie « amour de l'or » en grec. La pensée religieuse de la fin du XIVe siècle est très marquée par les positions des franciscains qui font de la richesse une manifestation d'égoïsme. Cette caractéristique va également à l'encontre de la valorisation du travail comme élément fondateur du lien social. Saint Paul prônait le travail alors que l'Espagne a fait sa fortune non seulement en ne travaillant pas, mais encore en faisant de l'hidalgo qui se vante de son oisiveté un modèle de vie.

10. La grande vague d'inflation qui précède celle du XVIe siècle marque le règne de l'empereur romain Dioclétien. À l'époque, elle résulte d'une création de monnaie obtenue par la monétisation de métaux communs comme le bronze, le cuivre et même le fer. Cette création de monnaie sert à couvrir le déficit budgétaire de l'empire, dû à l'effondrement des rentrées fiscales. Constantin met un terme à cette dérive en créant une monnaie or, le *solidus*, dont la forme (une pièce jaune) rappelle le soleil (*sol* en latin). Ce *solidus* a donné en français les mots « solide » – qui traduit la confiance qu'inspirait la monnaie de Constantin – et « sou » – qui, par sa longévité, traduit l'attachement populaire à une monnaie stable. Certains spécialistes donnent néanmoins pour étymologie à *solidus* le mot *solum*, qui désigne le sol, c'est-à-dire la terre. Il n'en reste pas moins que l'intention de Constantin était de rétablir la stabilité monétaire.

La troisième caractéristique est **l'avènement de la vie privée** comme centre d'intérêt des individus. Le citoyen antique vivait pour la cité, le sujet médiéval pour Dieu, l'homme de la Renaissance pour lui. Montaigne, qui entame les *Essais* par un discours qui se veut de résignation stoïcienne, les achève en ne parlant que de son bonheur. Quant à la Réforme, si elle maintient la religion comme facteur déterminant de la vie, elle le fait sur une base individualiste.

La quatrième caractéristique est que la religion chrétienne, qui se voulait unité et amour, est à l'origine des drames les plus violents de l'époque. Un paroxysme est atteint avec la guerre de Trente Ans (1618-1648), qui déchire l'Europe et divise par trois la population allemande. **Une pensée laïque, en science comme en philosophie, devient légitime** car la religion n'a plus aucun droit moral à s'imposer.

La pensée économique de l'époque va, dans ces conditions, se poser plusieurs questions :

- Premièrement, est-ce que l'accumulation de monnaie fait véritablement la richesse, à moins qu'elle ne fasse la puissance ?
- Ensuite, quel est le meilleur moyen d'augmenter la quantité de monnaie dont dispose un pays ?
- Enfin, quel est le groupe social qui s'identifie le mieux à l'objectif d'accroître la quantité de monnaie en circulation ?

Cette pensée est classiquement appelée « mercantilisme » à partir du XVIIIe siècle.

3.2 *Définition du mercantilisme*

Ce sont les physiocrates, c'est-à-dire les amis de Quesnay (voir chapitre 2), qui les premiers ont parlé de « système de commerce » à propos des idées économiques des XVIe et XVIIe siècles[11]. Insistons sur le fait que le mot « commerce » a encore en ce temps-là le sens d'industrie. Les physiocrates, qui croient aux vertus de l'agriculture, veulent ainsi stigmatiser ce qu'ils considèrent comme les illusions d'un système économique axé sur la

11. Turgot emploie, lui, l'expression de « système des commerçants ».

production industrielle, organisée plus ou moins par l'État, avec comme objectif l'exportation.

Pour donner une connotation négative, le marquis de Mirabeau[12], un disciple de Quesnay, parle de « système mercantile ». Adam Smith, de retour de France, retient l'expression et lui assure son succès.

Le mot « mercantilisme » apparaît au XXe siècle avec un ouvrage considérable, rédigé par un économiste suédois, **Eli Heckscher** (1879-1952). Spécialiste du commerce international, Heckscher s'intéresse à ce mouvement intellectuel qui fonde sa démarche économique sur les exportations et les rentrées de capitaux qui en découlent. Il englobe ainsi les économistes d'après l'école de Salamanque et d'avant les physiocrates sous le vocable de mercantilistes.

L'unité qu'il trouve à leurs théories n'est pas celle qu'usuellement on retient. Il y voit en effet moins un corpus d'idées économiques qu'une volonté de fournir à l'État les moyens d'une puissance renforcée. L'Espagne de Charles Quint et de Philippe II est vraiment le modèle de ces penseurs pour Heckscher, car elle a utilisé les métaux d'Amérique pour asseoir sa prééminence en Europe. En outre, Charles Quint a préféré dans ses titres celui de roi d'Espagne à celui d'empereur du Saint Empire romain germanique, preuve que la nostalgie de la *Pax romana* a cessé d'être porteuse et que chaque État, se constituant de plus en plus en nation, cherche dans l'organisation économique et sociale sur laquelle il s'appuie les moyens de son être et de son pouvoir.

Cette interprétation d'une politique économique exclusivement au service d'un objectif politique d'affirmation nationale ne fait pas l'unanimité. L'œuvre de Heckscher n'en reste pas moins à ce jour la référence sur le mercantilisme.

De cette doctrine se dégagent trois éléments fondateurs :

1. L'économie ne peut connaître la croissance que si la quantité de monnaie en circulation s'accroît. Cet accroissement est une condition nécessaire mais non suffisante, puisqu'il peut conduire non pas

12. Le père du révolutionnaire.

à une croissance de la production mais à de l'inflation, comme on l'a vu en Europe après l'afflux des métaux américains.

2. Trois moyens permettent d'**accroître le stock de monnaie** (qui correspond à l'époque à un stock d'or et d'argent) :
   - S'emparer par la guerre d'un territoire où se trouvent des mines d'or et d'argent (c'est ce qu'a fait l'Espagne en Amérique).
   - Mener des guerres victorieuses contre des États qui ont accumulé de l'or et leur imposer après leur défaite de payer une indemnité (*vae victis*…).
   - Vendre plus à l'étranger qu'on ne lui achète : l'excédent commercial ainsi réalisé permet d'accroître son stock d'or et d'argent ; en effet, chaque bien que l'on vend à un pays étranger est payé par ce dernier sous forme de transfert d'or ou d'argent. Un des moyens d'obtenir ce résultat est de réduire les importations. Si l'État n'est pas sûr que les pays étrangers sont disposés à acheter sa production, il peut en revanche de façon certaine empêcher sa population de se fournir à l'étranger, en augmentant le prix des importations par des droits de douane élevés, voire en pratiquant des politiques de contingentement des importations. Heckscher précise que le mercantilisme consolide les politiques autarciques de l'époque médiévale. Mais sa logique est différente. Il marque en effet le passage d'une politique de provision (où l'on empêche les exportations pour être sûr que le pays ne perde pas de biens) à un système de protection (dont le but est que le pays ne perde pas de monnaie).
3. La nécessité de développer des **manufactures** – du commerce – dont la production sera orientée vers l'exportation. Ces manufactures sont soit privées, soit publiques, mais en tout état de cause encadrées par l'État qui en suit la production et en surveille la qualité pour être sûr que les biens trouveront preneurs.

3.3 *Les principaux représentants du mercantilisme*

Entre les XVIe et XVIIe siècles, les œuvres portant peu ou prou sur la nécessité d'accumuler de l'or et de l'argent et sur les moyens d'y parvenir ont été légion. Beaucoup sont aujourd'hui oubliés. Mais cette abondance fait que, malgré le vocable unique de mercantilisme, il est abusif de considérer toute cette littérature comme parfaitement homogène et cohérente. Le choix fait pour la caractériser est souvent arbitraire et dès lors nécessairement réducteur.

Les Français

Jean BODIN (1529-1596) - Dans son ouvrage célèbre, *Six livres de la République*, il aborde le problème de la nature de l'État et émet des considérations sur les origines de la hausse des prix. Il confirme son point de vue dans sa *Réponse au paradoxe de M. de Malestroict touchant l'enchérissement de toutes choses, et le moyen d'y remédier.*

On le classe comme mercantiliste, mais il est surtout le premier à formuler ce que l'on appelle la **théorie quantitative de la monnaie**, c'est-à-dire le fait que toute hausse de la quantité de monnaie en circulation se traduit par une hausse du niveau général des prix. Dans la *Réponse au paradoxe*, l'abondance d'or et d'argent provenant des Portugais et des Espagnols est décrite comme « la principale et presque seule » cause de l'inflation. Il en identifie d'autres, en particulier les mauvaises récoltes qui conduisent à la disette et à l'augmentation des prix agricoles, mais qui restent secondaires par rapport à l'augmentation du stock de métaux monétaires. Sa formule « Il n'est de richesse et de force que d'hommes » est plutôt une réfutation du mercantilisme dans la mesure où elle fonde la croissance non sur la gestion du stock de monnaie, mais bel et bien sur la capacité de travail dont dispose un pays à travers l'évolution de sa population.

Ce qui fait de lui un mercantiliste, c'est que l'inflation ne lui paraît pas un mécanisme condamnable, loin de là. Il note qu'elle efface les dettes (ce qui facilite la gestion des États et favorise l'investissement) et qu'elle a plutôt tendance à favoriser les commerçants qui agissent, au détriment des propriétaires – notamment fonciers – qui sont des oisifs (bien souvent des nobles ou des entités religieuses).

Barthélemy de LAFFEMAS (1545-1612) - Il publie notamment en 1598 *Les Trésors et richesses pour mettre l'Estat en splendeur et monstrer au vray la ruine des François par le trafic et négoce des estrangers.* Laffemas est partisan d'une véritable politique industrielle dont l'objectif est à la fois de favoriser les exportations et de promouvoir la substitution aux importations.

Devenu ministre sous Henri IV, il subventionne le développement de la production de soie en région lyonnaise en promouvant l'amélioration des rendements et la plantation systématique de mûriers, réalisée sous le contrôle de son ami, l'agronome Olivier de Serres. Son action et ses écrits inspirent Montchrestien (voir notre introduction).

Les Anglais

Quatre noms sont associés au mercantilisme anglais de l'époque classique.

Thomas MUN (1571-1641) - Homme d'affaires, il devient directeur de la Compagnie des Indes orientales. C'est un acteur privilégié de l'économie anglaise de son temps et son livre, *England's Treasure by Foreign Trade*, s'inspire largement de son expérience (son fils le publiera en 1664).

Cet ouvrage est probablement le manifeste le plus abouti du mercantilisme puisque Mun y affiche les quatre recommandations de politique économique qui en sont la quintessence, à savoir :

- recommander à la population la frugalité et un comportement austère de façon à réduire le besoin en produits étrangers ;
- augmenter les droits de douane pour garantir à l'État des ressources et réduire là encore les importations ;
- créer de toutes pièces un secteur exportateur, au besoin géré par l'État ;
- subventionner éventuellement les exportations pour maintenir la compétitivité de l'économie.

Mun constate que l'excédent extérieur apporte de l'or et de l'argent au pays, ce qui a deux conséquences positives : comme la monnaie est abondante, les taux d'intérêt sont bas ; comme les prix augmentent, les entreprises ont un chiffre d'affaires qui ne cesse d'augmenter. Mais l'inconvénient est que les prix à l'export se mettent à augmenter, ce qui tarit les débouchés. Il propose donc soit de subventionner les entreprises exportatrices pour qu'elles puissent réduire leurs prix, soit de les spécialiser dans le secteur du luxe, dont les débouchés sont sûrs.

Ce qui fait la modernité de Mun, c'est sa **défense du chef d'entreprise** comme personnage essentiel de l'activité économique. Et il a déjà une vision de l'organisation économique autour de l'entreprise, entité au destin propre, non assimilable à celui de son propriétaire ou de son dirigeant.

Josiah CHILD (1630-1699) - Ayant fait fortune dans le commerce avec l'Inde, il défend le principe de la mise en place de monopoles publics ou privés, dégageant d'importants bénéfices leur permettant d'investir. Mercantiliste modéré, ce qui lui paraît utile dans le mécanisme d'accumulation monétaire, c'est que cela favorise un bas niveau de taux d'intérêt. Child interprète déjà la richesse à travers la croissance économique entretenue par l'investissement. Son mercantilisme est un moyen et non un but.

Au passage, dans son livre majeur qui paraît en 1688, *A New Discourse of Trade*, il évoque le problème qui va devenir celui du mercantilisme, à savoir que pour qu'un pays soit en excédent, il faut qu'un autre soit en déficit. Au XVIe siècle, cette politique était possible car un pays était systématiquement en déficit commercial, l'Espagne. Elle confisquait les métaux précieux des Amériques, et les distribuait à la surface de l'Europe par le biais de son déficit. La fin de l'or et de l'argent américains posait le problème de l'origine de la monnaie à injecter dans le système. Child sent bien que la volonté de tous d'être en excédent ne peut aboutir qu'à une concurrence exacerbée, conduisant à une pression à la baisse permanente des salaires et donc à un résultat inverse de l'objectif affiché.

Charles d'AVENANT[13] (1656-1714) - C'est le dernier mercantiliste anglais significatif. Il publie en 1697 *An Essay on the East India Trade*, où il défend le monopole anglais d'accès à certains marchés. Mais il inverse les priorités mercantilistes en écrivant que la monnaie doit servir le commerce et non l'inverse. Il reprend une formule de Bacon selon laquelle la monnaie est « assimilable au fumier ; c'est en étant répandue qu'elle devient une source de richesse ». Gagner de la monnaie n'a de sens que si on la fait circuler. Pour d'Avenant, l'enjeu monétaire est moins la quantité de monnaie que sa vitesse de circulation.

William PETTY (1623-1687) - Dernier personnage marquant que l'on puisse rattacher de façon naturelle au mercantilisme anglais, Petty insiste, comme d'Avenant, sur la nécessité d'accroître la vitesse de

13. Les Anglais orthographient son nom Davenant.

circulation de la monnaie. Concernant le commerce extérieur, il affirme qu'il ne faut pas chercher à limiter systématiquement les importations. Il pensait préférable de vendre des vêtements à l'étranger pour acquérir des vins étrangers, plutôt que de refuser toute entrée de vins et de laisser simultanément des tailleurs au chômage.

William PETTY, l'inventeur de la statistique

Né le 27 mai 1623 dans le Hampshire, Petty est une forte personnalité dont la vie est marquée par les soubresauts politiques de l'Angleterre de son temps. Il s'engage à 14 ans dans la marine et mène une vie aventureuse qui passe par la France et les Provinces-Unies, et lui fait croiser des personnages illustres du XVIIe siècle, comme Descartes, Gassendi ou Hobbes. Il devient médecin en 1651 et enseigne l'anatomie à Oxford. En 1652, il participe à la campagne d'annexion de l'Irlande menée par Cromwell comme médecin des armées. Il reçoit à cette occasion la mission d'évaluer le potentiel économique de l'Irlande. Pour ce faire, il met au point une méthode qu'il décrit dans un livre intitulé *Verbum sapienti* (1665). Il y explique que la richesse d'un pays ne se résume pas à la quantité d'or et d'argent qu'il détient. La vraie richesse est la quantité de biens qu'il est capable de produire. La circulation monétaire favorise la production, mais le premier élément qui permet réellement de produire est une population jeune, nombreuse et motivée. Pour tirer le meilleur parti de l'Irlande, l'intérêt de l'Angleterre est donc de faire venir les Irlandais dans les principales cités anglaises et d'en faire des travailleurs peu rémunérés. Petty, reprenant les idées de Bodin, fonde la richesse sur les hommes et introduit la notion de « plein emploi ». Un pays est pauvre de l'oisiveté de ses habitants.

Il reste fondamentalement mercantiliste au sens où il insiste sur le fait que tout accroissement de richesse suppose, pour être écoulé, que les consommateurs disposent de monnaie. Constatant le tarissement des mines d'or et d'argent, il défend la nécessité de créer un système bancaire performant capable d'accroître la vitesse de circulation de la monnaie. Ses travaux de mesure de la population et d'évaluation de la richesse de l'Irlande, puis de l'Angleterre, sont diffusés sous le nom d'« arithmétique politique ». Étymologiquement, cette expression désigne en grec les données chiffrées rassemblées par l'État. Au XVIIIe siècle, la Prusse crée un service consacré au recensement de la population qui s'inspire des idées de Petty. L'État se disant en allemand « Staat », les chiffres de l'État deviennent alors la « statistique ». Mais c'est bel et bien un Anglais, en l'occurrence William Petty, qui est l'inventeur de cette science.

Premiers éléments de conclusion sur le mercantilisme anglais

Les mercantilistes anglais les plus importants écrivent au XVIIe siècle, à un moment où le trésor du Nouveau Monde s'épuise. À l'époque, le bilan de la découverte de l'Amérique est centré presque exclusivement sur son apport en métaux précieux. Cet apport est supposé avoir eu trois effets positifs :

- D'abord, l'abondance monétaire a maintenu des taux d'intérêt bas. Parallèlement à la légitimation de la dynamique de l'emprunt et de l'investissement par les dominicains de Salamanque, l'or et l'argent affluent et rendent les emprunts particulièrement faciles à honorer en abaissant leur coût.
- Ensuite, en augmentant les prix, cet apport a eu pour conséquence de favoriser le commerce, chacun cherchant à accumuler des biens matériels plutôt qu'à constituer des épargnes dormantes ; le mercantilisme voit bien l'apparition de l'inflation mais n'en fait pas un problème. L'interprétation mercantiliste de l'inflation est qu'elle est plutôt un facteur de croissance.
- Enfin, il a permis à des populations de plus en plus nombreuses de participer à l'économie monétaire et donc, en fin de compte, de s'insérer dans l'économie nationale ; un des grands bénéficiaires de cette situation est l'État car plus il y a de gens qui disposent de monnaie, plus il est facile à l'État de leur demander le paiement d'un impôt et d'élargir ses assiettes fiscales.

Cette généralisation de l'usage et de la diffusion de la monnaie, les mercantilistes l'ont attendue de la découverte de mines d'or et d'argent, d'une part, et de la possibilité pour chaque pays d'accéder à cet or et à cet argent par le biais du commerce international, d'autre part. Ils ont conservé dans leur raisonnement la condamnation – que les penseurs de la fin du Moyen Âge avaient développée – des pratiques de dévaluation par les autorités monétaires. La réformation – ou le rehaussement – est écartée par les mercantilistes : cette opération consiste à exiger de la part des habitants d'un pays de rapporter l'ensemble des pièces, de faire fondre ensuite le stock de métal ainsi récupéré et de s'en servir pour fabriquer une quantité plus importante de pièces, portant la même valeur faciale que les précédentes mais contenant moins de métal et pesant moins. Car si en pratique la réformation augmente la capacité de dépense en circulation, elle paraît dangereuse aux économistes du XVIe et surtout du XVIIe siècle. Elle a le redoutable inconvénient de discréditer la monnaie et ses gestionnaires, avec comme conséquence quasi inévitable de susciter des réflexes de thésaurisation. Si la quantité nominale de monnaie s'accroît en cas de réformation, la vitesse de circulation diminue et, au final, l'économie a plutôt tendance à s'éloigner de la monnaie que de chercher à l'utiliser davantage.

3.4 *La pratique du mercantilisme*

Les politiques économiques qui se mettent en place à la Renaissance et durent jusqu'à la fin du XVIIIe siècle sont largement inspirées du mercantilisme même si, d'un pays à l'autre, les pratiques sont très diverses. Une des raisons du succès des idées mercantilistes est leur dimension fiscale.

Heckscher, dans sa somme sur le sujet, insiste lourdement sur le fait que les gouvernements qui ont adopté ces politiques cherchaient moins la richesse de leur pays que sa puissance.

Pour résumer sa thèse, on peut dire que les États, qui émergent du Moyen Âge et de la fin de l'illusion « romaine » du retour à une harmonie universelle organisée dans le cadre d'un empire, se trouvent rapidement dans des situations financières délicates du fait de leur rivalité. Le développement de la technique militaire, notamment par l'usage généralisé de l'artillerie, conduit à un accroissement significatif des dépenses. La puissance ne se mesure plus à la capacité de rassembler des hommes nombreux et déterminés derrière quelques nobles courageux et habiles au maniement de l'épée, mais à celle d'entretenir une industrie de l'armement productive, fournissant des canons et de la poudre. La puissance s'incarne toujours dans la guerre, laquelle coûte de plus en plus cher. Le mercantilisme se donne comme objectif de répondre à ce problème : les États qui doivent emprunter ont besoin de bas taux d'intérêt ; ceux qui veulent collecter des recettes fiscales ont besoin que les secteurs productifs aient à leur disposition un outil leur permettant d'acquitter facilement et simplement des impôts.

En France

Le symbole de ce mercantilisme en quête de puissance politique est la France de Colbert (1619-1683). Ce célèbre ministre de Louis XIV, qui a donné son nom à une vision de l'économie selon laquelle l'État se fait opérateur industriel, est avant tout obsédé par la situation des finances publiques. Lorsqu'il prend le pouvoir en éliminant son prédécesseur, le fringant Nicolas Fouquet, en 1661, il procède à une annulation d'une partie de la dette publique pour réduire la charge d'intérêt.

> En annulant la dette, Colbert s'inscrit dans une pratique qui avait déjà été celle de Sully sous Henri IV. Les rois du Moyen Âge essayaient par la réformation et par le rognage des monnaies d'accroître leur ressources. Les franciscains de la tradition d'Oresme puis les mercantilistes défendent l'abandon systématique de cette politique. D'où la généralisation des annulations, appelées « banqueroutes ».

Pour équilibrer les finances publiques, il paraît assez pertinent, non pas de trouver de nouvelles recettes, mais dans un premier temps de réduire les dépenses, en supprimant les intérêts à verser par le biais d'une annulation de dette publique.

Colbert s'y est adonné avant de mener une politique inspirée non plus de Sully, mais de Laffemas. Laffemas a initié une politique dont l'objet est de stimuler les exportations. Il est en particulier à l'origine des **chambres de commerce**, dont le but est de mettre en contact les chefs d'entreprise d'une zone de production donnée et de leur permettre, en échangeant des informations et en s'associant pour prospecter des marchés lointains, de réduire les incertitudes et les dangers d'une activité commerciale se déployant sur la planète entière.

Colbert suit Laffemas – mais également les Anglais – en créant des compagnies nationales chargées de gérer le commerce lointain.

Son modèle et son fantasme restent néanmoins les Provinces-Unies. Puissance militaire et démographique moyenne, les Pays-Bas du XVIIe siècle jouent un rôle majeur dans la politique européenne. Leur force tient à leur économie, qui se développe elle-même grâce à un excédent systématique de leur balance commerciale. Cet excédent se constitue à l'origine sur le déficit espagnol. Le rendement économique des expéditions maritimes néerlandaises, qui consistent à aller acheter pour des sommes dérisoires des produits en Asie et à les revendre à des prix exorbitants en Europe contre de l'or arraché à l'Amérique, est tellement élevé que tous les pays veulent organiser leur économie selon ce modèle. Développer une marine est l'obsession de Colbert, qui joue en la matière sur de multiples registres. Il crée le premier système de retraite de l'histoire, en faveur des marins (registre de l'intérêt), et donne des instructions très claires aux tribunaux de procéder systématiquement à des condamnations aux galères pour en augmenter les effectifs (registre de la contrainte).

Modèle de mercantilisme pratique, Colbert ne se trompe pas sur l'objectif final : créer les conditions favorables à une extension des capacités de dépense de l'État. Une de ses formules favorites pour résumer son action porte sur la politique fiscale :

> L'art de l'imposition consiste à plumer l'oie pour obtenir le plus possible de plumes avec le moins possible de cris.

En Angleterre

En Angleterre également, le fondement de la politique mercantiliste est une volonté de dégager des moyens financiers pour l'État et de s'inspirer de l'efficacité commerciale néerlandaise. En 1651, le Parlement anglais vote une loi dont le but clairement affiché est de détruire le monopole maritime des Provinces-Unies. Selon ce texte, qui entre dans l'histoire sous le nom d'« **acte de navigation** », le transport des marchandises venant des colonies anglaises doit se faire uniquement par navires britanniques. Il est rapidement complété par une autre disposition qui prévoit que seuls les navires britanniques auront le droit d'accoster en Angleterre, même pour le transport des produits étrangers. Le résultat est immédiat : les Provinces-Unies connaissent un terrible déclin. Et dès 1652, une guerre éclate entre les deux pays.

Les actes de navigation vont durablement faire partie de la vie économique du Royaume-Uni. Adam Smith, tout libéral qu'il était, s'en faisait un défenseur sans états d'âme. Il faudra attendre 1849 pour que, dans le cadre de l'adoption d'une politique de libre-échange sans restriction par le gouvernement britannique, ces actes de navigation disparaissent.

Les despotes éclairés

Si la France et l'Angleterre sont ouvertement protectionnistes au XVIIe siècle, le XVIIIe y est moins mercantiliste. Les derniers tenants d'un mercantilisme strict sont les « despotes éclairés ». La justification reste fondamentalement celle de la puissance mise en avant par Heckscher, mais l'État du « despotisme éclairé » invoque aussi le fait qu'il incarne la raison. Il a besoin de fonds non pour mener à son terme des guerres coûteuses, mais officiellement pour réformer et moderniser la société.

Parmi les politiques les plus conformes au mercantilisme, la plus systématique est probablement celle que mène à Parme **Léon Guillaume du Tillot** (1711-1774). Premier ministre de Parme de 1759 à 1771, ce Français cherche à accroître la production de ce petit État en faisant venir une main-d'œuvre artisanale formée de France et d'Italie du Nord et en créant une véritable zone industrielle dans la banlieue de Parme, où sont fabriqués les uniformes de l'armée locale. Pour réduire les importations alimentaires du duché, il y introduit la pomme de terre. Au début de son expérience il porte le titre de ministre de l'Économie publique et des Affaires étrangères, symbole du lien organique que le mercantilisme établit entre la situation de l'économie et celle de la puissance politique du pays.

Tandis que le « despotisme éclairé » réactualise le protectionnisme des mercantilistes, de nouvelles écoles d'économistes ont déjà commencé à dénoncer les limites de l'interventionnisme des États. Si ces écoles comprennent que la gestion des finances publiques – c'est-à-dire, rappelons-le une fois encore, de l'économie politique si l'on s'en tient à la stricte étymologie – est un problème réel, elles postulent qu'il faut l'élargir à une réflexion globale sur la croissance économique, qui ne peut se limiter ni à une analyse de la meilleure politique fiscale possible, ni à des recettes tendant à accumuler le plus de monnaie possible. C'est le début de la science économique qui s'opère alors avec l'avènement de la physiocratie.

3.5 *Bilan et héritage du mercantilisme*

Très décriés par les économistes libéraux des XVIIIe et XIXe siècles, les mercantilistes ont trouvé un étrange regain de faveur auprès des économistes keynésiens du XXe siècle et de Keynes lui-même. Dans son livre majeur qu'est la *Théorie générale de l'emploi, de l'intérêt et de la monnaie* (1936), il leur rend hommage en indiquant qu'ils ont eu l'intelligence de comprendre le rôle de la demande dans la dynamique de la création de richesse. Selon Keynes, leur obsession monétaire maladroite ne doit pas masquer leur intuition que ce qui empêche une économie de prendre son essor, c'est un manque de pouvoir d'achat. Il ne sert à rien de produire si on ne peut vendre et on ne peut vendre que si les consommateurs ont le revenu monétaire leur permettant d'acheter.

Cette réhabilitation un peu artificielle ignore trois défauts majeurs du mercantilisme :

- **Sa contradiction interne.** Si tout le monde recherche l'excédent commercial, le système se bloque ou dégénère en affrontement. Au début, l'idée d'un excédent commercial anglais, français ou néerlandais est acceptable car cet excédent doit trouver en face de lui le déficit espagnol. Ce déficit ne pose pas problème car il est financé par le pillage des réserves d'or et d'argent américaines. L'excédent est possible parce que l'Espagne assume le déficit. Quand ce processus arrive à son terme, le mercantilisme maintient son message tout en ayant conscience qu'il atteint ses limites. Le protectionnisme se veut de plus en plus éducateur, c'est-à-dire que les importations sont de moins en moins critiquées parce qu'elles coûtent en sortie de métaux et de plus en plus parce qu'elles concurrencent la production nationale et sont accusées de provoquer du chômage. Néanmoins, même les mercantilistes tardifs croient au bienfait d'un excédent commercial alors qu'ils comprennent que cet excédent est non coopératif, qu'il ne peut se construire que contre l'économie des autres pays.
- **L'afflux de métaux précieux dans un pays, et donc de monnaie, conduit à de l'inflation.** Le message des mercantilistes sur l'inflation

est ambigu. Ils la trouvent positive parce qu'elle favorise les vendeurs dont les prix montent et effacent les dettes, notamment celles des États. Mais son grave défaut est de rendre le pays moins compétitif et de réduire ses débouchés et ses exportations. L'inflation conduit donc *in fine* à un amenuisement de l'excédent commercial. Pour le rétablir, il faut soit baisser les prix à l'export en faisant pression sur les salaires du secteur exportateur (ce qui conduit à des révoltes de la main-d'œuvre), soit réduire encore les importations par une augmentation des droits de douane ou par un contingentement renforcé (ce qui finit par porter atteinte au bien-être de la population).
- **L'acteur central de l'économie est l'État,** ce qui a pour conséquence paradoxale que ce système, qui se veut au service du commerce, se construit pour et par des fonctionnaires. Thomas Mun vante les mérites de l'entrepreneur, de l'entreprise capitaliste où s'associent des personnes privées pour réaliser des projets de production et d'échange, mais il voit se développer le pouvoir autoritaire de Cromwell et la politique économique tatillonne de Colbert. Qualifié de « système des commerçants », le mercantilisme est en réalité le système des fonctionnaires, qui trouve son apothéose dans le fonctionnaire « philosophe » au service du « despote éclairé », fonctionnaire qui modernise l'économie au nom de la raison.

Il n'en reste pas moins que les mercantilistes laissent derrière eux trois éléments importants qui vont nourrir la réflexion économique à venir :

- D'abord, le souci de **connaître la réalité économique du pays** pour mieux le gouverner. L'arithmétique politique, qui va devenir la statistique, leur doit sa naissance et sa légitimité.
- Ensuite, le constat qu'une **économie monétaire** est plus dynamique qu'une économie de troc.
- Enfin, la nécessité pour assurer la puissance d'un pays et le bien-être d'une population de **mener une politique économique**. L'État n'est pas un acteur banal de l'économie. Il agit et influence, et a donc intérêt s'il veut être efficace à comprendre et à prévoir les conséquences de ses actes. L'économie scientifique est dans ce principe. Elle s'inscrit naturellement dans la remise en cause du mercantilisme, mais aussi dans son prolongement.

Quelques dates à retenir

Date	Événement historique	Pensée économique
1337	Début de la guerre de Cent Ans	
1360		Oresme publie le *Traité des monnaies* et crée le franc
1453	Chute de Constantinople	
XVe et XVIe siècles	1492 : découverte de l'Amérique 1519-1555 : règne de Charles Quint 1572 : massacre de la Saint-Barthélemy / guerres de Religion	École de Salamanque Jean Bodin
1610	Assassinat d'Henri IV	Laffemas ministre d'Henri IV
1615		Antoine de Montchrestien publie son *Traité d'économie politique*
1618-1648	Guerre de Trente Ans : un tiers de la population allemande disparaît	
1651	Actes de navigation	Thomas Mun
1661	Colbert prend le pouvoir	Josiah Child William Petty invente l'arithmétique politique
1715	Mort de Louis XIV	Charles d'Avenant
1755		Rousseau publie l'article « Économie politique » dans l'*Encyclopédie*
1759	Du Tillot Premier ministre à Parme	
1763	Fin de la guerre de Sept Ans : fin de la prééminence française dans le monde	
1767		James Steuart introduit l'expression « *political economy* » en Angleterre

Bibliographie

Hésiode, *Les Travaux et les jours*, Arléa, 1998, 126 p., Grands Textes, ISBN-10 : 2869594305.

Platon, *La République*, Flammarion, 2002, 801 p., Classiques philosophie, ISBN-10 : 2080706535.

Aristote, *Éthique à Nicomaque*, Flammarion, 447 p., Classiques philosophie, ISBN-10 : 225305772X.

Nicolas Oresme, *Traité des monnaies*, La Manufacture, 1992, 206 p., ISBN-10 : 2737700310.

Saint Thomas, *La Somme théologique*, Adamant Media Corporation, 2001, 656 p., ISBN-10 : 054381307X.

Pierre Deyon, *Le Mercantilisme*, Flammarion, 1992, 126 p., Titres inactifs, ISBN-10 : 2082104524.

Antoine de Montchrestien, *Traité de l'économie politique*, Droz, 1999, 452 p., Les classiques de la pensée politique, ISBN-10 : 260000338X.

Josiah Child, *Traité sur le commerce*, L'Harmattan, 2008, 334 p., Cahiers d'économie politique, ISBN-10 : 2296067166.

2

LES PHYSIOCRATES ET ADAM SMITH

XVIIIe siècle

La nécessité de dépasser la pensée mercantiliste est apparue dès les premiers signes de déclin de l'Espagne. Parallèlement à ce déclin qu'amplifie le tarissement des sources américaines de monnaie, le XVIIe siècle voit monter en puissance la France. Or, ce pays poursuit avec Colbert une politique à fondement mercantiliste, ce qui consolide pour un temps ce courant de pensée. Mais le modèle de recherche systématique d'une augmentation de la quantité de monnaie en circulation finit par se heurter à trois difficultés pratiques :

1. Pour dégager des excédents extérieurs permettant de réaliser cette augmentation, il faut nécessairement qu'un pays soit en déficit. Le caractère non coopératif de ce type de politique économique se révèle néfaste non seulement sur le plan commercial, mais également sur le plan politique. Le XVIIe siècle est un siècle de guerre – la France connaît la paix durant un peu moins de trois ans…
2. La politique mercantiliste n'a pas de résultats concrets positifs pour les populations. Colbert laisse un pays où la population souffre toujours de disette. Quant au peuple espagnol, il a assisté à la dilapidation du trésor américain sans voir son niveau de vie s'améliorer.

3. L'inflation née assez naturellement de l'augmentation de la quantité de monnaie en circulation n'a pas eu les effets positifs attendus. On croyait en tirer dans un premier temps une incitation à la production. Motivés par une hausse régulière des prix, les entrepreneurs devaient se multiplier. Or, il n'en a rien été et la hausse des prix a davantage produit des transferts de revenus qu'un accroissement. Dans un second temps, les mercantilistes soutenaient que l'abondance de monnaie allait se traduire par une baisse des taux d'intérêt. Mais l'inflation a conduit les prêteurs à protéger le rendement de leur placement en faisant monter les taux, si bien que le résultat final fut l'inverse des attentes initiales.

À la fin du XVIIe siècle, il devient clair à beaucoup que la recherche systématique de métaux précieux est une illusion.

D'autant qu'un problème nouveau apparaît. La guerre quasi permanente qui secoue l'Europe a conduit à l'endettement récurrent des États. Pour s'en débarrasser, ceux-ci ont pris l'habitude commode de faire banqueroute, c'est-à-dire d'annuler tout ou partie de leur dette. Or, un effet secondaire de cette pratique commence à se faire sentir : après chaque banqueroute, les prêteurs se montrent de plus en plus réticents, si bien que les États doivent augmenter les taux pour les amadouer et couvrir leurs besoins.

La banqueroute se révèle *in fine* un remède inefficace à long terme, puisque l'expérience montre que la dette ne peut s'effacer d'un trait de plume sans dommage pour les gestions futures ; il faut trouver autre chose.

Cette recherche de solutions nouvelles face à l'endettement public donne naissance à la vague d'économistes qui suit les mercantilistes. On la présente traditionnellement comme la première école d'économistes à part entière : les physiocrates.

1. Les précurseurs de la physiocratie

Comme nous l'avons dit en introduction, trois lectures de l'économie sont possibles : religieuse (celle des dominicains du juste prix), libérale (qui soutient l'idée que l'activité humaine est fondée sur l'intérêt), interventionniste (qui affirme le primat de la raison). L'historien allemand de l'économie Werner Sombart (1863-1941) appelle les tenants du libéralisme des passifs-matérialistes, les tenants de l'interventionnisme des actifs-idéalistes. Au niveau macroéconomique, intérêt signifie concurrence et marché. Pour les passifs-matérialistes, la croissance repose sur l'action de quelques entrepreneurs déterminés, transformant l'épargne en investissement. En revanche, raison signifie volonté politique si bien que, pour les actifs-idéalistes, c'est la politique économique qui fait la croissance. Un autre penseur allemand, Oswald Spengler (1880-1936), connu comme théoricien du déclin de l'Occident, prolonge Sombart en identifiant chaque courant à un pays : l'Espagne est la patrie des penseurs religieux, l'Angleterre celle des passifs-matérialistes et l'Allemagne celle des actifs-idéalistes.

Cependant, à l'époque où nous introduisons les premiers économistes, le libéralisme (le groupe des passifs-matérialistes) est français, l'interventionnisme austro-italien et la pensée religieuse s'incarne dans l'ordre mondialisé des jésuites.

Si le libéralisme économique naît en France, c'est que ce pays peut être considéré à la fin du règne de Louis XIV comme la première puissance du monde. Mais il est dans une situation paradoxale : première économie de l'Occident, la France semble se mourir, étouffée par la misère. Ce constat inspire les appels à une refonte des pratiques économiques dont le fondement serait la liberté d'entreprendre et d'échanger. Ils se résument dans une formule universellement connue : « Laissez faire, laissez passer[1]. »

1.1 *Pierre Le Pesant de Boisguilbert* (1646-1714)

Pierre Le Pesant de Boisguilbert est souvent présenté comme le fondateur du libéralisme économique. Il écrit à la fin du XVIIe siècle, mais son œuvre passe alors relativement inaperçue.

---

1. Cette formule pose deux questions. La première est de savoir s'il faut l'écrire à l'infinitif ou à l'impératif : la forme impérative est de plus en plus courante. La seconde porte sur son inventeur : pendant longtemps, on l'a attribuée à Vincent de Gournay (voir plus loin). Mais certains pensent à un commerçant-industriel marchand de vin de Bordeaux, qui l'aurait employée pour répondre à Colbert l'interrogeant sur les attentes des négociants.

Pierre Le Pesant de Boisguilbert

Baptisé le 17 février 1646 à Rouen[2], Pierre Le Pesant de Boisguilbert appartient à la noblesse de robe. Il est cousin de Corneille et certains, s'appuyant sur ses relations avec Vauban, en ont fait un lointain parent du maréchal. Il étudie le droit à Paris pour devenir magistrat. Désireux de connaître le même type de succès que Corneille, il s'essaie d'abord à la littérature mais en vain. Il s'aigrit assez vite et adhère au jansénisme. Cette adhésion est la marque d'un tempérament austère et du rejet amer de son époque. En particulier, il est très remonté contre l'impéritie des dirigeants politiques de la fin du règne de Louis XIV. Très imbu de lui-même et de ses idées, il fait néanmoins leur siège dans l'espoir de leur ouvrir les yeux. Il est reçu par certains ministres, comme Pontchartrain ou Chamillart, mais ne trouve aucun écho. Le seul à le prendre au sérieux est Vauban. Toutefois, Saint-Simon, intrigué par sa persévérance, en fait un portrait attendri dans ses célèbres mémoires.

Son activisme et son penchant à la critique finissent par agacer au point qu'une lettre de cachet l'exile en 1707 en Auvergne.

Son point de vue sur la situation du pays est plutôt radical. Dans un livre de 1695, *Détail de la France*, il décrit la France comme exsangue, incapable de fournir à Louis XIV, à son administration et à son armée l'équivalent de ce qu'elle fournissait à Henri III.

Il meurt en 1714, après avoir tenté une dernière fois de se faire entendre en diffusant l'essentiel de ses textes sous le titre apocryphe de *Testament politique de Vauban*. La reconnaissance ne viendra vraiment qu'au XIXe siècle. Dans les années 1840, Eugène Daire, qui supervise la première réédition de ses œuvres complètes, le surnomme dans la préface « Christophe Colomb de l'économie ».

Pour Boisguilbert, la France est victime de deux erreurs dans la définition de sa politique économique. La première, qu'il analyse dans un opuscule intitulé *De la nature des richesses, de l'argent et des tributs* (1707), est de croire que la richesse vient de l'accumulation d'or et d'argent. C'est l'erreur de Colbert et plus généralement des mercantilistes. Les

2. À l'époque, on connaît les dates de baptême des gens, mais pas leur date précise de naissance.

métaux précieux ne représentent rien par eux-mêmes, ils n'ont qu'un rôle, faciliter les échanges. **Ce qui est important, c'est la production de biens.** La seconde erreur est de croire que l'État peut résoudre les problèmes économiques, alors qu'en pratique, il étouffe la production en multipliant les règlements et en assommant d'impôts ceux qui travaillent.

Début de l'opuscule *De la nature des richesses, de l'argent et des tributs*[3]

Tout le monde veut être riche, et la plupart ne travaillent nuit et jour que pour le devenir ; mais on se méprend pour l'ordinaire dans la route que l'on prend pour y réussir. L'erreur, dans la véritable acquisition de richesses qui puissent être permanentes, vient premièrement de ce que l'on s'abuse dans l'idée que l'on se fait de l'opulence, ainsi qu'à l'égard de celle de l'argent. On croit que c'est une matière où l'on ne peut point pécher par l'excès, ni jamais, en quelque condition que l'on se trouve, en trop posséder ou acquérir ; l'attention aux intérêts des autres est une pure vision, ou des réflexions de religion qui ne passent point la théorie. Mais, pour montrer que l'on s'abuse grossièrement, qui mettrait ceux qui y sont dévoués si singulièrement en possession de toute la terre avec toutes ses richesses, sans en rien excepter ni diminuer, ne ferait-il pas les derniers des malheureux, s'ils ne pouvaient disposer du labeur de leurs semblables ? Et ne préféreraient-ils pas la condition d'un mendiant dans un monde habité ? Car premièrement, outre qu'il leur faudrait être eux-mêmes les fabricateurs de tous leurs besoins, bien loin de servir par là leur sensualité, ce serait un chef-d'œuvre si, par un travail continuel, ils pouvaient atteindre jusqu'à se procurer le nécessaire ; et puis, dans la moindre indisposition, il faudrait périr manque de secours, ou plutôt de désespoir. Et même sans supposer les choses dans cet excès, un très petit nombre d'hommes en possession d'un très grand pays, comme il est arrivé quelquefois par des naufrages, n'ont-ils pas été autant de malheureux, bien loin d'être autant de monarques ? Et il n'est que trop certain, par les relations espagnoles de la découverte du Nouveau Monde, que les premiers conquérants passèrent plusieurs années si misérablement leur vie, que,

3. On voit que soixante-dix ans avant Adam Smith, Boisguilbert vante les mérites de la division du travail et de l'échange.

outre que plusieurs moururent de faim, presque tous ne se garantirent de cette extrémité que par les aliments les plus vils et les plus répugnants de la nature. Ce n'est donc ni l'étendue du pays que l'on possède, ni la quantité d'or et d'argent, que la corruption du cœur a érigés en idoles, qui font un homme riche et opulent.

Pour accroître la richesse et le bien-être, Boisguilbert recommande deux choses.

La première est de créer un **impôt sur le revenu**, payé par tous. Il décompose la société en deux groupes :

- d'une part, les producteurs, groupe qui lui-même se hiérarchise, des utiles comme les paysans aux inutiles comme les comédiens ;
- d'autre part, les parasites, gens de Cour, hauts fonctionnaires, membres du clergé, en fait tous ceux qui tirent leur revenu et leur rang de l'État.

Par la création d'un impôt sur le revenu, les seconds cités deviendront des contribuables à part entière, ce qui allégera la charge des premiers et, de ce fait, les incitera à produire encore davantage.

La seconde mesure que préconise Boisguilbert est de **favoriser la concurrence**. Sa vision de la nature humaine repose sur ses lectures jansénistes, notamment les écrits de Pierre Nicole[4]. Selon ce dernier, l'homme déchu depuis le péché originel n'agit que selon son intérêt égoïste. Boisguilbert tire de cette notion des conséquences économiques assez originales. Pour lui, tout individu en situation de monopole perd le sens des limites ; rien ne l'arrête. Producteur, il réclamera des prix exorbitants. Consommateur, il n'hésitera pas à exiger la gratuité. En revanche, en situation de concurrence, de tels comportements sont impossibles. Chaque tentative de modification d'un prix exclut du circuit économique celui qui s'y essaie. **Ce que les économistes modernes appellent l'atomicité du marché garantit des prix stables**. Et qui dit stabilité dit production facilitée.

Boisguilbert est le premier économiste à expliciter et à affirmer de façon claire que la concurrence transforme la guerre des intérêts, en soi moralement condamnable, en équilibre, économiquement souhaitable.

4. Moraliste français (1625-1695), théoricien du jansénisme.

Signalons enfin que Boisguilbert initie une description dynamique de l'économie dans laquelle s'enchaînent dépenses des uns et bénéfices des autres. Certains analystes de l'histoire de la pensée économique en ont fait le précurseur de la notion de « multiplicateur » que développera par la suite Richard Kahn (voir chapitre 7).

1.2 *Richard Cantillon (v. 1680-1734)*

À l'époque où Boisguilbert disparaît, Richard Cantillon s'interroge de son côté sur les moyens de faire fortune. Il y parvient en spéculant sur le système de Law[5].

Richard CANTILLON

Richard Cantillon naît… vers 1680. Début imprécis d'une existence troublée. Irlandais, il appartient à une famille très attachée au catholicisme. Il se heurte jeune à l'anticatholicisme anglais et fuit en France en 1708. Après avoir fait fortune entre 1717 et 1720, il monte des « coups » financiers. En 1726, il est accusé de malversations multiples et s'enfuit. Il entame alors une vie errante. Elle s'achève à Londres le 14 mai 1734, dans des conditions étranges. Selon certains, son cuisinier, renvoyé pour indélicatesse, le tue puis incendie la maison pour masquer son crime. Selon d'autres, il aurait incendié lui-même sa maison dans le cadre d'une escroquerie à l'assurance et son cuisinier ayant fermé la porte par inadvertance, il serait mort brûlé vif. En tout état de cause, Cantillon aurait été oublié si Grimm (le chroniqueur du XVIIIe siècle, ami des Lumières) et Mirabeau (le père du révolutionnaire de 1789) ne lui avaient attribué un livre anonyme, paru en 1755 sous le titre *Essai sur la nature du commerce en général.*

---

5. John Law (1671-1729) est un financier plus ou moins aventurier d'origine écossaise. Après la mort de Louis XIV, le Régent fait appel à lui pour redresser les finances publiques. Il entreprend une vaste opération de monétisation de la dette fondée sur un échange des titres dette publique contre des actions d'une société – la Compagnie perpétuelle des Indes – chargée de mettre en valeur les colonies. La spéculation sur les actions de cette compagnie va déboucher sur un krach monumental en 1720. Law est obligé de fuir à Venise où il meurt. En 1726, le cardinal de Fleury met un terme définitif à l'expérience Law et redéfinit la monnaie métallique qui circule dans le royaume. Il mène une politique de redressement budgétaire pour contenir la dette publique.

Son *Essai sur la nature du commerce en général* contient ses réflexions sur l'économie, telle qu'il la voit après le succès puis la ruine de Law et de sa tentative de monétisation de la dette publique française. Ce livre se compose de trois parties.

Sur la production

Cette partie s'ouvre par un paragraphe célèbre :

> La terre est la source ou la matière d'où l'on tire la richesse ; le travail de l'homme est la forme qui la produit. La richesse en elle-même n'est autre chose que la nourriture, les commodités et les agréments de la vie.

Ce spéculateur averti défend la terre et le travail comme source réelle et objective de richesse. Si les thèses agricoles de Cantillon préfigurent celles des physiocrates, il les amende par une vision très moderne de « **l'entrepreneur** », qui rappelle celle qui sera développée par Say au XIXe puis par Schumpeter au XXe siècle. C'est même lui qui invente ce terme et lui donne son sens actuel. Bien qu'attaché à une vision agricole de la croissance, il conçoit un rôle spécifique et positif de l'entrepreneur face à celui du paysan ordinaire. Ce dernier se limite souvent à un travail répétitif, effectué dans le cadre contraignant des allégeances féodales. Animé par l'esprit de risque, le créateur d'entreprise défriche de nouvelles terres, transforme les produits agricoles, faisant de la laine et du lin des vêtements agréables à porter. Il invente un monde où se crée la croissance parce qu'il ose. L'entrepreneur est l'agent économique qui, bien qu'il n'ait pas la pleine certitude de trouver des débouchés, investit. Il est aux antipodes du monde de l'aristocratie, un monde qui vit dans la stagnation, un monde où chacun s'abandonne à la routine confortée par l'immobilisme social.

Sur la monnaie

Pour Cantillon, le prix des objets devrait tendre vers leur « valeur intrinsèque » qui est, précise-t-il, « à proportion de la terre et du travail qui entrent dans leur production ». Il complète son raisonnement en affirmant que le travail peut se mesurer en surfaces cultivées, car celui qui le fournit se nourrit et s'habille des produits de la terre. Conclusion : la terre détermine le prix. Les spécialistes de l'histoire de la pensée économique ont fait de Cantillon le théoricien de référence de la « valeur-terre ». Sa véritable originalité tient néanmoins à sa vision de la dynamique monétaire. Pour lui, comme pour beaucoup d'économistes depuis Nicolas Oresme ou Jean Bodin, une augmentation de la quantité de monnaie provoque indubitablement de l'inflation : elle modifie le niveau général des prix. Et comme les prix traduisent la valeur-terre des objets et que, fondamentalement, celle-ci ne change pas, on pourrait penser que la hiérarchie des prix reste identique. Or, dit Cantillon, il n'en est rien. Les monopoles profitent de la facilité monétaire pour augmenter leurs prix alors que les entreprises en concurrence en sont empêchées. De même, sur le plan géographique, les prix de la capitale s'élèvent car c'est souvent là que se concentrent les accumulations monétaires, alors que ceux des campagnes ne bougent pas. C'est ce que les économistes ont appelé l'« **effet Cantillon** » : le fait qu'un accroissement de la quantité de monnaie en circulation augmente les prix de façon non homothétique.

Sur le commerce extérieur

La troisième partie aborde le problème du commerce extérieur, central à l'époque, puisque les politiques mercantilistes se fondent sur une théorie de la balance commerciale. Pour Cantillon, un excédent extérieur accroît la quantité de monnaie disponible et donc l'inflation. Pour les contemporains de Cantillon en rupture avec la logique mercantiliste, comme le philosophe et économiste anglais David Hume, cette inflation annihile les vertus supposées de l'excédent extérieur. En effet, elle ramène naturellement à l'équilibre courant. La hausse des prix rend le pays moins compétitif et lui fait perdre des débouchés à l'export, ce qui fait disparaître de fait l'excédent recherché. Bien que peu favorable au mercantilisme de stricte facture, Cantillon conteste l'automaticité d'un tel raisonnement, pour deux raisons :

- D'abord, il se peut que les prix des biens exportés comptent parmi ceux qui restent stables malgré l'inflation (rappelons que, selon lui, tous les prix n'augmentent pas au même rythme : c'est « l'effet Cantillon »...).

- Ensuite, en cas de hausse des prix à l'export, les termes de l'échange s'améliorent : chaque bien vendu à l'étranger rapporte plus, ce qui gonfle l'excédent commercial avant que les débouchés ne commencent à se réduire.

Au cours de son examen de la balance commerciale, comme incidemment, Cantillon introduit des notions très modernes sur la gestion et la nature de la monnaie. Détaillant les facteurs d'augmentation de la masse monétaire, il constate que les banques peuvent, à travers leurs prêts, créer sans limites de la monnaie fiduciaire. Dès lors, il préconise la création d'une « **banque générale** » – notre banque centrale – chargée de gérer la dette publique et d'encadrer l'endettement privé.

Conservateur quand il défend l'agriculture, Cantillon est précurseur sur l'entrepreneur et la monnaie, au point que William Stanley Jevons, réformateur néoclassique (voir chapitre 5) qui s'est plu à critiquer ses prédécesseurs classiques des XVIIIe et XIXe siècles, l'a jugé plus digne qu'Adam Smith de porter le titre de fondateur de la science économique.

1.3 Sébastien Le Prestre de Vauban (1633-1707)

Le dernier des précurseurs français de la rupture du XVIIIe siècle avec le mercantilisme est le maréchal Vauban.

Lorsqu'il meurt, le 30 mars 1707, il vient de publier un livre retentissant, *La Dîme royale*, un texte fiscal dont Joseph Schumpeter a écrit qu'il « atteint des sommets rarement égalés ». Si les évocations de Vauban se concentrent en général sur son œuvre militaire, il serait injuste d'oublier cet ouvrage, auquel il est d'ailleurs fait référence sur le monument à la mémoire de Vauban que Napoléon Ier fit ériger aux Invalides en 1808.

Vauban

Né en 1633 en Bourgogne, Vauban appartient à une famille pauvre récemment anoblie. Il est élevé seul par un curé de campagne. Adulte, il n'entretient que des relations formelles avec son épouse, au point d'exiger son absence au mariage de leur fille cadette qui est très proche de lui. Au point aussi de prévoir dans son testament le versement de sommes significatives à ceux qu'il estime pouvoir considérer à coup sûr comme ses enfants naturels. Cette vie privée désorganisée est celle d'un solitaire qui parcourt le pays de long en large et consacre son temps libre à écrire. Il consigne ses idées dans *Mes oisivetés*, une série de textes qui portent sur de multiples sujets, allant de la construction militaire à l'élevage de porcs et au recensement de la population. Il rédige *La Dîme royale* en 1698. Par prudence, il en diffère la publication. Le roi lui en veut depuis la parution, en 1689, d'un *Mémoire sur le rappel des huguenots* qui conseille, quatre ans après la révocation de l'édit de Nantes, de le rétablir. Fait maréchal en 1703, en retrait de la vie militaire, Vauban se sent plus libre en 1707 et laisse donc paraître *La Dîme royale*, où il essaie d'établir le moyen de fournir à l'État un maximum de ressources.

Le raisonnement de Vauban rappelle celui d'économistes plus récents comme Arthur Laffer : un impôt trop faible handicape l'État, un impôt trop fort handicape l'économie, si bien qu'il y a dans toute société un taux optimal d'imposition. Concluant la préface de son livre, il résume sa philosophie : il existe « une obligation naturelle aux sujets de toutes conditions de contribuer à proportion de leur revenu ou de leur industrie sans qu'aucun d'eux s'en puisse raisonnablement dispenser ». Il ajoute que « l'exemption de contribution est injuste et abusive ».

Le système de Vauban considère donc l'impôt efficace comme un impôt direct sur le revenu, payé par tous. Vauban propose en conséquence un prélèvement systématique sur la production, à un taux progressif variant de 5 à 10 %. Il complète ce dispositif par une réforme de la gabelle, impôt sur le sel devenu absurde au fil du temps. Il prévoit enfin des impôts « moraux », sur les perruques notamment, car le plaisir d'ostentation mérite sanction.

Sa proposition de réforme se heurte à plusieurs critiques :

- Celle, sourde, des privilégiés qui ne paient pas d'impôts, nobles prétendant servir l'État sans avoir à l'entretenir.
- Celle, plus personnelle, de Chamillart, l'intendant général des Finances de l'époque. Nommé pour avoir su gérer au mieux ses parties de billard avec le roi (il perd toujours, mais sans que sa défaite ne soit trop rapide, donnant ainsi au roi l'impression d'une victoire acquise de haute lutte), il déteste Vauban pour des raisons familiales. En 1707, l'Europe est

déchirée par la guerre de Succession d'Espagne. Le gendre de Chamillart, M. de La Feuillade, le créateur de la place des Victoires à Paris, mène le siège de Turin. De façon catastrophique, clame Vauban…

- Celle, enfin, des services de Chamillart qui attirent l'attention sur la faiblesse intrinsèque de son système : Vauban prévoit en effet que les 10 % prélevés par l'État le seront en nature. Il imagine des greniers où le fisc entreposerait 10 % des récoltes et s'en déferait au fur et à mesure de ses besoins. Au lieu de percevoir l'impôt en espèce et de gérer une trésorerie monétaire, l'État réinventerait le troc et se ferait régulateur des marchés agricoles !

Les conclusions de La Dîme royale

« Je reviens au sujet de ce discours ; et, comme il n'est fait que pour inspirer, autant qu'il m'est possible, la modération dans l'imposition des revenus de Sa Majesté, il me semble que je dois commencer par définir la nature des fonds qui doivent les produire tels que je les conçois.

Suivant donc l'intention de ce Système, ils doivent être affectés sur tous les revenus du royaume, de quelque nature qu'ils puissent être, sans qu'aucun en puisse être exempt, comme une rente foncière mobile, suivant les besoins de l'État, qui serait bien la plus grande, la plus certaine et la plus noble qui fût jamais, puisqu'elle serait payée par préférence à toute autre, et que les fonds en seraient inaliénables et inaltérables. Il faut avouer que si elle pouvait avoir lieu, rien ne serait plus grand ni meilleur ; mais on doit en même temps bien prendre garde de ne la pas outrer en la portant trop haut. »

Le « Système » dont il est question, c'est la dîme royale. Dans ces quelques lignes, on voit le souci de justice qui passe par la généralisation de l'impôt, on voit poindre le « trop d'impôt tue l'impôt ». Mais on voit aussi que Vauban, en affirmant que l'impôt doit être payé en priorité, ignore le rôle anticyclique de la politique budgétaire. Pour lui, l'État doit s'assurer des recettes stables et régulières. Pour l'économiste moderne, l'État doit assurer une croissance stable et régulière. Nous avons progressé par rapport à Vauban… (c'est rassurant !).

Le XVIIIe siècle dépassera cette dernière critique, pourtant fondée pour s'opposer à l'idée de l'impôt direct, préférant une combinaison d'impôts indirects (qui ont la faveur de Montesquieu ou d'Adam Smith) et d'impôt sur le capital (défendu par les physiocrates). Le XVIIIe est d'ailleurs assez hostile à Vauban. Non seulement Voltaire attribue *La Dîme royale* à Boisguilbert, mais Laclos (l'auteur des *Liaisons dangereuses*) se gausse de ce défenseur des finances publiques dont les forteresses ont épuisé le Trésor public. « Qui pourra louer M. de Vauban coûtant à la France plus de la moitié actuelle de la dette de l'État pour laisser à découvert une partie de ses frontières et ne donner à l'autre que de faibles défenses ? », écrit-il en 1787 dans *Sur l'éloge de Vauban* !

Voltaire, dans son conte *L'Homme aux quarante écus* (1768), qui rassemble l'essentiel de sa pensée économique, attribue *La Dîme royale* à « un Boisguilbert »…

L'idée que Boisguilbert en soit l'auteur repose sur la similitude de ses thèses avec celles de Vauban. De plus, les exemples du livre de Vauban sont pris en Normandie. Et Boisguilbert est normand.

1.4 *Jean-François Melon (1675-1738) et Charles Dutot (1671-?)*

Signalons encore deux auteurs du début du XVIIIe siècle qui mettent également la situation des finances publiques au centre de leur réflexion.

Jean-François Melon (1675-1738), magistrat né à Tulle ayant surtout exercé au parlement de Bordeaux, est secrétaire de John Law au moment où celui-ci mène sa politique de monétisation de la dette publique. Dans *Essai politique sur le commerce* (1734), il énonce la célèbre formule selon laquelle, par le biais de la dette publique, le pays se prête à lui-même. Il amorce le raisonnement – toujours d'actualité – qui veut que la dette n'est pas un transfert d'une génération à l'autre, mais d'un groupe social (les contribuables) vers un autre (les rentiers) qui perçoit les intérêts versés sur la dette[6].

Défendant au départ une vision très colbertiste du mercantilisme, Melon affiche pourtant l'idée que le but de l'économie n'est pas la puissance de l'État mais le bien-être des habitants. Il s'interroge en particulier sur les pertes de pouvoir d'achat subies par les consommateurs du fait des droits de douane. Son œuvre est aujourd'hui peu étudiée, notamment

6. Nous reviendrons sur ce mécanisme dans l'analyse de l'équivalence ricardienne, souvent intitulée « théorème de Melon-Ricardo-Barro » (voir chapitres 3 et 10).

parce qu'elle comporte une défense de l'esclavage aux Amériques, banal à l'époque mais en soi condamnable.

Charles Dutot (1671- ?), qui appartient à l'administration des finances de Louis XV, fait une réponse au livre de Melon. Il publie en 1735 ses *Réflexions politiques sur les finances et le commerce*, dans lesquelles il insiste sur le fait que concentrer l'analyse sur l'État, la dette publique, la quantité de monnaie en circulation revient à passer à côté de l'essentiel, la création de richesse par le travail de tout un chacun. En particulier, il reprend la vieille idée d'Oresme et des franciscains du XIVe siècle selon laquelle la monnaie sert aux marchands et doit échapper au souverain : la page mercantiliste se tourne…

2. Les physiocrates

Étymologiquement, « physiocratie » signifie « gouvernement de la nature ». L'expression est inventée par Pierre Samuel Dupont de Nemours (1739-1817), un des représentants les plus actifs du mouvement. Elle correspond à l'idée que les physiocrates ne prétendent pas imposer un carcan artificiel à la réalité, mais comprendre la nature pour, en se soumettant à ses règles, améliorer la société.

Le mouvement, qui au début se qualifie de groupe des « économistes » et que ses adversaires qualifient de secte, joue un rôle fondateur dans la science économique bien que son influence réelle et sa production intellectuelle aient été limitées dans le temps.

2.1 L'organisation physiocratique

L'heure de gloire de la physiocratie commence en 1758 avec la publication du *Tableau économique*, le livre majeur de François Quesnay, et s'achève plus ou moins en 1776 avec l'échec de Turgot et la publication de *La Richesse des nations*, d'Adam Smith. Outre leur pensée, la force des physiocrates tient à quatre éléments :

- Ils sont français et publient en français à une époque où la culture française domine le monde occidental.

- Ils sont une véritable organisation, qui se réunit tous les mardis soir chez son fondateur et chef de file, Quesnay, pour débattre de l'actualité.
- Ils éditent un journal, les *Éphémérides du citoyen ou chronique de l'esprit national*, qui diffuse abondamment leurs idées. Ce journal, qui paraît entre 1765 et 1772, sort deux fois par semaine (le lundi et le vendredi). Les rédacteurs en chef en sont successivement Nicolas Baudeau (1730-1762) et Pierre Samuel Dupont de Nemours, deux des esprits les plus en vue de la physiocratie. Dupont en fait une revue d'une incroyable richesse, qui réussit à être diffusée en dehors de Paris. Le journal est même vendu à Limoges (où Turgot est intendant) et à l'étranger (Genève et Avignon principalement). Il se heurte à un problème : la minutie extrême de Dupont fait que le journal paraît souvent en retard. La physiocratie s'exprime aussi dans une autre publication à partir de 1765, le *Journal de l'agriculture, du commerce et des finances*, avec comme premier rédacteur en chef le très actif Dupont.
- Leur réseau de relations est vaste et efficace. Quesnay, barbier (c'est-à-dire chirurgien) puis médecin de Louis XV, a ses entrées à la Cour. Il est proche de Mme de Pompadour et réside au château de Versailles jusqu'à la mort du roi. Il fréquente Diderot et d'Alembert et rédige certains articles de l'*Encyclopédie*.

François QUESNAY

Né le 4 mars 1694, Quesnay vient tard à l'économie. Après avoir exercé divers métiers, il devient à l'instar de Figaro, le héros de Beaumarchais, barbier, c'est-à-dire entre autres chirurgien chargé d'opérer les saignées. Son habileté manuelle et sa mesure (il retire en fait très peu de sang des malades, ce qui évite les drames) font vite sa réputation et, dès 1723, il est chirurgien royal. Observateur de la circulation sanguine dans le corps, il s'en inspire pour théoriser la circulation des biens dans l'économie. Il prend une dimension mondaine essentielle lorsqu'il devient chirurgien du Roi – un poste de confiance car on manie des instruments dangereux en la présence du monarque – puis dans la foulée médecin.

De son enfance rurale, il conserve un attachement au monde paysan et, comme Boisguilbert et Vauban avant lui, s'interroge sur le paradoxe qui fait de la France, réputée à l'avant-garde du monde, un pays misérable. Il s'introduit dans le monde des Encyclopédistes comme rédacteur d'articles sur l'agriculture, notamment l'article « Fermier » (1756). Son œuvre majeure est le *Tableau économique* de 1758.

À la fin de sa vie, il se passionne pour les mathématiques, cédant à la mode de la fin du XVIIIe siècle. Comme l'écrivit d'Alembert, « Il eut le malheur de trouver à la fois la trisection de l'angle et la quadrature du cercle », résolvant ainsi deux problèmes mathématiques qui sont au centre des recherches mondaines de son époque mais que l'on sait aujourd'hui insolubles…

Il meurt le 16 décembre 1774, quelques mois après Louis XV.

2.2 La méthode physiocratique

La force intellectuelle de la physiocratie et de Quesnay est de développer une méthode qui se veut scientifique. Elle comprend quatre phases :

1. une analyse de la réalité économique qui conduit à l'énoncé d'une théorie, ensemble de lois générales s'appliquant en tout temps et en tout lieu ;
2. une vérification expérimentale de la théorie par l'analyse historique des sociétés ;
3. à partir de la théorie et de sa vérification historique, la définition d'un ensemble de recommandations propres à résoudre les problèmes qui se posent aux pouvoirs publics, notamment celui de la dette de l'État ;
4. un exposé pédagogique auprès du grand public à travers livres et articles de revue, de façon à obtenir à la fois la volonté des décideurs d'agir dans le sens des recommandations et l'adhésion de la population pour qu'elle ne s'oppose pas frontalement aux décisions économiques.

Il s'agit toujours bel et bien d'« économie politique » puisque le but ultime est de fournir des éléments d'orientation à la politique économique pour permettre un redressement des finances publiques. Mais cette économie politique va au-delà de l'immédiateté et passe par une réflexion très élaborée sur l'origine des moyens dont l'État peut disposer. Quesnay et ses disciples, qui parlent pour la première fois de façon systématique de « science économique », élargissent le champ de l'économie politique pour en faire un corpus de connaissances sur la création de richesse.

La formule clé de la physiocratie résume cette nouvelle approche :

> Pauvres paysans, pauvre royaume ; pauvre royaume, pauvre roi.

Par cette phrase Quesnay définit ce que doit être et ce que sera l'économie politique, à savoir une réflexion en amont sur la richesse pour donner aux décideurs publics les outils dont ils ont besoin pour gérer au mieux l'État.

2.3 *La théorie physiocratique*

La théorie des physiocrates s'organise autour de quatre idées majeures.

L'existence d'un ordre naturel

Cette idée signifie que la société n'est pas condamnée irrémédiablement à la souffrance, au manque, à la quête permanente et désespérée d'un minimum de bien-être. Si les physiocrates ne contestent pas le fait que l'homme est coupable du péché originel, ils affirment que le travail, qui est la traduction de sa punition, peut être aussi un moyen d'améliorer la condition humaine. Le travail n'est ni exclusivement un malheur qui accable les hommes, ni une fuite – comme le pense Pascal – pour oublier la dure réalité, mais un effort, l'expression d'un intérêt qui change la vie et accroît la richesse individuelle et collective pourvu qu'il soit accompli en conformité avec les exigences de la nature. C'est la nature qui est la référence, d'où le nom de « physiocratie ».

L'ordre naturel justifie également la dimension scientifique de leur démarche. C'est parce qu'il y a un ordre naturel qu'il y a des lois économiques, que les physiocrates se proposent d'énoncer et de démontrer. Parmi les composantes de l'ordre naturel, il y a la propriété. L'homme a dans son caractère le besoin de posséder et c'est en respectant la propriété, en en faisant un droit, que l'on respectera l'ordre naturel.

Le produit net

La deuxième idée est que la richesse se construit si d'abord on identifie correctement lesdites lois de la nature, avant de s'y soumettre. Et cette soumission s'accomplit parfaitement grâce à l'agriculture. Les travaux des champs conduisent en effet à l'apparition de ce que les physiocrates appellent un produit net. Ce produit net est la différence entre la récolte finale, d'une part, et la semence initiale puis l'entretien pendant un an du paysan et de ses employés, d'autre part.

Physiocratie et classes sociales

Pour les physiocrates, la société se divise en trois classes :

- La classe productive que sont les paysans : c'est elle qui permet l'émergence du produit net.
- La classe stérile, celle des commerçants et des artisans ou industriels, qui se contente soit de transférer de la richesse d'un lieu à un autre ou d'un individu à un autre (les commerçants), soit de transformer l'aspect de cette richesse (les artisans).
- La classe des propriétaires, essentiellement la noblesse et l'Église : ceux-ci mettent à disposition des paysans l'outil de production fondamental qu'est la terre et, bénéficiaires du droit de propriété, ils ont aussi des devoirs, le principal étant de ne pas abandonner leur terre à la jachère.

Derrière cette vision de la création de la richesse par la multiplication des grains, il y a une dimension quasi religieuse. Ce qui fait la force de l'agriculture, c'est qu'elle convertit le soleil en produits de consommation courante. L'origine de la croissance économique réside, pour parler en termes modernes, dans l'énergie. À mi-chemin entre une déification païenne du soleil et une analyse scientifique du rôle de l'énergie, la physiocratie est la première à dégager la croissance d'un trop fort anthropocentrisme : la croissance ne se résume ni à la capacité monétaire de l'État, ni à la capacité de travail de la population. Elle nécessite, en plus de l'action de l'homme, un apport extérieur d'énergie que lui fournit la nature. Dans les années 1780, Dupont de Nemours insiste sur le rôle du soleil dans la création de richesse. Et au soleil d'aujourd'hui, il ajoute celui d'hier – ou plutôt d'avant-hier –, transmis à l'homme par le charbon.

Une défense originale du libre-échange

La troisième idée est que les paysans peuvent être incités à accroître le plus possible leur récolte s'ils disposent d'une demande maximale, qui dépend de la dimension de leur marché et donc de la liberté qui leur est donnée de l'étendre. Les physiocrates sont des théoriciens de la circulation des richesses. Ils sont favorables à la liberté de circulation (au « laissez faire, laissez passer »). Et ce non seulement au niveau d'un pays, mais aussi au niveau mondial.

Leur défense du libre-échange repose sur une logique originale au sens où elle est l'inverse de celle développée au XIXe siècle. En effet, au XIXe siècle et encore aujourd'hui, on présente le libre-échange comme un moyen de baisser les prix et de favoriser le consommateur en lui donnant accès à des produits à bas coûts. Pour les physiocrates, le libre-échange fait monter les prix et favorise les producteurs en leur donnant accès à des marchés plus vastes, à des acheteurs plus nombreux qu'ils peuvent mettre en concurrence. Cette hausse des prix est une bonne chose car elle récompense le dynamisme des agriculteurs. Quesnay résume la situation dans une de ces formules frappantes dont il a le secret :

> Abondance et bon marché n'est pas richesse ; disette et cherté est pauvreté ; abondance et cherté est opulence.

Position paradoxale qui fait de la physiocratie une ébauche d'une vision par l'offre de l'économie. Alors que la concurrence est vue aujourd'hui comme un moyen de favoriser le consommateur en forçant le producteur à baisser ses prix, elle est vécue à l'époque comme la possibilité pour le producteur d'élargir ses débouchés et de recueillir des revenus supplémentaires, qu'il convertit en investissement et en amélioration du processus de production.

Le « zigzag » des physiocrates

La dernière idée chère aux physiocrates, et que leur vision de la concurrence illustre d'une certaine manière, est que l'on retire des bénéfices de la circulation des biens. Quesnay est un chirurgien et il a réfléchi au rôle du sang dans le corps. Pour lui, les marchandises circulent dans le pays comme le sang. Son tableau économique décrit cette circulation. Dans le schéma qui la représente, des flèches décrivent le parcours des biens d'une classe sociale à l'autre : c'est le « zigzag des physiocrates ». La description de la circulation des biens imaginée par Cantillon anticipe, à bien des égards, celle de Quesnay.

2.4 *Les recommandations physiocratiques*

Ordre naturel, produit net, liberté du commerce et zigzag fondent les quatre recommandations de politique économique des physiocrates :

- La première est plutôt institutionnelle. La nature a fait les hommes différents les uns des autres. Un bon gouvernement est celui qui respecte les talents et confie le pouvoir aux plus capables. Les physiocrates croient aux vertus d'une **société aristocratique**, au sens étymologique du terme, c'est-à-dire une société où le pouvoir appartient aux meilleurs. Ils prennent comme exemple la Chine[7], dont les dirigeants sont sélectionnés selon une procédure très stricte de concours qui permet d'identifier à la fois leur capacité intellectuelle et leur sens du service public. Au-delà, les physiocrates sont les défenseurs du « despotisme éclairé », même si les « despotes éclairés » sont souvent mercantilistes (voir chapitre 1)[8].
- La deuxième porte sur la concurrence. Puisque plus les marchés sont vastes, meilleure est la situation économique, les physiocrates souhaitent **abolir toutes les restrictions à la circulation des biens**, y compris sous forme fiscale. Ils réclament l'abolition des douanes, intérieures et extérieures.
- La troisième est la conséquence de la précédente. Ayant supprimé toute fiscalité sur la circulation, l'État doit établir une fiscalité sur ce qui, par essence, ne bouge pas, c'est-à-dire la terre. La fiscalité optimale est une

7. La Chine était très à la mode au XVIIIe siècle. On ne compte pas le nombre incroyable de récits de voyage qui, à l'époque, en font un modèle et lui prédisent un avenir de puissance dominante. Deux siècles et demi plus tard, l'histoire se répète…
8. À l'époque, personne n'emploie l'expression de « despotisme éclairé ». Elle n'apparaît qu'au XIXe siècle, d'abord en Allemagne, puis se généralise parmi les historiens européens.

fiscalité sur la propriété foncière, qui a deux avantages : le premier est de taxer la source même de la richesse et donc d'être directement corrélé au processus économique ; le second est d'inciter les propriétaires à mettre en culture leurs domaines. En effet, avec une fiscalité sur le capital (ici, foncier), quiconque laisse à l'abandon ce qu'il possède est dans l'incapacité de payer ses impôts et doit vendre, pour faire face aux exigences de l'État, à quelqu'un de plus compétent et dynamique. Dans cette logique, l'impôt cesse d'être punitif pour être incitatif. Il doit néanmoins rester modéré et Quesnay plafonne le taux d'imposition : il ne doit pas dépasser 30 %. Concrètement, il propose de façon immédiate un impôt d'au plus 30 % sur les loyers perçus par les propriétaires terriens, donc en pratique un impôt sur le revenu du capital plus que sur le capital lui-même.

- La quatrième stipule qu'il est inutile, pour ne pas dire vain, de chercher systématiquement un excédent commercial pour accroître la quantité de monnaie en circulation. Le Mercier de la Rivière (1720-1794) le dit sans ambages : « Plus l'argent se multiplie, plus il perd de sa valeur vénale. » Accroître la quantité de monnaie conduit à l'inflation. **L'outil monétaire ne favorise pas la croissance.** Cette position légitime la démarche des physiocrates puisqu'elle condamne explicitement le mercantilisme de leurs prédécesseurs. Les physiocrates écrivent et agissent parce qu'à leurs yeux le mercantilisme est une impasse et qu'il faut trouver autre chose pour gérer au mieux l'État.

3. La physiocratie en action

Cette nécessité de définir une politique économique efficace se fait cruellement sentir après la guerre de Sept Ans (1756-1763). La France vaincue sort très endettée du conflit et l'administration s'apprête à procéder, comme au XVIIe siècle, à des annulations de dettes.

Constatant néanmoins que le Trésor britannique obtient des taux d'intérêt bien inférieurs à ceux de la France parce qu'il honore systématiquement ses engagements, certains responsables français proposent de mener une politique de réforme permettant d'éviter la banqueroute partielle.

En 1763, Jean-Baptiste Bertin (1719-1792)[9] prépare une libéralisation du commerce des grains selon la logique des physiocrates. Il justifie sa démarche dans un court texte où, pour la première fois peut-être depuis la création de la monarchie française, de façon explicite, un haut fonctionnaire royal explique qu'il n'est pas du ressort de l'État d'assurer le niveau de vie de la population. En juillet 1764, son successeur, François de Laverdy (1723-1793), fait publier l'édit de Compiègne qui organise une libéralisation partielle de la circulation du blé. En 1768, la hausse du prix du pain le contraint à la démission. Il sera accusé sous la Terreur d'avoir voulu affamer le peuple pour le plus grand profit des agioteurs – on parle d'un « pacte de famine » – et guillotiné.

En 1770, l'abbé Terray, devenu contrôleur général des Finances, met un terme à ce type de politique. Il rétablit la gestion administrative de la distribution des céréales et procède à des annulations de dettes.

3.1 *Anne Robert Jacques Turgot (1727-1781)*

La mort de Louis XV remet les physiocrates en selle. Voltaire, par exemple, qui a perdu beaucoup d'argent dans les annulations de Terray, milite pour le candidat de la « secte des économistes », à savoir Turgot. Celui-ci est à la fois un théoricien de l'économie et un haut fonctionnaire qui symbolise une politique économique de réforme.

TURGOT

Anne Robert Jacques Turgot naît le 10 mai 1727 à Paris. Son père, noble de robe, est un homme d'affaires connu et respecté qui devient prévôt des marchands, un poste qui serait aujourd'hui un mélange de maire de Paris et de président de la chambre de commerce. Turgot appartient à une vieille famille normande. Un de ses ancêtres a mené en tant que magistrat l'enquête sur les agissements de Montchrestien, le « premier » économiste (voir notre introduction). Un autre a été le procureur du procès intenté à Vauban pour la publication de *La Dîme royale* : l'économie politique fait partie de la saga familiale…

9. Bertin partage avec les physiocrates un amour inconditionnel de la Chine. C'est lui qui supervise l'édition des œuvres du père Amiot, un jésuite célèbre qui a longtemps séjourné en Chine et dont les livres servent de référence en la matière, encore aujourd'hui.

Le jeune Turgot, timide et réservé, est un élève brillant, qui se destine à la vie ecclésiastique. Mais, en 1751, après la mort de son père, il abandonne l'Église pour la magistrature. Déjà auteur de textes théologiques et philosophiques, il élargit ses réflexions, notamment vers l'économie. Il est remarqué par Vincent de Gournay, un haut fonctionnaire qui l'introduit à la cour et parmi les cercles économiques dominés par la physiocratie.

En 1760, très affecté par la mort de Vincent de Gournay (1712-1759), il s'éloigne de Versailles pour devenir intendant à Limoges, poste qu'il occupe de 1761 à 1774. Gestionnaire, il continue toutefois à écrire. Il tient une chronique dans les *Éphémérides du citoyen* ; il correspond avec de nombreux philosophes, dont l'Anglais David Hume qui lui conseille de réunir ses articles sous forme de livre (ce qui donnera en 1770 les *Réflexions sur la formation et la distribution des richesses*) et lui présente un de ses amis… Adam Smith.

En 1774, Louis XVI le nomme contrôleur général des Finances, poste qu'il occupe jusqu'en 1776. Il est un des rares parmi le groupe de penseurs des Lumières à exercer directement une fonction administrative. Quand il meurt en 1781, ses réformes ont été rapportées, à l'exception notable de la Caisse d'escompte. De son œuvre, il reste des idées reprises et popularisées par Adam Smith, et sa lettre de démission de 1776 où il dit au roi que c'est la faiblesse qui a mis la tête de Charles Ier d'Angleterre sur le billot. Il y écrit aussi que, parmi les faiblesses les plus coupables, il y a l'acceptation d'un déficit budgétaire durable. Chaque visiteur du directeur du Budget à Bercy peut prendre connaissance de ce texte, affiché dans son antichambre, histoire de rappeler quelques vérités utiles.

La théorie de l'épargne

Si Turgot est souvent assimilé à la physiocratie, sa pensée fait plus précisément la transition entre celle-ci et le libéralisme. Son véritable inspirateur est Jacques Vincent de Gournay[10]. Ayant créé une maison de commerce en Espagne, Vincent de Gournay regagne la France en 1749 et achète une charge de magistrat. Il publie des articles, traduit

10. Vincent est son nom de famille, Gournay le nom de son domaine.

Josiah Child en français et défend le libéralisme économique de façon si soutenue que, rappelons-le, beaucoup lui attribuent la formule « Laissez faire, laissez passer ». Turgot est son ami et disciple.

Des physiocrates, Turgot retient l'idée que la croissance économique repose sur l'agriculture. C'est de la capacité de la terre à fournir une récolte supérieure aux semences que naît l'accumulation de richesses. Aussi l'État doit-il libérer le prix du blé, de façon à en couvrir les coûts de production et à permettre aux agriculteurs de dégager les moyens d'améliorer les rendements.

Mais Turgot s'éloigne d'eux par son approche de l'épargne. Pour lui, celle-ci ne se limite pas à la mise de côté par les paysans d'une partie de leur récolte pour constituer les semences. L'épargne ne peut se limiter à une fraction du produit net agricole. Il considère que ce serait **une erreur d'ignorer le monde industriel en train de naître et le travail qui s'y accomplit**. Or, l'industrie émergente se caractérise par l'utilisation de l'épargne comme moyen de financer l'investissement. L'épargne sert selon Turgot à trois choses :

- l'acquisition de terres, par laquelle l'épargnant cherche un revenu stable, une rente ;
- le prêt à intérêt, qui aide des emprunteurs momentanément en difficulté et fournit au prêteur un revenu sans réel travail ni risque, qui constitue également une rente ;
- une forme nouvelle, en pleine expansion en cette fin du XVIIIe siècle : l'achat de machines, c'est-à-dire la réalisation d'un investissement.

De ce schéma, il tire trois conclusions :

- L'épargne ne doit pas être confondue avec la thésaurisation et accusée de diminuer la demande. Chaque opération d'épargne fournit un revenu à quelqu'un (le vendeur du terrain, l'emprunteur, le fabricant de machines) qui le dépense pour subvenir à ses besoins.
- Puisque l'épargne a plusieurs emplois, son impact économique varie. Seule la troisième utilisation ci-dessus est porteuse car source de richesses futures. La politique économique doit chercher à la favoriser. En particulier, l'État doit cesser d'emprunter pour arrêter d'absorber une épargne mieux employée ailleurs.

- Enfin, le taux d'intérêt est un prix établi par la confrontation de l'offre et de la demande sur le marché entre prêteurs et emprunteurs, parmi lesquels le poids de l'État est considérable. Concrètement, c'est le niveau de déficit budgétaire qui fixe le taux d'intérêt et, de ce fait, pénalise l'investissement.

Turgot est ainsi le premier à formaliser ce que la théorie économique va appeler par la suite « **l'effet d'éviction** » (voir chapitres 7 et 8).

La politique monétaire

La théorie de l'épargne de Turgot détermine ses idées sur la monnaie. La monnaie sert avant tout à l'expression des prix. Leur hiérarchie reflète à long terme celle des coûts (ce qu'il appelle les **prix fondamentaux**, expression que l'on trouve également chez certains physiocrates comme Baudeau ou Le Trosne). Mais à court terme, les échanges se font en fonction des besoins et des envies des acheteurs sur la base d'un prix courant qui oscille autour du prix fondamental[11].

En matière monétaire, Turgot est favorable à une politique très stricte, conforme à sa vision de l'épargne. L'investissement est une avance qui ne débouche pas sur une production immédiate. Cette avance est un versement fait par l'investisseur au vendeur de machines. Ce dernier ne l'accepte que s'il reconnaît à la monnaie reçue une valeur intrinsèque. C'est pourquoi la monnaie ne peut être constituée que de métaux précieux gérés par un organisme indépendant, échappant aux tentations de rognage et d'altération des États impécunieux.

Les réformes de Turgot

Nommé contrôleur général des Finances en 1774, il entame alors un programme ambitieux de réformes. Il relance la libéralisation du commerce des grains, et la complète par une politique systématique d'ouverture des marchés. Ainsi, il allège les contraintes sur le marché du travail en supprimant la corvée et les jurandes (corporations professionnelles).

11. Cette conception des prix, où l'utilité des biens joue un rôle, deviendra par la suite le fondement du marginalisme (voir chapitre 5).

Pour ce qui est de la gestion de l'État, il entreprend de diminuer le déficit budgétaire en réduisant les dépenses. Pour lui, augmenter les recettes ou annuler une partie de la dette auraient l'effet inverse du résultat attendu. Les impôts supplémentaires conduiraient à une baisse de la production, les dettes annulées à une hausse des taux d'intérêt. Pour gérer la dette, il crée en mars 1776 une Caisse d'escompte, conçue sur le modèle de la Banque d'Angleterre et dont le rôle est d'être le banquier de l'État, et surtout son prêteur en dernier ressort. Il veut montrer aux financiers que les banqueroutes appartiennent au passé et que plus jamais l'État ne trahira sa parole financière. S'il s'inspire en l'occurrence de l'exemple anglais, c'est que la Banque d'Angleterre permet au Trésor britannique de disposer de taux d'intérêt très largement inférieurs à ceux qui se pratiquent en France. Il impose que cette Caisse soit privée et indépendante du pouvoir royal. Le premier dirigeant en est le banquier genevois Panchaud, qui manie habilement souplesse et fermeté dans le financement du déficit. Il finance les fins de mois du Trésor en 1783 et 1787, mais exige alors une réforme fiscale. La Caisse fera partie de ceux qui demanderont la réunion des États généraux pour que la France règle, une fois pour toutes, ses problèmes de déficit.

Turgot complète son programme de baisse des dépenses publiques par la création de nouveaux services publics, susceptibles d'apporter des ressources à l'État. Il réorganise ainsi les transports en commun en créant un système de véhicules légers reliant les grandes villes du royaume à Paris, les « turgotines ».

Une mauvaise récolte combinée à la spéculation provoque en 1775 un début de pénurie de blé qui débouche sur des émeutes : c'est la « **guerre des Farines** ». Plusieurs groupes se liguent pour réclamer son départ : les partisans de l'ordre effrayés par les troubles, les conservateurs qui peuplent la cour et l'administration, la reine, mais aussi le prince de Conti qui joue les hommes éclairés et protège Rousseau. Ils obtiennent gain de cause en 1776.

3.2 *Condorcet (1743-1794)*

Seul véritable disciple de Turgot, Condorcet a contribué à l'économie sur deux sujets.

CONDORCET

Marie Jean Antoine Nicolas de Caritat, marquis de Condorcet, naît le 17 septembre 1743 à Ribemont, dans l'Aisne. Il a à peine un mois quand son père meurt accidentellement. Éduqué par un tuteur jésuite, il termine ses études au collège de Navarre à Paris, ancêtre indirect de l'École polytechnique. Membre de l'Académie des sciences et de l'Académie française, scientifique, écrivain et philosophe, il est le disciple et ami de l'économiste Turgot et du mathématicien d'Alembert.

Candidat malheureux aux États généraux en 1789, il est élu à l'Assemblée législative en 1791 puis à la Convention en 1792. De sensibilité républicaine dès le début, il est girondin, c'est-à-dire hostile aux massacres que couvrent les extrémistes montagnards. En 1793, il est proscrit et doit se cacher. C'est dans la réclusion forcée d'un grenier où il s'est réfugié pour éviter la prison qu'il rédige l'*Esquisse d'un tableau historique des progrès de l'esprit humain*, où il soutient que l'histoire ne recule pas et se traduit par une amélioration constante des conditions morales et matérielles de l'humanité. Dans une France désabusée car soumise à la dictature jacobine, il fait montre d'optimisme dans sa foi en la victoire finale de la raison face aux deux forces conservatrices que sont la religion et le culte despotique de la force. Cette victoire de la raison est pour lui synonyme de démocratie et de croissance économique. Il initie le progressisme qui s'épanouira au XIXe siècle et ce n'est pas par hasard que la réédition de ses œuvres en 1847, dans une version toujours de référence, a été menée par François Arago, à la fois républicain et polytechnicien. L'édition initiale avait été supervisée par Sophie de Grouchy, la veuve d'un Condorcet mort quelques semaines avant la chute de Robespierre en 1794. Dénoncé aux autorités révolutionnaires pour avoir tenu un livre du poète latin Horace, il préfère le suicide à une mort ignominieuse sur l'échafaud. Lui qui attendait de la Révolution l'abolition de la peine de mort rejoint ainsi, au paroxysme de la Terreur, la cohorte des victimes de leurs illusions. Lui qui avait milité pour que la République diffuse le savoir disparaît au milieu des ignares, puisque le compte rendu de son arrestation signale qu'il était accompagné d'un étranger nommé Dorace (sic)…

Le « paradoxe de Condorcet »

Condorcet affirme qu'il existe des enchaînements de décision où A est préféré à B, qui est préféré à C, qui est lui-même préféré à A. On dit dans ce cas que le processus de choix n'est pas transitif. Condorcet constate que si un individu isolé fait des choix transitifs, en revanche, une assemblée est soumise au paradoxe qu'on vient d'énoncer.

À partir d'exemples concrets de cet « effet », les économistes ont construit des théories très élaborées sur le passage des volontés individuelles à l'expression d'une volonté globale et unique, faisant de Condorcet un des penseurs économiques les plus importants.

Les finances publiques

Turgot nomme Condorcet inspecteur général des Monnaies en 1775 et lui demande de réfléchir à la meilleure politique économique possible. Condorcet est partisan de l'équilibre budgétaire. En effet, le déficit conduit à une accumulation de dettes, qui débouche inexorablement sur la banqueroute. Et Condorcet de soutenir que cette banqueroute ne peut être la solution puisque les prêteurs demandent ensuite des taux d'intérêt plus élevés.

Il va même plus loin : plus la dette s'accroît, plus les prêteurs anticipent la banqueroute et se mettent à augmenter les taux. Le marché du financement de la dette est donc un marché particulier où ce sont moins les flux (le déficit de l'année à financer) que les stocks (la dette accumulée) qui concourent à la formation du prix (le taux d'intérêt). Condorcet est ainsi le premier à avoir utilisé la notion d'**anticipation rationnelle des acteurs** pour expliquer un mécanisme économique.

Dans le contenu du budget, il constate qu'il faut associer à toute dépense publique, dès lors que l'équilibre est l'objectif, un impôt d'un montant équivalent ; si bien que les dépenses de l'État doivent être évaluées non seulement en fonction de leur apport à la société, mais aussi en fonction de la diminution de dépense privée provoquée par la perception de l'impôt qui les finance. Il prolonge son analyse selon une approche systématisée un siècle plus tard par le marginalisme (voir chapitre 5). Il part de l'idée que plus le budget est élevé, moins grande est l'utilité d'une dépense supplémentaire, plus l'impôt est fort, plus grande est sa nocivité. En effet, l'État couvre d'abord les besoins immédiats de la société, comme l'éducation ou la sécurité publique, puis, au fur et à mesure que le budget augmente, il se consacre à des besoins moins évidents jusqu'à assumer les caprices de la cour. Parallèlement, les premiers impôts payés sont acceptés parce qu'ils ne réduisent pas fondamentalement le pouvoir d'achat, mais leur accroissement finit par les rendre insupportables.

Il existe donc un point d'équilibre : le moment où le bien-être collectif supplémentaire que permet une augmentation de dépense devient inférieur au désagrément que provoque l'augmentation d'impôt nécessaire à son financement. La détermination de ce point d'équilibre dépend de la manière d'appréhender l'évolution du bien-être collectif. Pour Condorcet, cette appréciation suppose l'existence d'un système qui permet de dégager de l'agrégation des opinions individuelles une volonté générale. Ce système, c'est la démocratie. Mais pas sous n'importe quelle forme. En particulier, il faut définir un mode électoral qui ne donne pas le pouvoir à quelques groupes minoritaires en situation de tout bloquer.

Une autre expérience physiocratique attire l'attention, celle du margrave de Bade. En effet, si certains souverains comme Gustave III de Suède se réclament des physiocrates pour essayer d'améliorer les rendements agricoles dans leur pays, seul ce prince applique systématiquement leurs idées. Conseillé par Schlettwein, qui enseigne les idées de Quesnay en Allemagne, le margrave engage non seulement un vaste remembrement des terres et une mise en culture systématique des campagnes, mais encore une réforme fiscale qui supprime tout impôt autre que foncier. Résultat, la bière est sur le territoire badois moins chère que partout ailleurs et le pays devient le rassemblement de tous les buveurs des régions voisines. L'expérience se clôt assez vite, sous les sarcasmes d'un Voltaire vieillissant, qui se moque abondamment des esprits systématiques en économie, dans son conte *L'Homme aux quarante écus* (1768).

Pour défendre néanmoins le bilan des politiques physiocratiques et notamment du ministère Turgot, Condorcet publie en 1786 une *Vie de Turgot*. Si elle passe relativement inaperçue, c'est que la pensée économique s'intéresse alors au livre d'un nouveau venu, Adam Smith.

4. Adam Smith et la ponocratie

Adam Smith (1723-1790) publie en 1776 *Enquête sur la nature et les causes de la richesse des nations*, qui devient progressivement une référence absolue sous le titre abrégé de *La Richesse des nations*. S'il ne parle pas d'« économie politique » dans ce titre, c'est que James Stewart vient lui-même de publier ses *Principes d'économie politique* (voir section 5.3). Il veut d'autant moins être assimilé à Stewart que ce dernier est un militant indépendantiste écossais (un « jacobite », selon le terme de l'époque), alors qu'il est lui-même pro-anglais, au point de ne jamais se déclarer écossais mais « britannique du Nord » (*North British*). Pourtant, c'est la lecture de Stewart qui conduit Smith à écrire sur l'économie.

Adam SMITH

5 janvier 1723, Adam Smith père, douanier écossais, meurt dans l'indifférence générale, laissant une veuve de 17 ans, enceinte. Ce fonctionnaire de Kirkcaldy, en Écosse, ne connut donc pas son fils, baptisé du même nom le 5 juin 1723[12]. Celui-ci, personnage introverti, subissant l'affection exclusive de sa mère, était d'autant plus réservé qu'il souffrait d'un physique disgracieux et d'une tendance affirmée au bégaiement. « Rien d'autre n'est beau en moi que mes livres », répétait-il, devenu adulte, à ses visiteurs. Sa maladresse maladive lui sauva d'ailleurs la vie. À 4 ans, il est enlevé par une bande de vagabonds qui finit par le rendre à sa famille, constatant son incapacité à devenir un voleur à la tire efficace. Cet événement le marque d'autant plus qu'à cette occasion, il est séparé de son demi-frère, né d'un premier mariage de son père et récupéré par ses grands-parents. Cette aventure et ce départ renforcent la présence maternelle et ses tendances à la misanthropie.

Adam Smith est un pur esprit qui, après des études à Oxford, se tourne vers l'enseignement. Il occupe la chaire de logique puis celle de philosophie morale à l'université de Glasgow, où ce professeur

12. Keynes est également né un 5 juin, comme plusieurs auteurs se sont plu à le souligner. Pourtant, il ne s'agit pas du même jour car, en 1723, les Britanniques utilisent encore le calendrier julien (comme les orthodoxes aujourd'hui). Le Royaume-Uni adopte le calendrier grégorien en 1763.

bègue, aux idées originales inspirées des philosophes Francis Hutcheson et David Hume, devient rapidement célèbre. En 1759, il publie un résumé de son cours sous le titre de *Traité des sentiments moraux*, œuvre qui lui assure une certaine notoriété. Devenu son ami, David Hume le présente à Charles Townshend. Homme politique influent, celui-ci, désireux d'éloigner les enfants que sa femme a eus d'un premier lit, fait d'Adam Smith le précepteur de l'un d'entre eux et l'envoie en France en 1763. C'est ce que les nobles anglais appellent faire son « Grand Tour ». Smith, qui rêve de Paris, se retrouve à Toulouse, une ville à l'époque sur le déclin et traumatisée par l'affaire Calas[13]. Smith lit alors énormément, notamment les économistes français. Grâce encore à David Hume, alors secrétaire de l'ambassade d'Angleterre à Paris, il finit par obtenir de Townshend le droit de s'installer à Paris. Smith fréquente assidûment les philosophes français, notamment Turgot et d'Alembert, mais doit mettre un terme à son séjour à la suite d'un événement dramatique : le frère de son élève est assassiné sous ses yeux dans une rue de Paris. Traumatisé, il regagne en 1766 l'Écosse où, reclus, il rédige *Recherche sur la nature et les causes de la richesse des nations*, qu'il publie en 1776.

Le succès du livre est réel et les pouvoirs publics lui proposent une chaire prestigieuse. Il la refuse et demande un poste de… douanier, comme son père. Et pour l'exercer, il insiste pour porter l'uniforme de son… demi-frère, entre-temps décédé. Il erre ainsi dans les rues d'Édimbourg, devenant de plus en plus excentrique après le décès de sa mère en 1782. Le 17 juillet 1790, Adam Smith fils, douanier écossais, meurt dans un oubli relatif, laissant une œuvre qui a néanmoins déjà fait sa gloire.

4.1 *Ses inspirateurs*

On peut considérer qu'Adam Smith a trois inspirateurs plus ou moins directs.

---

13. Du nom de ce marchand protestant qui fut accusé du meurtre de son fils, en raison de sa supposée conversion au catholicisme. Après son exécution, Voltaire réussit à le faire réhabiliter.

Bernard Mandeville (1670-1733)

Médecin hollandais d'origine française exerçant en Angleterre, personnage mythique[14], Mandeville publie en 1705 puis 1714 un texte intitulé *La Fable des abeilles*. L'idée du livre est contenue dans son sous-titre : « *Private vices, public benefits* » (les vices privés font la prospérité publique). En se montrant égoïste et dépensier, tout individu génère la prospérité commune. Ses dépenses nourrissent la demande, son égoïsme rend les relations sociales claires. Mandeville est représentatif d'une époque, la fin du XVIIe siècle, où le besoin d'échapper au carcan religieux conduit à la provocation. Il s'agit de renier les vertus des puritains des années 1650, de faire de l'intérêt un élément de cohésion plus fort que le dévouement et le sens du sacrifice, et de la dépense un facteur de richesse plus utile que l'épargne. Les abeilles de la fable deviennent pauvres quand elles se mettent à travailler et à accumuler. Elles vivent dans l'ennui et la misère à côté d'un tas de miel délicieux qu'elles gardent inutilement.

David Hume (1711-1776)

Esprit éclectique, le philosophe David Hume, qui entretient officiellement une grande amitié avec Smith[15], publie entre 1752 et 1758 sept courts textes de réflexion économique, qui comportent deux idées fortes :

- Toute augmentation de la quantité de monnaie en circulation se traduit par une augmentation des prix. Le XVIIIe siècle se construit dans l'antimercantilisme et adopte donc un point de vue que nous pourrions qualifier de monétariste.
- Toujours en rupture avec le mercantilisme, la recherche des excédents extérieurs est vaine. En effet, quand un pays est en excédent, il reçoit de l'or des autres pays. Sa masse monétaire augmente et, selon l'idée précédente, ses prix également. D'où une baisse de compétitivité qui tarit les débouchés à l'exportation et fait disparaître l'excédent commercial. Ainsi, si on laisse le commerce international se développer

---

14. Au point qu'au XIXe siècle, on mettra en doute son existence et on prétendra que *Mandevil* (« l'homme diabolique ») est le vrai nom de l'auteur et le pseudonyme d'un groupe anarchisant.
15. Les sentiments réels de Hume sont ambigus. De même, il s'entiche de Rousseau, mais rompt avec lui dans des circonstances où transparaît la paranoïa de Rousseau mais où son comportement est souvent étrange.

librement, la circulation de l'or pour solder déficits et excédents des pays concernés conduit rapidement à l'équilibre extérieur de chacun. Le mercantilisme est donc une démarche forcée et artificielle, qui ne voit pas que la liberté commerciale a l'avantage de générer une situation d'équilibre.

Cette automaticité du retour à l'équilibre des balances commerciales va changer la nature du propos sur les stratégies protectionnistes. Après Hume, la défense du protectionnisme ne se fonde plus sur un raisonnement monétaire, mais sur une analyse en termes d'emploi. Le protectionnisme se théorise dès lors comme un moyen non pas d'accumuler des métaux précieux, mais de garantir du travail à sa population.

Turgot et les physiocrates

Dans ses mémoires, l'abbé Morellet, un collaborateur immédiat de Turgot qui entreprend par ailleurs de traduire le livre de Smith, affirme que les deux hommes ont échangé une abondante correspondance dans les années 1770. Cette correspondance n'a jamais été retrouvée. Mais Smith rend hommage à Quesnay et, pendant la période où il réside à Paris, il assiste aux réunions des physiocrates.

Pourtant, Smith n'est pas un physiocrate à part entière. Le philosophe et historien prussien Frédéric Ancillon le qualifie au XIXe siècle de « ponocrate », c'est-à-dire de défenseur du travail comme principe premier de l'activité économique. Smith ne voit pas venir la révolution industrielle et croit aux bienfaits de l'agriculture comme Quesnay. Mais il complète la physiocratie par une réflexion renouvelée sur la nature du travail.

4.2 La pensée économique de Smith

Si Adam Smith n'est guère original dans l'expression de sa pensée économique, il est considéré comme un, sinon « le », père fondateur de la pensée économique. Son succès tient à son affirmation tranchée du rôle bénéfique du marché et de la concurrence et à son identification au concept de libéralisme économique. Alors que les physiocrates se veulent scientifiques, Smith défend avec conviction un point de vue qui incorpore une dimension philosophique. Il se sert de l'économie pour donner ses lettres de noblesse à la liberté individuelle. Celle-ci doit être recherchée non seulement sur un plan moral, mais encore comme facteur d'efficacité économique.

Alors que la philosophie ancienne, construite sur la scolastique chrétienne, fait de l'homme un parmi d'autres dans une société soumise à la volonté divine, alors que la philosophie moderne, incarnée par Rousseau, fait de l'homme un parmi d'autres dans une société qui se donne comme objectif l'expression de la volonté générale, Adam Smith affirme que chacun en exprimant sa volonté individuelle concourt à l'harmonie sociale. La « main invisible », formule qui connaît une incroyable renommée bien qu'elle n'apparaisse qu'une fois dans le livre d'Adam Smith, signifie que l'échange sur un marché régulé par la concurrence conduit à l'équilibre économique et donc à la stabilité sociale. L'homme de Smith reste libre et indépendant car il échange ce qu'il produit contre d'autres biens suivant ses besoins.

Les idées majeures

Pour résumer la pensée et l'œuvre économiques de Smith, on peut mettre en avant quatre éléments majeurs :

- Le premier, le maître mot pourrait-on dire, c'est la **division du travail**. Dès le premier chapitre de *La Richesse des nations*, Smith décrit comment, en se spécialisant dans des tâches infimes, des ouvriers augmentent la production dans une usine d'épingles. Non seulement la croissance repose sur le soleil qui dispense son énergie à l'agriculture (voir section 2.3) ou même à l'industrie sous forme de charbon, mais elle dépend aussi de l'intelligence humaine quand celle-ci permet d'optimiser l'organisation du travail. La richesse vient de la spécialisation qui accroît la productivité du travail. La tradition a fait de cette usine d'épingles un point focal de la pensée smithienne, même si, aujourd'hui, il a été démontré que le texte en question est le plagiat de l'article « Clou » de l'*Encyclopédie*. Texte volé donc, mais fondamental car il introduit cet élément essentiel de l'activité économique qu'est la division du travail.
- Le deuxième découle du précédent. Adam Smith étend l'idée d'une efficacité accrue par la spécialisation au niveau international en

prônant le **libre-échange** : chaque pays doit se concentrer sur les domaines de production où il est le moins cher, ceux où il détient un « *avantage absolu* » de compétitivité. Pourtant ce plaidoyer pour le libre-échange, assorti d'une condamnation des politiques mercantilistes et des appareils douaniers qui les favorisent, ne l'empêche pas de défendre la limitation de l'accès des navires étrangers aux ports anglais prévue par les actes de navigation mis en place sous Cromwell. Smith se veut pragmatique. Toute une tradition théorique économique s'amusera de ses contradictions, au point d'en faire, chez les penseurs allemands du XIXe siècle, « *Das Adam Smith Problem* » (voir chapitre 3).

- Le troisième est également lié au rôle du travail. Smith est un des premiers théoriciens de la valeur travail, de cette idée que les prix reflètent les quantités de travail incorporées. Cette idée, qui sera défendue ensuite par Ricardo et Marx (voir chapitres 3 et 4), a pour conséquence de **réduire le rôle de la monnaie dans l'économie**. Si la hiérarchie des prix dépend de la quantité de travail mobilisée pour les fabriquer, modifier la quantité de monnaie en circulation n'a pas d'autre résultat que d'augmenter les prix. Ce disant, Smith fournit une explication à la formation des prix et évacue le mercantilisme et l'effet Cantillon.
- Le quatrième est une **réflexion sur l'État** et son rôle. Dans son livre, il consacre un tiers des chapitres à définir sa fonction. Il explique à cette occasion que la richesse des nations s'accroît dès lors que l'État assure la paix civile et extérieure, qu'il prélève peu d'impôts et que la fonction publique, notamment la justice, n'est pas corrompue.

L'intérêt personnel et la « main invisible »

Pour la postérité, ce que retient l'histoire du livre, c'est « **la main invisible** », c'est-à-dire cette idée reprise de Mandeville et des physiocrates que l'harmonie sociale vient du respect par chacun de ses intérêts propres. Avec Smith, l'intérêt est en quelque sorte sanctifié comme régulateur efficace des relations économiques et sociales :

> Ce n'est pas de la bienveillance du boucher, du marchand de bière et du boulanger, que nous attendons notre dîner, mais bien du soin qu'ils apportent à leurs intérêts. Nous ne nous adressons pas à leur humanité,

> mais à leur égoïsme[16] ; et ce n'est jamais de nos besoins que nous leur parlons, c'est toujours de leur avantage. (...) La plus grande partie de ces besoins du moment se trouvent satisfaits, comme ceux des autres hommes, par traité, par échange et par achat.

Quant à la main invisible, elle apparaît une seule fois, au livre IV, dans un passage sur les qualités du chef d'entreprise :

> À la vérité, son intention, en général, n'est pas en cela de servir l'intérêt public, et il ne sait même pas jusqu'à quel point il peut être utile à la société. En préférant le succès de l'industrie nationale à celui de l'industrie étrangère, il ne pense qu'à se donner personnellement une plus grande sûreté ; et en dirigeant cette industrie de manière à ce que son produit ait le plus de valeur possible, il ne pense qu'à son propre gain ; en cela, comme dans beaucoup d'autres cas, il est conduit par **une main invisible** à remplir une fin qui n'entre nullement dans ses intentions ; et ce n'est pas toujours ce qu'il y a de plus mal pour la société, que cette fin n'entre pour rien dans ses intentions. Tout en ne cherchant que son intérêt personnel, il travaille souvent d'une manière bien plus efficace pour l'intérêt de la société, que s'il avait réellement pour but d'y travailler. Je n'ai jamais vu que ceux qui aspiraient, dans leurs entreprises de commerce, à travailler pour le bien général, aient fait beaucoup de bonnes choses.

Il est d'autant plus remarquable qu'« intérêt » et « main invisible » aient ainsi pris une telle ampleur pour décrire la pensée de Smith que, dans son autre œuvre majeure, morale et philosophique celle-là, la *Théorie des sentiments moraux* (1759), Smith se montre moins « mandevillien ». Il met au centre de cet ouvrage la notion de sympathie, c'est-à-dire le fait que dans toute décision humaine, il y a la prise en compte du sentiment des autres. Un homme agit en combinant dans sa tête les positions de l'acteur sentimental qu'il est, du spectateur impartial (être à l'écart des événements, capable d'analyser froidement la situation) auquel il doit pouvoir s'identifier et des spectateurs réels qui lui imposent un regard particulier sur lui-même fait de crainte et d'attachement.

Entre les deux œuvres, on peut parler de contradiction, « *Das Adam Smith Problem* »...

---

16. Le mot anglais est « *self-love* ». Il est couramment traduit par égoïsme, mais on peut penser que Smith avait en tête l'expression, utilisée par Rousseau, d'« amour de soi ».

Un des aspects les plus originaux d'Adam Smith : ses thèses esthétiques

Adam Smith est un philosophe des Lumières. Avec Diderot, il initie une démarche consistant à faire de la réflexion sur l'art une réflexion à part entière. Il distingue deux types d'art : le premier est ce qu'il appelle l'art pur, c'est-à-dire une forme d'art qui repose sur la créativité humaine. Pour lui, l'archétype en est la musique. Le musicien qui écrit un opéra ne s'inspire d'aucun bruit présent dans la nature, ne se réfère à rien de concret si ce n'est son imagination. Le second type est l'art d'imitation, c'est-à-dire la représentation par la main de l'homme d'éléments de la nature. L'exemple en est la peinture, activité dans laquelle l'artiste reproduit ce qu'il a sous les yeux. Dans la musique, ce qui fait le succès d'une œuvre, c'est l'émotion qu'elle suscite et la surprise que provoque sa nouveauté. Mais peut-on parler d'émotion dans l'imitation ? Ne ressent-on pas quelque chose de plus fort devant le spectacle de la nature que devant sa représentation dans un tableau ? Dès lors, qu'est-ce qui va faire la reconnaissance de l'art imitatif ?

Pour Adam Smith, deux choses font le succès d'un tableau. La première est la coutume, la mode, l'effet de convention. Car le goût n'est pas, contrairement à la légende courante, affaire personnelle. Mais cette référence sociale ne saurait suffire. Il faut en outre que celui qui contemple l'œuvre ait la conviction que le peintre a réalisé quelque chose dont lui-même aurait été incapable. Ce qui assure la légitimité de l'art imitatif, c'est à la fois une technique, une maîtrise du pinceau et une inspiration qui transforme la réalité, même la plus banale, en une apparence touchant à la beauté.

L'art est menacé dans deux circonstances. La première est le cas où la mode, la coutume ou un groupe d'individus ayant reçu de la société le pouvoir de classer et de juger les productions artistiques conduisent à présenter comme des chefs-d'œuvre des objets, des tableaux, des productions que tout un chacun serait à même de réaliser. Affirmer d'un tableau banal et facilement réalisable qu'il est une œuvre d'art débouche sur une négation de l'art. La seconde menace est de réduire la peinture à une pure technique n'ayant d'autre but que la reproduction la plus fidèle possible de la nature. Si la nature est belle, un tableau doit être sublime. Pour Adam Smith, qui souffrait d'un physique ingrat au point d'avoir cherché à tout prix à éviter tout portrait de lui-même, l'art est véhicule du beau et moyen de tous à y accéder. Celui qui ne pourra jamais visiter Venise doit pouvoir en contempler des représentations à la fois fidèles et magnifiques.

4.3 L'influence politique d'Adam Smith

Paru l'année de l'indépendance américaine et du renvoi de Turgot, le livre d'Adam Smith arrive au bon moment ; c'est le manifeste économique individualiste qu'attend une société qui s'interroge sur les visions holistes des monarchies en place ou des pré-socialismes rousseauistes. Pour les exégètes, il est d'ailleurs davantage un manifeste individualiste qu'un texte libéral, le libéralisme s'incarnant mieux chez les physiocrates.

Après cette parution, certains hommes politiques anglais décident de s'inspirer des idées de Smith. Le leader tory William Pitt clame son admiration pour lui alors que Smith est plutôt whig[17]. Il le consulte à plusieurs reprises, notamment sur l'idée d'un traité de libre-échange avec la France. Celui-ci est signé en 1786, chaque pays ayant longuement réfléchi aux avantages à en tirer. Pour la France, encore sous le charme physiocratique, il s'agit de fournir des débouchés à son agriculture et d'augmenter le revenu des paysans. Pour les Anglais lecteurs de Smith, il s'agit de tirer profit de leur avantage industriel et d'empêcher le décollage de l'industrie, et donc de l'économie de la France. Chaque théorie nourrit les arrière-pensées des signataires, mais le traité n'aura pas le temps de faire ses preuves : il est dénoncé dès les premiers jours de la guerre de 1793.

Pitt demande également son avis à Smith pour la préparation du budget de 1786. Smith recommande d'amortir le plus possible de dettes et, pour ce faire, d'augmenter les impôts. En particulier, il suggère d'augmenter les impôts sur le tabac et l'alcool, ceux-là mêmes que les physiocrates ont fait supprimer au margrave de Bade (voir section 3.2). Ce sera l'occasion d'une rupture entre les derniers physiocrates, notamment

17. Tory et whig, les deux partis adverses de la vie politique anglaise au XVIIIe siècle. Les tories sont les ancêtres des conservateurs et les whigs ceux des libéraux démocrates.

Dupont de Nemours, et Smith : l'économie politique évolue et va bientôt quitter les campagnes pour théoriser les usines…

En attendant, le libéralisme naissant connaît une opposition qui se nourrit des défenseurs d'un mercantilisme rénové et surtout des théoriciens d'un rôle renforcé de l'État.

5. L'opposition aux premières pensées libérales

5.1 *En Allemagne : le caméralisme*

Le libéralisme d'Adam Smith et des physiocrates se heurte en Allemagne et en Autriche au mercantilisme gibelin des caméralistes (*Kamer*, en allemand « la chambre », désigne la salle de réunion des hauts fonctionnaires).

Ce caméralisme trouve son théoricien le plus achevé en Johann Heinrich Gottlieb von Justi.

Johann von JUSTI

Von Justi naît… on ne sait où ni quand, probablement en Thuringe vers 1717. Il est le fils illégitime d'un collecteur d'impôts fantasque. Enfant, il est solitaire et indocile. Adolescent, il mène une vie d'errance. Adulte, il est impulsif, cassant, très susceptible et connaît une existence agitée. S'il tire ses ressources d'une multitude de métiers, sa vraie vocation, c'est l'écriture. Il publie soixante-sept livres, essentiellement consacrés à la métallurgie et à l'économie, et des milliers d'articles. Il court les femmes au point de se retrouver un moment bigame, situation qui le conduit à affronter un divorce ruineux. Il déménage sans cesse, fuyant créanciers, maris trompés et puissants froissés par la pertinence de ses impertinences. En 1752, il est à Vienne, où ses écrits lui valent d'être nommé professeur ès sciences camérales. Il ne garde pas longtemps ce statut car sa vie privée et son ironie sur le christianisme le font chasser. Dès 1753, Justi doit quitter l'Autriche.

En 1758, il critique publiquement la stratégie financière de Frédéric II. Celui-ci couvre le déficit budgétaire dû à la guerre de Sept Ans

en rognant sa monnaie. Politique de gribouille, clame Justi, car l'inflation induite ampute le pouvoir d'achat de tous, y compris de l'État prussien. Il se retrouve en prison. Se ravisant, Frédéric II que sa personnalité intrigue, lui confie en 1766 une usine sidérurgique. Deux ans plus tard, une cabale sur sa gestion le mène de nouveau en prison, où il meurt en juillet 1771.
Son cours est le fondement de l'enseignement économique et politique à Vienne et dans plusieurs universités de langue allemande jusqu'en 1848, dans une version revue par Joseph Sonnenfels, conseiller de l'empereur Joseph II, connu des mélomanes pour la sonate que lui dédia Beethoven.

Les thèses caméralistes de Justi s'articulent autour de quatre idées majeures, qui structureront dans les années suivantes ce que nous avons appelé la « pensée allemande » :

- **L'État a des devoirs** dont aucune « main invisible » ne le dispense. Le premier est la **sécurité**, au sens large : Justi réclame la création systématique de corps de pompiers, à une époque où les villes commencent à se développer et souffrent d'incendies à répétition dus au système de chauffage et à l'éclairage. Sécurité économique également : l'État est le garant du **plein emploi**, par le biais de grands travaux, notamment d'architecture et de génie civil. Il théorise l'utilité de l'art et considère que le souverain, en construisant de jolies villes et de beaux monuments, rend un service non quantifiable mais bien réel à ses sujets. En revanche, il considère qu'il ne faut pas, au nom du plein emploi, commettre l'erreur de vouloir maintenir des activités dépassées.
- L'État se doit de fournir des **services publics performants** : un vaste réseau routier, un enseignement technique de qualité favorisent la croissance[18].
- **Les prix doivent rester libres**. Pour Justi, la notion de concurrence repose sur une utopie fallacieuse. Néanmoins, la gestion administrative des prix lui semble dangereuse et inutile. Dangereuse car l'État risque de fixer des prix trop bas et non rémunérateurs. Inutile car la

18. On rejoint ici les théories de la « croissance endogène » de la fin du XXe siècle (voir chapitre 10).

hausse des prix est naturellement empêchée par la désaffection des consommateurs pour les produits trop chers. Il faut donc laisser agir le marché, tout en sachant que certains, se retrouvant en situation de monopole, en tireront un bénéfice élevé.

- **L'augmentation de la masse monétaire doit être maniée avec prudence** car elle a des résultats contradictoires. Elle conduit à la fois à plus d'inflation et plus de croissance. En effet, comme une part de cette augmentation est consacrée à la consommation, les producteurs en profitent pour augmenter leurs prix. Mais, comme l'autre part va à l'épargne, l'abondance accrue des capitaux fait baisser les taux d'intérêt, baisse qui favorise l'investissement et donc la croissance[19].

Si le caméralisme est la forme la plus aboutie de l'opposition au libéralisme, des économistes en dehors de l'Allemagne marquent aussi leur différence.

5.2 En France

François Duverger de Forbonnais (1722-1800)

Opposant farouche aux physiocrates, il publie en 1753 *Considérations sur les finances de l'Espagne* et en 1754 *Éléments de commerce* qui devient rapidement un best-seller. Il est systématiquement consulté sur les problèmes de finances publiques jusqu'à sa mort, y compris quelques mois avant celle-ci par le tout nouveau Premier consul. S'il est épargné pendant la Révolution, c'est que son image dans l'opinion est exceptionnellement bonne. Sur le plan théorique, il s'oppose aux physiocrates sur trois points :

- Il ne pense pas que l'agriculture soit la source exclusive de la croissance. Pour lui, c'est le travail de l'homme qui enrichit l'homme et il faut soutenir ceux qui sont le mieux à même de mobiliser le travail des autres. Il est un des premiers à défendre le chef d'entreprise comme clé de voûte de l'activité économique.

19. On trouve là encore des idées très modernes sur l'efficacité de la politique monétaire (voir chapitre 9, sur le monétarisme).

- Il est protectionniste, mais d'un protectionnisme éducateur, permettant l'émergence d'une industrie puissante. Il conçoit néanmoins que l'on puisse passer des accords de libre-échange et s'il condamne le traité de libre-échange de 1786, ce n'est pas dans son principe mais dans son contenu.
- Il défend le principe d'une refonte des impôts fondée sur la généralisation des impôts indirects, notamment des droits sur les boissons, le café, le chocolat, le tabac.

Son opposition à la physiocratie est plus celle d'un homme qui fuit l'esprit de système que de quelqu'un qui oppose un autre système, fermé et cohérent. Il envoie d'ailleurs des articles au *Journal de l'agriculture*, mais c'est au moment où Dupont de Nemours s'en est éloigné.

Ferdinando Galiani (1728-1787)

Abbé napolitain installé à Paris et auteur de deux livres économiques importants (*Della moneta*, *Dialogues sur le commerce des blés*), Galiani est un libéral modéré. Il rejette le mercantilisme, mais il est le premier économiste à théoriser et à défendre l'idée de la **dévaluation compétitive de la monnaie**. En fait, il ne croit pas à l'économie en tant que science et considère qu'il est du devoir des gouvernements d'adapter en permanence leur politique à la réalité du moment. L'écrivain Marmontel, une des figures des Lumières, a dit de lui qu'il était le « Machiavel de l'économie politique », Galiani estimant que ce qui permet de juger une politique économique, ce sont ses résultats et non ses fondements théoriques ou ses intentions affichées.

5.3 En Grande-Bretagne

James Stewart (1712-1780)

Stewart (ou Steuart en français) est un militant jacobite qui, après la défaite des Écossais à la bataille de Culloden en 1746, se réfugie en France. Il y reste jusqu'en 1763 et profite de l'amnistie qui suit la fin de la guerre de Sept Ans pour revenir en Écosse. De ses longues années d'exil, il a retiré une parfaite connaissance de la pensée économique française et une assez longue réflexion sur la politique de Colbert.

Il publie en 1767 ses *Principles of Political Economy* (c'est lui qui introduit d'ailleurs l'expression en anglais). Il commence par définir l'économie :

> Le principal objet de cette science est d'assurer un certain revenu de subsistance pour chaque habitant, de parer à toutes les circonstances qui pourraient le rendre précaire ; de fournir toutes les choses nécessaires pour satisfaire les besoins de la société, et d'employer les habitants de manière à créer des relations réciproques et des liens de dépendance entre eux.

Par cette définition, il dépasse le cadre strict de l'économie politique d'origine et retient des physiocrates la nécessité de la croissance. Mais cette nécessité n'est pas là pour résoudre le problème immédiat des finances publiques en élargissant les assiettes fiscales potentielles, mais bel et bien pour répondre aux attentes de la population.

L'économie doit enrichir le royaume pour lui-même et non pour enrichir *in fine* le roi. Ses propositions concrètes s'inscrivent dans la tradition mercantiliste et, comme Forbonnais, il défend les droits de douane pour isoler les activités naissantes de la concurrence. Fréquentant les mêmes salons qu'Adam Smith, il ne connaît pas sa gloire, même si par la suite des lignées d'économistes, de Marx à Keynes, le couvriront de louanges.

6. Bilan et héritage des physiocrates

Avec les physiocrates, l'économie prend un tour nouveau. Elle se veut scientifique parce qu'elle adopte une méthode et qu'elle prétend afficher des résultats, qui dépassent les simples circonstances du moment, qu'elle vérifie par une analyse raisonnée de l'histoire. L'avantage de la physiocratie par rapport au mercantilisme est qu'elle ne porte pas de contradiction interne.

En outre, elle identifie un facteur de production crucial, l'énergie, dont le rôle a été trop longtemps négligé. Dans son prolongement smithien, elle dégage et consolide un fondement simple de l'action humaine qui est l'intérêt, et un mode d'organisation (la concurrence et le marché voulus par l'ordre naturel) qui échappe à la manipulation des décideurs politiques.

Approche scientifique, intérêt, marché sont le legs de cette période.

La faiblesse de l'école libérale de la fin du XVIIIe siècle réside dans trois éléments que la période suivante va devoir corriger :

- La croissance fondée sur l'agriculture ignore le problème de l'épuisement de la fertilité des terres : il y a des rendements décroissants et les physiocrates ne s'en sont guère souciés.
- Les physiocrates, comme Adam Smith, font preuve de myopie vis-à-vis de l'évolution des techniques et des productions à venir. Adam Smith a hébergé comme locataire James Watt, l'inventeur de la machine à vapeur qui va révolutionner l'industrie. Watt a laissé des commentaires sur leurs conversations vespérales, où Smith lui assure que son invention n'a aucun avenir car l'humanité, une fois qu'elle aura réussi à se défaire des famines, cherchera plutôt à améliorer son niveau culturel qu'à accumuler des objets. La révolution industrielle commence et les physiocrates ne rêvent que d'agriculture. On peut parler de libéralisme réactionnaire, que corrige à la marge Smith en insistant sur l'organisation du travail.
- Le parti pris agricole des physiocrates oriente leurs choix fiscaux vers des excès. L'idée que la richesse du paysan sera la solution au problème de l'endettement public est bienvenue. Mais, déformée par le systématisme, elle conduit à une recommandation d'impôt sur les revenus de la propriété foncière inapplicable.

Pour les économistes désormais, il faut construire des théories sans en devenir les otages, d'autant que le problème de la dette publique française se résout entre 1789 et 1797, selon des modalités pour le moins éloignées des intentions d'origine de Quesnay et de ses disciples (notamment par la « banqueroute des deux tiers »).

Quelques dates à retenir

Date	Événement historique	Pensée économique
1758		Rousseau : *Lettre à d'Alembert* Quesnay : *Tableau économique* Forbonnais : *Recherches sur les finances de la France*
1759	Silhouette contrôleur général des Finances	Adam Smith : *Théorie des sentiments moraux*
1760		Victor Mirabeau : *Théorie de l'impôt*
1761	Turgot intendant à Limoges	
1762		Rousseau : *Du contrat social* Mirabeau : *L'Ami des hommes*
1763	Fin de la guerre de Sept Ans : la dette de l'État représente 80 % de la production	
1764	Édit de Compiègne libéralisant la circulation des céréales Suppression des jésuites en France	
1765		Création des *Éphémérides du citoyen* par Nicolas Baudeau
1767		Le Mercier de La Rivière : *L'Ordre naturel* James Steuart : *Principles of Political Economy*
1768		Quesnay/Mirabeau : *Éléments de philosophie rurale* Voltaire : *L'Homme aux quarante écus*
1770	Terray contrôleur général des Finances : banqueroute partielle Terray fait des concessions aux physiocrates en favorisant la culture de la pomme de terre	Galiani : *Dialogue sur le commerce des bleds*
1771		Nicolas Baudeau : *Introduction aux principes de la philosophie de l'économie*
1774	Mort de Louis XV Turgot contrôleur général des Finances	Mort de Quesnay
1775	Turgot supprime la corvée « Guerre des Farines » Début de la fabrication de machines à vapeur par Watt	

1776	Déclaration d'Indépendance des États-Unis Départ de Turgot Création de la Caisse d'escompte Suppression des jurandes	Adam Smith : *La Richesse des nations*
1786	Traité de libre-échange franco-anglais (traité Eden-Rayneval)	Condorcet : *Vie de Turgot*

Bibliographie

Vauban, *La Dîme royale*, L'Harmattan, 2004, 220 p., Finances publiques, ISBN-10 : 274756276X.

Pierre Le Pesant de Boisguilbert, *Dissertation sur la nature des richesses, de l'argent et des tributs, où l'on découvre la fausse idée qui règne dans le monde à l'égard de ces trois articles*, http://fr.wikisource.org.

Richard Cantillon, *Essai sur la nature du commerce en général*, INED, 1998, 191 p., ISBN-10 : 2733210181.

François Quesnay, *Physiocratie*, Flammarion, 2008, 448 p., ISBN-10 : 2081211270.

François Quesnay, Victor R. Mirabeau, *Traité de la monarchie*, L'Harmattan, 1999, 191 p., ISBN-10 : 2738484492.

François Quesnay, *Tableau économique des physiocrates*, Calmann-Levy, 1994, Sciences humaines, ISBN : 2702105416.

Adam Smith, *La Richesse des nations* (tome 1), 1999, 531 p., Droit – Économie – Dictionnaire, ISBN-10 : 2080705989.

Adam Smith, *La Richesse des nations* (tome 2), 1999, 637 p., Droit – Économie – Dictionnaire, ISBN-10 : 2080706268.

Adam Smith, *Théorie des sentiments moraux*, Puf, 2003, 480 p., Quadrige – Grands textes, 2130539483.

Anne R. Turgot, *Formation et distribution des richesses*, Flammarion, 1998, 393 p., Garnier Flammarion – Droit économie dictionnaire, ISBN-10 : 2080709836.

Marie-Jean-Antoine Caritat de Condorcet, *Mémoires et discours sur les monnaies et les finances*, L'Harmattan, 2000, 160 p., Cahiers d'économie politique, ISBN-10 : 273842693X.

Jean-Jacques Rousseau, *Discours sur l'économie politique*, Flammarion, 1993, 332 p., Classiques de l'économie politique, ISBN-10 : 2080705741.

Ferdinando Galiani, *Dialogues sur le commerce des blés*, Fayard, 1984, 272 p., Corpus des œuvres de philosophie en langue française, ISBN-10 : 2213014795.

— 3 —

LES ÉCONOMISTES CLASSIQUES : RICARDO, SES DISCIPLES, SES ADVERSAIRES ET SON HÉRITAGE

1815-1848

Ce chapitre porte sur « l'économie politique classique[1] ».

Avec les physiocrates et Adam Smith (voir chapitre 2) nous étions en présence de la première pensée économique autonome. Avec David Ricardo, qui devient rapidement la référence du début du XIXe siècle, apparaissent les premiers économistes utilisant des outils de réflexion, des concepts et cherchant à définir des problématiques selon les méthodes qui sont celles de la science économique moderne.

Aujourd'hui, plus personne ne se déclare physiocrate ; Adam Smith donne lieu à des manifestations révérencieuses qui relèvent plus du symbole que de l'adhésion et, à y regarder de près, c'est l'aspect philosophique de son œuvre qui retient désormais l'attention. En revanche, Ricardo continue à être utilisé dans les travaux contemporains. Avec lui, nous entrons de plain-pied dans la science économique.

---

1. Le qualificatif d'« économistes classiques » vient d'un commentaire de Marx sur les économistes anglais de son époque.

Dans un premier temps, nous présenterons les événements qui ont conduit à la remise en cause de l'héritage de la fin du XVIIIe siècle. Seront ensuite exposées les thèses de David Ricardo. Puis nous verrons comment celles-ci ont fait naître un enseignement économique, comment elles ont inspiré la politique de la Grande-Bretagne (notamment par l'action de William Gladstone), comment elles ont été reprises en Angleterre et sur le continent, comment elles ont été à l'origine d'une méthode fondatrice de la démarche économique. Nous verrons enfin quelles furent les oppositions, à travers les théories protectionnistes de Friedrich List et la montée en puissance de l'école historique allemande.

1. La faiblesse des idées du XVIIIe siècle au sortir des guerres napoléoniennes

Aux idées économiques du XVIIIe siècle, les penseurs du début du XIXe font quatre reproches.

- Le premier est que l'économie politique, que Quesnay s'est plu à appeler la « science économique », **manque de scientificité**. L'économie politique du XVIIIe siècle s'exprime de façon littéraire, sans quantification et souvent sans que soient définis les mots employés et les hypothèses retenues, ce qui conduit à des débats stériles. Dans *Philosophie de l'économie politique* (1835), livre qui connaît à sa parution un énorme succès, un ingénieur français du nom de **Joseph Michel Dutens** (1765-1848), disciple assumé des physiocrates, accuse Adam Smith d'avoir inutilement semé le doute sur la pertinence de leur pensée. Pour exister face à eux, Smith a mis en avant le marché et la division du travail et ignoré l'agriculture et la dynamique de croissance par le progrès technique. Ce faisant, il a assuré sa notoriété mais consolidé l'idée que l'économie était le champ d'une spéculation intellectuelle ouverte et non le fruit d'une démarche scientifique. Et Dutens de saluer la démarche de Ricardo, attaché à dégager un consensus et à intégrer dans sa réflexion celle de ses prédécesseurs.

Ce sera un problème récurrent de la pensée économique. Si l'économie est une science comparable aux mathématiques ou à la physique, à chaque moment, il existe une théorie universellement reconnue et potentiellement améliorable, mais pas une multitude de points de vue auxquels on peut se rattacher en fonction d'un intérêt politique ou philosophique personnel. Et au début du XIXe siècle, les économistes aspirent à la scientificité.

- Le deuxième reproche est que **l'économie politique du XVIIIe siècle a failli**. Son but était de donner à des États en banqueroute les moyens de redresser leur situation. Or, qu'a-t-on observé ? L'incapacité des décideurs des années 1780 à utiliser les propositions des économistes. La première puissance de l'époque, à savoir la France, n'a pas su résoudre ses problèmes de dette et a sombré dans la Révolution.

  Le traité de libre-échange entre la France et l'Angleterre de 1786, qui avait été salué avec enthousiasme en France par le physiocrate Dupont de Nemours et en Angleterre par Smith, a été dénoncé dès le début des hostilités entre les deux pays en 1793, moins pour des raisons politiques qu'à la demande insistante des opérateurs économiques de part et d'autre de la Manche.

  Cette dénonciation rapide venant après l'échec de la libéralisation de l'économie par Turgot, et avant l'exil aux États-Unis du même Dupont de Nemours face au refus de Bonaparte de suivre ses recommandations, décrédibilise l'économie politique d'Ancien Régime[2]. La conclusion est que, juste ou fausse, cette économie politique du XVIIIe siècle doit être reformulée.

- Le troisième, lié également à l'héritage de la Révolution, est que **la prétention à construire un monde meilleur est vaine**. Malthus commence à publier pour s'indigner des naïvetés néorousseauistes du philosophe utopiste anglais William Godwin (1756-1836). Après les guerres qui ont ravagé l'Europe, l'heure est à la désillusion. Le fait

2. En fait, le seul problème du XVIIIe siècle résolu est celui de la dette française, mais, pour y parvenir, le Directoire a banalement eu recours en 1797 à l'annulation des deux tiers de la dette (dite « banqueroute des deux tiers »), selon les modalités brutales et à courte vue qui avaient été celles des XVIIe et XVIIIe siècles et qu'avaient savamment dénoncées les physiocrates, Turgot et Condorcet.

que les Lumières aient pu conduire à Robespierre et à Napoléon incite à la prudence les penseurs du XIXe siècle. Le philosophe anglais Thomas Carlyle (1795-1881) invente pour qualifier l'économie politique l'expression de « *dismal science* » (« science sinistre »). Quant à Charles Gide, il regroupe les économistes de cette période sous le vocable d'« école pessimiste ».

- Le dernier reproche est que l'économie politique « sortante » n'a pas traité correctement un problème crucial : celui des **rendements décroissants**, c'est-à-dire l'épuisement de la croissance. Pour les économistes du XVIIIe siècle, la dette publique peut se résoudre par la croissance économique. Ce qu'ils n'ont pas vu, c'est que cette croissance s'épuisera car les ressources naturelles ne sont pas infinies. Pour eux, la dette publique a un statut ambivalent : d'un côté, elle handicape l'État, obligé de consacrer une partie de ses ressources à payer des intérêts (mais on peut la maîtriser à condition d'avoir une croissance suffisante) ; d'un autre côté, elle apporte des revenus à une partie non négligeable de la population, revenus qui, par le jeu des intérêts composés, sont potentiellement infinis. Les intérêts versés, s'ils le sont à un taux constant, augmentent très rapidement grâce à la « magie de la multiplication ». Pour les économistes du début du XIXe siècle, si les intérêts composés sont exponentiels, il n'en va pas de même pour la production, qui augmente de façon linéaire[3].

Faire progresser la science économique en 1815, au sortir des guerres napoléoniennes, c'est mettre davantage de rigueur scientifique, accepter la dure réalité et répondre au problème des rendements décroissants (*diminishing returns*) et de leur conséquence sur la croissance.

---

3. Au XIXe siècle, toute quantité qui, tous les ans, est multipliée par un facteur constant est dite « progresser de façon géométrique ». Aujourd'hui, pour qualifier la même dynamique, on dit qu'elle progresse de façon exponentielle. Simultanément, une quantité qui augmente d'un montant fixe chaque année est dite au XIXe siècle progresser de façon arithmétique et aujourd'hui de façon linéaire.

Le contexte du début du XIXe siècle

En 1815, le pays dominant est le Royaume-Uni. Vainqueurs de Napoléon, les Anglais traversent pourtant une période de doute.

Sur le plan politique, leur diplomatie doit tenir compte des *desiderata* de leurs alliés. En Europe, si elle défend le principe de l'« équilibre des puissances » pour garantir la paix, elle a du mal à s'imposer. L'Autriche de Metternich ne cesse de la contrecarrer en se faisant la championne d'une politique réactionnaire. Hors de l'Europe, l'Angleterre a mis fin à la guerre de 1812 avec les États-Unis, à Gand en décembre 1814, mais elle s'oppose à eux sur le problème de l'esclavage.

Sur le plan moral, l'heure est au désenchantement. Après l'exaltation des années de guerre, le romantisme devient la référence et distille le dégoût de soi. Symbole de ce mal-être général, Castlereagh, l'homme le plus important de la politique anglaise, le grand organisateur de l'Europe au congrès de Vienne, se suicide en août 1822.

Sur le plan économique et social, la croissance qui devrait apporter un mieux-être à la population s'accompagne de l'apparition d'une classe ouvrière aux conditions de vie dramatiques. Les débuts de la révolution industrielle en Grande-Bretagne sont rythmés de révoltes à répétition. Si le mouvement luddite[4] s'éteint progressivement après 1816, les mouvements de protestation reprennent avec la fin de la guerre, la démobilisation et le chômage qui s'ensuit. Ils débouchent sur le « massacre de Peterloo » : en août 1819, à Manchester, alors la ville la plus avancée en termes d'industrialisation, l'armée charge une manifestation de 60 000 personnes et en tue 11. La question se pose dès lors : comment améliorer la condition des classes laborieuses ?

4. Au début du XIXe siècle, en Angleterre, des groupes armés d'ouvriers, supposés dirigés par un nommé Ned Ludd, s'introduisent dans les usines pour casser les machines, accusées de détruire des emplois. En pratique, l'existence réelle de Ludd n'est pas établie. La révolte contre les machines est plutôt désorganisée, mais la violence qui l'accompagne frappe l'imagination des contemporains.

2. David Ricardo (1772-1823) et la formulation de la nouvelle théorie

Le livre de Ricardo, *Des principes de l'économie politique et de l'impôt*, a été pendant près de cinquante ans le socle de toute pensée économique, au point que Keynes écrira que Ricardo « a conquis l'Angleterre aussi complètement que la Sainte Inquisition avait conquis l'Espagne ».

David RICARDO

Ricardo est né le 18 avril 1772 à Londres. Il est le troisième des quinze enfants d'une famille de financiers juifs originaires du Portugal, qui émigrèrent au XVIIIe siècle aux Pays-Bas puis, juste avant sa naissance, au Royaume-Uni. Il est autodidacte car ses parents, très religieux, refusent de l'envoyer suivre des cours dans les écoles anglaises. À l'époque, dans chaque classe, on trouve un crucifix, ce que le père de Ricardo juge insupportable. À 14 ans, David commence à travailler aux côtés de son père qui est agent de change à la Bourse de Londres. Il rompt avec lui à l'âge de 21 ans pour épouser une chrétienne, Priscilla Anne Wilkinson. Ricardo ne parlera plus à son père que par presse interposée, quand tous deux prennent position dans ce que l'histoire économique a retenu sous le nom de « querelle bullioniste » (voir ci-dessous).

En 1799, alors qu'il séjourne à Bath, une petite ville du sud-ouest de l'Angleterre célèbre pour ses sources d'eau chaude, il tombe sur un exemplaire de *La Richesse des nations* d'Adam Smith : sa vocation d'économiste est née.

Il commence à publier en 1809, à l'occasion justement de la querelle bullioniste. La question qui se pose est de savoir pourquoi le papier-monnaie, qui a été imposé à partir de 1797 du fait de la guerre contre la France, perd de sa valeur. L'expression de querelle bullioniste fait allusion au prix du lingot d'or (*a bullion*). En termes modernes, il s'agit d'expliquer pourquoi l'économie britannique souffre d'inflation. Deux thèses sont en présence : l'une affirme qu'il y a de l'inflation parce que la quantité de papier émise s'est éloignée de la quantité d'or détenue par la Banque d'Angleterre. Il faut pour éviter l'inflation retirer une partie des billets en circulation en levant un impôt supplémentaire. C'est le point de vue de Ricardo. L'autre thèse soutient qu'il faut renoncer à tout lien entre la quantité de monnaie émise et la quantité d'or détenue. Notamment, pour « acheter » l'Autriche et la maintenir en guerre contre Napoléon, il faut lui fournir de l'or, ce qui conduit à une contraction naturelle de la quantité d'or anglais sans que l'économie britannique réelle soit modifiée. La hausse des prix s'explique non pas par une trop grande quantité de billets mais par l'inflation externe, c'est-à-dire l'augmentation du prix des importations. La bonne solution est de réduire les importations par une hausse des droits de douane.

On retrouve ici l'opposition aujourd'hui courante entre ceux qui considèrent que l'inflation est une inflation par la demande (la première thèse) et ceux qui pensent qu'il s'agit d'une inflation par les coûts (la seconde thèse), en l'occurrence l'augmentation des coûts provenant de la hausse du prix des importations. Parmi les défenseurs de la seconde thèse, en opposition à la vision défendue par Ricardo, il y a Isaac Ricardo, le père de David...

En 1817, Ricardo publie la première édition de son livre de référence, *Des principes de l'économie politique et de l'impôt*[5].

En 1819, il est élu à la Chambre des communes par la circonscription irlandaise de Portarlington[6]. Il ne siège dans aucun parti et, timide de tempérament, il s'exprime peu devant l'assemblée. Il meurt en 1823, victime d'une infection de l'oreille.

5. Il en paraîtra deux autres éditions en 1819 et 1821 (celle dont dispose encore aujourd'hui le public français). En France, les traducteurs en sont Francisco Solano Constancio et Alcide Fonteyraud ; le texte de leur traduction est paru en 1847. Avant cette date, les Français ont accès à la pensée de Ricardo grâce aux livres de Pellegrino Rossi, professeur au Collège de France, dont le cours est largement inspiré des œuvres de Ricardo et de Malthus.
6. C'est encore la période des « bourgs pourris » et le corps électoral de cette circonscription compte 23 électeurs !

2.1 Rendements décroissants, fonds de salaire, rente, avantages comparatifs : le problème de la distribution de la richesse

Le système économique selon Ricardo repose sur cinq idées-forces.

Première idée : les prix

Ricardo défend la théorie de la **valeur travail**. Chaque bien est caractérisé par une valeur d'échange, indépendante de celui qui l'achète ou le vend. Elle correspond à la quantité de travail nécessaire à sa fabrication. Dans un échange, le prix est proportionnel à cette valeur. La quantité de travail hiérarchise les prix, la quantité de monnaie en fixe le niveau. En prenant cette position, Ricardo évacue en pratique le problème monétaire.

Partons de l'**équation quantitative de la monnaie** (énoncée pour la première fois par Jean Bodin, voir chapitre 1) :

$$\mu V = pY$$

où μ est la quantité de monnaie, V sa vitesse de circulation, p un indicateur de prix et Y la production. Y est la production valorisée par un système de prix. Si μ augmente, Y augmente nécessairement mais sans que l'on puisse déterminer s'il s'agit des quantités produites ou du système de prix qui sert à les valoriser. C'est pourquoi, pour préciser cette équation, les économistes adjoignent à Y un facteur p qui mesure la déformation des prix : $\mu V = pY$, avec $p = 1$ en cas de stabilité des prix, $p > 1$ signifiant de l'inflation et $p < 1$ de la déflation.

Dans la vision ricardienne, l'augmentation de μ ne modifie que p, le niveau général des prix. Comme chaque prix évolue de la même façon, l'augmentation de μ a une conséquence nominale mais aucun impact réel.

Ricardo a commencé sa carrière d'économiste en prenant position dans la « querelle du bullion » (voir l'encadré biographique). Position radicale selon laquelle, en économie, les mouvements monétaires n'ont d'autres conséquences qu'une déformation des prix. L'adoption de la théorie de la valeur travail est la réponse de Ricardo à l'effet Cantillon (voir chapitre 2). En effet, la conséquence de cette théorie est que la hiérarchie des prix est fixe puisque le prix d'un objet est proportionnel à la quantité de travail nécessaire à sa réalisation.

De façon symptomatique, comme s'il voulait se débarrasser du problème de la valeur, il le traite dès le premier chapitre des *Principes de l'économie politique et de l'impôt.*

Ricardo pousse la logique de la valeur travail jusqu'à la détermination même de l'étalon monétaire. Tout échange étant un échange de quantité de travail, c'est également le cas quand on échange une unité monétaire contre un bien. Le prix d'un bien exprime la comparaison entre le temps passé à le produire et le temps passé à réaliser matériellement le symbole monétaire. Ce qui fait la force de l'or, c'est le fait que la productivité dans le secteur minier évolue comme la productivité moyenne de l'économie. Chaque fois que le progrès technique permet de réduire le temps nécessaire à la production d'un bien de consommation courante, simultanément, le progrès technique incorporé par les compagnies qui gèrent les mines d'or permet de réduire d'autant le temps nécessaire à la production d'un kilogramme d'or. Cela se traduit par l'absence d'inflation et par l'absence d'évolution dans la hiérarchie des prix, c'est-à-dire par l'absence d'effet Cantillon.

Défendre la valeur travail obéit à un but méthodologique : ne pas avoir à parler monnaie, comme cela avait été si souvent le cas dans les écrits antérieurs, pour mieux parler croissance. Ricardo est conscient des limites de la valeur travail. Il le reconnaît lui-même, la valeur de certains biens n'a rien à voir avec la quantité de travail incorporée (les œuvres d'art, par exemple). Il est même des objets qui, en l'absence de travail, ont des destins qui peuvent en faire varier le prix dans des proportions considérables. Un vin de Porto, abandonné dans des fûts, peut devenir en dix ans, sans que personne ne s'en mêle, un nectar délicieux ou un vinaigre infâme…

En fait, en affirmant ce qu'on appelle aujourd'hui la « **neutralité de la monnaie** », Ricardo cherche à mettre au centre de sa problématique la perte d'efficacité de l'appareil productif au fur et à mesure du développement de la croissance, c'est-à-dire à se concentrer sur le phénomène des **rendements décroissants** (voir sa préface ci-après).

Préface de Ricardo aux *Principes de l'économie politique et de l'impôt* (1817)

Les produits de la terre, c'est-à-dire tout ce que l'on retire de sa surface par les efforts combinés du travail, des machines et des capitaux, se partagent entre les trois classes suivantes de la communauté ; savoir : les propriétaires fonciers, les possesseurs des fonds ou des capitaux nécessaires pour la culture de la terre, les travailleurs qui la cultivent.

Chacune de ces classes aura cependant, selon l'état de la civilisation, une part très différente du produit total de la terre sous le nom de rente, de profits du capital et de salaires, et cette part dépendra, à chaque époque, de la fertilité des terres, de l'accroissement du capital et de la population, du talent, de l'habileté des cultivateurs, enfin des instruments employés dans l'agriculture.

Déterminer les lois qui règlent cette distribution, voilà le principal problème en économie politique. Et cependant, quoique Turgot, Stuart, Smith, Say, Sismondi et d'autres auteurs aient répandu beaucoup de lumière sur cette science, leurs écrits ne renferment rien de bien satisfaisant sur la marche naturelle des rentes, des profits et des salaires.

En 1815, la véritable doctrine de la rente fut publiée à la fois par M. Malthus, dans un écrit intitulé *Recherches sur la nature et le progrès de la rente*, et par un membre du collège de l'université d'Oxford dans son *Essai sur l'emploi du capital en agriculture*. Sans une connaissance profonde de cette doctrine, il est impossible de concevoir les effets de l'accroissement de la richesse sur les profits et les salaires, ou de suivre d'une manière satisfaisante les effets des impôts sur les différentes classes de la société, surtout lorsque les choses imposées sont des produits immédiats de la terre. Adam Smith et les autres écrivains distingués dont j'ai fait mention, n'ayant pas envisagé avec justesse le principe de la rente, ont, ce me semble, négligé beaucoup de vérités importantes, dont on ne peut acquérir la connaissance qu'après avoir approfondi la nature de la rente.

[...]

En combattant des opinions reçues, j'ai cru devoir plus particulièrement examiner certains passages des ouvrages d'Adam Smith qui ne s'accordent pas avec ma manière de voir ; j'espère néanmoins qu'on ne me soupçonnera pas pour cela de ne point partager, avec tous ceux qui reconnaissent l'importance de l'Économie politique, l'admiration si justement due à l'ouvrage profond de cet auteur célèbre.

La même remarque est applicable aux excellents écrits de M. Say, qui a été le premier ou un des premiers parmi les écrivains du continent à savoir apprécier et appliquer les principes de Smith, et qui, non seulement, a fait plus que tous les auteurs étrangers pour inculquer aux nations de l'Europe les principes d'un système aussi lumineux qu'utile, mais encore a réussi à disposer cette science dans un ordre plus méthodique et plus instructif en l'enrichissant en même temps de recherches originales, exactes et profondes*. Le cas que je fais des écrits de M. Say ne m'a cependant pas empêché d'examiner avec la franchise que les intérêts de la science exigent les passages de son *Traité d'économie politique* qui ne s'accordent pas avec mes opinions.

* Le chapitre XV, liv. I, des *Débouchés* renferme surtout quelques principes très importants, que cet écrivain distingué a, je crois, développés le premier.

Ce texte confirme que l'axe qui structure la pensée de Ricardo est le problème de la répartition et plus précisément de la rente. La note marque par ailleurs l'adhésion de Ricardo au principe de la loi des débouchés (la loi de Say).

Deuxième idée : les conséquences des rendements décroissants

Ricardo construit un modèle qui tourne autour de la production de blé mais qui a vocation à embrasser toutes les formes de production. Il classe la population en trois groupes :

- Les travailleurs qui perçoivent les salaires.
- Les capitalistes qui perçoivent les profits.
- Les propriétaires fonciers qui perçoivent un loyer. Comme en anglais louer se dit « *to rent* », le revenu des propriétaires va s'appeller la **rente**.

Par la suite, dans la réflexion économique, on désignera sous le terme de rente toute rémunération qui ne provient ni du travail comme le salaire, ni de la prise de risque comme le profit. Chez Ricardo, la rente est issue du droit de propriété. Et comme l'État assure la pérennité du droit de propriété en le protégeant par la loi, c'est lui qui est à l'origine de la rente. Bien souvent, les rentes naissent de l'action publique.

Quand la population s'accroît, les nouvelles terres emblavées sont de moins en moins fertiles. Après les terres autour de Londres, on cultive celles des Highlands écossais. C'est ce qu'on appelle « les rendements décroissants[7] ».

Supposons qu'un hectare rapporte 100 unités de blé dans le Bassin de Londres et 70 en Écosse. Ces 70 vont assurer les revenus des rentiers, des capitalistes et des salariés. Supposons que les propriétaires terriens se désintéressent de la situation et ne demandent rien. Les 70 se partagent alors entre les capitalistes et les salariés. Du fait de la concurrence, ces derniers sont payés au minimum vital. En outre, pour ce qui est des facteurs de production faciles à déplacer (le capital et le travail), il existe une concurrence entre toutes les terres cultivées. En conséquence, la rémunération de ces facteurs est la même partout. Sur la terre autour de Londres, il faut donc 70, comme dans les Highlands, pour rémunérer salariés et capitalistes. Résultat, même si le propriétaire du terrain ne se montre pas très demandeur, il peut exiger une rente de 30.

Supposons maintenant que la population s'accroisse. Il faut mettre en culture une terre encore plus ingrate en Écosse qui ne rapporte que 60. Ce niveau s'impose comme la nouvelle rémunération des capitalistes et des salariés. Autour de Londres, capitalistes et salariés, toujours en concurrence avec ceux des Highlands, sont obligés de s'aligner et de ramener leurs prétentions à 60. Les propriétaires, sans rien faire, voient ainsi le revenu qu'ils peuvent exiger (leur rente) passer de 30 à 40. La production globale s'est accrue, mais cette croissance a modifié la répartition des revenus en enrichissant les rentiers.

Contre l'accroissement des rentes

David Ricardo tire en outre de son analyse économique des rendements décroissants une interprétation politique. Pour lui, le clivage n'est plus entre tories et whigs, mais entre ceux qui vont devenir les **conservateurs** et ceux qui vont devenir les **libéraux**. Les conservateurs sont les porte-parole des groupes qui par l'action de l'État obtiennent des rentes, c'est-à-dire des positions leur permettant de gagner un revenu supérieur à la valeur de leur travail. Les libéraux sont ceux qui demandent l'extension du marché et de la concurrence comme moyen de donner à chacun un revenu correspondant au travail fourni. Les conservateurs usent de l'État

7. Si Ricardo emploie l'expression aujourd'hui consacrée de « *diminishing returns* », il parle aussi de « rendements non proportionnels ».

en s'abritant derrière sa mission de défense de l'intérêt général pour défendre leurs intérêts particuliers. Ainsi, au sortir des guerres napoléoniennes, les propriétaires terriens prétendent que l'autosuffisance alimentaire est le seul moyen de sauvegarder l'indépendance nationale. Ils argumentent du fait que, pendant les années de guerre, l'Angleterre a importé du blé des États-Unis et ce avec une incroyable insouciance puisque, en 1812, ces derniers lui ont déclaré la guerre et ont cessé de commercer avec elle. Résultat, le pays a connu la disette. Pour Ricardo, cette autosuffisance alimentaire présentée comme une nécessité politique est en réalité le moyen d'assurer des revenus croissants à la classe oisive des *landlords*.

On peut s'interroger ici sur les raisons de l'opposition à un accroissement des rentes. Pourquoi vouloir priver les propriétaires et la gentry de revenus croissants, alors qu'ils contituent l'ossature du pays, le réceptacle de ses traditions et de ses valeurs ? La raison est que les classes sociales n'ont pas le même poids historique. Celles qui comptent le plus sont celles qui préparent l'avenir. Et les groupes qui sont porteurs d'avenir, ce sont ceux qui investissent, c'est-à-dire les capitalistes. Chaque investissement nouveau signife la mise en service d'une nouvelle machine, plus moderne que la précédente. Le capitaliste, par ses investissements, diffuse le progrès technique dans la société.

Le rapport de Ricardo au progrès technique est complexe. Il condamne les luddites et est par nature favorable au progrès. Mais parfois, le doute le saisit. Dans le chapitre XXXI de ses *Principes d'économie et de l'impôt*, intitulé « Des machines[8] », il considère que le progrès technique, en substituant des machines aux hommes, permet de contourner les rendements décroissants mais risque de créer du chômage. Dans le rapport au travail, l'économie est donc menacée par l'incapacité à déterminer une durée du travail conforme à la productivité : à trop faire travailler les ouvriers, on risque la surproduction ; à ne pas les faire travailler assez, on risque la pénurie.

Quoi qu'il en soit, Ricardo fait du capitaliste l'élément moteur de la croissance et du profit le carburant. Or, la dynamique de la rente amenuise les profits.

8. Ce dernier chapitre n'est introduit que dans la troisième édition du livre.

Revenons à l'exemple des terres autour de Londres et en Écosse. La rente est passée de 30 à 40. Qu'en est-il du profit ? Sur la dernière unité produite, capitalistes et salariés se partagent dans le premier cas 70. Supposons que les salariés touchent 50 et les capitalistes 20. La production s'accroît et nous nous retrouvons dans le second cas avec une rente à 40 et 60 à partager entre les capitalistes et les salariés. Comme ces derniers touchent le minimum vital, on ne peut réduire leurs 50. Il ne reste donc aux capitalistes que 10. À eux de rationaliser la production pour pouvoir se contenter des 10 en question. Le capitaliste qui y arrive peut alors se porter concurrent de ceux qui sont sur toutes les autres terres cultivées, si bien que tous les capitalistes sont obligés de s'adapter et de réduire leur profit à 10.

Du fait de l'absence de concurrence entre les rentiers et de la concurrence entre les capitalistes, l'augmentation de la production conduit à cette situation paradoxale qu'elle fait baisser les profits. Lorsqu'on arrive à mettre en culture une terre qui rapporte 50, le profit sur l'ensemble des terres cultivées a disparu et la rente à Londres a atteint 50.

Deux conclusions s'imposent :

- Ce sont les conditions de production de la dernière surface mise en culture qui définissent le niveau de profit. La dernière terre utilisée, celle qui est loin de Londres, à la « marge » du pays, impose la répartition finale et globale des revenus. Commence ici un type de raisonnement qui nourrira la vague suivante d'économistes, que l'on appellera les marginalistes (voir chapitre 5).
- Si aucune terre n'est cultivée, il n'y a pas de profit. Mais si on pousse la production à son extrême et que l'on atteint la terre écossaise à la marge, de nouveau le profit est nul. Un résultat élémentaire de mathématique[9] indique qu'entre ces deux situations, une correspond à un niveau maximum de profit. Il existe pour chaque pays une surface cultivée qui correspond au profit maximum : c'est la situation optimale.

9. Ce résultat est connu sous le nom de théorème de Rolle. On peut aussi considérer qu'il est un cas particulier de la formule des accroissements finis.

Le fonds des salaires

La maximalité du profit est optimale parce qu'elle profite aux capitalistes ; mais elle profite aussi aux salariés et en fin de compte à la société tout entière. Aux capitalistes, on comprend aisément pourquoi. Aux salariés, c'est à cause de l'existence d'un fonds des salaires.

Ricardo constate que dans toute activité économique, l'entreprise verse des salaires avant de commencer à vendre. Il faut un certain temps pour produire. Dans l'agriculture, un an sépare l'ensemencement de la récolte. Ce décalage est même indispensable parce que l'entreprise, pour écouler sa production, a besoin que des revenus aient été mis en place, c'est-à-dire que des salaires aient été versés avant que les produits ne commencent à être écoulés. **Le fonds des salaires, c'est le montant que l'entreprise emprunte pour payer ses employés avant de commencer à vendre**. Il dépend de la capacité de remboursement des entreprises, donc des profits qu'elles sont en mesure de dégager pour payer les intérêts sur leurs emprunts. Plus les profits sont élevés, plus le fonds des salaires est élevé et plus il y a d'emplois.

Le problème est alors de savoir ce qui se passe si la production optimale, qui correspond au profit maximum, ne couvre pas les besoins en blé du pays. Le libre-échange fournit la solution.

Troisième idée : le libre-échange

Si on importe du blé venu de France ou des États-Unis, il n'est plus nécessaire d'étendre les cultures et on peut se limiter à la production optimale. Le libre-échange est un moyen efficace de contenir l'augmentation de la rente et de maximiser le profit. Dès lors les propriétaires fonciers, qui prétendent défendre l'intérêt national, y sont hostiles. Si Ricardo focalise son combat sur le protectionnisme, c'est parce qu'en favorisant la rente au détriment du profit, il obère l'avenir du pays.

Ricardo va même plus loin. Il démontre que, dans l'absolu, la spécialisation internationale est préférable à la situation dans laquelle chaque pays couvre ses besoins.

Ricardo prend l'exemple de deux pays et compare l'autarcie au libre-échange. Soit donc l'Angleterre et le Portugal et deux biens, le vin et le drap. Supposons que pour produire une unité de vin et une unité de drap, il faille une heure dans chaque cas en Angleterre, a et b heures au Portugal. Si a est inférieur à b, on dit que le Portugal a un avantage comparatif dans la production de vin. La production par chaque pays d'une unité de chaque bien mobilise 2 heures en Angleterre et a + b heures au Portugal, soit au total 2 + a + b heures. Si le Portugal se spécialise dans le secteur qui correspond à son avantage comparatif (le vin) et si l'Angleterre produit tout le drap, la même production nécessite 2 heures en Angleterre et 2a au Portugal, soit un temps total de 2 + 2a heures, inférieur au précédent. CQFD. Le libre-échange permet d'arriver au même niveau de production en mobilisant moins d'heures de travail.

La dynamique du libre-échange trouve malgré tout sa limite. En effet, dans un premier temps, en important du blé, l'Angleterre réussit à maintenir en culture la surface qui correspond au profit maximum, c'est-à-dire à la situation optimale. Pour y parvenir, il lui faut importer du blé de France. Dès lors, la production de blé française augmente. Au fur et à mesure des accroissements démographiques de la France et de l'Angleterre, la surface cultivée en France augmente jusqu'à atteindre la surface optimale, celle qui y garantit le profit maximum. La France ne peut plus alors augmenter sa surface cultivée, si bien qu'il faut mettre en culture des terres nouvelles aux États-Unis et au Canada, pour que ces pays se mettent à exporter vers la France et l'Angleterre. Dynamique qui va conduire États-Unis et Canada eux-mêmes au niveau de leur surface optimale. Et ainsi de suite jusqu'à ce que le monde entier soit en situation optimale de production. Cet état est appelé par Ricardo l'« **état stationnaire** », au-delà duquel l'augmentation de production conduit à une baisse des profits et donc des investissements ; celui au-delà duquel commence le déclin économique. Cet état stationnaire est la concrétisation du pessimisme de l'école classique et de Ricardo. Les limites de la terre donnent à l'humanité des limites à sa richesse.

Quatrième idée : l'équilibre de balance des paiements courants

Cette idée, prolongeant les précédentes, est que chaque pays adoptant le libre-échange et l'étalon-or est automatiquement en équilibre de balance des paiements courants.

L'idée n'est pas nouvelle, puisqu'on la trouve chez Hume. Conformément à ses écrits sur le bullion, Ricardo considère que la quantité de monnaie en circulation doit être proportionnelle à la quantité d'or détenue par la banque centrale. En cas de déficit extérieur, le pays déficitaire est obligé de payer son surcroît d'importations par des sorties d'or. Sa masse monétaire se contracte et, d'après l'équation quantitative de la monnaie, ses prix se contractent *ipso facto*. Devenus moins chers, ses produits se vendent mieux à l'étranger et il bénéficie d'une augmentation de ses exportations qui conduit à un retour de l'équilibre extérieur.

Cinquième idée : la défense de l'équilibre budgétaire

Le titre du livre principal de Ricardo le souligne, un de ses objectifs est de déterminer les modalités de l'impôt. Sur la nature même de l'impôt, hormis le fait de réclamer la suppression des droits de douane, Ricardo se coule dans les théories de ses prédécesseurs. L'impôt ampute les capacités de dépenses et d'investissement de la sphère privée et freine le dynamisme économique.

Son originalité réside dans la façon dont il défend l'équilibre budgétaire. D'abord, il constate que l'emprunt est une facilité accordée au roi pour contourner le Parlement. Réuni pour voter l'impôt, le Parlement n'est guère tenu au courant des volumes empruntés. L'endettement public est un artifice qui permet à l'État de s'engager dans des augmentations de dépenses sans que les contribuables en subissent les conséquences immédiates.

L'exemple le plus caractéristique est celui des dépenses militaires. Si on avait exigé l'équilibre budgétaire après la signature du traité d'Amiens en 1802, la paix aurait été sauvegardée, les finances publiques anglaises étant dans l'incapacité de payer l'effort de guerre contre Napoléon.

À cet aspect politique, Ricardo ajoute un raisonnement économique. À court terme, le déficit budgétaire n'a aucun impact économique. En effet, impôt et déficit financent tous les deux le budget à partir des ressources apportées par les particuliers. Dans le cas des impôts, ils le font sous la contrainte ; dans le cas du déficit et de l'emprunt, ils le font attirés par le taux d'intérêt et la perspective d'une rémunération future ; dans les deux cas, la population cède une partie de ses fonds à l'État. Il y a équivalence économique entre l'emprunt et l'impôt à court terme. On parle alors d'**équivalence ricardienne**.

Néanmoins, à long terme, apparaît une différence. En effet, l'impôt une fois payé, les citoyens n'ont aucun droit sur les caisses publiques. En revanche, l'emprunt une fois souscrit, ils ont droit tous les ans au versement d'un intérêt. Ricardo décrit dès lors la dette publique comme un moyen d'assurer un revenu aux riches en ponctionnant les impôts payés par tous. Il insiste pour préciser que la dette publique n'assure pas un transfert de ressources entre les générations mais entre les groupes sociaux. La génération qui a émis les emprunts transfère à la génération suivante, à la fois, des amputations des recettes fiscales à venir pour payer les intérêts de la dette et des titres donnant droit à perception de ces intérêts.

Dans sa vision de l'équivalence impôt/emprunt, Ricardo raisonne à masse monétaire constante.

2.2 Les disciples de Ricardo

Sa mort prématurée prive Ricardo du plaisir de voir ses idées triompher. Leur cohérence, qui impressionne ses contemporains, ainsi que l'action de ses disciples leur assurent une réelle pérennité en termes de politique économique, puisqu'elles inspirent la politique suivie au XIXe siècle en Angleterre, et en termes de diffusion puisque la mise en place des premiers enseignements de l'économie se fonde sur elles.

Les disciples authentiques de Ricardo sont peu nombreux. Dans son *Histoire de l'analyse économique*, Schumpeter n'en identifie que trois :

- **John Ramsay McCulloch** (1789-1864) est le plus actif. Il supervise la première édition des œuvres complètes de Ricardo en 1846. Paradoxalement, son admiration ne l'empêche pas d'affirmer que l'idée centrale de Ricardo sur la rente agricole n'est pas de lui, mais inspirée d'un agronome écossais, James Anderson (1739-1808), éditeur besogneux d'un journal sur le monde rural.

- **James Mill** (1773-1836) publie en 1822 des *Éléments de politique économique* qui sont une version simplifiée des textes de Ricardo, amendée d'une présentation de l'utilitarisme de Bentham.
- **Thomas de Quincey** (1785-1859) est l'auteur des *Confessions d'un mangeur d'opium anglais*. Ce qui fascine de Quincey chez Ricardo, dont par ailleurs il ne partage pas le whiggisme, c'est sa précision logique. Avec « Dialogues of Three Templars » puis « Logic of Political Economy », de Quincey cherche à la mettre en lumière en utilisant les outils de la scolastique qui se pratique alors dans les universités anglaises. Il a conscience que la forme littéraire ne permet pas l'expression pleine des théories économiques et cherche donc à reformuler Ricardo dans les termes de la logique thomiste telle qu'enseignée de son temps. L'intuition qu'il faut dépasser la forme littéraire est bonne, l'outil adopté une impasse, mais la voie est libre pour les mathématiques.

Sur le plan politique, l'homme qui incarne le ricardisme est **William Gladstone** (1809-1898). Homme politique de référence du XIXe siècle anglais avec Robert Peel, Henry Palmerston et Benjamin Disraeli, il prononce en 1852 en tant que chancelier de l'Échiquier un discours sur le budget de 1853 qui reprend les thèses ricardiennes : nécessité du libre-échange, respect d'une règle monétaire stable à travers l'étalon-or, réduction des dépenses publiques pour éviter de pénaliser les investissements. Gladstone participe à l'action des gouvernements Peel qui initient le libre-échange à partir de 1842. À cette époque, le Code douanier anglais compte 1 150 articles. Dix ans plus tard, il n'en a plus que 50. En septembre 1859, Gladstone, toujours à l'Échiquier, rencontre le ministre français du Commerce[10], Michel Chevalier. Leur rencontre débouche sur un traité de libre-échange, dit Cobden-Chevalier, signé en 1860. Gladstone est membre du gouvernement qui adopte l'idée de neutralité de la monnaie, en imposant en 1844 à la Banque d'Angleterre de limiter l'émission de ses billets au montant de son stock d'or.

10. À l'époque, le mot « commerce » signifie activité économique. Chevalier a un portefeuille qui ferait aujourd'hui de lui le ministre de l'Économie et des Finances, sans la responsabilité du budget.

Cette conformité d'une politique économique à une théorie va devenir un sujet d'étude pour les économistes qui vont suivre. Dans *La Grande Transformation*, livre publié en France en 1944, **Karl Polanyi** donne une des descriptions les plus minutieuses du libéralisme économique de cette époque et de la façon dont théorie et action se sont combinées. Il l'identifie à quatre éléments majeurs :

1. l'organisation générale de l'économie autour de la concurrence et du libre fonctionnement du marché, notamment en ce qui concerne le marché du travail ;
2. l'équilibre budgétaire ;
3. la stabilité monétaire, dont la garantie la plus sûre est l'adoption de l'étalon-or ;
4. le libre-échange comme mode de gestion du commerce international.

Pour Polanyi, ce libéralisme économique, que par ailleurs il condamne, est le fruit de la conjugaison de deux mécanismes : l'existence d'une théorie (la théorie libérale construite autour de Ricardo) et celle d'une volonté politique (celle de Gladstone[11]).

Cette alliance d'une théorie et d'une volonté est parvenue à ses fins non seulement grâce à la cohérence de sa démarche, mais aussi parce que le contexte s'y prêtait. Elle a bénéficié des conséquences de la réforme électorale de 1832. En augmentant le nombre d'électeurs à la Chambre des communes, cette réforme a fait monter à Londres un bloc de libéraux et de chefs d'entreprise. Recomposée par rapport à celles du début du XIXe siècle profondément dépendantes des propriétaires terriens qui tenaient également la majorité à la Chambre des lords, cette Chambre a initié un cycle de réformes libérales. C'est en votant en 1834 une loi supprimant les minima salariaux imposés par la justice anglaise au gré des plaintes des associations ouvrières qu'elle a adopté les premiers éléments de la mise en place systématique de politiques ricardiennes. Polanyi le souligne dans son livre : le système libéral a commencé par conquérir les esprits, avant de s'emparer du pouvoir. Au XVIIIe siècle, l'économie s'adressait à quelques penseurs. Avec Ricardo, elle modèle les opinions.

Elle y parvient entre autres parce qu'elle est enseignée.

11. Dans la période précédente de l'histoire britannique, Adam Smith avait trouvé en William Pitt la volonté politique correspondant à ses idées.

3. La naissance de l'enseignement de l'économie autour des thèses de Ricardo

Le succès de l'économie classique est favorisé par l'apparition d'un enseignement économique, défendu non seulement comme légitime, mais encore comme nécessaire.

3.1 *Nassau William Senior (1790-1864)*

Senior est le premier à enseigner l'économie dans une université publique. Il reçoit une chaire à Oxford, financée par un mécène du nom de Drummond, pour un mandat de cinq ans. Né en 1790, il est d'abord avocat et s'affirme comme une des figures du libéralisme européen. Il se lie d'amitié avec Tocqueville. Très scrupuleux, il hésite avant d'accepter la chaire car, pour lui, toute matière intellectuelle qui relève de la propagande ou de l'affirmation partisane n'a pas sa place à l'Université. S'il finit par accepter, c'est parce que l'économie est à ses yeux scientifique. Il commence son cours en décembre 1825 en déclarant : « Nul n'est économiste s'il est protectionniste. » Il s'agit évidemment de marquer son adhésion aux thèses de Ricardo. Mais il s'agit aussi de rappeler que le protectionnisme est un choix politique. Ceux qui le défendent doivent mesurer les tenants et les aboutissants de leur position. Les mesures protectionnistes assurent la survie de ceux qui refusent la concurrence étrangère, mais appauvrissent globalement le pays.

De son cours il tire en 1836 *Outline of Political Economy*. Il développe dans ce livre une division de l'économie en deux branches, l'une théorique qui doit organiser son raisonnement comme les sciences exactes, l'autre pratique qui, s'inspirant de la précédente et du contexte historique, fournit des recommandations de politique économique. Estimant que l'expérience est impossible en économie du fait de la nature des acteurs (les hommes), il conçoit un raisonnement économique fondé sur une imitation des mathématiques. À savoir que la méthode de l'économiste consiste en l'énoncé d'axiomes à partir desquels on construit un ensemble cohérent par un enchaînement de déductions.

Les quatre axiomes de Senior :

1. Le **principe d'hédonisme :** chacun cherche à satisfaire à moindre coût son intérêt.
2. **Il n'y a jamais de surpopulation** (Senior s'oppose aux thèses de Malthus).
3. **On peut accroître la production en augmentant le stock de capital** (on retrouve l'importance de l'investissement).
4. **Il y a des rendements décroissants**[12].

Senior ne se contente pas de reproduire les idées de Ricardo. Dans la description de la rente agricole, il insiste sur le rôle de la dernière surface mise en culture, annonçant l'avènement du marginalisme (voir chapitre 5).

Surtout, il donne une vision originale de l'épargne. Pour lui, c'est un acte d'abstinence. L'épargnant ne se protège pas contre les aléas de l'avenir, mais donne une valeur nouvelle à la consommation différée. Le taux d'intérêt vient compenser le désagrément du retard. S'il agit sur le volume de l'épargne, c'est qu'il modifie non la vision que peuvent avoir les gens de leur propre avenir, mais le calcul du prix implicite des consommations différées. Nouvelles visions du temps et de l'espace font de Senior, d'après Schumpeter, un économiste plus important que le relatif oubli qui le touche.

Dernier élément de sa modernité, il défend le principe d'une unification de la pensée économique. Si l'économie est une science, une seule théorie est acceptable : en physique, il n'y a pas une accélération de la pesanteur de gauche et une accélération de la pesanteur de droite…

---

12. Ces axiomes s'énoncent ainsi en anglais :
"1. *That every man desires to obtain additional wealth with as little sacrifice as possible.*
2. *That the population of the world, or, in other words, the number of persons inhabiting in, is limited only by moral or physical evil, or by fear of a deficiency of those articles of wealth which the habits of the individuals of each class of its inhabitants lead them to require.*
3. *That the powers of Labour, and of the other instruments which produce wealth, may be indefinitely increased by using their products as the means of further Production.*
4. *That agricultural skill remaining the same, additional Labour employed on the land within a given district produces in general a less proportionate return or, in other words, that though, with every increase of the labour bestowed, the aggregate return is increased, the increase of the return is not in proportion to the increase of the Labour.*"

Cette position lui attire les foudres des socialistes. D'autant que ceux-ci lui reprochent d'avoir déclaré, en tant que rapporteur de la Commission royale sur les salaires en 1834, qu'une hausse des salaires ou une réduction de la durée du temps de travail conduiraient à plus de chômage. Concernant le temps de travail, il argumente en écrivant que sur dix heures de travail, les neuf premières heures servent à payer les salaires tandis que la dixième fournit le profit. Si on réduit d'une heure la durée du temps de travail, il n'y a plus de profit et donc plus d'investissement. De nouveau, la dynamique marginaliste pointe son nez…

3.2 *Pellegrino Rossi (1787-1848)*

En France, qui est encore à l'époque la deuxième patrie de l'économie politique, l'Université se refuse à franchir le pas. Elle ne consent qu'à l'existence d'un poste de professeur au Collège de France. Sous la Révolution, le mathématicien Alexandre Vandermonde se voit confier une chaire d'économie politique dans la toute nouvelle École normale supérieure. Il meurt après huit séances et cette nomination reste sans lendemain. En 1832, Louis-Philippe crée explicitement pour Jean-Baptiste Say la chaire du Collège de France. Mais celui-ci meurt également juste après avoir commencé ses cours. Il est remplacé par Pellegrino Rossi qui sera le seul économiste français de renom authentiquement ricardien.

Pellegrino ROSSI

Il naît le 13 juillet 1787 à Carrare, en Italie. Sa jeunesse se déroule dans une Italie française, au sein d'une famille acquise à Napoléon Ier. Après des études de droit, il devient magistrat puis avocat à Bologne. À la chute de l'Empire, il se réfugie à Genève. Un beau mariage, une réelle compétence juridique, un grand art de la séduction et voilà cet Italien né catholique nommé professeur de droit à Genève la protestante et élu dans les instances dirigeantes du canton…

Très investi dans la politique genevoise, il participe aux débats sur la réforme constitutionnelle en Suisse. Déçu du rejet final en 1832 d'un texte que l'histoire a retenu sous le nom de « Constitution Rossi », poursuivi par ses créanciers, il gagne Paris. Il sollicite une place auprès

du ministre de l'Instruction publique, Guizot, qui est un de ses amis et lui propose la chaire d'économie du Collège de France.
Rossi l'occupe jusqu'en 1840, laissant alors sa place au polytechnicien Michel Chevalier, libéral qui sera ministre de Napoléon III. Rossi est assassiné à Rome le 15 novembre 1848 par des extrémistes de gauche. Il était devenu entre-temps l'équivalent de Premier ministre du Vatican.

Rossi publie un *Cours d'économie politique* qui reste à ce jour une des présentations en français les plus fidèles de Ricardo.

À l'instar de Senior, il insiste sur la distinction entre « l'économie politique appliquée » telle que les Français la pratiquent (c'est-à-dire l'établissement de règles de politique économique) et « l'économie politique rationnelle » qui adopte le formalisme et la démarche des sciences exactes.

Il donne une version intéressante de l'égalité offre/demande. Pour lui, la demande est un mécanisme complexe de hiérarchisation des besoins. Face à elle, l'offre évolue lentement et s'adapte avec retard. Le marché conduit plus à un déséquilibre dynamique qu'à un équilibre concurrentiel stable[13]. Derrière se profile un débat plus fondamental entre une vision de l'économie portée par les Anglais, selon laquelle la théorie économique doit réfléchir en termes d'équilibre, et une vision où la théorie doit chercher à comprendre les conséquences d'un déséquilibre permanent.

Rossi donne aussi une théorie originale de l'entreprise. Il la considère autant comme une construction juridique née de conventions et de coutumes que comme une nécessité. En effet, à ses yeux, économiquement parlant, la logique des rapports marchands fait qu'il serait plus efficace que les travailleurs choisissent le statut d'artisan plutôt que celui de salarié, vendant des produits au lieu de vendre des heures de travail.

Mais l'enseignement de l'économie ne se résume pas aux conférences au Collège de France.

---

13. John Stuart Mill réagira par la suite à l'idée de Rossi pour mettre un terme aux interrogations sur les liens offre/demande et faire de leur égalité une identité comptable indispensable à toute formulation d'une théorie économique (voir section 4.1).

3.3 *Les autres actions de diffusion de l'économie politique*

En Angleterre, Jane Marcet (1769-1858), fille d'un banquier suisse installée au Royaume-Uni, se lance dans la publication de livres de vulgarisation susceptibles d'être mis à disposition des enseignants. La série des *Conversations*, notamment celles sur la chimie et sur l'économie politique, connaît un énorme succès. Les *Conversations sur l'économie politique* sont éditées six fois. À partir de la troisième édition, elles reproduisent fidèlement les idées de Ricardo.

Le relais est pris par **Harriet Martineau** (1802-1878) avec ses *Illustrations of Political Economy* (1834), qui deviennent le livre incontournable de tout enseignement économique aux États-Unis. Là encore, le point de vue est ricardien[14]. C'est la présentation du texte sous forme de contes dont la morale permet de comprendre les notions de rente ou d'avantages comparatifs qui en assure le succès.

En France, Louis-Philippe cherche comment faire comprendre les enjeux économiques à la population. Il s'enthousiasme pour le livre d'Harriet Martineau et demande qu'on le traduise à l'intention des instituteurs. Malgré les réserves des responsables de l'Instruction publique, il soutient l'idée que la France ne sera une grande puissance économique que si ses citoyens maîtrisent l'économie politique. En 1839, paraissent, sous la plume de Mary Meynieu, une Française d'origine anglaise, des *Éléments d'économie politique exposés dans une suite de dialogues entre un instituteur et son élève, à l'usage des élèves des écoles normales primaires*. Cette opération, qui vise à donner aux enseignants une culture économique même sommaire, reste sans lendemain.

Après la révolution de 1848, l'idée refait surface que les enthousiasmes vains des débuts de la révolution, qui a finalement débouché sur le régime de Napoléon III dont peu d'analystes osent affirmer qu'il est meilleur que celui de Louis-Philippe, sont dus en partie à l'ignorance économique.

---

14. Son succès américain n'ébranle pas pour autant la classe dirigeante américaine. Depuis Hamilton, le premier secrétaire au Trésor, les États-Unis sont foncièrement protectionnistes.

Charles Coquelin et le Dictionnaire de l'économie politique

Charles Coquelin (1802-1852) est l'auteur du premier ouvrage en français destiné à faire connaître la science économique au grand public, le *Dictionnaire de l'économie politique*. Cette publication est une idée de Gilbert Guillaumin, qui a créé au milieu du XIXe siècle une maison d'édition spécialisée dans les textes économiques.

Charles COQUELIN

Coquelin naît le 25 novembre 1802 à Dunkerque. Il fait son droit à Paris, puis s'inscrit au barreau de Dunkerque. Le monde judiciaire de province l'ennuie, il abandonne le métier d'avocat. Il regagne la capitale pour se faire essayiste et journaliste. Il devient un propagandiste en vue des idées libre-échangistes. Disciple assumé de Ricardo et complice intellectuel de Frédéric Bastiat, c'est un libéral sans réserves. Le *Dictionnaire* est son œuvre majeure. La version complète et définitive paraît en 1854, deux ans après le décès de Coquelin.

Coquelin est doublement original :

- D'abord, il développe une analyse critique du système bancaire, qu'il juge peu efficace car peu concurrentiel. Cette absence de concurrence est flagrante en ce qui concerne la banque centrale. Son monopole rend la politique monétaire arbitraire. Il est un des premiers à lancer l'idée que la banque centrale n'est pas un bien en soi.
- Ensuite, il se refuse à une condamnation systématique de l'impôt. L'article « Budget » qu'il rédige dans le *Dictionnaire d'économie politique* porte un jugement équilibré sur l'action publique. Si l'impôt est néfaste quand il décourage l'activité économique, son refus l'est également quand il conduit soit à l'endettement, soit au recul des services publics. L'Angleterre et les États-Unis, qui sont les deux pays les plus riches, sont ceux où la pression fiscale est la plus élevée. C'est que l'État, dont les décisions sont contrôlées par les représentants des contribuables, sait y faire bon usage de ce qu'il perçoit.

Les quelque 1 800 articles du *Dictionnaire* constituent néanmoins une défense et une illustration de l'économie classique, de même qu'une dénonciation du conservatisme des légitimistes, du protectionnisme d'une certaine bourgeoisie installée et des rêveries du socialisme quarante-huitard. L'article « Dimanche » (dont Coquelin est l'auteur) est un bon exemple du contenu du livre : on y trouve une apologie de la liberté du travail et une attaque contre l'Église et les socialistes, favorables au repos dominical. Quant à l'article « Socialisme » de Louis Reybaud, on y lit : « le socialisme est éteint ; parler de lui, c'est prononcer une oraison funèbre[15] »...

Parmi les contributeurs, on compte également **Joseph Garnier** (1813-1881), une figure de proue de l'enseignement de l'économie en France. Ancien élève de l'École de commerce fondée par Say, il y devient répétiteur d'économie avant de créer en 1846 le cours d'économie de l'École des ponts et chaussées. Celle-ci est ainsi la première école d'ingénieur française à accueillir un cours d'économie.

4. Les autres économistes de l'école classique

Contemporains de Ricardo, d'autres auteurs vont également enrichir la pensée classique, en Angleterre et ailleurs en Europe.

4.1 En Angleterre

Thomas Robert Malthus (1766-1834) et la surpopulation

Malthus tire sa renommée de ses théories sur la population. Pour lui, chaque naissance amorce une lignée qui concourt à l'accroissement potentiellement infini du nombre de bouches à nourrir, alors que l'augmentation des surfaces cultivées fournit des récoltes supplémentaires fixes. Il exprime mathématiquement le danger de cette évolution discordante entre besoins alimentaires et ressources en disant que la progression de la population est géométrique, et celle de la production

15. Louis Reybaud est le créateur du personnage de Jérôme Paturot, dont il raconte les aventures dans des livres qui sont des témoignages importants sur la France de Louis-Philippe. Il fait également partie des multiples personnes ayant affirmé avoir inventé le mot « socialisme ».

arithmétique[16]. Malthus examine les moyens de freiner la croissance démographique et en identifie deux types :

- Les premiers, qualifiés de préventifs, limitent la natalité. C'est d'abord ce qu'il appelle la contrainte morale, dont la traduction est le mariage tardif et la chasteté hors mariage. C'est ensuite le vice individuel qui correspond à toute sexualité non féconde.
- Les seconds, dits destructifs, augmentent la mortalité. Ce sont d'abord les facteurs naturels comme la maladie. C'est ensuite le vice social que symbolise la guerre.

Malthus défend le principe d'une politique active de contrainte morale tendant à tout faire pour retarder l'âge du mariage.

Thomas Robert MALTHUS

Il naît le 14 février 1766 dans le comté anglais du Surrey. Son père, Daniel Malthus, est un excentrique, représentatif de la gentry de la « merry old England » du XVIIIe siècle. Il joue les philosophes, fréquente Hume et rencontre Rousseau dont il se veut le disciple et l'ami. Il en sera même l'exécuteur testamentaire ! En 1788, Robert devient pasteur. Comme son père, il aime le débat d'idées, mais handicapé par un zézaiement prononcé dû à un bec-de-lièvre, manquant d'esprit de répartie, il privilégie l'écrit.
En 1798, agacé par l'optimisme béat des héritiers de Rousseau comme le philosophe anarchisant Godwin, il publie l'*Essai sur le principe de population* qui marque sa rupture avec le progressisme paternel. Pour lui, le monde ne vit que dans la violence et le principal fléau qui l'affecte est la surpopulation.
Ce disant, Malthus heurte d'abord de front l'idée dominante qui, du « croissez et multipliez » des Écritures au « il n'est de richesse que d'hommes » de Jean Bodin, associe puissance, richesse et population nombreuse. Il heurte ensuite ceux qui considèrent que son discours est trop directement dirigé contre les pauvres. Malgré les critiques, il persiste et signe lors des rééditions de son essai et en 1807, dans sa *Lettre à Samuel Whitbread*, il accuse la construction de logements

16. Voir note sur les évolutions exponentielles et linéaires à la section 1.

sociaux d'aider les indigents à se marier prématurément et donc à se reproduire de manière excessive.
En 1805, il devient professeur d'économie auprès d'une institution privée, la Compagnie des Indes. En 1809, il noue avec David Ricardo une amitié solide qui se nourrit de débats sans fin. En 1820, il publie *Principes d'économie politique*, où il s'affirme comme un économiste à part entière.
À sa mort, en décembre 1834, ses détracteurs ne se privent pas d'évoquer en ricanant ses trois enfants. Pour l'époque, c'était pourtant peu : son ami Ricardo en avait eu quatorze.

Mais Malthus ne se s'intéresse pas qu'à la démographie. L'originalité de ses théories réside dans son analyse de la demande. Pour lui, **l'investissement conduit à un manque de demande**. L'entrepreneur qui investit cherche non pas à améliorer son revenu, mais à évincer ses concurrents. Il ne dépense pas nécessairement de façon immédiate le profit qu'il tire de son investissement car ce profit n'est pas son objectif premier. De ce fait, il crée une offre sans créer la demande correspondante. Cette distorsion entre l'offre et la demande conduit à la déflation. Celle-ci est d'autant plus néfaste qu'elle favorise le rentier, non pas celui qui possède des terres, mais celui qui détient des titres publics.

Pour éviter ce danger de déflation, l'État dispose de deux moyens :

- Le maintien de groupes sociaux qui, quoique vilipendés comme improductifs, tels les dignitaires de la couronne ou les prêtres, garantissent des débouchés stables.
- L'investissement public. Pour montrer **l'utilité de la demande publique**, Malthus prend l'exemple de la récession de 1817 : après la victoire sur Napoléon, le gouvernement a cru bon de baisser les impôts. Simultanément, il a diminué les dépenses pour ne pas alourdir la dette publique. Or, comme la demande privée n'a pas pris le relais, il a précipité l'économie dans la crise.

En faisant de la demande publique un régulateur de la conjoncture, Malthus initie un courant de pensée que l'on retrouve au XXe siècle avec Keynes.

Robert Torrens (1780-1864)

Cet ancien officier de la Navy – il s'est notamment illustré contre les Danois, fidèles alliés de Napoléon – s'intéresse aux problèmes de la circulation internationale des marchandises. Dès 1815, il développe dans *The Globe*, journal dont il est le propriétaire, l'idée que les avantages absolus d'Adam Smith ne sont pas valables et qu'il faut raisonner en avantages comparatifs. Si cela le rapproche de Ricardo, avec qui il fonde en 1821 le Club de l'économie politique, il est en désaccord avec lui sur deux points :

- la valeur travail d'abord, qui lui paraît une vision très réductrice de la réalité de la formation des prix ;
- le libre-échange ensuite.

En effet, Torrens considère que les pays ne sont pas homogènes dans leur développement. Et comme les prix ne représentent pas la valeur travail mais un ensemble de relations institutionnelles et sociales qui se retrouvent dans le salaire et le coût du travail, la concurrence internationale est par nature déséquilibrée. Il est favorable à l'ouverture des frontières, mais sur la base de négociations bilatérales où chacun baisse de manière concertée ses droits de douane.

John Stuart Mill (1806-1873)

Si John Stuart Mill appartient au groupe des économistes classiques, il écrit dans le contexte des révolutions de 1848. Il défend donc l'idée d'une économie alliant l'efficacité de la concurrence à la solidarité que réclament les socialistes. C'est pourquoi il est souvent présenté comme le premier social-libéral de l'histoire[17].

John Stuart MILL

Il naît le 20 mai 1806 à Londres. Il est l'aîné des enfants de James Mill, philosophe et économiste, disciple de Jeremy Bentham et ami de David Ricardo (voir section 2.2). James Mill a des principes éducatifs très

17. Pour George Stigler, prix Nobel spécialiste d'histoire de la pensée économique, il est non seulement le dernier mais aussi le moins intéressant des économistes classiques. Enseignant les idées économiques à Harvard, Robert Heilbroner soutient au contraire qu'il est le plus important. En effet, il est l'homme du « mais ». Face au « oui » raisonné d'Adam Smith et au « oui » résigné de Ricardo au marché, J.S. Mill a proposé, en défendant les transferts sociaux, un « oui mais » capable d'éviter le « non » ravageur de Marx.

arrêtés qu'il expérimente sur John Stuart : à 3 ans, celui-ci parle grec ; à 8, il maîtrise le calcul différentiel ; à 13, il lit Ricardo ; à 20, il sombre dans la dépression !
Il n'en sort que grâce à l'amour que lui inspire Harriet Taylor, jeune femme mariée qu'il rencontre en 1830. Celle-ci l'épouse en 1851, après deux ans de veuvage.
Son livre majeur, *Principes d'économie politique*, paraît en 1848.
Se voulant militant autant qu'intellectuel, il est député de 1865 à 1868. Il est alors le porte-parole au sein du parti libéral du groupe dit des « radicaux », qui lorgnent vers les socialistes modérés de l'après-1848.
Il meurt le 8 mai 1873 en Avignon.

Ses *Principes d'économie politique* constituent une présentation didactique des idées de Ricardo. Après en avoir exposé les éléments essentiels – le principe d'hédonisme, la limitation de la production dans l'espace par les rendements décroissants, l'amélioration générale de l'économie par le libre-échange –, il fait deux apports importants.

Il est le premier à donner une **analyse solide de l'égalité entre l'offre et la demande**. Considérée comme évidente par ses prédécesseurs, cette égalité doit être explicitée à la fois comme une nécessité et comme le produit heureux de la concurrence. La « main invisible » d'Adam Smith est une métaphore habile pour postuler l'égalité entre l'offre et la demande et préciser le rôle du marché, mais elle reste une image sans contenu scientifique. Mill estime qu'il faut être d'autant plus rigoureux dans la présentation de cette égalité que Rossi a souligné le problème du décalage dans le temps entre l'offre et la demande. Mill adopte l'idée que ce décalage se stabilise et que, pour le retracer de façon correcte, il suffit d'admettre que la gestion des stocks est un paramètre de la demande. S'éloignant des interrogations sur la valeur, il fait sienne l'idée que le prix est déterminé par l'égalité entre l'offre et la demande. Le prix se constate, il est le moyen par lequel la dynamique économique parvient à l'égalité entre l'offre et la demande.

J.S. Mill revient par ailleurs sur la distinction opérée par Senior et Rossi entre une économie scientifique et une économie pratique. Pour lui, il faut donner un contenu plus politique à ce distinguo. Il y a ce qui relève de l'économie en tant que science et ce qui relève du choix politique.

En matière de chômage, ce que dit la science économique, c'est qu'il n'est pas possible de le réduire sans réduire les salaires. L'homme politique ou l'économiste qui dirait le contraire mentirait. Une fois ceci posé, la société doit s'interroger sur l'arbitrage qu'elle a à faire entre chômage et pouvoir d'achat. Le choix politique est enfermé dans cet arbitrage, mais il n'appartient pas à l'économiste de le trancher. De même, l'explication de la croissance relève d'un raisonnement scientifique, dont la conclusion est qu'il n'y a pas de croissance sans épargne ni progrès technique. En revanche, la répartition des richesses à un instant donné ne relève pas de la réflexion économique mais de la responsabilité politique.

En ce qui concerne cette répartition des richesses, Mill s'engage. Il soutient que l'État a une mission sociale et qu'il doit agir en ignorant l'égoïsme de ceux qui refusent l'impôt comme la hargne de ceux que motive l'envie. Il doit pratiquer une politique qui, tout en maintenant le cadre concurrentiel et en respectant la propriété privée, réduise les inégalités. Il défend un programme autour de trois axes : une fiscalité fondée sur l'impôt foncier et des droits de succession élevés ; un soutien au mouvement coopératif ; une action favorable à l'égalité, juridique s'entend, c'est-à-dire égalité des droits[18].

4.2 En Allemagne

Johann Heinrich von Thünen (1783-1850) et le salaire naturel

Johann Heinrich von Thünen va entrer dans l'histoire pour avoir donné une formule mathématique précise de ce qu'il appelle le « salaire naturel », salaire idéal dont la détermination est indépendante de la logique de marché, de la pression démographique et de la « loi d'airain ».

Johann Heinrich von THÜNEN

Il naît le 24 juin 1783 dans le grand-duché d'Oldenbourg. Les Thünen sont des propriétaires terriens désargentés. Un ancêtre a cru bon pour impressionner ses créanciers de rajouter le « von ». Très tôt orphelin de père, il a des rapports difficiles avec le second mari de sa mère, un négociant en bois qui néanmoins lui paie des études d'agronomie. Il

18. Notamment par l'attribution du droit de vote aux femmes.

retire de sa jeunesse le goût de la réflexion solitaire. En 1810, son mariage lui apporte la richesse et un cadre familial apaisé. Il devient un « junker » du Mecklembourg, qui partage sa vie entre la gestion d'un domaine de 600 hectares, l'éducation de ses quatre enfants et l'étude de l'économie.
Il publie en 1826 un livre intitulé *L'État isolé dans ses rapports avec l'agriculture et l'économie nationale*. Il imagine un pays comptant une ville entourée de cultures. Il lui applique la théorie des rendements décroissants de Ricardo, tant en matière d'agriculture que de transports. Il arrive à la conclusion que la situation optimale est celle d'un agencement des parcelles cultivées en cercles concentriques autour de la ville. Le livre le fait connaître : il est fait docteur *honoris causa* de l'université de Rostock en 1830, il est élu député de la gauche libérale à l'Assemblée de Francfort qui se réunit au printemps 1848 dans la foulée des révolutions de Vienne et de Berlin. Ayant vécu toute sa vie sur le territoire de ce qui fut de 1949 à 1989 la République démocratique allemande, il en sera un bien involontaire père spirituel. Pourtant, sa théorie du salaire n'a rien du marxisme qui inspire le régime de la RDA !

C'est dans la réédition de 1842 de *L'État isolé* que von Thünen élabore une **théorie sur les salaires** devenue une curiosité de la pensée économique. Il la construit en partant de l'hypothèse que l'acte économique fondamental est l'acte d'épargne. La situation optimale de l'économie est celle qui favorise l'épargne, c'est-à-dire qui en assure la rémunération maximale.

Soit p la production, a la consommation, A[19] les salaires. Les capitalistes n'épargnent pas, ils consacrent les profits à honorer leurs engagements en termes d'emprunt (payer les intérêts des emprunts). L'épargne est le fait des salariés et elle est égale à la différence entre les salaires perçus et la consommation, c'est-à-dire $A - a$. Dans une économie essentiellement agricole, le volume total des emprunts est constitué par le fonds de salaire et est donc égal à A.

Les intérêts versés correspondent aux profits des capitalistes, c'est-à-dire à la production totale moins les salaires, soit $p - A$.

19. Comme *Arbeit*, le travail en allemand.

Le taux d'intérêt s'obtient en divisant le montant des intérêts par le volume des emprunts, soit (p – A)/A. La rémunération de l'épargne est le produit du taux d'intérêt par le volume d'épargne. On obtient en fin de compte une formule qui donne la rémunération de l'épargne, à savoir (p – A)(A – a)/A.

Nous sommes en présence, mathématiquement parlant, d'une fonction de A. Elle atteint son maximum quand sa dérivée par rapport à A est nulle. Un rapide calcul donne, pour que cette dérivée soit nulle, $A^2 = ap$. On dit en mathématiques que A est la moyenne géométrique de a et de p.

Ce résultat est historique car c'est la première fois, dans un livre d'économie, qu'on utilise la notion de dérivée d'une fonction, c'est-à-dire un calcul mathématique dépassant la simple utilisation des quatre opérations de base, pour parvenir à démontrer une proposition théorique[20].

Indépendamment du caractère anecdotique de cette formule, von Thünen est avec Senior un de ceux qui annoncent le passage vers la génération suivante. Il utilise les mathématiques et fixe en outre, comme limite à l'ensemencement d'une terre, le moment où la dernière graine plantée, étouffée par son environnement, meurt et n'assure pas son propre renouvellement, raisonnement typiquement marginaliste.

4.3 *En France*

Jean-Baptiste Say (1767-1832) et la loi des débouchés

Jean-Baptiste Say est d'abord connu pour l'énoncé de la loi des débouchés, encore appelée **loi de Say**, qui servit de référence à l'économie au XIXe siècle avant de devenir l'objet des sarcasmes des keynésiens au XXe. Si Malthus exprime des doutes sur la loi de Say, Ricardo l'adopte et en fait un des piliers de son système.

Jean-Baptiste SAY

Il naît le 5 janvier 1767 à Lyon. Ses ancêtres cévenols ont fui à Genève la révocation de l'édit de Nantes. La France de Louis XV se montrant plus tolérante, son père abandonne l'austère Genève pour

20. Von Thünen en était tellement fier qu'il a demandé qu'après sa mort, survenue le 22 septembre 1850, on grave sur sa tombe $A = \sqrt{ap}$, ce qui fut fait…

l'industrieuse Lyon où il fonde un négoce de soie. Adepte des Lumières, il demande à ses fils de faire de solides études. Jean-Baptiste se passionne pour les mathématiques et devient actuaire dans une des toutes premières compagnies d'assurance.
En 1789, la Révolution l'enthousiasme et le mène à Paris. Il rejoint les girondins et devient en 1792 l'équivalent de directeur de cabinet du premier ministre des Finances de la République, un protestant genevois comme lui, du nom de Clavières. Il s'oppose en vain à la multiplication des assignats qui emporte l'économie française dans l'inflation, et quitte Paris en pleine ébullition pour l'armée qui se bat en Belgique[21].
En 1794, à la fin de la Terreur, il regagne Paris. Écœuré par la mort de Clavières, guillotiné, et par le spectacle des pillages commis par l'armée française au nom de la liberté, il abandonne l'action politique et fonde un journal, *La Décade philosophique, littéraire et politique*, où il rédige les articles d'économie. Un temps séduit par Bonaparte, il est membre du Tribunat, l'assemblée qui, dans le système du Consulat, délibère sans voter. Sa liberté de ton l'en fait exclure en 1803.
De ses articles, il tire alors un *Traité d'économie politique*, dont un résumé paraît en 1815 sous le titre de *Catéchisme d'économie politique*. Le traité connaît un succès considérable, grâce en particulier à sa clarté, au point d'être traduit dans dix pays. Cette clarté lui est d'ailleurs reprochée par Ricardo qui considère qu'en donnant l'impression de la simplicité, il dévalorise le travail des économistes.
Libéral en économie, Say l'est en politique. Interdit de parole sous l'Empire, il écrit malgré la censure sous la Restauration. Il ne retrouve sa pleine liberté qu'avec la monarchie de Juillet qui lui donne la chaire d'économie au Collège de France.
Il en profite peu puisqu'il meurt en novembre 1832.

La loi des débouchés se trouve au chapitre XV du *Traité d'économie politique* (voir encadré ci-après).

21. En quittant son poste au ministère des Finances en 1793, il annonce que les deux réseaux de collecte des impôts, celui des Aides et celui de la Ferme générale, font doublon et qu'il faudrait les fusionner. Il pense que l'affaire sera conclue fin 1793. Devenus la direction générale des impôts et celle de la comptabilité publique, les deux réseaux ne sont toujours pas complètement fusionnés…

L'offre de biens est fonction des facteurs de production dont dispose la société, à savoir le capital, le travail et la terre. La demande dépend des besoins des consommateurs. Offre et demande sont déterminées indépendamment l'une de l'autre, et n'ont apparemment aucune raison d'être égales. J.-B. Say soutient que c'est une erreur de les croire indépendantes. En effet, la demande s'exprime sous forme de revenus dépensés. Or, les revenus sont des salaires et des profits versés par les entreprises à hauteur de la valeur de leur production. C'est l'offre qui, par le biais des revenus distribués, crée une demande. Cette demande lui est par construction équivalente. De ce fait, elle n'est jamais insuffisante. Elle peut l'être sectoriellement si un bien ne correspond pas aux besoins des consommateurs. Si c'est le cas, l'entreprise qui produit ce bien se trouve face à un stock qui lui indique qu'elle fait fausse route. Résultat, après une phase d'adaptation, ce bien cesse d'être produit, si bien qu'une économie qui ne connaîtrait aucune innovation, et où n'apparaîtrait aucun bien nouveau, trouverait quasi instantanément l'équilibre.

Chapitre XV du *Traité d'économie politique* de J.-B. Say (1815)

La loi des débouchés

L'homme dont l'industrie s'applique à donner de la valeur aux choses en leur créant un usage quelconque ne peut espérer que cette valeur sera appréciée et payée que là où d'autres hommes auront les moyens d'en faire l'acquisition. Ces moyens, en quoi consistent-ils ? En d'autres valeurs, d'autres produits, fruits de leur industrie, de leurs capitaux, de leurs terres : d'où il résulte, quoique au premier aperçu cela semble un paradoxe, que c'est la production qui ouvre des débouchés aux produits.

La neutralité de la monnaie

Lors donc qu'on dit : *La vente ne va pas, parce que l'argent est rare,* on prend le moyen pour la cause ; on commet une erreur qui provient de ce que presque tous les produits se résolvent en argent avant de s'échanger contre d'autres marchandises, et de ce qu'une marchandise qui se montre si souvent paraît au vulgaire être la marchandise par excellence, le terme de toutes les transactions dont elle n'est que l'intermédiaire. On ne devrait pas dire : la vente ne va pas, parce que l'argent est rare, mais parce que les autres produits le sont. Il y a toujours assez d'argent pour servir à la circulation et à l'échange

> réciproque des autres valeurs, lorsque ces valeurs existent réellement. Quand l'argent vient à manquer à la masse des affaires, on y supplée aisément, et la nécessité d'y suppléer est l'indication d'une circonstance bien favorable : elle est une preuve qu'il y a une grande quantité de valeurs produites, avec lesquelles on désire se procurer une grande quantité d'autres valeurs. La marchandise intermédiaire, qui facilite tous les échanges (la monnaie), se remplace aisément dans ce cas-là par des moyens connus des négociants*, et bientôt la monnaie afflue, par la raison que la monnaie est une marchandise, et que toute espèce de marchandise se rend aux lieux où l'on en a besoin. C'est un bon signe quand l'argent manque aux transactions, de même que c'est un bon signe quand les magasins manquent aux marchandises.
>
> * Des effets au porteur, des billets de banque, des crédits ouverts, des compensations de créances, comme à Amsterdam et à Londres.

Avec ce second principe, la monnaie est un voile, un intermédiaire : ce sont les marchandises qui s'échangent contre des marchandises.

En développant son raisonnement, Say est amené à se poser la question des personnes qui perçoivent un revenu sans réaliser de production marchande. C'est le cas de ceux qui rendent un service : les fonctionnaires par exemple, mais également des acteurs économiques qui facturent des prestations sans que celles-ci puissent être mises en concurrence, reproduites ou stockées (les médecins, par exemple). Say définit **une production qu'il appelle immatérielle** et dont il assimile la valeur non pas à la quantité de travail qu'elle réclame et l'utilité non pas à l'expression d'une demande, mais tout simplement au revenu qu'elle procure.

Say consacre un chapitre entier du *Catéchisme d'économie politique* à l'immatériel. Il se heurte sur ce sujet à **Heinrich Storch** (1766-1835), un Russe d'origine allemande qui enseigne à Saint-Pétersbourg. Storch va plus loin que Say dans son évaluation du rôle de l'immatériel. Il parle non seulement des services non monétaires et difficilement mesurables, mais également de la dimension culturelle de la consommation. Storch souligne par exemple que le débraillé affecté par les jacobins pendant la Révolution a ruiné l'industrie française de la soie, qui était une des plus modernes du monde. Ses travaux aujourd'hui ignorés retrouvent un écho chez les théoriciens contemporains de la croissance endogène et certains s'en servent pour nourrir les réflexions actuelles sur l'immatériel.

Pour en revenir à la loi des débouchés, on doit souligner que sa traduction monétaire est l'équation quantitative de la monnaie : la valeur des biens échangés est égale au pouvoir d'achat total dont dispose la société, pouvoir d'achat mesuré par la masse monétaire multipliée par le nombre de fois où, dans une période donnée, elle change de mains.

Dans les équations comptables usuelles des modèles économiques contemporains, la loi de Say s'écrit :

$$Y = R$$

où Y est la production et R le revenu des ménages.

Si on l'exprime sur la base de sa traduction monétaire, on part du constat que le revenu correspond aux dépenses que les ménages font sous forme monétaire. Il est égal à la quantité de monnaie en circulation (μ) multipliée par le nombre de fois où dans la période sous revue cette monnaie est utilisée. On appelle ce nombre de fois la vitesse de circulation de la monnaie (V) et nous avons donc $\mu V = Y$.

Comme nous l'avons vu plus haut, pour une représentation exhaustive de la diffusion de l'accroissement de la quantité de monnaie en circulation, il convient de rajouter un facteur de déformation des prix devant Y et nous obtenons la version usuelle de l'équation quantitative de la monnaie.

La critique de la loi des débouchés

La simplicité de la loi des débouchés lui a attiré beaucoup de contradicteurs. Chose étrange, ces détracteurs ont été plus virulents vis-à-vis de la loi de Say que de l'équation quantitative de la monnaie, bien que celle-ci n'en soit que la reformulation pour une économie monétarisée. Dès son énoncé, certains l'ont accusée d'ignorer la thésaurisation, qui diminue les revenus dépensés et rend la demande inférieure à l'offre[22]. Au XXe siècle, Keynes l'a jugée inepte, alors même que la dématérialisation de la monnaie et le rôle accru des banques avaient réduit la portée de la thésaurisation. À ses yeux, la critique la plus sévère et la plus incontestable de la loi de Say, c'est la réalité économique qui l'a

22. Dans l'équation quantitative de la monnaie, la tendance à la thésaurisation se traduit par une baisse de la valeur de V.

fournie : dans les années 1930, la surproduction, notamment agricole, était partout et le chômage atteignait des taux très élevés.

Say aurait pu se défendre en montrant qu'on occultait une partie de son raisonnement. En effet, parler d'absence de surproduction ne signifie pas pour Say disparition automatique de toute forme de chômage. En cas de chômage, sa résorption suppose la baisse des salaires.

Et cela ne suffit pas toujours. Pour qu'il y ait plein emploi, il faut qu'il y ait des entreprises et des chefs d'entreprise, c'est-à-dire des gens désireux d'embaucher les autres pour transformer leur capacité productive en production effective. Say constate que les hommes sont inégaux face à l'économie : certains sont assez déterminés pour créer une entreprise ; les autres subissent leur destin et se contentent d'attendre des premiers une embauche. Pour lutter contre le chômage, il faut aider les premiers. C'est leur dynamisme qui crée la croissance. L'entrepreneur est au cœur du système économique de Say.

Say est cohérent avec cette vision du fonctionnement économique. Dans un premier temps, il fonde une entreprise de textile[23], puis il se consacre à l'enseignement pour promouvoir l'esprit entrepreneurial.

Il acquiert sa renommée non seulement pour sa loi des débouchés, mais aussi pour ses affrontements avec Ricardo. Pour lui, la rente et les rendements décroissants sont un faux problème. Ce qui est important, c'est la division du travail théorisée par Adam Smith. Et cette division du travail, elle ne s'exprime que grâce à l'existence d'entreprises. L'atelier est le lieu où chacun peut faire ce qu'il sait faire le mieux. Face à la vision pessimiste de Ricardo d'un processus productif qui s'épuise, **Say défend le rôle de l'entreprise** comme un lieu où le dynamisme de son chef, l'amélioration de la productivité grâce au travail des ingénieurs et à l'efficacité des savoir-faire des ouvriers permettent une augmentation régulière de la production. Quant au libre-échange, Say le défend comme le moyen non pas d'atteindre la production optimale, mais d'augmenter le pouvoir d'achat : les droits de douane sont un impôt et leur suppression augmente le pouvoir d'achat.

23. Son frère Louis, dans la polémique qu'il nourrit à son égard, ne se privera pas de rappeler que l'entreprise en question a rapidement fait faillite…

Il est rejoint en cela par un autre économiste français qui, oublié au XXe siècle, est aujourd'hui un des économistes les plus souvent cités, notammment aux États-Unis : Frédéric Bastiat.

Frédéric Bastiat (1801-1850) ou la verve au service du libéralisme

Faut-il éteindre la lumière, en particulier celle du soleil ? Singulière question, posée en 1845 de façon ironique par Frédéric Bastiat dans la « Pétition des marchands de chandelles contre la concurrence du soleil[24] ». À travers cette requête imaginaire visant à éteindre le soleil ou à interdire les fenêtres, Bastiat veut montrer l'aboutissement absurde de la démarche protectionniste.

Pétition de Bastiat (1845)

Pétition des fabricants de chandelles, bougies, lampes, chandeliers, réverbères, mouchettes, éteignoirs, et des producteurs de suif, huile, résine, alcool, et généralement de tout ce qui concerne l'éclairage

Adressée à MM. les membres de la Chambre des députés

Nous subissons l'intolérable concurrence d'un rival étranger placé, à ce qu'il paraît, dans des conditions tellement supérieures aux nôtres, pour la production de la lumière, qu'il en inonde notre marché national à un prix fabuleusement réduit ; car, aussitôt qu'il se montre, notre vente cesse, tous les consommateurs s'adressent à lui, et une branche d'industrie française, dont les ramifications sont innombrables, est tout à coup frappée de la stagnation la plus complète. Ce rival, qui n'est autre que le soleil, nous fait une guerre si acharnée [...]. Nous demandons qu'il vous plaise de faire une loi qui ordonne la fermeture de toutes fenêtres, lucarnes, abat-jour, contrevents, volets, rideaux, vasistas, œils-de-bœuf, stores, en un mot, de toutes ouvertures, trous, fentes et fissures par lesquelles la lumière du soleil a coutume de pénétrer dans les maisons, au préjudice des belles industries dont nous nous flattons d'avoir doté le pays, qui ne saurait sans ingratitude nous abandonner aujourd'hui à une lutte si inégale. [...] Et d'abord, si vous fermez, autant que possible, tout accès à la lumière naturelle, si vous créez ainsi le besoin de lumière artificielle, quelle est en France l'industrie qui, de proche en proche, ne sera pas encouragée ?

---

24. Devenue le chapitre VII des *Sophismes économiques* de Bastiat.

Bastiat défend avec une grande élégance de style des positions qui lui donnent une place à part parmi les économistes classiques. Alors que ceux-ci concentrent leur réflexion sur la production, c'est-à-dire l'offre de biens, il aborde les problèmes en se plaçant du point de vue du consommateur, c'est-à-dire des conditions de formation de la demande. Ses thèses sont plus proches de Say que de Ricardo. Il nie le problème des rendements décroissants. Pour lui, le progrès technique améliore sans cesse les processus de production et accroît les rendements. S'il condamne le protectionnisme, c'est parce qu'il maintient des prix élevés. Bastiat décrit un enchaînement positif d'accroissement de la consommation et donc de la production favorisé par la diminution des droits de douane qui n'est pas sans rappeler les effets multiplicateurs qui seront plus tard décrits par les keynésiens.

Il défend également une théorie toute personnelle de la valeur. Pour lui, celle-ci n'est pas liée à la quantité de travail. Elle mesure ce qu'il appelle le **service rendu**. S'inspirant d'Adam Smith, il considère que la caractéristique de l'économie est la division du travail. Si l'homme échange, c'est parce qu'il n'est pas capable de produire tout ce dont il a besoin. L'existence du marché lui permet de substituer l'achat à l'effort du faire. C'est cet effort épargné qui fixe la hiérarchie des prix. Cette notion de valeur assimilée à la mesure d'un service rendu s'étend à des produits non marchands : l'enseignement public, sans avoir de prix, a une valeur correspondant au service qu'il rend aux familles avec lesquelles l'État partage l'éducation des enfants.

Frédéric BASTIAT

Il naît le 30 juin 1801 à Bayonne. Sa famille combine l'exploitation d'un important domaine agricole et la gestion de maisons de commerce à Bordeaux et à Bayonne. Déjà aisée, elle s'enrichit davantage encore sous la Révolution grâce à l'achat de biens nationaux. Né dans un milieu favorisé, Bastiat voit vite sa vie s'assombrir : il perd sa mère à 7 ans et son père à 10; le blocus continental écorne la fortune familiale; et c'est sans diplôme qu'il quitte le lycée en 1819. En 1825, à la mort de son grand-père, il se retire sur la partie du domaine dont il hérite. Il devient un notable représentatif de son époque. Il se veut modernisateur du monde rural, admirateur des

Lumières et se fait franc-maçon. Il trompe l'ennui de la vie provinciale et la solitude d'un mariage qui se défait en lisant énormément. Lorsque les négoces Bastiat sont menacés de ruine à cause des restrictions au commerce extérieur, il décide de se battre pour la liberté commerciale et contre le protectionnisme qui a ruiné Bordeaux, Bayonne… et sa famille.
Ce combat, il le mène sur deux fronts. Il s'engage dans la vie publique, se faisant nommer juge de paix en 1831 et élire conseiller général des Landes en 1832, puis député en 1848. Il multiplie les libelles en faveur du libre-échange. En 1844, *De l'influence des tarifs français et anglais sur l'avenir des deux peuples* lui apporte la célébrité. C'est l'amorce d'une longue série de textes qui vont du pamphlet, comme les *Sophismes économiques* ou *Ce qui se voit et ce qui ne se voit pas*, jusqu'à des œuvres plus théoriques comme ses *Harmonies économiques*.
En 1850, affaibli par la tuberculose, il part chercher en Italie ce soleil qui l'a aidé à ridiculiser les protectionnistes. Il meurt à Rome le 24 décembre en s'écriant « La vérité ! », qu'il estimait au bout du compte indissociable de la liberté.

Bastiat donne de l'État une vision à la fois politique et économique. Comme chaque dépense est financée par un impôt, le budget est une simple accumulation de transferts représentative des rapports de force sociaux. Les élections se résument à un affrontement entre ceux qui paient et ceux qui reçoivent. Il en tire trois conséquences :

- L'enjeu de la dépense publique est peu économique, car quand l'État dépense plus, le contribuable dépense moins.
- Puisque la politique est l'art de gérer les intérêts des différents groupes sociaux, il faut que tous ces groupes aient un égal accès à la politique : il est favorable au suffrage universel et au vote des femmes.
- Pour que l'État garde son impartialité, il faut éviter de concentrer ses moyens et donc respecter la séparation des trois pouvoirs : Bastiat défend l'incompatibilité entre la fonction de ministre, membre de l'exécutif, et celle de député, détenteur du pouvoir législatif.

5. L'école historique allemande : la contestation « allemande-étatiste » de l'école classique

L'Allemagne d'après 1815 reste éclatée. Elle est dominée par la Prusse et l'Autriche de Metternich qui s'attachent à éviter toute contestation politique. L'économie politique de tradition libérale s'y heurte au maintien de références récurrentes au caméralisme (voir chapitre 2), que Vienne cultive savamment.

Au moment où les idées d'Adam Smith commencent à gagner l'Allemagne, le jacobinisme apporté par les Français y bouscule les références culturelles et occulte la pensée anglaise.

5.1 *Les prémices : Fichte, List*

Johann Gottlieb Fichte (1762-1814)

Le philosophe Johann Gottlieb Fichte publie en 1799 *L'État commercial fermé*, qui passe aux yeux de certains comme le premier livre socialiste. Dans ce texte, il donne un contenu économique à la notion de « frontières naturelles » défendue par les révolutionnaires français. Les frontières naturelles sont celles qui permettent l'autarcie. L'État commercial fermé est une entité politiquement homogène, géographiquement cohérente et économiquement autosuffisante. Ses besoins sont déterminés par l'État et la production organisée par lui pour les satisfaire : c'est une préfiguration du **socialisme dans un seul pays** imposé à l'URSS par Staline.

Friedrich List (1789-1846)

À l'époque de Ricardo, les réticences allemandes vis-à-vis de l'école classique se fondent sur une défense organisée du protectionnisme. Friedrich List publie en 1840 son *Système national d'économie politique*, un manifeste protectionniste qui accuse les libre-échangistes de n'avoir d'autre but que de consolider la suprématie anglaise. List est politiquement libéral. Fonctionnaire du Wurtemberg, son pays d'origine, il est obligé de quitter la fonction publique en 1819 à cause de ses positions en faveur d'un régime constitutionnel. En 1821, il est contraint à l'exil et commence une vie d'errance qui le conduira à rencontrer et à se lier avec La Fayette et Louis Say[25], le frère de Jean-Baptiste, un protectionniste actif fondateur de l'entreprise sucrière Béghin-Say. List accompagne La Fayette aux États-Unis, s'y fixe quelque temps et revient en Europe défendre le protectionnisme et militer pour l'unité allemande. Il se suicide en 1846.

Son propos n'est pas de dénigrer le libre-échange ni de faire du protectionnisme une référence absolue. Il s'inscrit dans une logique historique. La croissance économique de tout pays passe par cinq phases et à chacune d'entre elles correspond une organisation des rapports avec ses voisins. Ces cinq phases sont successivement **l'état sauvage, l'état pastoral, l'état agricole, l'état agricole-manufacturier et l'état complexe**. Entre pays au même stade, le libre-échange est bienvenu. En revanche, entre pays se trouvant dans des phases différentes, il enferme le pays le moins développé dans son sous-développement. L'exemple du drap et du vin de Ricardo confirme cette opinion : en effet, la spécialisation que prône Ricardo a comme conséquence de contraindre le Portugal à rester producteur de porto et à se voir refuser l'entrée dans le monde industriel. Pour List, pour les pays en retard, il faut une période de **protectionnisme éducateur**, pendant laquelle ils mettent leur économie à niveau. List est un adversaire du **protectionnisme de régression** qui sert aux pays les plus anciennement producteurs de certains biens à empêcher les puissances montantes de venir leur faire concurrence.

Pour Fichte et List, l'économie politique libérale n'est pas une science, mais une analyse orientée de la réalité tendant à consolider l'avance de l'Angleterre et de la France. D'où l'idée que chaque pays doit réfléchir sur son histoire, ses traditions, ses structures, faire un bilan de son positionnement géographique afin de concevoir une économie politique en phase avec sa réalité nationale. C'est sur cette idée que se construit l'école historique allemande, ensemble de penseurs qui vont dominer la production intellectuelle économique en Allemagne au XIXe siècle. Cette école

25. Louis Say, producteur de sucre de betterave, a fait fortune grâce au blocus continental qui a supprimé la concurrence du sucre des Antilles. À la Restauration, il milite activement pour le maintien de droits de douane prohibitifs. Il publie en 1836 *Études sur la richesse des nations et réfutations des principales erreurs en économie politique*, un livre aujourd'hui oublié qui inspire directement List. Des passages entiers du livre de List sont copiés chez Louis Say, List rendant honnêtement hommage à son inspirateur. Le ton de Louis Say est particulièrement hargneux quand il évoque la défense du libre-échange par son frère…

historique connaît deux vagues, l'une dans les années ricardiennes précédant la révolution de 1848, l'autre s'affirmant après l'unité allemande.

5.2 *La première école historique allemande*

Trois noms illustrent la première école historique allemande, ceux de **Wilhelm Roscher** (1817-1894), **Bruno Hildebrand** (1812-1878) et **Karl Gustav Knies** (1821-1898).

Trois principes peuvent résumer leur doctrine :

1. **L'économie politique ne peut être assimilée dans sa méthode et dans son projet aux sciences exactes**. Que ce soit la référence aux mathématiques chère à Senior, ou celle à la physique qui a tendance à prendre de plus en plus d'importance à partir de 1840, il s'agit de donner à l'économie un cadre de pensée qui n'est pas le sien. Un phénomène ne peut s'analyser en termes scientifiques que s'il est reproductible. Or, l'économie obéit à une logique dont l'objectif est de faire en sorte que demain ne soit jamais comme aujourd'hui puisque demain doit accroître les richesses d'aujourd'hui. L'économie doit se concevoir comme une vision quantitative de l'histoire. De ce fait, elle ne peut être la même dans ses conclusions dans le temps et dans l'espace. Les enseignements que l'on tire de l'étude et de l'observation d'une société rurale ne s'appliquent pas à une société industrielle.
2. **La vision de la société comme une collection d'individus mus par leur intérêt est erronée**. Elle ignore l'existence d'une identité collective qui ne se construit pas dans la somme des intérêts individuels. L'État a des objectifs qui lui sont propres. Les tenants de l'école historique rappellent que, quand Louis XIV déclare « l'État, c'est moi », il assimile la vie de l'État à son intérêt personnel. Mais quand Frédéric II de Prusse écrit « je suis le premier serviteur de l'État », il signifie qu'au-dessus de l'intérêt particulier, y compris celui du monarque, existe un « intérêt de l'État » qui n'appartient à personne. Celui qui développe le plus cet aspect est Knies. Il étudie Adam Smith et se rend célèbre pour ce qu'il appelle « *Das Adam Smith Problem* », à savoir les contradictions internes à l'œuvre de Smith, notamment entre ses deux textes majeurs que sont *La Richesse des nations* et la

Théorie des sentiments moraux. Pour Knies, la conception développée dans *La Richesse des nations* d'une humanité agissant selon son intérêt est une fiction et Adam Smith lui-même en a conscience. En effet, dans le *Traité des sentiments moraux*, il ne limite pas les mobiles de l'action des hommes à la seule satisfaction de leurs intérêts et évoque les sentiments tels que la pitié.

3. **La dynamique économique repose moins sur la concurrence que sur la volonté des entrepreneurs**. Le capitalisme existe parce qu'il y a des capitalistes. En formant cadres et ingénieurs, l'État compte autant pour faire émerger la richesse que le marché.

Une des conséquences de ces théories est que le libre-échange, dont le but est de mettre sur un pied d'égalité des pays qui n'ont pas la même histoire, perturbe plus qu'il ne favorise le développement.

Sur le plan politique, cette première école historique est libérale. Elle soutient la Prusse en contrepoids à l'Autriche qui incarne un autoritarisme catholique passéiste. Mais, sur le plan économique, elle est furieusement antilibérale et s'inscrit dans la démarche protectionniste de List. Là encore, elle soutient les initiatives de la Prusse, notamment la constitution progressive du Zollverein, l'union douanière allemande.

L'école historique allemande n'hésite pas à affirmer que Ricardo et ses disciples sont des hypocrites qui masquent derrière un discours soi-disant scientifique une défense éhontée des intérêts de la Grande-Bretagne.

6. Bilan et héritage de l'école classique

Avant que les néoclassiques, dans la lignée de Jevons, ne prennent le relais, les économistes classiques laissent un héritage important. On peut considérer que cinq idées issues de leurs théories continuent à structurer la réflexion économique :

1. La **loi de Say**. Incontestable sur le plan statique et comptable, dans sa version initiale ou sous forme d'équation quantitative de la monnaie, elle continue à nourrir le débat sur le rôle de l'offre et de la demande.

2. Le rôle des **rendements décroissants**.
3. Le caractère bénéfique du **libre-échange**.
4. La réflexion sur les **mécanismes d'éviction**, c'est-à-dire sur le fait que chaque fois que l'on donne, simultanément on prend. Il y a, comme le dit Bastiat, « ce qui se voit et ce qui ne se voit pas ».
5. La **scientificité de l'économie**. Raisonner en axiomes revient à chercher dans les mathématiques un modèle. Ce n'est peut-être pas le bon mode de raisonnement et l'économiste devrait davantage s'inspirer du physicien que du mathématicien ; mais la volonté scientifique reste indispensable.

Quelques dates à retenir

Année	Événement historique	Pensée économique
1815	Capitulation de Napoléon Congrès de Vienne	Say : *Catéchisme d'économie politique*
1816	Création de la Sainte-Alliance Adoption de l'étalon-or au Royaume-Uni	
1817	Émeutes des ouvriers du textile anglais (les *blanketeers*) Attentat contre le Régent anglais Création de la Bourse à New York	Ricardo : *Des principes de l'économie politique et de l'impôt*
1818	La France rejoint la Sainte-Alliance Abolition des droits de douane intérieurs en Prusse	Naissance de Karl Marx
1819	Émeutes en Autriche contre l'introduction de nouveaux métiers à tisser « Massacre de Peterloo » L'âge minimal au travail porté de 8 à 9 ans en Grande-Bretagne	Ricardo élu aux Communes
1820	George IV roi du Royaume-Uni	Naissance de Friedrich Engels Malthus : *Principes d'économie politique*

1821	Mort de Napoléon Ier Début de la guerre d'indépendance grecque	Création du Club de l'économie politique par Ricardo, Mill, Malthus et Torrens J. Mill : *Éléments d'économie politique* Torrens : *Essay on the Production of Wealth*
1822	Indépendance du Brésil Dernière année d'excédent commercial au Royaume-Uni jusqu'à aujourd'hui Suicide de Castlereagh	
1823	Doctrine Monroe aux États-Unis Intervention française en Espagne	Mort de David Ricardo
1824	Autorisation de créer un syndicat au Royaume-Uni Charles X roi de France	
1825	Adams président des États-Unis	Senior, professeur d'économie à Oxford
1826	Victoire anglaise en Birmanie	Von Thünen : *L'État isolé*
1827	Grèce : défaite des Turcs à la bataille de Navarin, dernière bataille navale avec des bateaux à voile	
1828	Début du Zollverein	McCulloch : *Principes d'économie politique*
1829	Indépendance grecque	
1830	Départ de Charles X Guillaume IV roi du Royaume-Uni Révolutions de 1830 Indépendance de la Belgique	
1831	Révoltes des Canuts à Lyon	Mort de Hegel
1832	Premier chemin de fer mis en exploitation commerciale en France (Lyon-Saint-Étienne) Réforme électorale au Royaume-Uni	Mort de Say Rossi nommé professeur au Collège de France

1833	Abolition de l'esclavage dans l'Empire britannique	
1834	Abolition du salaire minimum au Royaume-Uni (loi sur les pauvres) Nouvelle révolte ouvrière à Paris et à Lyon	Mort de Malthus Martineau : *Illustrations of Political Economy*
1835	Poursuite de la réforme électorale au Royaume-Uni au niveau municipal	
1836	Première voie de chemin de fer en Russie (déjà 1 600 km au Royaume-Uni)	Senior : *Abrégé d'économie politique* Mort de Godwin, dont les écrits avaient provoqué les réactions indignées de Malthus
1837	Victoria reine du Royaume-Uni Agitation chartiste au Royaume-Uni (jusqu'en 1848) Aggravation de la crise aux États-Unis	
1838	Création par Richard Cobden de la Ligue pour l'abolition des droits sur le blé Union monétaire allemande Invention du télégraphe par Morse	
1839		Rossi : *Cours d'économie politique*
1840	Premier voyage transatlantique d'un bateau à vapeur	Michel Chevalier nommé professeur au Collège de France
1841	Robert Peel abandonne le protectionnisme ; les Anglais occupent Hong Kong Thomas Cook crée la première agence de voyage	List : *Système national d'économie politique*
1842	Abolition des droits de douane sur la laine et le coton en Grande-Bretagne (début du libre-échange) ; le manque à gagner est compensé par la création de l'impôt sur le revenu Traité de Nankin : les Européens en Chine	Marx devient rédacteur en chef de la *Gazette rhénane* Fondation de la Société d'économie politique dont l'objectif est d'appliquer en France les réformes anglaises

1843	Robert Peel supprime l'interdiction d'exporter des machines britanniques	Roscher : *Cours d'économie politique d'après la méthode historique* Création du journal *The Economist* (Senior en est l'éditorialiste)
1844	*Bank Charter Act*; *Currency Principle Act* : la Banque d'Angleterre obtient le monopole de l'émission de billets de banque; elle doit en assurer la couverture par un rapport fixe entre son stock d'or et la quantité de billets	Quincey : *Logic of Political Economy*
1845	Début de la crise économique en Europe Famine en Irlande Le pape Grégoire XVI condamne les chemins de fer et en refuse la construction sur ses États	Bastiat : « Pétition des fabricants de chandelles contre la concurrence déloyale du soleil »
1846	Abolition des droits sur le blé au Royaume-Uni; scission chez les tories entre protectionnistes et libre-échangistes	
1847	Amplification de la crise économique : forte immigration européenne aux États-Unis; troubles en Prusse et en Italie Campagne des banquets en France	
1848	Révolutions	J.S. Mill : *Principes d'économie politique* Hildebrand : *Économie politique du présent et de l'avenir*

Bibliographie

David Ricardo, *Des Principes de l'économie politique et de l'impôt*, Flammarion, 1999, 508 p., Garnier Flammarion – Droit économie dictionnaire, ISBN-10 : 2080706632.

Thomas R. Malthus, *Essai sur le principe de population*, Flammarion, 1999, 480 p., Garnier Flammarion – Droit économie dictionnaire, ISBN-10 : 2080707086.

Thomas de Quincey, *Les Confessions d'un mangeur d'opium anglais*, Gallimard, 1990, 396 p., L'Imaginaire, ISBN-10 : 2070718883.

Jean-Baptiste Say, *Cours d'économie politique et autres essais*, Flammarion, 1999, 450 p., Garnier Flammarion – Droit économie dictionnaire, ISBN-10 : 2080708791.

Frédéric Bastiat, *Sophismes économiques*, Belles Lettres, 2005, 290 p., Bibliothèque classique de la liberté, ISBN-10 : 2251390383.

Frédéric Bastiat, *Ce qui se voit et ce qui ne se voit pas*, Romillat, 2005, 265 p., ISBN-10 : 2878940881.

Friedrich List, *Système national d'économie politique*, Gallimard, 1998, 573 p., Tel, ISBN-10 : 2070753409.

Johan G. Fichte, *L'État commercial fermé : raison dialectique*, L'Âge d'Homme, 193 p., ISBN-10 : 282512351X.

4

LE SOCIALISME OU LA CRITIQUE DE L'ÉCOLE CLASSIQUE

XIXe siècle

La critique que suscite l'économie politique classique a d'abord été une critique universitaire se voulant scientifique (voir chapitre 3). Sa forme la plus aboutie apparaît essentiellement avec les économistes de l'école historique allemande.

Elle reste dans un cadre institutionnel organisé, c'est-à-dire qu'elle ne propose pas de rompre brutalement avec le modèle social en place. Opposées au libre-échangisme manchestérien, les contre-propositions de la « critique allemande » visent à donner une plus grande importance à l'État et à consolider des politiques protectionnistes, qui aux yeux de leurs défenseurs ont fait leur preuve.

En effet, ce protectionnisme a cessé d'être mercantiliste ; il ne repose pas sur la volonté de conquérir des positions commerciales dans les autres pays, dans le but ultime de dégager des excédents, mais correspond au souhait de préserver le marché intérieur afin de garantir des débouchés aux entreprises nationales.

Cependant, apparaît simultanément une critique qui s'inscrit dans la tradition des millénarismes chrétiens et des utopies qui naquirent à partir du XVIe siècle, dans la foulée du célèbre livre de Thomas More, *Utopie* (1516). Cette critique-là se veut radicale. Elle met en avant une volonté qui n'est pas de corriger l'économie de marché ou d'en donner une interprétation plus rigoureuse que celle donnée par les économistes classiques. Elle affiche clairement son intention de rompre avec l'économie de marché et la société en place, pour concevoir un monde entièrement nouveau.

Invention du socialisme

Les historiens de la pensée économique se sont interrogés à plusieurs reprises sur le statut des idées et des propositions en question, en général regroupées sous le vocable de « socialisme ». Doit-on y voir un projet politique dont l'étude relève de la science politique ou de la philosophie ou, au contraire, faut-il les considérer comme un courant de pensée économique à part entière, porteur d'une vision certes particulière mais tout à fait acceptable des mécanismes de production ?

Dans la mesure où la pensée socialiste a débouché pendant une partie significative du XXe siècle sur des sociétés économiquement et politiquement organisées, se référant sans ambiguïté à elle, on peut considérer qu'en évoquant le socialisme, on quitte la simple utopie pour aborder une pensée ayant une réelle capacité économique. À la différence des millénarismes médiévaux ou des hérésies religieuses plus ou moins fumeuses engendrées autour des révoltes des laissés-pour-compte, le socialisme ne peut se résumer à une divagation intellectuelle conçue pour consoler et faire rêver des populations en déshérence sociale. Il s'agit *a priori* d'un système cohérent, bien que n'obéissant pas dans sa formulation aux visions classiques et en particulier aux axiomes de Senior (voir chapitre 3).

Nous allons donc essayer de définir et d'analyser une pensée économique que nous qualifierons de socialiste. Elle connaît son plein épanouissement au début du XIXe siècle et doit être distinguée de la pensée strictement allemande qu'incarnent le protectionnisme de List ou la démarche de l'école historique allemande. Elle subit sa première confrontation au réel lors des révolutions de 1848 : leur échec final lui porte d'emblée un coup dont, malgré les apparences et les vicissitudes de l'histoire du XXe siècle, on peut considérer qu'il fut fatal.

Le socialisme a eu des précurseurs, avant de s'épanouir dans des constructions intellectuelles utopiques, puis de se stabiliser, grâce en particulier à l'œuvre de Karl Marx. Marx et ses idées vont connaître un destin en dents de scie. Après avoir éliminé toute autre forme de socialisme au point d'arriver à une sorte d'identification entre socialisme et marxisme, le marxisme paraît dépassé à la fin du XIXe siècle. Il est remis en avant par la révolution bolchevique et devient même la pensée dominante, y compris en économie, dans les années 1950. La chute du mur de Berlin et de l'URSS lui porte un nouveau coup que certains considèrent comme définitif. Aujourd'hui, le mot « socialisme » est toujours employé, mais plus à des fins politiques que comme caractérisation d'une composante et d'une approche de la science économique.

1. Aux origines du mot

Le mot « socialisme » est récent. Plusieurs auteurs ont prétendu en être à l'origine.

Si Sieyès, un des grands personnages de la Révolution française, fut le premier à l'utiliser, c'était pour opposer ce néologisme au terme et à la notion d'individualisme. L'acception moderne du terme, c'est-à-dire l'identification du socialisme à un corpus d'idées économiques et politiques susceptible de déboucher sur une refonte de l'organisation sociale, est usuellement attribuée au Français **Pierre Leroux** (1797-1871). Cet ami de George Sand, républicain convaincu, emploie le mot en lui donnant un sens plutôt péjoratif. Il veut en effet renvoyer dos à dos deux visions extrêmes des relations sociales, l'individualisme (qu'il juge dangereux car la société réclame solidarité et respect mutuel) et le « socialisme » (tout autant dangereux car il suppose un contrôle des vies individuelles par la collectivité qui débouche sur la dictature).

C'est la révolution de 1848 en France qui fait entrer définitivement le mot dans le vocabulaire courant. Aux élections du 13 mai 1849, certaines listes se proclament officiellement démocrates socialistes. En Allemagne, à la même époque, on traduit « démocratie socialiste » par « social-démocratie ».

En 1852, le *Dictionnaire de l'économie politique* (voir chapitre 3) contient un article « Socialisme ». Son auteur, Louis Reybaud, n'hésite pas à se proclamer inventeur du mot. Il est surtout celui qui le popularise et en assure le succès définitif; mais, comme Pierre Leroux, il y attache une connotation négative. Le mot a construit son enracinement politique sur la haine de ses détracteurs…

Définition sur le plan économique

Pour définir ce qu'il faut entendre par socialisme sur le plan économique, on peut mettre en avant trois idées-forces :

- La première est la conviction que le système économique en place doit disparaître. Cette disparition peut s'imposer soit pour des raisons morales parce que ce système ne tient pas ses promesses initiales et impose à une partie non négligeable de la population des conditions de vie matériellement déplorables et éthiquement inacceptables, soit pour des raisons historiques parce que la dynamique de l'histoire qui a emporté la féodalité emportera l'économie de marché qualifiée de capitaliste.
- La deuxième est que la nouvelle société se fondera sur l'abolition de la propriété privée, perspective qui unifie les différentes écoles du socialisme. Que la propriété future soit entre les mains de l'État, de coopératives autogérées ou de groupements de consommateurs, il est clair que, pour les tenants du socialisme de stricte définition, la première mesure à prendre, qui différencie le capitalisme du socialisme, est la suppression du droit de propriété.
- La troisième est la disparition d'un mode de relations fondé sur la concurrence ; celle-ci est présentée comme destructrice et contraire au principe fondamental de fraternité qui caractérise les messages religieux dominants et les discours républicains. La disparition de la concurrence peut là encore prendre plusieurs formes, allant de la nationalisation jusqu'à l'encadrement des décisions des entreprises, en passant par le protectionnisme qui fait disparaître la concurrence internationale. Elle a pour conséquence majeure que le déterminant des décisions économiques de l'entreprise cesse d'être la pression extérieure qu'exercent ses concurrentes pour devenir un mode qui

se veut plus rationnel d'analyse de l'environnement de la production. Dans le socialisme soviétique, la disparition de la concurrence s'est traduite par la mise en place, comme organisme de décision économique, d'un Commissariat au plan, incarnation ultime de la Raison.

2. Les précurseurs

Le penseur associé aux débuts du socialisme est incontestablement Jean-Jacques Rousseau.

2.1 Retour sur Jean-Jacques Rousseau (1712-1778) ; l'héritage de la Révolution française

Dans le *Discours sur l'origine de l'inégalité parmi les hommes*, Rousseau attribue à la propriété privée un rôle néfaste, faisant d'elle la source des inégalités et des mécanismes d'oppression sociale. La démarche de Rousseau est un mélange de provocation et de conviction. En particulier, il prend le contre-pied de sa condamnation de la propriété privée dans l'article qu'il rédige ensuite pour l'*Encyclopédie* et qui est diffusé de nos jours sous le titre de *Discours sur l'économie politique* (voir notre introduction). Il n'en reste pas moins que Rousseau reste un des premiers théoriciens de ce que l'on appelle le socialisme, le théoricien d'un socialisme réactionnaire et rural que les jacobins vont tenter plus ou moins de mettre en place durant la Révolution de 1793.

2.2 Gracchus Babeuf (1760-1797)

Parmi les révolutionnaires de la période 1789-1799, celui qui incarne le plus le socialisme est Gracchus Babeuf (on parle même à son propos de pionnier du communisme). Devenu robespierriste sous le Directoire, il est l'âme de la conjuration des Égaux, un complot visant à renverser le régime thermidorien. Le programme de la conjuration est résumé dans le *Manifeste des Égaux*, un document qui propose de construire une société égalitaire fondée sur la collectivisation des moyens de production. Son slogan économique est le suivant :

> Les biens de la communauté nationale sont exploités en commun par tous ses membres valides.

Du mot « commun » sera tirée par la suite l'expression de « communisme ».

Au-delà de l'abolition de la propriété privée, l'idée de l'inéluctable disparition du système de production en place prend la forme d'une théorisation des « crises ». Ce mot de « crise » est utilisé pour la première fois en économie par Sismondi.

2.3 *Jean Charles Léonard Simonde de Sismondi* (1773-1842)

Ce Genevois est considéré de fait comme le premier théoricien des crises. Témoin de la Révolution française que sa famille fuit dans de longues pérégrinations en Europe, il est au début de sa vie enthousiasmé par les écrits d'Adam Smith, dont il oppose le contenu et l'esprit positif au caractère violent et désespérant de la pratique politique des jacobins. Mais la Restauration le révulse ; marié à une Anglaise en 1819, il est consterné par les conditions de vie des ouvriers de la première puissance économique de l'époque. Dans ses *Nouveaux principes d'économie politique* parus en 1819, il rompt avec les économistes classiques et développe une critique systématique, notamment des écrits de Say. Pour lui, l'offre ne crée pas en pratique une demande suffisante. Il annonce en conséquence que la sous-consommation, la concurrence qui conduit à des baisses de prix irréfléchies et l'incertitude qui paralyse les investissements vont finir par détruire l'économie de marché. La solution ? Soutenir la demande.

Il envisage pour ce faire **trois politiques économiques possibles** :

- La première, qu'il qualifie d'« égyptienne », consiste à faire assumer par l'État une partie significative de la demande sous forme de **grands travaux**.
- La deuxième, qu'il qualifie de « sybarite », repose sur un système de **distribution de pouvoir d'achat**. Pour Sismondi, le problème central

de l'économie est que si les entreprises augmentent les salaires, elles augmentent leurs coûts, réduisent leur profitabilité et finissent par faire faillite. Mais si elles maintiennent des salaires trop bas, elles ne trouvent pas en face d'elles des débouchés suffisants. Il envisage donc que l'État se fasse gestionnaire de la demande par une politique des revenus fondée sur une large redistribution organisée à partir de la fiscalité.

- La troisième, qui a sa faveur, est une politique qu'il qualifie d'« athénienne ». Il s'agit d'**éviter la surproduction en réduisant le temps de travail**. Cela aura pour conséquence de favoriser le développement de la culture et de créer, comme dans l'Athènes antique, des lieux d'échange et de discussion entre les citoyens.

La crise de 1825 a en partie confirmé ses thèses sur les difficultés de l'économie anglaise à écouler sa production. Marx, qui a reconnu en lui un précurseur d'une critique systématisée du capitalisme, l'a néanmoins traité avec mépris de « petit-bourgeois » dans le *Manifeste du parti communiste*. Fondamentalement, ce que Marx reproche à Sismondi, c'est d'avoir manifesté de plus en plus, au fil de ses publications, la nostalgie d'un monde fantasmé de petites villes où les élites se rassemblent en académies savantes comme au XVIIIe siècle.

L'idée de surproduction apparaît également en Angleterre. Malthus est un des premiers à évoquer le problème éventuel de la demande. Simultanément, un groupe d'économistes, s'inspirant des travaux de Ricardo, vont faire du problème de l'écoulement de la production un des enjeux majeurs de l'économie. Ce groupe a été appelé à partir de la fin du XIXe siècle les « **socialistes ricardiens** ».

2.4 *Thomas Hodgskin (1787-1869)*

Figure de proue du « socialisme ricardien », Hodgskin commence sa carrière comme officier dans la marine anglaise. Révolté par le traitement que subissent les matelots, il démissionne et se lance dans le journalisme et la diffusion de ses idées économiques. Il est l'auteur de *Labour Defended Against the Claims of Capital* (1825) et surtout de *Popular Political Economy* (1827), un livre qui a pour objectif de mettre l'économie à la portée de tous. Il s'appuie sur les travaux de Ricardo pour dénoncer l'organisation de la société. Puisque la valeur des biens dépend de la quantité de travail incorporé, tout ce qui rémunère autre chose que du travail est un détournement de richesse. Il se joint à Ricardo pour considérer que la rente est une forme de spoliation, mais il va plus loin en affirmant qu'il en va de même du profit. S'il ne condamne pas par principe la propriété privée, il estime que, comme l'avait déjà écrit le philosophe John Locke[1], elle ne peut être fondée que sur le travail; est propriétaire d'un champ celui qui le met en culture et la rémunération qu'il reçoit doit être représentative de l'effort qu'il fournit, indépendamment de son statut de propriétaire.

Indigné de voir que la société puisse se poser des problèmes de surproduction quand tant d'individus vivent dans la misère, il attribue ce paradoxe au fait qu'existent des revenus sans travail qui limitent la production et en fin de compte les dépenses des travailleurs. Réformateur sur le plan politique – il publie d'ailleurs des articles dans *The Economist*, journal à l'époque déjà libéral –, il symbolise un mouvement qui se rapproche du socialisme traditionnel par sa défense des droits des ouvriers.

2.5 John Gray (1799-1850)

Dans la même mouvance qu'Hodgskin, ce chef d'entreprise accumula les revers et finit par faire faillite. Il retira de son expérience personnelle un sentiment de profonde injustice et se fit le procureur d'un procès argumenté de la concurrence. Le grand reproche qu'il lui fait est de frapper au hasard dans la mesure où elle ne sanctionne pas les individus

---

1. John Locke (1632-1704) est un philosophe libéral anglais. Dans son *Second traité pour un gouvernement*, il justifie le droit de propriété par deux idées-forces :
   1. Le droit de propriété est antérieur à l'institution de la société, il ne dépend pas du consentement d'autrui ou de la loi politique. La propriété est naturelle, nullement conventionnelle.
   2. Le rapport de l'homme à la nature se définit comme travail. L'homme n'est pas naturellement un animal politique; c'est un animal propriétaire et travailleur, propriétaire parce qu'il est travailleur, travailleur pour être propriétaire. Ce que niera ensuite Rousseau, pour qui la propriété naît d'une opération violente de confiscation de la terre par quelques individus déterminés.

de façon juste et prévisible. Les chefs d'entreprise qui font faillite ne sont pas toujours les plus incompétents. Quant aux ouvriers des entreprises concernées, ils se voient jetés à la rue sans avoir eu aucune part au destin tragique de leur employeur. Il imagine, se substituant à la concurrence, une sorte de plan démocratiquement élaboré où chaque entreprise aurait une mission précise et une production déterminée à fournir, ce qui sécuriserait sa démarche et garantirait son avenir et celui de ses employés.

3. Le socialisme utopique

Tandis que la condition ouvrière et les souvenirs de la Révolution française conduisent certains économistes à s'interroger sur la froide logique du libéralisme ricardien, des auteurs assez nombreux lancent des propositions de refonte totale de la société. C'est en France que ce « socialisme utopique » va prendre le plus d'ampleur, avec deux personnages essentiels que sont le comte de Saint-Simon et Charles Fourier. En Angleterre, un mouvement quelque peu similaire apparaît avec Robert Owen.

3.1 Saint-Simon (1760-1825) et l'industrialisme

Saint-Simon est rentré dans l'histoire de la pensée économique comme le défenseur de l'industrie. L'adjectif « saint-simonien » s'applique aux hommes ou aux idées favorables à l'industrie. À y regarder de près, Saint-Simon est moins restrictif et soutient par principe les créateurs d'entreprise.

Claude Henri de ROUVROY, comte de Saint-Simon

Né à Paris le 17 octobre 1760, Saint-Simon appartient à l'une des plus anciennes familles de la noblesse française. C'est le descendant d'un frère du célèbre mémorialiste qui raconta en son temps les règnes de Louis XIV et de Louis XV.

Engagé volontaire dans la guerre d'Indépendance des États-Unis, il est attaché à la tradition des Lumières. Il est « sans-culotte » pendant

la Révolution mais échappe de peu à la guillotine. Il défend les pauvres et fait fortune dans des spéculations audacieuses sur les assignats.
Après la tourmente, il décide de se cultiver, de publier, de se faire connaître. Pour avoir une vie mondaine, il épouse Alexandrine de Champgrand dont il divorce au bout d'un an, estimant ne plus avoir à faire de mondanités.
Opposant à l'Empire, ruiné par des dépenses somptuaires, il passe par des phases de dépression qui le conduisent à une tentative de suicide en 1823 dont il réchappe, mais très amoindri. Il meurt le 19 mai 1825.

En 1819, il publie « La Parabole », texte où il oppose l'inutilité des dirigeants de l'État (le roi, les hauts fonctionnaires, les dignitaires de l'Église) au rôle positif des entrepreneurs, souvent obscurs et méprisés, qui créent de la richesse et assurent à leurs contemporains des emplois, ou des savants qui préparent l'avenir par leurs recherches.

« La Parabole » de Saint-Simon (1819)[2]

Nous supposons que la France perde subitement ses […] trois mille premiers savants, artistes et artisans de France.
On ne désigne ordinairement par artisans que les simples ouvriers ; pour éviter les circonlocutions, nous entendons par cette expression tous ceux qui s'occupent de produits matériels, à savoir : les cultivateurs, les fabricants, les commerçants, les banquiers et tous les commis ou ouvriers qu'ils emploient.

Comme ces hommes sont les Français les plus essentiellement producteurs, ceux qui donnent les produits les plus importants, ceux qui dirigent les travaux les plus utiles à la nation, et qui la rendent productive dans les sciences, dans les beaux-arts et dans les arts et métiers, ils sont réellement la fleur de la société française ; ils sont de tous les Français les plus utiles à leur pays, ceux qui lui procurent le plus de gloire, qui hâtent le plus sa civilisation ainsi que sa prospérité […].

Passons à une autre supposition. Admettons que la France conserve tous les hommes de génie qu'elle possède dans les sciences, dans les

2. Texte publié dans la revue *L'Organisateur*.

> beaux-arts, et dans les arts et métiers, mais qu'elle ait le malheur de perdre le même jour Monsieur, frère du Roi, Monseigneur le duc d'Angoulême, Monseigneur le duc de Berry, Monseigneur le duc d'Orléans, Monseigneur le duc de Bourbon, Madame la duchesse d'Angoulême, Madame la duchesse de Berry, Madame la duchesse d'Orléans, Madame la duchesse de Bourbon, et Mademoiselle de Condé.
>
> Qu'elle perde en même temps tous les grands officiers de la couronne, tous les ministres d'État (avec ou sans départements), tous les conseillers d'État, tous les maîtres des requêtes, tous ses maréchaux, tous ses cardinaux, archevêques, évêques, grands vicaires et chanoines, tous les préfets et les sous-préfets, tous les employés dans les ministères, tous les juges, et, en sus de cela, les dix mille propriétaires les plus riches parmi ceux qui vivent noblement.
>
> Cet accident affligerait certainement les Français, parce qu'ils sont bons, parce qu'ils ne sauraient voir avec indifférence la disparition subite d'un aussi grand nombre de leurs compatriotes. Mais cette perte des trente mille individus, réputés les plus importants de l'État, ne leur causerait de chagrin que sous un rapport purement sentimental, car il n'en résulterait aucun mal politique pour l'État.
>
> [...] La prospérité de la France ne peut avoir lieu que par l'effet et en résultat des progrès des sciences, des beaux-arts et métiers ; or, les princes, les grands officiers de la couronne, les évêques, les maréchaux de France, les préfets et les propriétaires oisifs ne travaillent point directement au progrès des sciences, des beaux-arts, des arts et métiers ; loin d'y contribuer, ils ne peuvent qu'y nuire [...].
>
> Ces suppositions [...] prouvent clairement, quoique d'une manière indirecte, que l'organisation sociale est peu perfectionnée ; que les hommes se laissent encore gouverner par la violence et par la ruse, et que l'espèce humaine (politiquement parlant) est encore plongée dans l'immoralité.
>
> [...] Ces suppositions font voir que la société actuelle est véritablement le monde renversé.

Saint-Simon s'en prenant de façon explicite à la famille royale, ce texte lui a valu des poursuites en justice. Il n'en reste pas moins ce qu'il y a de plus représentatif de sa pensée, une pensée qui fait porter l'avenir par une classe sociale bien définie, celle des industriels, des ingénieurs et des savants. Saint-Simon se rapproche de Ricardo car il identifie clairement **une classe utile face à un groupe rentier**. Mais il va plus loin dans la mesure où, pour réduire la rente, Ricardo pense que le libre-échange suffira, alors que Saint-Simon envisage un changement de société.

La société nouvelle, qu'il décrit dans *Le Nouveau Christianisme* (1825), est organisée en entités productives largement décentralisées. L'oisiveté est bannie car « l'homme le plus heureux est celui qui travaille et la famille la plus heureuse est celle dont tous les membres emploient utilement leur temps ». Sur le plan politique, l'administration est dirigée par des conseils où siègent des savants, des chefs d'entreprise et des hommes reconnus pour leur sagesse. Saint-Simon a des accents lyriques pour vanter les mérites de la fraternité et le bien-être né des moments partagés.

Les disciples de Saint-Simon

Son influence est grande et il a des disciples illustres, souvent issus de l'École polytechnique.

Auguste Comte (1798-1857) est son secrétaire de 1817 à 1824. Il retient de Saint-Simon la notion de « philosophie positive », qu'il développe et popularise sous le nom de « positivisme »[3].

Prosper Enfantin (1796-1864), polytechnicien, est présenté à Saint-Simon quelques semaines avant sa mort. Il fonde en 1832, à Ménilmontant, une colonie saint-simonienne dont les habitants portent comme vêtement des blouses qui s'attachent dans le dos : l'idée est que chaque membre de la colonie dépende d'un autre jusque dans le fait de s'habiller le matin, dépendance qui symbolise la fraternité générale. Enfantin sera surtout un défenseur du développement des réseaux de transport et tentera de convaincre les autorités ottomanes de percer le canal de Suez.

Michel Chevalier (1806-1879), également polytechnicien (voir chapitre 3), est au début de sa vie un saint-simonien convaincu. Lui aussi défend le développement des transports et promeut, dans ses dernières années, la construction d'un tunnel sous la Manche.

---

3. Comte partage avec Saint-Simon un grande admiration pour Isaac Newton, au point de donner son nom à une des dernières semaines du calendrier positiviste qu'il invente… Comte partage également la haine de Saint-Simon pour Napoléon et instaure, dans le même calendrier, un jour de réprobation qui concerne l'empereur romain Julien, le roi d'Espagne Philippe II et Napoléon !

3.2 *Charles Fourier (1772-1837) et les phalanstères*

Charles Fourier constitue le symbole même d'une pensée en sciences sociales confuse et par certains côtés délirante. On est loin de la recherche de scientificité de l'économie politique classique qui s'affirme en Angleterre au début du XIXe siècle.

Charles FOURIER

Charles Fourier est né le 7 avril 1772 à Besançon. Sa mère l'élève dans le mépris de son père, un commerçant aisé qui est une notabilité locale. L'ambiance familiale pesante fixe son destin et ses idées, tout en ressentiment et en extravagance. Replié sur lui-même, il sublime sa vie dans la publication de textes au style grandiloquent et au contenu à certains égards loufoque. Modeste commis voyageur, il dénigre le commerce, clamant envers lui une haine comparable, selon ses dires, à celle d'Hannibal pour Rome. Il est célibataire et ne connaît d'amours que vénales, mais, affirmant prolonger Newton qu'il admire, il formule une théorie globale de l'attraction dans laquelle il donne une analyse approfondie du sentiment amoureux. Il vit seul mais défend la fraternité et la vie en communauté.

Pour se faire entendre, il frappe à toutes les portes. D'abord celle de son cousin Joseph Fourier. Ce mathématicien illustre (l'inventeur des notions de « séries de Fourier » et de « transformée de Fourier ») est préfet impérial. Il fournit les fonds nécessaires à l'édition des premiers livres de Charles Fourier. Pourtant, ces livres qu'il multiplie ont des titres étranges : ainsi paraît en 1808 une *Théorie des quatre mouvements et des destinées générales*, en 1822 un *Traité de l'association domestique agricole*. Il est présenté ensuite à Victor Considerant, un polytechnicien exalté qui s'approprie le fouriérisme, assure son succès puis finit par éclipser le « maître ».

Fourier meurt en octobre 1837. Dix ans durant, il aura déjeuné tous les jours en tête à tête avec une chaise vide, sur laquelle devait s'asseoir le mécène enthousiaste désireux de financer les communautés qu'il a théorisées, les « phalanstères ».

Pourquoi s'intéresser à une œuvre certes fulgurante, mais où l'on annonce une durée naturelle de la vie humaine de 144 ans, une analyse de l'infidélité conjugale fondée sur une taxinomie des cocus en 70 types, un raisonnement sur la nature du capital qui conclut à une rentabilité normale de tout investissement de 30 % ? Parce que, comme l'écrit Engels, « nous mettons notre joie à y rechercher les germes d'une pensée géniale que masque une enveloppe fantastique ».

En économie, ses théories s'articulent autour de trois idées-forces :

- La **nocivité du commerce**, qui lui est confirmée par une pomme. Il voit dans un restaurant de Paris un client payer une pomme 14 sous, somme qui permet d'en acheter cent à Rouen qu'il vient de quitter[4]. Pour Fourier, une telle distorsion dans les prix est injustifiée et condamne toute société fondée sur l'échange tarifé et la concurrence. Il conclut sa démonstration en affirmant que quatre pommes auront marqué l'histoire, celle d'Adam, celle de Pâris, celle de Newton et celle qui lui a révélé l'ampleur de l'imposture commerciale.
- Une **réinterprétation de la division du travail**. Il identifie dans la population 1 620 types d'individus (810 par sexe). Puisqu'il bannit l'échange, il considère que les gens doivent s'associer par groupes de 1 620, couvrant l'ensemble des caractères humains et donc des activités. Chaque groupe est appelé un **phalanstère**, entité qui grâce à la complémentarité de ses membres vit dans l'harmonie.
- Aux facteurs de production des économistes que sont la terre, le capital et le travail, il ajoute **« le talent », c'est-à-dire l'activité des savants et des artistes**. Considérant que les revenus des propriétaires terriens sont excessifs – il rejoint Ricardo qui fait du libre-échange le moyen de les réduire – et ceux assurés par le talent trop faibles, il propose le transfert de la propriété foncière aux phalanstères et la distribution de la production selon une clé de répartition de 5/12 au travail, 4/12 au capital et 3/12 au talent. Il est avec Say un des premiers à insister sur la composante immatérielle de la production.

En politique, bien que qualifié de socialiste, Fourier est inclassable. Il se méfie des révolutionnaires de toute obédience, qu'il prend pour des envieux, plus attachés à abattre les riches qu'à défendre les pauvres. Ayant connu la Révolution et même été arrêté en 1793, il éprouve une

---

4. La légende veut que ce client soit Brillat-Savarin, le célèbre gastronome.

aversion pour les extrémistes et prend systématiquement position contre la violence politique. Il compte pour propager ses idées sur la diffusion de ses écrits. Il est convaincu qu'une fois enclenché, le mouvement spontané de création de phalanstères prendra de l'ampleur.

Les disciples de Fourier

Victor Considerant[5] (1808-1893), polytechnicien – comme les principaux saint-simoniens – s'empare littéralement de l'œuvre et des idées de Fourier. Il est un militant actif de la cause. Il est élu député en 1848 et défend le droit au travail qu'il souhaite voir inscrire dans la Constitution. Il entre dans l'histoire pour être le seul membre de l'Assemblée constituante de 1848 à demander que l'on donne le droit de vote aux femmes. Il crée un phalanstère dans les années 1860 au Texas qui tourne au fiasco. Après avoir soutenu la Commune en 1871, il renonce à toute activité politique.

En 1846, le fabricant de poêles **Jean-Baptiste Godin** (1817-1888) installe à Guise dans l'Aisne un « familistère », organisé selon les préceptes de Fourier. Ce familistère connaît une vie strictement fouriériste entre 1859 et 1879. Par la suite, les dirigeants comme les ouvriers continuent à entretenir la fiction fouriériste tout en s'éloignant de plus en plus des préceptes de Godin. Il ne disparaît totalement qu'en 1970[6].

Mais on restera loin de l'objectif de Fourier : celui-ci imaginait la création de 2 985 984 phalanstères fédérés autour d'un Juge suprême siégeant à Constantinople, seule ville au monde créée explicitement pour en être la capitale…

3.3 Robert Owen (1771-1858) et le socialisme anglais

Robert Owen est le premier penseur authentiquement socialiste en Grande-Bretagne. Il est même celui qui y introduit le mot.

5. Et non Considérant comme il est souvent orthographié à tort.
6. Pour une histoire du familistère de Guise, voir Michel Lallement, *Le Travail de l'utopie*, Les Belles Lettres, 2009.

Robert OWEN

Robert Owen est né le 14 mai 1771 au pays de Galles. Fils de forgeron, il est employé dans des manufactures de coton et en devient assez vite le directeur. Il épouse la fille de David Dale, un des plus gros industriels du textile anglais, et se trouve ainsi à la tête d'une des principales entreprises du pays.

Effaré par la misère des ouvriers, il augmente les salaires, interdit l'usage de l'alcool, crée des écoles pour les enfants de ses ouvriers et se fait rapidement une réputation de bienfaiteur et de théoricien d'un monde plus juste. Il décide de partir aux États-Unis fonder une nouvelle société, « New Harmony ». Commencée en 1826, l'expérience tourne court deux ans plus tard. Revenu en Angleterre, il crée en 1835 l'Association of all Classes of all Nations, embryon de l'Internationale et dont l'objet est d'organiser et de coordonner les revendications des ouvriers européens.

L'échec du mouvement chartiste en Angleterre et de la révolution de 1848 en France le détourne de la vie politique. Il meurt en 1858, devenu de plus en plus mystique.

Ayant amélioré les conditions de vie de ses salariés de façon très pragmatique, il théorise sa vision du monde dans *Propositions fondamentales du système social* (1837).

Après avoir dénoncé l'idée qui attribue la misère en Angleterre d'abord aux guerres contre Napoléon puis à la concurrence de la France, il affirme que ses causes sont intérieures, à savoir la guerre que se livrent salariés et patrons. Les patrons ne paient pas suffisamment les ouvriers pour que ceux-ci aient une vie décente. Les ouvriers, ne se sentant aucune obligation à l'égard des patrons, ne fournissent qu'un travail médiocre, quand ils ne sabotent pas purement et simplement la production. Pour sortir de cette situation, Owen imagine une fédération de « cantons », des entités de 1 200 personnes où le travail est partagé, la propriété commune. Très attaché au développement de l'éducation, il associe à chaque canton une école, où doivent se rendre obligatoirement les enfants à partir de 3 ans.

Quand il tente d'implanter une nouvelle société en Indiana, aux États-Unis, cela tourne au fiasco. Josiah Warren, un des fondateurs de l'anarchisme américain, qui participe à l'aventure, explique ainsi cet échec :

> *L'intérêt unitaire était en opposition avec les individualités, les circonstances et l'instinct de conservation de chacun.*

La société idéale de Fourier ou d'Owen ne peut exister car elle se construit sur une vision fausse de l'humanité.

4. Karl Marx (1818-1883) ou le socialisme scientifique

Marx veut corriger les socialismes qui l'ont précédé, qu'il qualifie d'utopiques. Il les accuse de reposer sur une approche « mystique » de l'humanité qui ne correspond ni à la réalité de l'histoire, ni à une vision réaliste de la nature humaine. Il s'affirme « socialiste scientifique » car il construit sa critique de l'économie qu'il qualifie de « capitaliste » sur la base d'une analyse qu'il veut rigoureuse et dénuée de tout sentimentalisme.

Original parmi les socialistes, Marx se veut également original parmi les économistes et prétend construire une théorie supérieure à celle des économistes de son temps.

Karl Marx

Marx naît le 5 mai 1818 à Trèves, une ville alors prussienne depuis trois ans. Son père y est un avocat estimé, un des représentants les plus en vue de la communauté juive. Quand Marx voit le jour, la situation familiale est en train de se détériorer. La Prusse vit une période de nationalisme et d'intolérance religieuse. Accusé d'avoir profité de l'époque où Trèves était préfecture du département français de la Sarre, le père de Karl Marx cherche à se protéger, se convertissant au protestantisme en 1824 et maintenant des relations suivies avec l'aristocratie locale. Il se lie notamment avec les von Westphalen dont la fille Jenny deviendra l'épouse de Karl. En privé, il ne cache pas sa haine de la monarchie prussienne, sentiment qu'il inculque à son fils.

Ce dernier décide très vite de se consacrer au combat politique. Il devient un agitateur sans cesse pourchassé par la police et un penseur dont la production intellectuelle très abondante mêle la philosophie allemande, les idées politiques françaises et l'économie politique anglaise.

La philosophie allemande, surtout les textes de Fichte et Hegel, il l'étudie à Bonn puis à Berlin où il obtient, en 1841, un doctorat sur la philosophie d'Épicure. La politique française, il l'aborde dans les livres des premiers socialistes comme Proudhon, un de ses futurs ennemis, avant de la pratiquer sur place, à Paris, où débute sa vie d'errance en 1843.

L'économie, c'est Engels, le fils d'un riche industriel avec qui il se lie en 1844, qui la lui fait découvrir, à travers les textes de Jean-Baptiste Say et surtout de David Ricardo.

Dès lors, il ne cesse de publier articles et livres sur le sujet, dont le plus imposant est *Le Capital*. Ce très long texte ne sera pas publié en entier de son vivant. Le tome premier paraît en 1867, les deuxième et troisième tomes en 1885 grâce à Engels, deux ans après sa mort. Un quatrième tome est publié en 1905 sous la direction du leader socialiste allemand Kautsky. Si *Le Capital* occupe une place centrale dans l'œuvre de Marx, l'une des plus lues reste le *Manifeste du parti communiste* de 1848.

Penseur, Marx est aussi acteur. Il milite au sein des mouvements révolutionnaires, en particulier l'Alliance internationale des travailleurs (la première Internationale), où il affronte les anarchistes conduits par Bakounine. Son activisme l'oblige à fuir d'un pays à l'autre, sans cesse dans le besoin malgré l'aide financière d'Engels. Son grand enthousiasme, c'est la révolution de 1848 ; sa grande déception, la chute de la Commune en 1871. Pris par le doute, mécontent du premier programme du parti social-démocrate allemand, adopté en 1875 au congrès de Gotha, il finit par prendre du recul par rapport à la politique.

Il meurt dans la nuit du 13 au 14 mars 1883, trente-cinq ans jour pour jour après la fuite de Metternich qui marque le véritable début du « printemps des peuples », nom que l'on donna aux révolutions de 1848. Cent ans après ces révolutions, le Coup de Prague réalisé par des marxistes proclamés signifiait pour l'Europe le début d'un sinistre « hiver des peuples », long de quarante ans. À la décharge de Marx, il avait déclaré à la fin de sa vie qu'il n'était pas marxiste…

4.1 Le matérialisme historique

L'originalité économique revendiquée par Marx (notamment vis-à-vis de Ricardo) réside dans l'introduction d'une vision dynamique de l'évolution sociale. Marx combine la philosophie allemande, la réflexion politique socialiste française et l'économie politique anglaise pour parvenir à un système d'interprétation de l'histoire qui dépasse la simple description de son époque.

À l'instar d'Épicure auquel il consacre sa thèse, Marx est matérialiste. Ce matérialisme trouve son expression la plus achevée dans l'affirmation d'un déterminisme historique dont l'instrument est la lutte des classes.

Marx suit Ricardo dans son analyse de la société, figée en trois classes : les rentiers, propriétaires de la terre, les capitalistes, propriétaires des machines, et les salariés, qui apportent leur travail. L'économie de marché conduit à un équilibre qui n'est remis en cause que par l'augmentation de la population. Cette dernière oblige à cultiver des terres de moins en moins productives, ce qui a comme conséquence de réduire le profit. Pour éviter cette baisse des profits, Ricardo propose d'importer du blé, pour ne pas avoir à mettre en culture les terres peu fertiles.

Marx complète le ricardisme en y introduisant la dynamique de la lutte des classes. **Les classes économiques sont non seulement un mode d'organisation économique, mais aussi un moteur de l'histoire** du fait même de leur affrontement. Les modes de production se sont succédé (mode antique, mode féodal, mode bourgeois moderne) selon une loi historique inexorable qui débouchera sur le dernier mode de production, le communisme. Le communisme est la phase ultime, la « fin de l'histoire », le moment où la lutte des classes cesse car il n'en reste plus qu'une, la classe ouvrière, mieux désignée encore sous le vocable de prolétariat. Chaque crise est un bégaiement sur la route qui mène à la fin communiste de l'aventure humaine. Marx parle en outre d'un mode de production asiatique, caractérisé par une économie étatisée aux mains d'une caste bureaucratique[7].

4.2 L'analyse de la baisse tendancielle du taux de profit

Sur le plan strictement économique, le marxisme cherche à démontrer que la condamnation du capitalisme tient à une baisse tendancielle du taux de profit. Marx trouve chez Ricardo la notion de valeur travail, c'est-à-dire l'idée que les prix des biens sont représentatifs de la quantité de travail nécessaire à leur production. Mais il va plus loin : si le travail permet de fixer les prix, c'est qu'il est la source exclusive de la création de richesse. Le profit correspond à ce qu'il appelle le surtravail ou la **plus-value**, c'est-à-dire la différence entre ce que produit l'ouvrier et ce que lui rétrocède le capitaliste. Or, le capitaliste cherche à accaparer un surtravail maximum, ne restituant à l'ouvrier que le minimum vital, les moyens strictement nécessaires à sa survie et à celle de sa famille, c'est-à-dire à la **reproduction de la force de travail**. C'est le mécanisme de l'exploitation capitaliste ou encore de l'aliénation, une partie de son travail devenant étranger à l'ouvrier (ce qui correspond au sens étymologique du mot « aliénation »). Mais, ce faisant, aveuglé par son esprit de classe, le capitaliste prépare sa perte. Plus il accumule de profit, plus il achète de machines. Plus il achète de machines, moins il emploie d'ouvriers et moins il mobilise de travail. Moins il mobilise de travail, moins il est à même de dégager le surtravail qui est la source de son profit. Pour maintenir son taux de profit, il essaie de réduire la part de l'ouvrier en dessous du niveau de la reproduction de la force de travail, suscitant une révolte violente de la classe ouvrière. Le rôle des communistes est d'instrumentaliser cette révolte pour en faire une révolution, conduisant à remplacer le plus rapidement possible le capitalisme par la société sans classes.

Quelques équations simples peuvent décrire ce raisonnement.

On appelle Cf le capital fixe (la valeur des machines installées) et Cv le capital circulant (les salaires versés sur une année). L'ensemble constitue le capital investi. En effet, Marx tire de Ricardo que le capitaliste

7. Jusqu'à aujourd'hui, ses disciples proclamés ont plutôt créé ce type d'économie.

a besoin, pour lancer son activité, de machines et de l'équivalent d'un an de salaires (ce que Ricardo appelle le fonds de salaires). Pourquoi un an ? Dans l'activité agricole, c'est le temps qui sépare la semence de la récolte et donc le temps pendant lequel le capitaliste dépense sans avoir rien à vendre. Ricardo puis Marx généralisent la logique agricole à l'ensemble de la production et mesurent le capital initial par Cf + Cv.

Ce que reçoit ensuite le capitaliste est la différence entre la production et les salaires, soit la plus-value (Pl).

Le taux de profit est égal à Pl / (Cf + Cv).

Pour Ricardo, ce ratio est égal au taux d'intérêt. En effet, si le capitaliste a emprunté le capital initial Cf + Cv, il peut verser comme intérêt au mieux tout ce qu'il récupère, c'est-à-dire Pl. Pl est l'intérêt versé maximal et le taux d'intérêt est le rapport de Pl au capital emprunté Cf + Cv. Concrètement, pour Ricardo, le résultat important est que le taux d'intérêt est égal au taux de profit.

Marx utilise différemment ce rapport. Il divise le numérateur et le dénominateur par Cv. Pl / Cv est le taux de plus-value ou encore le taux d'exploitation des ouvriers. Cf / Cv est la « composition organique du capital ».

Il écrit donc :

taux de profit = taux de plus-value / 1
+ composition organique du capital.

La dynamique de la baisse tendancielle du taux de profit signifie que le taux de plus-value est constant (on ne peut exploiter les ouvriers plus qu'ils ne le sont déjà), mais que la composition organique du capital s'accroît (le progrès technique et la concurrence poussent les capitalistes à avoir de plus en plus de machines : Cf augmente). Il y a donc bien mathématiquement une baisse tendancielle du taux de profit.

Nous avons vu dans le chapitre 3 que la baisse du profit fait partie du corpus théorique de Ricardo. Chez lui, ce sont des raisons démographiques qui poussent à mettre en culture des terres de moins en moins fertiles et qui expliquent la baisse des profits. Chez Marx, la baisse du taux de profit est inhérente au capitalisme. Elle est liée à la dynamique concurrentielle qui pousse le capitaliste à investir sans cesse pour se passer de travail, sans voir que le travail est la source unique de son profit. Pour Marx, il n'y a pas de surpopulation, comme pour Ricardo et surtout Malthus. Il qualifie d'ailleurs Malthus de « sycophante de la bourgeoisie »... La surpopulation, qui se traduit par un chômage permanent, est relative. Dans la société socialiste, tout le monde aura sa place et agira à la fois selon ses goûts et ses talents, sans être exploité ni acculé à l'oisiveté.

En pratique, en évaluant tout en heure de travail, Marx se méprend sur la conséquence des gains considérables de productivité. Ils ont en effet rendu non comparables les heures de travail de 1820 et celles de 1870 ou 1920. La composition organique du capital n'a pas augmenté, si bien que le progrès technique a fourni au capitalisme les moyens de sa pérennité.

Préface du *Capital*

J'étudie dans cet ouvrage le *mode de production capitaliste* et les *rapports de production et d'échange* qui lui correspondent. L'Angleterre est le lieu classique de cette production. Voilà pourquoi j'emprunte à ce pays les faits et les exemples principaux qui servent d'illustration au développement de mes théories. Si le lecteur allemand se permettait un mouvement d'épaules pharisaïque à propos de l'état des ouvriers anglais, industriels et agricoles, ou se berçait de l'idée optimiste que les choses sont loin d'aller aussi mal en Allemagne, je serais obligé de lui crier : *De te fabula narratur.*

Il ne s'agit point ici du développement plus ou moins complet des antagonismes sociaux qu'engendrent les lois naturelles de la production capitaliste, mais de ces lois *elles-mêmes*, des *tendances* qui se manifestent et se réalisent avec une nécessité de fer. Le pays le plus développé industriellement ne fait que montrer à ceux qui le suivent sur l'échelle industrielle l'image de leur propre avenir.

Mais laissons de côté ces considérations. Chez nous, là où la production capitaliste a pris pied, par exemple dans les fabriques proprement dites, l'état des choses est de beaucoup plus mauvais qu'en Angleterre, parce que le contrepoids des lois anglaises fait défaut. Dans toutes les autres sphères, nous sommes, comme tout l'ouest de l'Europe continentale, affligés et par le développement de la production capitaliste, et aussi par le manque de ce développement. Outre les maux de l'époque actuelle, nous avons à supporter une longue série de maux héréditaires provenant de la végétation continue de modes de production qui ont vécu, avec la suite des rapports politiques et sociaux *à contretemps* qu'ils engendrent. Nous avons à souffrir non seulement de la part des vivants, mais encore de la part des morts. Le mort saisit le vif !

Comparée à la statistique anglaise, la statistique sociale de l'Allemagne et du reste du continent européen est réellement misérable. Malgré tout, elle soulève un coin du voile, assez pour laisser entrevoir une tête de Méduse. *Nous serions effrayés de l'état des choses chez nous*, si nos gouvernements et nos parlements établissaient, comme en Angleterre, des commissions d'études périodiques sur la situation économique ; si ces commissions étaient, comme en Angleterre, armées de pleins pouvoirs pour la recherche de la vérité ; si nous réussissions à trouver pour cette haute fonction des hommes aussi experts, aussi impartiaux, aussi rigides et désintéressés que les inspecteurs de fabriques de la Grande-Bretagne, que ses reporters sur la santé publique (*Public Health*), que ses commissaires d'instruction sur l'exploitation des femmes et des enfants, sur les conditions de logement et de nourriture, etc. Persée se couvrait d'un nuage pour poursuivre les monstres ; nous, pour pouvoir nier l'existence des monstruosités, nous nous plongeons dans le nuage entiers, jusqu'aux yeux et aux oreilles.

4.3 Le rôle de la monnaie

Outre son analyse de la baisse tendancielle du taux de profit, Marx complète et dépasse l'économie politique classique en développant les conséquences de la notion de valeur travail mise en avant par Ricardo. La préface du *Capital* (voir encadré ci-dessus) précise bien son ambition. Là où l'économie classique anglaise s'est contentée d'affirmer le principe de la valeur travail pour ne pas trop se pencher sur la théorie monétaire, Marx exprime sa volonté de construire une théorie de la monnaie à part entière en se fondant pleinement sur la valeur travail. Pour comprendre le mécanisme monétaire, dit Marx, il faut partir de la vision des économistes classiques. Pour eux, l'échange naturel est Marchandise – Argent – Marchandise (M – A – M), où l'argent n'est qu'un intermédiaire qui facilite l'écoulement de la production. La monnaie est un voile, un point de passage obligé pour la circulation de la richesse.

Pour Marx, cette vision est tronquée car elle ignore que le but du capitaliste est d'accumuler de l'argent. C'est une erreur de penser que le profit est pour lui un moyen de financer son activité future. Il s'agit bel et bien d'accroître son patrimoine, son pouvoir d'achat, son capital. Le capital naît d'un échange A – M – A', où A' correspond à A, la quantité d'argent de départ augmentée de la plus-value extorquée aux travailleurs. Le profit, en ôtant au salarié une partie de son travail sous forme de plus-value, doit s'interpréter comme une pure exploitation de l'homme par l'homme car il a simplement pour but d'accroître la quantité d'argent dont dispose le capitaliste. La monnaie n'est pas neutre dans la mesure où elle ne circule pas, mais tend à se concentrer entre les mains des capitalistes.

La pensée de Marx insiste en résumé sur trois points :

- D'abord, selon lui, **l'histoire obéit à des lois qui lui donnent un sens** (c'est-à-dire une logique et une direction) qui débouche sur le triomphe du socialisme et l'avènement de la société sans classes. Point n'est besoin d'attendre un mécène comme Fourier pour préparer l'avenir. Celui-ci est écrit et sera socialiste.
- Ensuite, dans cette logique, **le capitalisme est appelé à disparaître car il est miné par ses contradictions internes**. En particulier, pour assurer son développement et la mobilisation du travail, il a besoin d'une « armée de réserve ». Pour que le coût du travail n'augmente pas, c'est-à-dire pour que, sur une journée de travail donnée, les capitalistes puissent en récupérer le maximum, il faut en permanence mettre les ouvriers en concurrence. Sans chômage, il n'y a pas de concurrence entre les salariés, les entreprises risquent donc de subir une baisse de leur profit. La concurrence permet de rémunérer le salarié au minimum, au niveau que Marx appelle la « reproduction de la force de travail » (à savoir lui laisser juste la quantité de biens matériels qui assure sa survie immédiate et celle de sa famille). Mais le chômage, « l'armée de réserve des travailleurs », constitue une population désœuvrée, une masse sociale plus ou moins à la dérive, susceptible d'écouter les discours et les slogans des militants communistes : l'« armée de réserve du capital » est potentiellement une armée révolutionnaire.

- Enfin, la satisfaction par chacun de son intérêt individuel ne peut conduire, contrairement aux dires des économistes classiques, à une société harmonieuse. **Intéressé, le capitaliste cherche à exploiter au maximum l'ouvrier**. Cela provoque naturellement la révolte de l'ouvrier, ce qui incite le capitaliste à accélérer la substitution du capital au travail. Résultat, **la composition organique du capital augmente et le taux de profit baisse**. Le capitaliste de Marx n'est ni l'austère protestant de Weber et de la sociologie allemande des années 1900 qui épargne par devoir, ni l'entrepreneur cynique de Mandeville et plus ou moins de Smith qui fait avancer la société par son égoïsme. Il est bêtement égoïste et scie par cupidité la branche sur laquelle il est assis. Il accumule en vain, accule le salarié au désespoir et court à sa perte. Lénine reprendra cette idée en disant des capitalistes : « leur soif de gain les poussera à nous vendre la corde avec laquelle nous les pendrons »…

Début du *Manifeste du parti communiste* de Karl Marx et Friedrich Engels (1848)

L'histoire de toute société jusqu'à nos jours n'a été que l'histoire des luttes de classes.

Homme libre et esclave, patricien et plébéien, baron et serf, maître de jurande et compagnon, en un mot oppresseurs et opprimés, en opposition constante, ont mené une guerre ininterrompue, tantôt ouverte, tantôt dissimulée, une guerre qui finissait toujours soit par une transformation révolutionnaire de la société tout entière, soit par la destruction des deux classes en lutte.

Dans les premières époques historiques, nous constatons presque partout une organisation complète de la société en classes distinctes, une échelle graduée de conditions sociales. Dans la Rome antique, nous trouvons des patriciens, des chevaliers, des plébéiens, des esclaves ; au Moyen Âge, des seigneurs, des vassaux, des maîtres de corporation, des compagnons, des serfs et, de plus, dans chacune de ces classes, une hiérarchie particulière.

La société bourgeoise moderne, élevée sur les ruines de la société féodale, n'a pas aboli les antagonismes de classes. Elle n'a fait que substituer de nouvelles classes, de nouvelles conditions d'oppression, de nouvelles formes de lutte à celles d'autrefois.

> Cependant, le caractère distinctif de notre époque, de l'époque de la bourgeoisie, est d'avoir simplifié les antagonismes de classes. La société se divise de plus en deux vastes camps ennemis, en deux grandes classes diamétralement opposées : la bourgeoisie et le prolétariat.

5. 1848 ou le socialisme en action

Commencée sur la base de revendications politiques, à savoir l'obtention du suffrage universel, la révolution de 1848 en France déborde les intentions de ses initiateurs et voit apparaître des manifestations sociales violentes. S'imposent alors des mesures qualifiées déjà à l'époque de « socialistes ».

5.1 Les défenseurs du socialisme

Deux personnages se distinguent pendant cette période, par leur action ou par les propositions qu'ils avancent dans les instances de gouvernement de la IIe République, au nom d'une vision socialiste de l'économie.

Louis Blanc (1811-1882)

Journaliste qui s'engage très jeune dans la vie politique, Louis Blanc est né à Madrid car son père est un fonctionnaire impérial de haut rang. Malgré des origines aisées, il défend les ouvriers et quand la révolution triomphe en février 1848, il devient le responsable du « Comité du Luxembourg », organisme aux fonctions mal définies mais dont le programme affiché est de réduire la misère.

Louis Blanc se révèle à l'expérience plutôt pragmatique. Comme tous les socialistes, il considère que les deux maux de la société sont le droit de propriété et la concurrence. Mais il estime inutile de prendre de front les propriétaires et d'appeler à l'expropriation générale des moyens de production. Il se concentre sur la concurrence car la traduction la plus nette de celle-ci s'exerce sur le marché du travail et a comme résultat le plus dramatique le chômage.

L'objectif prioritaire de toute réforme sociale est donc à ses yeux d'abolir le chômage. Il pense comme les saint-simoniens que l'industrie est une bonne chose en soi, même si les conditions de vie des ouvriers y sont abominables, et que, dans une société bien organisée, c'est grâce à l'industrie et à sa production que la majorité de la population pourra connaître un certain mieux-être. Il faut dès lors trouver le moyen de faire profiter le plus grand nombre du progrès technique.

Il prend deux types de mesures :

- La création des « **Ateliers nationaux** », qu'il aurait voulu appeler « Ateliers sociaux ». L'idée d'origine est de fournir des capitaux à des associations ouvrières pour qu'elles achètent du matériel et puissent se mettre à produire sans dépendre de l'apporteur initial de fonds. Rapidement, les associations produisent mais ne trouvent pas de débouchés. Leur responsable direct – le ministre des Travaux publics, Marie – s'oppose à Blanc et impose que les ouvriers des ateliers soient encadrés et reçoivent des missions de production clairement assignées par les pouvoirs publics.
- Faire profiter les ouvriers du progrès technique en leur donnant du **temps libre**. On réduit donc la durée de la journée de travail à dix heures à Paris et à onze heures dans les autres villes.

Les Ateliers nationaux se ramènent assez vite à une activité artificielle de travaux de terrassement qui provoque doutes et irritations chez les ouvriers. Lorsque Marie propose finalement de les fermer, la répression sanglante des émeutes qui s'ensuivent en juin 1848 met un terme à l'existence politique de Louis Blanc et à la phase socialiste de la révolution de 1848.

Pierre Joseph Proudhon (1809-1865)

Proudhon est également un des protagonistes de 1848. Il a popularisé une formule aujourd'hui célébrissime : « La propriété, c'est le vol[8]. » En 1846, il publie *Philosophie de la misère*, ouvrage auquel Marx répond violemment dans un pamphlet, *Misère de la philosophie*.

8. Issue de son livre *Qu'est-ce que la propriété ?* paru en 1840, cette phrase a été prononcée pour la première fois en 1782 par Jacques Brissot (1754-1793), un des leaders girondins de la Révolution française. Proudhon se l'approprie et en assure la renommée.

Le jugement de Marx est sans appel :

> M. Proudhon se flatte d'avoir donné la critique et de l'économie politique et du communisme : il est au-dessous de l'une et de l'autre. Au-dessous des économistes, puisque comme philosophe, qui a sous la main une formule magique, il a cru pouvoir se dispenser d'entrer dans des détails purement économiques ; au-dessous des socialistes, puisqu'il n'a ni assez de courage, ni assez de lumières pour s'élever, ne serait-ce que spéculativement, au-dessus de l'horizon bourgeois.

De fait, Proudhon ne peut être considéré comme un véritable économiste, sa démarche étant plus proche des utopistes à la Fourier que de la rigueur scientifique à laquelle prétend l'économie politique de son temps. Néanmoins, député de juin 1848 à mai 1849, il essaie d'infléchir la politique économique. Seul député à se déclarer solidaire des émeutiers de Juin 48, il propose de relancer l'économie en supprimant l'étalon-or pour pouvoir augmenter la quantité de monnaie en circulation et en créant une banque spéciale, la « banque d'échange », qui prêterait aux créateurs d'entreprise à un taux très faible, l'intérêt versé sur la base du taux en question servant uniquement à couvrir les frais fixes de la banque. On trouve là la défense du **principe de la croissance par le crédit**, qui est repris sous le Second Empire par les derniers saint-simoniens. Le saint-simonisme finissant passe de l'éloge de l'industrie à celui de la banque après avoir entendu Proudhon.

Signalons que Proudhon est le premier théoricien connu à se désigner lui-même comme « anarchiste ». Il emploie le terme pour afficher son opposition au pouvoir central et indiquer qu'il est partisan d'un pouvoir organisé par des fédérations de communes. Il l'emploie aussi par provocation car c'est sous ce vocable que le Directoire désignait ses adversaires de gauche, le terme n'ayant alors aucunement un sens idéologique mais purement celui de fauteur de trouble.

5.2 *La montée en puissance de l'État*

Des pratiques et des idées de 1848, deux choses vont faire date :

- Davantage que les associations d'ouvriers et les initiatives plus ou moins spontanées des pauvres, ce qui permet de réduire la misère et de donner du travail, c'est l'intervention de l'État en tant que donneur d'ordre. L'État de 1848 prétend lutter contre le chômage en se faisant finalement « employeur en dernier ressort », c'est-à-dire en se substituant aux entreprises. Le socialisme théorique utopique imaginait des sociétés fraternelles où la guerre économique incarnée par la concurrence aurait disparu. Le socialisme en action devient une montée en puissance de l'État qui, sans se faire propriétaire de l'appareil de production, se fait acteur de la production.

- Un des blocages rencontrés est la dynamique du financement. Pour agir, il faut supprimer les contraintes monétaires nées de la discipline de l'étalon-or. L'État a un allié et un instrument dans son action sur la croissance qui est la politique monétaire, entendue au sens d'une politique de généralisation du crédit.

Le socialisme en action de 1848 est plus keynésien qu'utopiste ou même marxiste.

Dans le *Dictionnaire de l'économie politique* paru en 1852, Louis Reybaud déclare que parler de socialisme, c'est « prononcer une oraison funèbre ». Les expériences de communauté idéale, que ce soient la « New Harmony » d'Owen, la famille saint-simonienne d'Enfantin ou encore la cité idéale fondée par Étienne Cabet (1788-1856) au Texas en 1848[9], ont sombré dans le ridicule ou dans le drame. 1848 donne le pouvoir à des mouvements socialistes non pas sur des petits territoires plus ou moins perdus au fin fond des États-Unis, mais en France, un des grands pays de la planète. Et très vite, il n'est plus question de fraternité et de relation économique non marchande. C'est l'État qui devient l'opérateur de la transformation sociale et est supposé assurer le plein emploi. Il y renonce assez rapidement, mais des événements de 1848 reste la conviction que c'est lui qui est porteur non seulement du respect de la tradition (comme le pense l'école historique allemande), mais également des projets possibles de transformation à venir.

9. Sur la base de son livre de 1840, *Voyage en Icarie*.

6. La pensée religieuse

Simultanément au socialisme, pour contrecarrer l'économie politique classique, on assiste à une tentative de développement d'une pensée axée sur un renouveau de la religion, même si c'est sans l'éclat de la période des scolastiques.

6.1 *Le romantisme allemand : Adam Müller (1779-1829)*

Né à Berlin, Adam Müller meurt à Vienne, symbole du parcours d'une vie au service de la culture et de la tradition germaniques et qui passe du protestantisme prussien à un catholicisme ultraréactionnaire. Ce catholicisme ultra, qui s'appuie sur la défaite de Napoléon et la volonté de ne plus voir un pouvoir de type bonapartiste apparaître en Europe, a deux piliers essentiels : le pape Grégoire XVI et le gouvernement autrichien de Metternich.

Juriste, écrivain, haut fonctionnaire, Müller s'inscrit parfaitement dans la logique « austro-papale », comme le fait en France Joseph de Maistre sur le plan politique. Il s'oppose à toutes les composantes du libéralisme, mais centre sa critique sur le domaine économique.

Contrairement à l'individualisme économique de Smith (voir chapitre 2), il met l'accent sur l'aspect éthique de l'économie, insiste sur les devoirs de l'État vis-à-vis des individus et réciproquement. S'il inscrit sa démarche dans la logique de l'école historique allemande (voir chapitre 3), il la nourrit d'un discours sentimental sur le bonheur de la vie simple au Moyen Âge, à une époque où toute action et toute relation politique, économique ou sociale avaient des fondements religieux. Son livre principal, *Elemente der Staatskunst* (1809), développe une apologie de l'économie féodale et des liens de subordination qui l'accompagnent. L'importance de Müller dans l'histoire de l'économie politique est reconnue par les économistes libéraux, notamment ceux de son temps, qui y voient la quintessence de la pensée réactionnaire religieuse.

6.2 *Alban de Villeneuve-Bargemont (1784-1850) et l'Économie politique chrétienne*

Alban de Villeneuve-Bargemont appartient à une famille de la noblesse varoise. Il est légitimiste et préfet sous la Restauration. Il démissionne en 1830 pour ne pas avoir à servir Louis-Philippe et la monarchie de Juillet. Il se consacre alors à un livre, *Économie politique chrétienne* qui paraît en 1832. Pendant sa rédaction, il conseille Grégoire XVI qui est en train de préparer une encyclique de condamnation des catholiques libéraux emmenés par Lamennais et Lacordaire (encyclique « *Mirari vos* » de 1832).

À la condamnation du libéralisme politique et économique par Grégoire XVI, Bargemont veut ajouter une analyse plus strictement économique. Son livre, qui contient de longs passages d'histoire économique et des considérations sur l'interprétation historique de la Bible, aborde beaucoup de sujets et a cependant un contenu économique *stricto sensu* assez mince.

Il affirme néanmoins un principe fort selon lequel la réduction des relations sociales à des relations de marché est trop simplificatrice. Pour Bargemont, l'homme n'a pas que des intérêts. Il est aussi, voire même surtout, animé et guidé par la foi. La conséquence est que beaucoup d'actes humains ne rentrent pas dans la grille d'analyse des économistes libéraux.

Bargemont en tire des recommandations de politique économique. Pour lui, à côté du marché, il y a la **charité**. Charité privée qui donne naissance à des services sociaux. Charité publique qui fait considérer souvent Bargemont comme un des premiers théoriciens de l'État providence. Il défend en particulier l'interdiction du travail des enfants et porte le projet de loi qui l'instaure.

Il conclut son livre ainsi :

> Le but de la société ne saurait être seulement la production des richesses. Ce but est la plus grande diffusion possible de l'aisance, de bien-être et de la morale parmi les hommes.

7. Bilan et héritage

La situation souvent dramatique des ouvriers européens au début du XIXe siècle fait naître une critique de la société mettant en cause, en particulier, la théorisation des relations sociales et économiques qui fonde cette société. Ricardo écrit que l'on vit mieux dans l'Angleterre de 1820 que dans celle de 1720 et pourtant, l'insatisfaction est tout aussi grande. Ce constat conduit les économistes à se positionner sur le terrain non de l'analyse sentimentale de la société mais de son analyse scientifique, et à proclamer la dure nécessité des lois de l'économie.

Néanmoins, comme la révolte gronde, une partie de la contestation de l'économie politique classique prend un tour radical et propose de tout détruire pour mieux reconstruire.

Ce socialisme radical s'abîme rapidement. Il est victime du caractère farfelu de certains de ses théoriciens ; il est victime des expériences malheureuses qu'il inspire, sous forme de micro-sociétés idéales, où la fraternité sombre sur des règlements de compte mesquins entre supposés idéalistes. Il est surtout victime de la révolution de 1848. On se bat au nom de la réforme économique dans les rues de Paris, de Vienne et de Berlin, et c'est la réaction qui triomphe.

Pour les économistes, les conséquences sont triples :

- Les économistes classiques doivent affirmer nettement que leur savoir est politiquement neutre. Il leur faut trouver une formulation qui évite d'être vécue par des pouvoirs politiques réactionnaires, vainqueurs finaux des affrontements de 1848, comme le vecteur de revendications politiques et sociales susceptibles de déboucher sur un embrasement révolutionnaire. Les économistes d'après 1848 ont le choix entre continuer à parler de propriétaires-rentiers, de capitalistes et de travailleurs, au risque de se voir censurés par un pouvoir aux abois, et construire des modèles intellectuels formellement neutres et politiquement inoffensifs.
- Les contestataires du système doivent, s'ils veulent rester crédibles, rapprocher leur méthode de celle des économistes classiques. Marx l'a bien compris qui parle de socialisme scientifique. Il s'appuie sur les économistes classiques pour les critiquer tout en s'inscrivant dans leur démarche intellectuelle. Il annonce une victoire sûre du socialisme et

promet un monde meilleur, mais il a l'habileté de ne pas le décrire. Car ceux qui s'y sont risqués ont vite paru fous, peu ou trop imaginatifs. Et quand ils ont eu le pouvoir, ils ont rapidement déçu ceux qu'ils prétendaient aider et inutilement effrayé ceux dont ils pouvaient avoir besoin. Reybaud a raison de dire en 1852 que le socialisme est mort. Marx a raison de considérer qu'il est plus vivant que jamais car il est protéiforme et capable de renaître sans cesse de ses cendres.

- Ce que la révolution de 1848 a montré, tout comme les travaux des derniers classiques tel John Stuart Mill (voir chapitre 3), c'est que la grande interrogation des populations n'est pas de savoir comment organiser l'économie pour éviter les limites de la planète et les conséquences des rendements décroissants, mais de comprendre pourquoi, alors que le progrès est là, alors que soudain l'humanité semble capable de rompre avec la routine de la pénurie et du manque qui caractérisa sa vie pendant des siècles, il y a encore tant de gens misérables. Pour éviter le socialisme et les tueries comme celles de 1848, au-delà de l'analyse de la croissance d'une offre de biens générant sa propre demande, il faut comprendre comment le processus de marché et la concurrence peuvent objectivement répondre aux attentes de la population. L'économie politique qui naît des ruines du socialisme utopique, et des réserves des pouvoirs en place vis-à-vis des théories autour de la notion de classe, va être celle de la mise en contact du producteur et du consommateur.

Face au socialisme scientifique, les économistes vont réinventer le marché en se demandant ce qu'en attend le consommateur. La révolution qui suit 1848 va être marginaliste et non pas socialiste…

Quelques dates à retenir

Année	Événement historique	Pensée économique
1753		Rousseau : *Discours sur l'origine de l'inégalité des hommes*
1794	Mort de Robespierre	
1818		Naissance de Karl Marx
1819		Sismondi : *Nouveaux principes d'économie politique*
1821	Mort de Napoléon	

1825		Mort de Saint-Simon Saint-Simon : *Le Nouveau Christianisme* (posthume)
1827		Hodgskin : *Popular Political Economy*
1828		Robert Owen ferme « New Harmony »
1830	Révolution de Juillet à Paris	
1832	Révolte des Canuts à Lyon	Villeneuve-Bargemont : *Économie politique chrétienne*
1837		Mort de Charles Fourier
1840		Étienne Cabet : *Voyage en Icarie*
1842		Mort de Sismondi
1844		Rencontre de Marx et Engels Marx : *Manuscrits de 1844*
1848	Février : révolution à Paris Juin : émeutes et fin de l'expérience socialiste	Marx/Engels : *Manifeste du parti communiste*
1851	Coup d'État du 2 décembre	
1858		Mort de Robert Owen
1867		Publication du premier tome du *Capital*
1870	Guerre franco-prussienne	
1871	La Commune de Paris	
1883		Mort de Karl Marx
1885		Engels publie les tomes 2 et 3 du *Capital*
1905		Kautsky publie le tome 4 du *Capital*

Bibliographie

Louis Reybaud, *Études sur les réformateurs ou socialistes modernes*, 1848, ASIN : B0000DOSJC.

Emile Durkheim, *Le Socialisme*, Puf, 1992, 272 p., Quadrige, ISBN-10 : 2130441793.

Dominique Desanti, *Les Socialistes de l'utopie*, 1971, ASIN : B0000DTSTS.

Karl Marx, *Le Capital*, Puf, 1993, Quadrige, ISBN-10 : 2130451241.

Karl Marx et Friedrich, Engels, *Le Manifeste du parti communiste*, Flammarion, 1999, 224 p., Garnier Flammarion – Philosophie, ISBN-10 : 2080710028.

Karl Marx, *Critique de l'économie politique*, Allia, 2007, 250 p., ISBN-10 : 2844852548.

Henri de Saint-Simon, *Du Système industriel*, University of Michigan Library, 2009, 348 p., ASIN : B002JVWP9C.

Pierre-Joseph Proudhon, *Qu'est-ce que la propriété ?*, Flammarion, 2009, 445 p., Classiques de la philosophie, ISBN-10 : 2253082597.

5

LE MARGINALISME, LES NÉOCLASSIQUES

Les années 1870

Après les révolutions de 1848, l'économie politique de Ricardo est définitivement qualifiée d'économie classique, selon l'expression de Karl Marx. C'est à partir d'elle que va se construire le renouveau théorique et émerger une nouvelle vague d'économistes.

La nécessité d'une évolution de la science économique tient à ce qu'elle s'enferre dans diverses impasses. Celle de la forme d'abord, dans la mesure où l'expression littéraire des raisonnements devient de plus en plus laborieuse. Celle du fond ensuite, car si l'économie classique a permis de ne pas limiter la réflexion économique à la monnaie, à une défense ou une condamnation du chrysédonisme (l'« amour de l'or ») – ce en quoi consistait l'économie jusqu'au milieu du XVIIIe siècle –, son explication des prix par la référence à la quantité de travail incorporée dans les biens produits (la théorie de la valeur travail que défendent Ricardo et ses disciples, dont Marx) n'est pas satisfaisante. C'est pourquoi les économistes prennent conscience, dans les années 1860, de la nécessité de prolonger l'œuvre des classiques en changeant à la fois leurs méthodes et leur description de la réalité sociale. Ces mutations sont en général présentées par ceux qui les conduisent comme s'inscrivant dans la ligne des prédécesseurs. Il n'est pas question de stigmatiser Ricardo et les siens. D'abord parce que des économistes de référence comme John Stuart Mill sont toujours là et restent attachés à Ricardo. Les affronter serait à la fois inutile et coûteux en temps de polémique. Ensuite parce que l'état d'esprit n'est pas à la destruction du savoir économique antérieur. Les économistes des années 1870 vont réformer la théorie classique sans chercher à en contester systématiquement les tenants et les aboutissants : on les appellera donc les « néoclassiques ». Leur réforme de l'économie se marque de deux façons : d'une part, dans le mode d'expression des idées et des thèses ; d'autre part, à travers la notion fondamentale d'utilité, introduite comme élément explicatif des prix.

Comme l'école classique, les néoclassiques sont contestés par une pensée étatiste, qui s'épanouit en Allemagne : c'est la « deuxième école historique allemande ».

1. Les précurseurs

Avant que les théories néoclassiques ne deviennent la référence, des économistes, dont le rôle sera reconnu *a posteriori*, vont annoncer ce que seront d'une part leur formalisme, d'autre part leurs concepts.

1.1 Sur la forme : mathématique et axiomatique

En termes de méthode, l'économie politique a rapidement ressenti le besoin de consolider, de façon la plus définitive possible, son statut de science à part entière. Pour atteindre cette scientificité, elle a adopté, sous les classiques, la méthode des mathématiciens sans user de leur langage. Si le résultat est positif, les « théorèmes » que prétendent énoncer les économistes classiques sont néanmoins contestés. Après 1860, la nécessité de changer le formalisme s'impose assez naturellement, même si J.S. Mill met en garde contre la fascination pour les équations et affirme que l'usage du calcul différentiel n'aura d'autre résultat que d'éloigner la science économique de la réalité, ce qui lui fera perdre sa raison d'être.

Malgré cela, le changement s'opère sous deux aspects :

- La science de référence cesse d'être les mathématiques et les économistes abandonnent l'enchaînement logique, calqué sur l'élaboration de théorèmes à partir d'axiomes, pour se rapprocher des méthodes de la physique.
- Paradoxalement, c'est le moment où l'économie adopte le formalisme mathématique, puisque c'est ce formalisme qui donne à la physique son ossature.

Concrètement, raisonner comme en physique conduit à construire son raisonnement en trois temps :

1. D'abord, on définit le champ et les objets de l'économie. Une fois ces objets identifiés, on leur attribue des caractéristiques quantifiables. L'économiste commence donc par indiquer les **acteurs** qui vont constituer les éléments de référence sur lesquels il va développer ses théories. Ces acteurs vont être le **producteur** et le **consommateur**, noyau central de la réflexion économique. Ensuite, on étudie le rôle de l'État, du système financier et des relations économiques extérieures. Au XIXe siècle, quand les néoclassiques s'affirment, ce sont les rapports consommateur/producteur qui dominent presque exclusivement la démarche des économistes. En identifiant ainsi des acteurs sur des bases individuelles socialement neutres, l'économie néoclassique contourne l'écueil qui a failli emporter la discipline, à savoir l'accusation de contribuer à fonder un discours politique susceptible d'être utilisé à des fins de subversion. En effet, un des reproches récurrents que font à l'économie politique les dirigeants politiques réactionnaires de l'après-1848, c'est d'avoir fourni aux socialistes extrémistes les outils théoriques d'une représentation de l'histoire en termes de lutte des classes. Ricardo porte à jamais pour certains le péché d'avoir inspiré Marx.
2. Ensuite, l'économiste établit des **lois**, c'est-à-dire des relations mathématiques fonctionnelles entre les quantités caractéristiques retenues.
3. Enfin, l'économiste procède à une **vérification expérimentale** de ces lois. Elle ne peut pas se faire, comme en physique, par la reproduction et la répétition de l'événement analysé. Cette vérification repose dès lors sur l'étude quantifiée de l'histoire, grâce à la statistique et à une

nouvelle technique de mesure des faits et d'exploitation de la statistique que l'on appelle aujourd'hui l'économétrie.

Si, par rapport à la méthode déductive née des axiomes de Senior (voir chapitre 3), la présentation est radicalement nouvelle et accorde une grande importance à la capacité de vérification des théories par un retour systématique vers les événements économiques concrets, en pratique, les néoclassiques ne remettent pas pour autant en cause la validité du contenu de ces axiomes.

En termes de contenu précisément, la vague néoclassique se soucie moins des problèmes démographiques qui avaient entretenu les débats du début du XIXe siècle. Mais elle retient et admet sans états d'âme que l'homme satisfait son intérêt (principe d'hédonisme), que les rendements sont décroissants (et pas seulement dans l'agriculture) et que le progrès technique est la source première de la croissance.

Le passage de relais se fait progressivement. L'adoption de la méthode de la physique et du formalisme mathématique qui l'accompagne est le fruit d'un processus entamé dès 1840. En effet, c'est à cette date que l'économiste allemand Johann Heinrich von Thünen (voir chapitre 3) dérive une fonction pour arriver à une formule donnant, selon lui, le niveau du salaire optimal en fonction de la production et de la consommation.

Mais l'économiste qui assoit véritablement l'usage des mathématiques en économie est le Français Augustin Cournot.

Augustin Cournot (1801-1877)

Ce normalien mathématicien mène une carrière d'enseignant puis de haut fonctionnaire au sein de l'Éducation nationale (appelée à l'époque « l'Instruction publique »). Esprit encyclopédique, il s'intéresse à la philosophie (il lit et commente Kant et en retire la nécessité de séparer dans l'analyse des actions humaines les considérations scientifiques des considérations morales), au droit (il passe sa licence), aux mathématiques (c'est un disciple et ami du mathématicien Denis Poisson), à l'histoire (il rédige les mémoires du maréchal Gouvion-Saint-Cyr) et à l'économie. Il lit Jean-Baptiste Say et la première traduction en français de Ricardo (voir chapitre 3).

Il publie en 1838 *Recherches sur les principes mathématiques de la théorie des richesses*, un livre d'économie où il use abondamment des mathématiques. Trois nouveautés fondamentales ressortent de cet ouvrage :

- Une **analyse systématique de la demande**. Là où les classiques, et singulièrement Jean-Baptiste Say, considèrent que l'offre est le facteur déterminant et la demande sa conséquence, Cournot concentre une partie de son étude à la « **loi du débit**[1] », selon laquelle une augmentation des prix conduit à une baisse des débouchés, ce qui peut rendre la loi de Say inopérante. Il introduit simultanément la notion d'**élasticité**, c'est-à-dire le lien entre une variation des prix et la variation de la demande qui en découle. *Mathématiquement, si un prix p augmente de dp, passant de p à p + dp, les ventes se réduisent et la demande passe de D à D – dD. La hausse des prix en pourcentage est égale à dp / p, la contraction de la demande à dD / D. L'élasticité est (dD / D) / (dp / p).*
- **L'assimilation du producteur à une fonction faisant dépendre son profit de la quantité produite et à son chiffre d'affaires**, qu'il appelle la recette. Cournot s'intéresse plus particulièrement à cette dernière et regarde comment elle se comporte dans le cas d'un monopole. La recette est égale à pQ, où p est le prix et Q la quantité vendue. Le prix évolue en fonction de la quantité vendue (on reprend en l'occurrence la loi du débit) ; si le monopole veut vendre beaucoup, il lui faut baisser ses prix ; néanmoins son intérêt n'est pas de vendre le plus possible, mais de faire selon Cournot le chiffre d'affaires maximal. Il calcule donc la dérivée du produit pQ par rapport à Q et affirme que le monopole produit et vend la quantité Q qui annule cette dérivée.
- Désireux de montrer **l'efficacité de la concurrence**, Cournot étudie comment évolue le prix quand on passe d'une entreprise en situation de monopole à deux entreprises. Supposant que chaque entreprise cherche cette fois à maximiser son profit et dispose comme information de la politique tarifaire de l'autre entreprise, Cournot établit que le passage du monopole à deux entreprises fait baisser les prix. C'est la théorie du « **duopole de Cournot** ». Par récurrence, on en déduit

1. Débit signifie à l'époque « lieu de vente » – on trouve encore des traces de cette acception, par exemple dans « débit de boissons ».

que plus il y a d'entreprises, plus les prix sont bas. Et la loi du débit enseigne que plus les prix sont bas, plus la demande est forte. D'où le rôle positif de la concurrence.

Le peu de succès de son livre conduit Cournot dans les éditions suivantes à réduire la part mathématique et à réintroduire des considérations plus littéraires.

Néanmoins, en France, le tournant mathématique est pris et les économistes vont être de plus en plus souvent des mathématiciens, singulièrement des polytechniciens (qui vont initier la tradition des ingénieurs économistes français). Le premier que la postérité a retenu est Jules Dupuit.

Jules Dupuit (1804-1866)

Dupuit intègre l'École polytechnique en 1822 et en sort ingénieur au corps des Ponts et Chaussées. Il mène carrière dans cette administration, notamment dans l'Ouest de la France et à Paris où il participe à la création des égouts. Ingénieur, il se passionne pour des problèmes de physique comme les forces de frottement des roues. C'est en travaillant sur les transports qu'il s'investit dans une réflexion sur les péages des ponts et des canaux. Dans *De la mesure de l'utilité des travaux publics* (1844), il constate qu'en cas de péage, et plus généralement lors de l'expression d'un prix, le prix fixé par le producteur (ici, le gestionnaire du canal) est le même pour tous les acheteurs. La satisfaction que retire d'un achat un consommateur est égale à ce que cela lui rapporte (c'est-à-dire l'utilité que représente pour lui le bien acquis) et à ce que cela lui coûte (c'est-à-dire le prix payé). Mais, alors que le prix est le même pour tous, l'utilité varie d'un individu à l'autre. Ceux dont l'utilité est inférieure au prix ne consomment pas. Ceux dont l'utilité est supérieure au prix non seulement achètent, mais retirent de leur achat un supplément de satisfaction mesuré par la différence entre l'utilité et le prix : c'est ce que Dupuit appelle « **l'utilité relative** ».

Comme Cournot, Dupuit s'intéresse dans son raisonnement au consommateur. Il introduit cette idée que si la concurrence uniformise les prix et les produits offerts, la demande est portée par une population diverse, aux satisfactions variables selon les individus.

1.2 *Sur le fond : l'utilité*

Dupuit manie la notion d'utilité, qui va devenir centrale mais qui est apparue avant lui, dès le XVIIIe siècle avec des penseurs comme Condillac en France ou Bentham en Angleterre.

Étienne Bonnot de Condillac (1715-1780)

Condillac est un philosophe des Lumières. Il entretient même pendant longtemps des rapports courtois avec Rousseau. Condillac s'intéresse à divers aspects de la philosophie, dont la psychologie, et fonde le sensualisme[2]. En économie, il publie en 1776 *Le Commerce et le Gouvernement considérés relativement l'un à l'autre*, où il traite de ce que nous pourrions appeler aujourd'hui la politique économique. Économiste libéral, il défend la liberté économique et commerciale, notamment le libre-échange, et dénonce les manipulations monétaires. Cependant, il n'est pas physiocrate car il n'a pas leur tropisme agricole et pense que l'artisanat et l'industrie naissante créent de la richesse au même titre que l'agriculture. Trois éléments forts se détachent de ses recommandations :

- Les hausses de prix du blé arrivent rarement dans les pays en situation de libre-échange, mais plutôt dans les pays protectionnistes.
- Les impôts et les réglementations étouffent la croissance économique.
- Les monopoles sont créés volontairement ou involontairement par l'État, si bien qu'il est difficile de réintroduire de la concurrence dans les secteurs qu'ils contrôlent.

Sa grande originalité naît de sa vision de la valeur, dont il souligne le caractère subjectif. Ce qui explique l'échange et le prix, c'est l'utilité que chacun des deux protagonistes de l'échange accorde aux biens échangés. Normalement, toute transaction suppose que chaque partie obtienne une satisfaction plus grande de ce qu'elle acquiert que de ce qu'elle cède.

Condillac s'inscrit en faux contre l'idée que la valeur dépende de la quantité de travail incorporée dans la production d'un bien et des salaires qui la rémunèrent :

> Une chose n'a pas une valeur parce qu'elle coûte, comme on le suppose. Elle coûte parce qu'elle a une valeur.

---

2. Pour Condillac, c'est uniquement à partir des sensations que s'élabore toute pensée abstraite (idées, jugements, etc.).

On mobilise du travail parce que l'on sait pouvoir vendre le bien à un certain prix, lequel préexiste à cette mobilisation de travail.

Adam Smith à la même époque rappelle la distinction venue d'Aristote entre la valeur d'usage, qui mesure l'utilité, et la valeur d'échange, qui constitue le prix et est proportionnelle à la quantité de travail. Condillac affirme qu'en fait la valeur d'échange est égale à la valeur d'usage. Et à ceux qui lui opposent que l'air a une valeur d'usage infinie et une valeur d'échange nulle, il répond que personne n'en connaît la valeur d'échange car l'air ne s'échange pas.

Jeremy Bentham (1748-1832)

En introduisant la justification de l'action humaine par l'intérêt, c'est-à-dire par le principe d'hédonisme (voir chapitre 3), les économistes classiques ont ouvert la voie à la propre remise en cause de leurs théories : quel lien en effet peut-on identifier entre la valeur travail et l'intérêt de l'acheteur, acheteur par définition indispensable à l'activité économique ?

Cette fragilité explique en partie pourquoi ils n'ont pas davantage expertisé la notion d'intérêt. Celui qui l'a probablement étudiée le plus, à l'époque de Smith puis de Ricardo, est Jeremy Bentham, qui a complété et précisé l'intérêt en parlant d'utilité.

Jeremy BENTHAM

Jeremy Bentham est né le 15 février 1748 à Londres. Son père est un avocat important du barreau londonien si bien que Jeremy reçoit une éducation de haut niveau. À 7 ans, il parle couramment le français, à l'époque la langue de l'élite culturelle mondiale. Par atavisme familial, il s'oriente vers des études de droit. Devenu avocat, il s'irrite assez vite des pratiques en vigueur dans le monde des juristes et des plaideurs britanniques. L'esprit de chicane l'insupporte et il décide de quitter le barreau pour vivre de sa plume. En fait, c'est son héritage à la mort de son père en 1792 qui lui apporte l'aisance et la possibilité de vivre selon ses envies.

Il voyage, parcourt la France de la Révolution pour laquelle il se passionne et publie de nombreux textes, avant de s'éteindre en juin 1832 à Londres.

Révolté par le fonctionnement du système judiciaire anglais, Bentham développe l'idée que toute société doit privilégier ce qui est utile. Tout homme se détermine dans la vie par une évaluation des conséquences de ses actes, qui consiste à faire la différence entre la satisfaction retirée et la peine subie. Une vie bien menée maximise en permanence cette différence. Cette « arithmétique morale », qui guide les individus, doit également orienter l'action des pouvoirs publics.

Ainsi, s'opposant à la notion de contrat social développée par Jean-Jacques Rousseau, Bentham estime que l'État n'est pas né d'un accord entre les différents membres de la société dans le but de réaliser et d'affirmer une volonté générale, mais du constat élémentaire fait par chaque citoyen que l'État rend des services, comme la sécurité, qu'aucune autre institution n'est capable de rendre. L'État n'a de raison d'être que parce qu'il a une utilité pratique et immédiate.

Bentham invite chaque personne désireuse de comprendre le fonctionnement de l'ordre social à considérer que chacun fait et réclame ce qui lui paraît utile.

Une de ses formules les plus célèbres, « Il est de l'intérêt du loup que les moutons soient gras et nombreux », est une manière de dire que l'interprétation courante que l'on pourrait faire de la voracité du loup est qu'il a tendance à se précipiter sur les moutons, alors que son intérêt est de savoir attendre.

Bentham met au point un « **calcul du bonheur et des peines** », qui vise à déterminer scientifiquement – c'est-à-dire en usant de règles précises et compréhensibles par tous – la quantité de plaisir et de peine générée par nos diverses actions.

Les règles qui président à ce calcul consistent à identifier peines (au nombre de douze) et plaisirs (au nombre de quatorze). Ce que la postérité a retenu de son modèle, ce sont les règles d'évolution des peines et des plaisirs. Il y a sept facteurs d'évolution selon Bentham :

- **La durée** : un plaisir long et durable est plus utile qu'un plaisir passager.
- **L'intensité** : un plaisir intense est plus utile qu'un plaisir de faible intensité.
- **La certitude** : un plaisir est plus utile si on est sûr qu'il se réalisera.
- **La proximité** : un plaisir immédiat est plus utile qu'un plaisir qui se réalisera à long terme.

- **L'étendue** : un plaisir vécu à plusieurs est plus utile qu'un plaisir vécu seul.
- **La fécondité** : un plaisir qui en entraîne d'autres est plus utile qu'un plaisir simple.
- **La pureté** : un plaisir qui n'entraîne pas de souffrance ultérieure est plus utile qu'un plaisir qui risque d'en apporter.

Le but de la société est de procurer à tous et à chacun l'utilité maximale. La meilleure société se caractérise par le niveau d'utilité le plus élevé.

Cette approche soulève d'emblée deux problèmes :

- Les plaisirs des uns sont-ils comparables à ceux des autres ? En d'autres termes, peut-on mesurer l'utilité dont dispose un groupe en additionnant les utilités de chacun ?
- Peut-on légitimement réduire l'utilité d'un membre de la société au prétexte que cette opération peut accroître considérablement le bonheur d'un autre ? En d'autres termes, est-il acceptable de fonder une action publique sur le constat que le malheur des uns peut faire le bonheur des autres ?

Bentham, qui a conscience de ces problèmes, considère que l'utilité se mesure et que la société doit chercher à la maximiser indépendamment de sa répartition.

Parmi les facteurs de création d'utilité pour un individu, il y a sa participation à la prise de décision, si bien que Bentham se montre favorable à la démocratie, avec ce que celle-ci peut avoir comme conséquence dans la répartition des revenus et dans la volonté de réduction des inégalités.

Observateur passionné de la Révolution française, il est favorable aux girondins, c'est-à-dire à une démocratie libérale qui ne cherche pas à toute force à écraser la hiérarchie des revenus. Il est ami en particulier avec Brissot, le penseur de référence de la Gironde.

Son influence s'exerce évidemment en Angleterre, où James Mill d'abord, puis son fils John Stuart Mill se déclarent ses disciples, mais également en France[3].

---

3. Bentham a conçu une prison idéale où il est facile de surveiller les prisonniers à moindre coût, appelée l'Opticon. Michel Foucault en a fait un élément central de ses théories sur les prisons et la répression, ce qui a rendu célèbre en France cet aspect de la pensée de Bentham.

Bentham, en ramenant tout à un calcul coût/avantage et en parlant systématiquement d'utilité, a ouvert la voie à l'abandon de la théorie de la valeur travail et à l'avènement d'une nouvelle vision de l'économie. Le profit peut ne pas être un moyen de financement du producteur mais une source de satisfaction, et le consommateur peut être étudié avec un peu plus de subtilité que sous l'hypothèse d'un achat contraint d'objets indispensables.

2. Les premiers néoclassiques

L'usage des mathématiques, non seulement par la statistique qui permet de décrire la réalité sociale ambiante, mais également par le recours systématique à des équations fixant des relations fonctionnelles entre les paramètres de l'économie (comme la consommation, le revenu, l'épargne ou l'investissement), devient après 1870 indispensable à l'expression des théories économiques.

C'est **Thorstein Veblen** (1857-1929), un économiste américain d'origine scandinave, qui qualifie de néoclassique ce groupe d'économistes de l'après-1870. Il entend ainsi dénoncer à la fois leur caractère peu imaginatif et leur prétention à dominer toute production économique théorique. On lui donne également le nom de **théorie marginaliste,** inventé par un de ses plus illustres représentants, Alfred Marshall (voir chapitre 6).

L'Anglais William Stanley Jevons est considéré comme le premier économiste réellement néoclassique (*La Théorie de l'économie politique*, 1871). Les deux autres initiateurs en sont le Français Léon Walras, qui enseigne à Lausanne, et l'Autrichien Carl Menger, fondateur de « l'école autrichienne ».

2.1 William Stanley Jevons (1835-1882)

Très influencé par le positivisme d'Auguste Comte qui affirme la nécessité de construire une analyse scientifique et non philosophique des phénomènes sociaux, Jevons soutient que les économistes doivent formuler des relations mathématiques entre les grandeurs caractéristiques de l'économie et les vérifier par le calcul statistique, de façon que leurs assertions ne relèvent pas de la simple intuition ou d'une démarche politique partisane.

William Stanley JEVONS

Jevons naît en 1835 à Liverpool. Son père est un riche industriel du textile et une personnalité marquante du port. La récession de 1847, qui plonge l'Europe dans le chômage et la révolution, ruine la famille. Le jeune Jevons, élève pourtant doué, se voit interdire pour raison financière Oxford et Cambridge et doit même renoncer à 19 ans à l'University College de Londres.

Il gagne l'Australie où il espère faire fortune. Vivant de petits métiers à Sydney, il consacre ses loisirs à la lecture. Il accumule les connaissances les plus diverses et se passionne plus particulièrement pour la logique, la météorologie et l'économie. Il finit par devenir professeur de philosophie. C'est alors le début d'une œuvre abondante et très éclectique, dont l'essentiel concerne l'économie. Mais elle reste assez méconnue car il publie depuis l'Australie.

De retour en Grande-Bretagne, il développe ses théories dans *La Théorie de l'économie politique* (1871). Bien que paraissant cette fois-ci dans un pays où l'économie politique est très prisée, le livre n'a aucun succès. Il ne s'en vend que mille exemplaires. Les économistes officiels accusent Jevons, à trop vouloir se distinguer de Ricardo, d'ignorer le rôle essentiel du travail. Déçu, il se consacre à la monnaie et propose en 1875 un nouvel essai, *La Monnaie et le mécanisme de l'échange*. Il connaît alors un début de notoriété qui lui permet d'obtenir la chaire d'économie de l'University College en 1876, revenant avec les honneurs dans cette université que les revers de fortune familiaux l'avaient contraint à quitter.

Trop excentrique pour faire carrière et pas assez pour susciter un groupe de disciples enthousiastes et résolus à se faire remarquer grâce à ses idées, il est vite dégoûté de la vie universitaire et démissionne en 1880, pour se consacrer à l'écriture et à la politique.

Il n'en a guère le temps car, en 1882, il se noie en voulant profiter de la mode naissante des bains de mer.

« L'économie, si elle veut être une vraie science, doit être une science mathématique », écrit-il dans la préface de sa *Théorie de l'économie politique*.

Reprenant l'usage de la dérivation introduit par von Thünen et Cournot, Jevons, qui a lu l'essentiel des travaux de Dupuit et s'y réfère, souhaite clairement étendre l'utilisation des mathématiques en leur assignant deux objets : l'expression et la formulation de la théorie d'une part, sa vérification expérimentale d'autre part.

L'analyse de la formation des prix

En tant que théoricien, Jevons s'illustre avant tout par son analyse de la formation des prix. Quand il commence à étudier le problème, la théorie dominante reste celle de la valeur travail défendue par les économistes classiques. Pourtant, à la fin de ses jours, Ricardo lui-même s'était ému de constater que la valeur d'une bouteille de vin déposée dans une cave peut soit augmenter si tout se passe bien, soit disparaître si le vin se transforme en vinaigre (voir chapitre 3). S'appuyant sur ce constat, Jevons affirme que le prix d'un objet ne représente pas le travail nécessaire à sa fabrication, mais le plaisir qu'il procure à son acheteur, c'est-à-dire son utilité (voir encadré ci-dessous).

La Théorie de l'économie politique **de Jevons (édition de 1878)**

Jevons cherche à démonter la théorie de la valeur travail dans un chapitre célèbre, « Pourquoi les perles ont-elles de la valeur ? ».

« Essayons de répondre à cette question difficile : Plonge-t-on à la recherche des perles parce qu'elles atteignent un haut prix, ou bien les perles atteignent-elles un haut prix parce qu'il faut plonger pour les obtenir ? La pêche des perles est très difficile et très dangereuse. Les plongeurs doivent gagner à l'aide de poids les profondeurs de la mer et retenir leur respiration pendant qu'ils sont occupés à rassembler les coquilles d'huîtres au fond. Le nombre de bonnes perles qu'ils recueillent ainsi est fort faible relativement à la peine qu'elles exigent. Il en résulte qu'en moyenne, ils doivent recevoir un prix élevé pour ce qu'ils trouvent ; le salaire, sans cela, ne serait pas proportionné au travail. Ce fait seul, cependant, n'explique pas la grande valeur des perles, car autrement, la nacre où on les trouve aurait autant de valeur qu'elles-mêmes. La nacre est au contraire une matière de peu de prix. D'ailleurs, si c'était simplement une question de travail, un plongeur qui, n'importe où, rapporterait à la surface une pierre ou une coquille quelconque pourrait en demander un prix très élevé parce qu'il aurait plongé pour l'avoir. La vérité est que les perles ont de la valeur parce que beaucoup de dames n'ont pas encore de colliers de perles et qu'elles désirent en avoir, et que celles qui en possèdent déjà en veulent davantage et de plus belles. En un mot, les perles ont de la valeur parce qu'elles sont utiles aux dames qui veulent plus de bijoux ornés de perles : elles leur sont utiles parce qu'elles n'ont pu jusqu'à présent s'en procurer autant qu'elles le voudraient; elles n'ont pu enfin s'en procurer beaucoup parce qu'il est difficile d'aller les chercher au fond de la mer; nous avons de la sorte toute la théorie de la valeur et du travail. Le travail gouverne l'offre, l'offre règle les besoins, les besoins déterminent la valeur. »

Pour Jevons, cette utilité est quantifiable. Au moment de l'échange, chaque consommateur peut affecter à chaque quantité de bien achetée un nombre qui en mesure l'utilité. Jevons se lance alors dans une réflexion sur les propriétés de l'utilité.

Premier postulat, né de l'observation de la vie courante, plus on a consommé d'un bien, moins on retire de plaisir de la consommation d'une unité supplémentaire de ce bien. L'utilité de la dernière unité consommée, qu'il qualifie de **degré final d'utilité** (et que désormais on appelle **l'utilité marginale**), décroît avec l'augmentation de la quantité totale consommée. C'est là une des lois fondamentales de l'économie néoclassique : **l'utilité marginale est décroissante**. Les classiques postulaient la décroissance des rendements; Jevons et les néoclassiques ne parlent plus de postulat (terme de mathématicien), mais de loi (terme de physicien). Deux lois apparaissent ainsi :

- la loi des rendements décroissants, qui concerne la production;
- la loi des utilités marginales décroissantes, qui concerne la consommation.

Le degré final d'utilité de Jevons (l'utilité marginale) est assimilable, mathématiquement parlant, à la dérivée première de la **fonction d'utilité**, liant l'utilité totale d'un bien à la quantité consommée[4]. Toujours en

4. On parvient à ce résultat en appliquant un théorème mathématique connu sous le nom de « théorème des accroissements finis ».

termes mathématiques, le degré final d'utilité étant décroissant, la dérivée seconde de la fonction d'utilité est négative. Poursuivant son raisonnement, Jevons écrit que lorsqu'un acheteur est sur un marché, s'il acquiert une unité supplémentaire d'un bien, son plaisir est égal au degré final d'utilité et son déplaisir au prix qu'il paie. Tant que le plaisir est supérieur au déplaisir, il achète. Il s'arrête lorsque le degré final d'utilité, en décroissance régulière, rejoint le prix. Jevons s'inscrit bel et bien dans les pas de Dupuit. La hiérarchie des prix ne représente pas les différentes quantités de travail incorporées dans la production des biens, mais la hiérarchie des satisfactions que procure aux consommateurs l'acquisition d'une unité supplémentaire de chacun des biens disponibles sur le marché.

Néanmoins, chaque consommateur qui se porte sur un marché – concrètement, à l'époque de Jevons, un marché est un grand magasin où l'on trouve de multiples choses à acheter – va devoir faire des arbitrages. Il dispose d'un revenu et a en face de lui plusieurs rayons du magasin où sont exposés des biens avec leur prix. Jevons se pose alors la question de savoir comment il constitue son panier d'achats. Par un calcul inspiré des travaux du mathématicien français Lagrange[5], Jevons établit la loi d'équilibre du consommateur :

$$\mathrm{Umx}/\mathrm{Umy} = \mathrm{px}/\mathrm{py}.$$

À l'équilibre, le rapport des utilités marginales (Um) de deux biens donnés est égal au rapport de leurs prix (p). Ce qui s'énonce encore : à l'équilibre du consommateur, le rapport de l'utilité marginale et du prix d'un bien est le même pour tous les biens.

Ce résultat est le fondement de ce que l'on appelle aujourd'hui la « **théorie microéconomique du consommateur** ».

Concernant la vérification expérimentale des théories à l'aide de l'outil mathématique, Jevons initie la systématisation de la collecte des statistiques et de la mise en équation de liens éventuels entre des séries de nombres. Il pose en fait les bases de ce qui deviendra plus tard l'économétrie.

5. Jevons, qui a dû interrompre ses études pour partir en Australie, est un autodidacte en mathématiques. Il s'est formé en lisant le cours de Lagrange à l'École polytechnique. Une des conséquences est que les économistes continuent à utiliser le formalisme de Lagrange, alors que les physiciens utilisent désormais des formalismes mathématiques plus modernes (formalisme de Bourbaki).

Son ouvrage le plus célèbre en la matière paraît en 1879 sous le titre *Les Crises commerciales et les taches du soleil.* Mettant en parallèle une série chiffrée de la production anglaise et une chronologie des éruptions solaires, il établit un lien mathématique entre les deux. Il en déduit que l'agitation du soleil, en perturbant le climat, modifie les récoltes et fixe les rythmes d'évolution de la production.

Cet ouvrage suscite à sa parution une vive polémique. Pendant longtemps, il sera usuel de moquer l'affirmation de Jevons comme la caricature des abus de la modélisation mathématique et de l'économétrie. Pourtant, les physiciens et les météorologues d'aujourd'hui, qui connaissent mieux l'activité solaire et ses conséquences climatiques, ont donné raison à Jevons.

Le référent monétaire

Dans un livre sur la monnaie (*Money and the Mechanism of Exchange*, 1875), Jevons part du principe que l'évolution de la quantité d'or ne peut pas se faire au même rythme que celle de la production globale. Ricardo soutenait le contraire. Pour le contredire, Jevons met en avant deux choses :

- Ricardo supposait que la production totale augmente au rythme du progrès technique et que celui-ci existe de façon analogue dans la production minière comme dans les autres productions. Donc, pour Ricardo, quand le progrès technique permet d'accroître la production, il permet d'accroître d'une quantité équivalente le stock d'or. Fort de la complication et de la diversification des productions qui caractérisent son époque, Jevons estime que la vision de Ricardo est dépassée et ne correspond plus à une économie industrielle où se multiplient les types de produits vendus et les techniques utilisées.
- Le second argument de Jevons vient de l'expérience. La découverte de mines d'or en Californie en 1848, puis peu de temps après en Australie, a mis sur le marché plus d'or que nécessaire et les prix se sont mis à augmenter. L'inflation, qui avait disparu du paysage économique en temps de paix depuis le milieu du XVIIe siècle, a fait une brève mais réelle réapparition. Puisque la quantité d'or en circulation est finalement aléatoire, Jevons propose de remplacer l'or par un panier de marchandises comme référent monétaire.

L'analyse des besoins énergétiques

En 1865, Jevons publie *Sur la question du charbon*. Alors que la plupart des économistes anticipent que les progrès réalisés sur les machines à vapeur, en augmentant leur efficacité, vont permettre de réduire la consommation de charbon, Jevons affirme qu'il n'en est rien. En effet, ces progrès couplés à la concurrence vont conduire à une baisse des prix, et donc augmenter la demande. Cela favorise la croissance générale de l'économie qui exige de plus en plus d'énergie et de charbon. D'où le **paradoxe de Jevons**, selon lequel plus le progrès technique rend les machines à vapeur efficaces, plus la consommation de charbon augmente. Jevons anticipe même qu'en 1985, les réserves mondiales de charbon auront été épuisées et que l'humanité sera obligée de revenir au bois comme source d'énergie. Il propose en conséquence de faire preuve de modération dans la consommation de charbon et de compenser les baisses du coût de l'énergie dues au progrès technique dans les mines par des hausses d'impôts[6].

Signalons enfin que Jevons adopte, vis-à-vis de ses prédécesseurs et de ses contemporains, une attitude de dénigrement systématique. Il soutient que les économistes de l'école dominante n'ont rien compris à l'économie et que les seuls véritables économistes ayant existé avant lui sont des individus assez obscurs que plus personne ne lit. C'est ainsi qu'il se permet d'affirmer qu'Adam Smith et David Ricardo ont des pensées approximatives et que les deux plus grands économistes l'ayant précédé n'étaient pas anglais. C'étaient le Franco-Irlandais Cantillon et le Français Dupuit... Procédé alors peu courant parmi les économistes, mais dont Keynes usera et abusera par la suite. En 1881, Jevons publie un texte à la gloire de Cantillon (*Richard Cantillon and the Nationality of Political Economy*) qui tire de l'oubli cet auteur pour mieux égratigner l'économie politique anglaise.

2.2 *Léon Walras (1834-1910)*

Simultanément à Jevons, le Français Walras construit une théorie également fondée sur l'utilité du consommateur et sa comparaison au prix. Il inspire, mais indirectement, la montée en puissance des néoclassiques

6. Le débat est toujours d'actualité, le pétrole ayant remplacé dans les analyses le charbon.

anglais. Son œuvre reste longtemps peu étudiée en Angleterre, ses écrits n'y étant traduits que dans les années 1930.

Léon WALRAS

Ironie de l'histoire, Léon Walras, le fondateur de l'économie néo-classique dénoncée aujourd'hui par certains comme une théorie réactionnaire, était un socialiste convaincu. En effet, Walras a jusqu'à ses derniers jours fait montre d'activisme de gauche, tout en marquant sa défiance vis-à-vis des chefs socialistes officiels, en qui il voyait des hypocrites et des démagogues irresponsables.

Léon Walras naît à Évreux en 1834. Son père Auguste, normalien, mène une carrière universitaire brillante qui se termine par un poste d'inspecteur d'académie à Lyon. Féru d'économie, il anime les réunions de la Société d'économie politique lyonnaise, créée sur le modèle de celle de Paris, avec le concours notamment de son ami Augustin Cournot. Le jeune Léon assiste admiratif aux débats entre son père et Cournot, au point de faire de Cournot son maître puis son modèle.

Hélas pour lui, Walras échoue au concours d'entrée à l'École polytechnique. Il intègre de ce fait l'École des mines de Paris en 1854, mais, ne se remettant pas de son échec, il sombre dans la dépression. Conséquence, il rate sa scolarité et finit par être exclu des Mines sans en avoir obtenu le diplôme.

Il vit alors d'expédients, critique d'art ou journaliste occasionnel, et s'engage dans des mouvements de la gauche républicaine et socialiste. Il publie en 1860 une *Réfutation des doctrines économiques de P. J. Proudhon* dont le but est d'inciter les socialistes, ignares selon lui en économie, à quitter leur approche utopiste des problèmes et à faire des propositions réalistes, susceptibles de vraiment améliorer les conditions de vie des travailleurs. En 1864, il devient directeur de la Banque du travail, une banque coopérative qui aide les audacieux riches en idées et pauvres en capitaux.

Déçu par le sectarisme et les luttes de clan au sein des mouvements socialistes, il est candidat en 1870 au poste de professeur d'économie récemment créé à l'université de Lausanne, qu'il obtient grâce au prestige de son père. Il s'installe définitivement en Suisse où il enseigne pendant vingt-deux ans. Son cours comme ses écrits trouvent leur inspiration d'origine chez son père, chez Cournot, mais aussi chez Jevons avec qui il correspond régulièrement.

Comme Walras vit et enseigne à Lausanne, on le désigne parfois comme le « fondateur de l'école de Lausanne » et il est assez souvent présenté dans la littérature économique anglo-saxonne comme « suisse ».

Pourtant, il participe – même de loin – à la vie politique française. Il se réjouit de la chute de Napoléon III et se lie avec certains leaders de la toute nouvelle IIIe République, comme Jules Ferry. Il publie des articles sur les problèmes de politique économique en France. En particulier, dans un texte de 1875, il milite pour la nationalisation des monopoles comme les chemins de fer et critique à cette occasion le dogme du « laisser faire » des économistes classiques (voir encadré en fin de section 4.3). Il hésite à revenir s'installer à Paris. Mais le monde universitaire lui est fermé. Ébranlé par le boulangisme et surtout effaré par l'affaire Dreyfus, il se détache peu à peu de la France et meurt à Clarens, à côté de Lausanne, le 5 janvier 1910.

Walras développe sur l'économie à la fois des textes de type épistémologique sur la nature profonde de cette science et des théories qui s'inscrivent dans la logique de Dupuit et de Jevons, mais en affinant et en précisant le rôle de l'utilité.

Pour Walras, l'économie se scinde en trois blocs :

- l'économie pure où l'économiste, à partir des concepts essentiels qu'il tire de la réalité, établit des lois mathématiquement formalisées ;
- l'économie appliquée qui tire de la précédente des préceptes à mettre en œuvre pour la gestion de la politique économique, ce que Walras appelle la gestion des choses ;
- l'économie sociale qui rassemble les mesures permettant d'éviter la pauvreté et l'injustice, par exemple la création d'un salaire minimum.

L'histoire a surtout retenu de lui le premier point, c'est-à-dire la formulation d'une pensée théorique très aboutie qu'il expose dans *Éléments d'économie politique pure*, ouvrage paru en 1874. Il ne cessera ensuite de préciser et de clarifier sa doctrine dans les quatre éditions qui vont se succéder jusqu'en 1900.

Les idées de Walras

Ses idées tournent autour de quatre principes majeurs :

1. Pour comprendre l'origine des prix, il identifie trois théories. La première, celle des classiques anglais comme Ricardo, fait du travail le fondement de la valeur. La deuxième, celle de Condillac et de Turgot, reprise en partie par Jevons, la fait dépendre de l'utilité. La troisième, la sienne, repose sur la notion de **rareté**. Prenant l'exemple de l'air, il constate que ce bien est très utile. Néanmoins, il est gratuit du fait de son abondance, ce que Condillac avait mal expliqué. Reprenant les idées de Jevons, il affirme que le plaisir procuré par la consommation d'une unité de bien dépend de la quantité consommée précédemment (l'utilité marginale), mais ajoute que ce plaisir dépend également de la difficulté pour l'obtenir. C'est la combinaison de ces deux éléments qui définit la rareté.
2. Pour Walras comme pour Jevons, un individu consomme un bien tant que l'acquisition d'une unité supplémentaire lui donne une satisfaction supérieure au désagrément que représente le débours nécessaire à cette acquisition, débours égal au prix unitaire du bien. Le consommateur arrête donc ses achats quand satisfaction et désagrément sont équivalents, c'est-à-dire quand l'utilité du dernier bien acquis (l'utilité marginale) est égale au prix. Walras va néanmoins plus loin et trouve le même résultat que Jevons, à savoir qu'un consommateur acquiert une quantité de chaque bien telle que le rapport de l'utilité marginale du bien à son prix soit constant. C'est cette loi fondamentale qui explique que progressivement ce type de raisonnement a été qualifié de marginalisme.
3. Walras cherche ensuite à décrire le fonctionnement général de l'économie dès lors que chaque individu atteint son équilibre de consommateur, c'est-à-dire maintient constant le rapport de ses utilités marginales et des prix. Pour ce faire, il introduit le producteur. Pour caractériser ce dernier, il fait trois hypothèses :
   - Le producteur est en situation de concurrence. Cela signifie qu'il ne contrôle pas le prix auquel il vend. C'est son environnement qui lui impose son prix.

- Le producteur maximise son profit. On retrouve là une règle qui relevait de l'optimalité chez Ricardo (maximiser le profit au lieu de la rente prépare l'avenir), alors que Walras entend donner une vision neutre de la réalité de l'entreprise. Que la maximisation du profit soit une bonne ou une mauvaise chose ne concerne pas le raisonnement de l'économiste. Celui-ci se borne à constater que l'application à l'entreprise du principe d'hédonisme conduit à la maximisation du profit. Le profit est égal à la différence entre le chiffre d'affaires (que Walras appelle la recette, selon la terminologie de Cournot) et le coût. Walras exprime le profit sous la forme d'une fonction dont la variable est la production. Il part du résultat selon lequel le profit est maximal quand cette fonction a une dérivée nulle. Mathématiquement, cela s'écrit :

$$\text{Profit} = pQ - C(Q)$$

où p est le prix (qui en situation de concurrence est une constante), Q la quantité produite, pQ la recette et C(Q) le coût. Si on dérive le profit par rapport à Q, le résultat est qu'à l'équilibre, la dérivée du profit est nulle, c'est-à-dire $p - C'(Q)$ est égal à 0. Soit un résultat fondamental et aujourd'hui très connu des étudiants en économie, à savoir qu'en situation de concurrence, le prix pratiqué est égal à la dérivée du coût par rapport à la quantité produite. Selon le même raisonnement que pour le consommateur, la dérivée est égale au coût de la dernière unité produite et s'appelle le **coût marginal**. Ainsi, **en situation de concurrence, le prix est égal au coût marginal**.

- Le producteur, comme à l'époque de Ricardo, subit des rendements décroissants. Cela signifie que pour produire une unité supplémentaire de bien, il faut fournir de plus en plus de travail. Cela accroît de ce fait le coût marginal. Les rendements décroissants deviennent en langage néoclassique la loi de la croissance du coût marginal.

En faisant l'hypothèse de la libre concurrence entre les entreprises et de la parfaite autonomie des consommateurs, Walras établit par un calcul mathématique très serré qu'il existe un système de prix qui réalise l'équilibre entre l'offre et la demande : c'est **l'équilibre général walrasien** – ou encore loi de Walras, qu'il présente comme l'aboutissement et la reformulation sur des bases scientifiques, et non plus intuitives, de la loi de Say. Dans cet équilibre, chaque consommateur achète un panier de biens pour lequel le ratio utilité marginale/prix est constant, chaque producteur produit et vend une quantité qui égalise son coût marginal au prix.

4. Enfin, conscient de l'absence du temps dans sa théorie, Walras essaie de définir comment la société parvient à cet équilibre. Ne parvenant pas à une conclusion définitive en la matière, il imagine l'existence d'un **commissaire-priseur walrasien** qui permet aux consommateurs et aux vendeurs de faire des propositions de prix et d'enclencher un processus itératif convergeant vers les prix d'équilibre.
Ce dernier point constitue la faiblesse majeure de la théorie de l'équilibre de Walras. Dans la réalité, aucun commissaire-priseur n'intervient pour que les échanges effectifs s'effectuent au prix d'équilibre. La question est alors de savoir comment, et avec quelle ampleur, l'échange réel qui ne se fait pas au prix d'équilibre perturbe le processus permettant la mise en place de l'équilibre de marché. En d'autres termes, le marché s'équilibre en situation idéale, mais, même dans un monde parfaitement concurrentiel, les prix affichés correspondent-ils à ceux permettant la réalisation de cet équilibre ?

2.3 *Carl Menger (1840-1921)*

La notoriété académique de Menger se construit autour de son livre paru en 1871, *Principes d'économie politique*. Il y défend une méthode et trois idées qui le rattachent à l'école néoclassique tout en en faisant un théoricien original.

Menger et les débuts de l'école autrichienne

Carl Menger naît le 28 février 1840 en Galicie, la Pologne autrichienne d'alors, dans une famille de petite noblesse où l'on se consacre aux carrières publiques. Après des études de droit à Prague et à Vienne, il rejoint l'enseignement et se fait remarquer par des articles de presse très argumentés sur la situation économique. Son prestige est tel qu'en 1876, il devient le précepteur puis l'ami du prince Rodolphe, le fils de l'empereur François-Joseph. Le suicide du prince à Mayerling en 1889 affecte profondément Menger, qui ne peut s'empêcher de se sentir en partie responsable. Il continue à enseigner mais mène une vie retirée. Une paternité tardive, en 1902, achève de l'éloigner de la vie sociale. Il prend sa retraite en 1903, se consacre à son fils, publie dans la presse, et annonce une œuvre définitive dans laquelle il rassemblera l'ensemble de ses thèses. Mais à sa mort, en février 1921, l'œuvre en question reste loin d'être achevée.

Sa méthode s'inspire de sa formation philosophique. Il est un lecteur d'Aristote et il construit ses raisonnements selon une distinction permanente entre l'essence et l'existence.

Comme Walras, il distingue une économie théorique (qui est de l'ordre de la réflexion sur l'essence) d'une économie appliquée (qui est la description de l'existant).

L'économiste étudie l'essence des choses, les relations entre des concepts tournant autour de la production, de l'échange et de la monnaie. L'homme politique agit et s'investit dans la gestion de l'existant. L'économiste aide l'homme politique à comprendre, mais il n'a pas vocation à le remplacer. À la tentation d'une implication politique, Menger oppose la nécessité de maintenir pour l'économiste le primat de la démarche scientifique. Proche de la famille impériale, ayant été associé au début de sa carrière à la haute administration, il considère, dès qu'il décide de se consacrer à la réflexion économique, qu'il ne doit en aucun cas porter de jugements sur l'action des gouvernants.

Les idées de Menger

En ce qui concerne ses trois idées sur le fond théorique de l'économie, on peut les résumer comme suit :

1. La vision des économistes classiques inspirés par Smith et Ricardo, selon laquelle la valeur d'un objet dépend de la quantité de travail nécessaire à sa fabrication, est erronée. À l'instar de Jevons et de Walras, il remet en cause la valeur travail. Il donne de cette remise en cause une vision philosophique. La théorie de la valeur travail donne à chaque objet une valeur objective. La valeur ainsi définie est pérenne et échappe à l'opinion de l'acheteur. La réalité pour

Menger est autre : **la valeur est subjective**, elle varie d'un individu à l'autre. Elle est le résultat d'une combinaison entre l'utilité, appréciée par tout un chacun selon ses propres critères, et la rareté. Menger se distingue de Jevons et Walras par son insistance sur la dimension psychologique et personnelle de la valeur. Cette tendance, très nette pour ce qui est de la valeur des objets, marque l'ensemble des thèses économiques de Menger. Ainsi, aux termes traditionnels que manient toujours Walras et Jevons en parlant par exemple d'offre et de demande, il préfère des termes moins économiques mais plus descriptifs du comportement individuel, comme utilité ou substituabilité.

2. L'impossibilité de raisonner globalement au niveau d'un pays, l'addition des démarches individuelles étant dénuée de sens. Si chaque être est rationnel et prend des décisions logiques, donc normalement faciles à comprendre, il le fait dans un état d'information qu'il ne partage avec personne. Passer du particulier au général signifie additionner des situations en rien comparables et donc raisonner sur un monde fictif. Menger s'affirme comme le premier théoricien de « **l'individualisme méthodologique** ».
3. La troisième idée est la conséquence de la précédente. Au moment où il écrit, à Berlin, les tenants de l'école historique allemande (voir section 4) soutiennent que chaque nation, du fait de son histoire, réclame une théorie particulière pour expliquer l'évolution de sa croissance et fonder sa politique économique. Pour Menger, l'économie ne peut se concevoir selon une référence nationale. L'homme est partout le même, qu'il soit anglais, français ou allemand. Et même si chaque pays a ses traditions dont on peut penser qu'elles conditionnent la production et l'échange, comme il est impossible de construire une représentation agrégée de l'économie, il est clairement vain de parler de spécificités nationales dans ce domaine. Défenseur d'une vision individualiste, Menger s'oppose aux thèses holistes[7] berlinoises de l'école historique : c'est la « **querelle des méthodes** » qui s'épanouit en 1883-1884.

7. On parle en sciences sociales de thèses « holistes » quand on théorise les sciences sociales autour de la notion de groupe. Les thèses inverses, centrées sur les personnes, sont dites « individualistes ».

2.4 Bilan sur les premiers pas néoclassiques

Le producteur et le consommateur

Le consommateur est le grand gagnant du changement théorique néoclassique.

À l'époque classique, les économistes voient les masses rurales se déverser dans les usines et à peine survivre en fournissant leur travail. La loi de Say (voir chapitre 3) fait naître la demande de l'offre et point n'est besoin de s'intéresser au problème des débouchés.

À l'époque néoclassique, les magasins se multiplient, la grande distribution apparaît, le salarié est non seulement un facteur de production, mais encore un consommateur. La croissance a changé son statut en lui donnant du pouvoir d'achat.

Consommateur classique	Consommateur néoclassique
Achète sans réfléchir de quoi subsister	Retire de la consommation de chaque bien une satisfaction (utilité du bien)
Sort à peine de la disette	Connaît des effets de saturation, la satisfaction procurée par la consommation d'une unité supplémentaire de bien étant de moins en moins importante
N'a guère de choix	Met en regard de chaque acte de consommation le désagrément du prix à payer pour acquérir le bien souhaité. Il opère des arbitrages selon une règle simple : il achète tant que l'utilité qu'il retire de la consommation d'une unité supplémentaire de bien (l'utilité marginale) est supérieure au désagrément, c'est-à-dire au prix de cette unité supplémentaire de bien

Le consommateur néoclassique, libre de choisir car il en a les moyens financiers, se constitue un panier de biens achetés selon la règle qui assure une constance du rapport des utilités marginales aux prix.

Le producteur est toujours présent, mais comme vis-à-vis du consommateur sur le marché. Et comme le consommateur, il a une satisfaction que l'on doit mesurer. Cette satisfaction, c'est ce que rapportent ses ventes, sa recette selon l'expression de Cournot ; son désagrément, ce sont ses coûts. Les rendements décroissants que les économistes néoclassiques ont hérités de leurs prédécesseurs se traduisent par une augmentation des coûts plus que proportionnelle à celle des quantités produites. C'est-à-dire qu'au fur et à mesure que l'on produit, le coût de l'unité supplémentaire produite (le coût marginal) s'accroît. Le bénéfice obtenu par unité vendue est égal à la différence entre le prix et le coût marginal. Le prix est fixe et le coût marginal s'accroît régulièrement : résultat, le bénéfice unitaire s'amenuise. Et ce jusqu'au moment où prix et coût marginal sont identiques, moment qui correspond à la production maximale de l'entreprise, toute production supplémentaire se traduisant par des pertes.

À partir de cette description des deux acteurs de l'économie pris individuellement, l'économiste néoclassique s'interroge sur la possibilité de passer au niveau de l'économie générale par la mise en contact de tous les consommateurs et de tous les producteurs à travers le marché.

Le marché

C'est l'autre gagnant de la période néoclassique. L'apport des néoclassiques est une vision de la concurrence double : pour les classiques, la concurrence s'exprime dans la formation de la production. Ainsi, concurrents, les offreurs de travail que sont les salariés doivent accepter les salaires les plus bas, correspondant au minimum vital. C'est la loi d'airain sur les salaires et Marx annonce que ce maintien du revenu au minimum vital, obtenu par l'existence d'une armée de réserve du capital, entraîne le système vers sa perte. Pour les néoclassiques, le marché a une dimension supplémentaire : c'est un lieu dynamique essentiel de l'activité économique où s'exprime la concurrence entre offreurs mais aussi entre demandeurs. Après Jevons, Walras et Menger, il devient clair que les économistes, dans leur souci de scientificité, doivent définir très précisément la concurrence. Absente des axiomes de Senior qui définissent les règles de l'économie classique, elle devient le centre de la réflexion des néoclassiques, et plus particulièrement de la deuxième génération (voir chapitre 6).

De leur réflexion sur ce qu'est la concurrence et sur le comportement du consommateur, les néoclassiques de la deuxième génération vont inférer la nécessité de donner une description du marché la plus précise possible, qui permette en particulier de comprendre l'égalité entre l'offre et la demande, dont J.S. Mill, le dernier grand classique, a fait une sorte de cinquième axiome de Senior (voir chapitre 3).

Si l'idée que le marché conduit à un équilibre fédère la théorie néoclassique, l'interprétation de cet équilibre varie selon l'auteur, tant le raisonnement néoclassique a produit de théoriciens. Tandis que ces théoriciens se multiplient, les pensées religieuses « espagnoles » et étatiques « allemandes » essaient, elles aussi, de s'adapter aux temps nouveaux de la consommation et de la croissance.

3. Aperçu sur une pensée économique religieuse : Frédéric Le Play (1806-1882)

La pensée « espagnole » religieuse a tendance à perdre de l'importance. Le XIXe siècle, qui a commencé par un retour de la religion après la Révolution française, est dans sa deuxième moitié de moins en moins attaché au christianisme. Pourtant, quelques économistes originaux se rattachent à une vision chrétienne de l'évolution économique de leur temps.

Frédéric Le Play fut un des penseurs les plus originaux du XIXe siècle.

Frédéric Le Play

Frédéric Le Play naît le 11 avril 1806 à La Rivière-Saint-Sauveur dans le Calvados, où son père est douanier. Reçu major à l'École polytechnique en 1825, son rang de sortie lui permet de rejoindre le prestigieux corps des Mines. Il commence une carrière d'ingénieur, qui est l'occasion de multiples voyages. De son vécu d'industriel et de ses pérégrinations, il tire la conviction d'une indispensable amélioration de la condition ouvrière.

Le Play enseigne à l'École des mines, son cours pouvant passer pour le premier enseignement d'économie au sein de cette institution, et connaît une réelle reconnaissance sous le Second Empire. Il a en charge la préparation des Expositions universelles de 1855 et 1867, et devient sénateur. La IIIe République reconnaît ses mérites et le fait sénateur inamovible. Il meurt le 5 avril 1882.

3.1 *L'enquête de terrain et l'engagement politique*

Bien qu'ingénieur de haut niveau, Le Play ne s'abandonne pas aux modèles mathématiques pour construire ses théories économiques. Sa méthode repose sur l'observation de terrain. Elle a une dimension sociologique. En outre, Le Play se considère comme en devoir de conseiller le gouvernement et de s'impliquer dans l'action politique.

Réformateur résolu, il refuse l'extrémisme issu de 1789. Pour lui, l'extrémisme qui a fait la Terreur et la triste année 1793 a abouti, de façon tout aussi dramatique, aux journées de juin 1848 (la répression de la révolte ouvrière suite à la fermeture des Ateliers nationaux, voir chapitre 4). Ces drames à répétition s'expliquent par le fait que les jacobins de 1793, comme les socialistes de 1848, se trompent dangereusement. Sur le plan politique, ils se fourvoient dans une défense aveuglée de l'infaillibilité du peuple et de l'égalité des hommes. Pour Le Play, la démocratie est le meilleur système pourvu qu'elle repose sur le parlementarisme qui a le mérite d'amortir les enthousiasmes éphémères des foules manipulées. Et si l'égalité des droits est nécessaire, il faut accepter l'inégalité des talents, sauf à vouloir assurer le règne des médiocres. Quant aux propositions économiques des révolutionnaires, elles sont dignes des astrologues par leur vision fallacieuse d'un avenir radieux, ou des alchimistes – caractérisation qu'il emprunte à son ami Michel Chevalier – dans leur promesse vaine d'une augmentation sans effort des richesses.

Mais pour Le Play, il ne suffit pas de dénoncer les erreurs des autres. Il faut être positif et apporter des solutions aux problèmes, donc les étudier. Puisque le XIXe siècle souffre de la misère des ouvriers, misère qui permet, malgré leurs errements, aux jacobins et aux socialistes de continuer à exister, il importe en premier lieu de s'intéresser à la classe ouvrière. En 1855, Le Play publie *Les Ouvriers européens*, fruit d'un long travail d'observation et d'une collecte systématique de statistiques sur la vie dans les usines. Il complète cette monographie par un ouvrage paru en 1864, *La Réforme sociale*.

3.2 Le rôle de la famille

Au centre de ses analyses, on trouve la famille comme fondement de la société et comme modèle d'organisation. Par la transmission de génération en génération de valeurs et de souvenirs, elle assure à l'homme une forme sécularisée d'immortalité. Construite autour du père, symbole d'une autorité bienveillante, elle fournit une référence pour les relations sociales. Dans l'entreprise idéale de Le Play, le patron est à l'égard de ses employés une sorte de père sévère et juste. Au niveau national, la mission de l'État est d'édicter une norme juridique simple et compréhensible par tous, qui respecte deux priorités conformes à la diffusion et à la consolidation des valeurs familiales :

- éviter que les lois sur l'héritage n'émiettent les patrimoines familiaux et ne contiennent des modalités qui, comme le droit d'aînesse, ignorent les compétences ;
- reproduire peu ou prou le décalogue.

C'est de cet attachement aux Dix Commandements bibliques que certains, comme Charles Gide, ont tiré la conclusion qu'on devait faire de Le Play un des théoriciens du mouvement économique chrétien. Ce qui le rapproche du christianisme, c'est une volonté de respect de l'autre, de fraternité humaine qui l'habitera jusqu'à sa mort.

Mais il s'oppose sur des aspects essentiels aux idées traditionnelles de ce mouvement tel que, par exemple, l'incarnait à l'époque classique Villeneuve-Bargemont :

- Alors que le catholicisme traditionnaliste est protectionniste, Le Play est libre-échangiste.
- Alors qu'il rêve d'une économie structurée en guildes et corporations, Le Play défend la concurrence.
- Alors qu'il cultive des nostalgies agricoles et féodales, Le Play est profondément convaincu des bienfaits de la société industrielle.

Mais Le Play traduit aussi une mutation des idées de la hiérarchie catholique. Grégoire XVI stigmatisait le libéralisme, Léon XIII publie en 1891 une encyclique qui tient compte des nouvelles réalités économiques (voir chapitre 6).

4. La seconde école historique allemande

La révolution de 1848 marque une rupture sensible en Allemagne d'où va naître la seconde école historique dont les membres les plus importants sont **Gustav Schmoller** (1838-1917) et **Adolph Wagner** (1835-1917).

4.1 Les « socialistes de la chaire »

Schmoller et Wagner s'opposent d'abord aux idées néoclassiques, qui pour eux prennent essentiellement la forme d'idées autrichiennes. Ils nourrissent avec Menger une polémique sur la nature de la science économique, dite « querelle des méthodes » (voir section 2.3). Mais ils s'opposent également à l'essor du socialisme collectiviste d'inspiration marxiste. En Allemagne, l'échec révolutionnaire n'est pas celui du socialisme comme en France. Au fur et à mesure que le pays s'industrialise, l'émergence de la classe ouvrière s'accompagne d'une montée en puissance de mouvements de masse officiellement favorables à la révolution, d'autant qu'avec Marx, c'est une version allemande et non plus française du socialisme qui prend le dessus. Simultanément, la monarchie prussienne, en faisant l'unité allemande sur le dos de l'Autriche, symbole du féodalisme dépassé, et de la France, symbole d'un mélange de nostalgie révolutionnaire brouillonne et de revendications démocratiques déstabilisantes, a acquis dans le monde intellectuel allemand un réel prestige. Alors que la première école historique allemande était hostile aux pouvoirs en place (Knies, malgré ses analyses très critiques de la pensée de Smith et de ses contradictions, était politiquement libéral), Wagner conseille Bismarck. Il adhère pleinement à un projet d'État fort et respecté. Il insiste sur les vertus de l'autorité, notamment sur le plan politique. Il se veut le défenseur d'un État consolidant sa force et sa pérennité sur l'adhésion populaire. Et cette adhésion doit se construire, selon lui, sur l'amélioration des conditions de vie matérielles du plus grand nombre. Lui et les autres membres de la seconde école historique se définissent comme des « socialistes de la chaire ». Ce sont des intellectuels qui refusent tant l'automatisme du retour à l'équilibre du marché théorisé par les néoclassiques anglais, français et autrichiens que le socialisme populaire que le marxisme est supposé incarner.

Dans la continuité théorique néanmoins de la première école historique, la seconde école reste **protectionniste**. Devenue une entité politique puissante après 1871, l'Allemagne prétend devenir la rivale économique de la Grande-Bretagne. Pour cela, les socialistes de la chaire pensent qu'il ne faut pas se perdre dans les raisonnements abstraits des économistes marginalistes de Vienne, comme Menger ou Böhm-Bawerk, mais définir en collant au plus près à la réalité une politique économique offensive, qui passe entre autres par la protection du marché intérieur.

Schmoller se concentre sur des travaux d'analyse de séries statistiques, qui à la longue se révèlent trop détaillés pour permettre l'expression concrète d'une politique économique. Néanmoins, il tente de faire de ses recherches un guide pour la définition d'une politique économique parfaitement adaptée à la réalité du nouveau Reich. Il s'investit dans la vie politique, à l'instar de Wagner.

Wagner expose ses idées dans *Les Fondements de l'économie politique* (1876) et dans son *Traité de la science des finances* (1876) où il s'affirme comme le spécialiste en finances publiques des « socialistes de la chaire ». Ces derniers décrivent leur programme dans le manifeste d'Eisenach (1872), où ils prônent la création d'une véritable **sécurité sociale** fondée sur un principe assurantiel. Le but de cette sécurité sociale est de rassurer les ouvriers, de les détourner de la social-démocratie et, en évitant ainsi les affrontements politiques et sociaux, de consolider la nouvelle Allemagne.

Adolph WAGNER

Adolf Wagner naît en 1835 à Erlangen. D'une famille de la petite bourgeoisie, il poursuit des études studieuses qui le mènent à un poste de professeur. Très marqué par la révolution de 1848, dont il approuve les éléments nationalistes mais condamne les violences sociales, il s'associe à tous les mouvements en faveur de l'unité allemande. Une fois celle-ci réalisée, il se met en devoir de contribuer à l'affirmation de la puissance du nouvel État. Comme son homonyme, il soutient un Louis de Bavière, mais pas le roi romantique fou… Il est en effet un défenseur du Saint empereur germanique du XIVe siècle qui fut le dernier à mener le combat gibelin contre la papauté. Il est un des inspirateurs de Bismarck dans son *Kulturkampf* contre les catholiques

ultramontains. Sa contribution à la politique du « chancelier de fer » ne se limite pas à cet aspect puisqu'il est un des principaux concepteurs de sa politique économique. Il défend en particulier l'idée de fournir des revenus aux ouvriers pour les détourner des partis de gauche.
Wagner meurt en 1917, à la veille de la disparition de cette Allemagne impériale qu'il défendait dans des écrits devenus de plus en plus fanatiques au fil du temps.

4.2 La loi de Wagner

C'est dans *Les Fondements de l'économie politique* que Wagner énonce sa « loi », qui, sous sa forme la plus simple, s'écrit ainsi :

> Plus la société se civilise, plus l'État est dispendieux.

En d'autres termes, **le poids des dépenses publiques dans la production ne peut qu'augmenter avec le temps**.

Cette loi appelle quatre remarques :

1. D'abord, c'est une loi empirique. Fidèle à la méthode de l'école historique, Wagner réunit des données sur les dépenses publiques dans les grands pays développés et construit à partir de ces statistiques une loi d'évolution du rôle de l'État.
2. Une fois le constat fait, il convient d'en donner une interprétation à la fois sociologique, historique et économique. Pour Wagner, au fur et à mesure que le progrès technique se développe, la production augmente. Mais le besoin des populations ne suit pas, d'autant moins que la concurrence entre les salariés (la loi d'airain) fait que les revenus ne suivent pas non plus une évolution aussi rapide que celle de l'efficacité productive et de la production afférente. La combinaison d'un pouvoir d'achat en retard et d'habitudes de consommation inertes fait que l'économie de chaque pays est menacée de surproduction structurelle. Pour éviter cela, l'État doit assurer une distribution systématique de revenus en créant un système de sécurité sociale et en embauchant des fonctionnaires. La tendance historique longue est donc à la généralisation de l'État providence et

à l'augmentation du nombre de fonctionnaires, ce qui accroît le volume de la masse salariale publique. Wagner s'inscrit dans une logique qui remonte à Malthus et se prolonge par Sismondi, contestant la pertinence de la loi de Say. L'offre ne crée pas systématiquement la demande dont elle a besoin et il appartient à l'État d'assurer l'émergence de la demande indispensable. Dans la logique de Wagner, le marché assure la production, l'État fournit des services et garantit le train de vie des oisifs qui ont un rôle économique déterminant en tant que consommateurs.

3. Si cette loi se constate et s'explique aisément, la question qui se pose est de savoir si l'État, concerné au premier chef, peut s'y soustraire. Pour Wagner, la réponse est non. En effet, la demande en service public est tout aussi naturelle que celle en services privés. Mais alors que l'activité privée génère des gains de productivité, l'activité publique est à rendements décroissants avec peu de gains de productivité. Le progrès technique, qui entretient la croissance économique, a comme conséquence de faire baisser les prix relatifs des biens privés par rapport à ceux des services publics et d'augmenter de ce fait, inexorablement, la part relative des dépenses publiques.
4. Cette loi est vécue comme un paradoxe par les économistes libéraux « anglais » de l'époque. En France par exemple, **Paul Leroy-Baulieu** (1843-1916)[8] soutient le point de vue inverse de celui de Wagner. Pour lui, l'État a une série de services fixes à remplir et l'augmentation des richesses n'augmente pas le volume des services en question. L'État paie des magistrats et des policiers, et l'augmentation de la richesse n'a aucune raison de se traduire par une délinquance accrue, bien au contraire. Les dépenses de maintien de l'ordre sont stables en montant, si bien que quand la richesse s'accroît, leur poids relatif diminue.

8. Professeur de finances publiques à l'École libre des sciences politiques de Paris, puis professeur d'économie au Collège de France, il s'affirme comme le grand rival de Wagner dans le domaine de la réflexion sur le rôle de l'État en publiant en 1877 un *Traité de la science des finances*.

4.3 Bilan et héritage

L'histoire semble avoir donné raison à Wagner et à ses amis au sens où le poids de l'État n'a cessé d'augmenter (la dépense publique en France ne représentait que 14 % de la richesse nationale en 1910 contre 52 % en 2010). Cela signifie que l'agent économique qui sur le long terme a le plus bénéficié de la croissance, c'est l'État. Il en a bénéficié pour le plus grand bonheur de ses serviteurs, mais aussi, normalement, si l'on accepte la troisième remarque ci-dessus, pour celui de la population. Outre les dépenses de sécurité sociale (santé, vieillesse), les dépenses publiques ayant le plus augmenté entre 1815 et aujourd'hui sont les dépenses d'éducation.

Au-delà de la dimension « finances publiques », la seconde école historique allemande adopte dans ses thèses, sans vraiment le remettre en question, l'héritage de la première. L'histoire de l'Allemagne au XIXe siècle, qui nourrit les travaux de l'école historique, est celle de la construction d'un État, qui veut s'affirmer contre les puissances plus anciennes et autour duquel l'action économique doit se centrer. Concrètement, les tenants de la seconde école historique allemande font montre d'un nationalisme économique virulent.

Sur l'économie et le socialisme de la chaire (Léon Walras, « L'État et les chemins de fer », 1875)

On sait que la formule *Laisser faire, laisser passer,* ainsi traduite *Libre concurrence et libre échange,* a été adoptée par l'école de Manchester et poussée par cette école à ses dernières limites. Mais on sait aussi qu'une réaction énergique contre cet excessif individualisme est en train de s'opérer en Allemagne sous le nom de *socialisme de la chaire.* Une fraction notable, si ce n'est même la majorité, des professeurs d'économie politique et sociale des Universités de ce pays se sont déclarés résolus à préconiser, dans certaines limites, l'intervention de l'État en manière d'industrie. Ces novateurs ont annoncé leur intention de se placer dans une position intermédiaire entre le socialisme qui fait trop intervenir l'État et le manchesterianisme qui ne le fait pas intervenir assez. D'Allemagne, le socialisme de la chaire a déjà passé en Italie où beaucoup d'hommes distingués, et même plusieurs économistes éminents, lui ont donné leur adhésion. Inutile d'ajouter que les chemins de fer et les billets de banque sont au nombre des manifestations de l'industrie et du crédit dans lesquelles on se réserve d'appeler l'intervention de l'État. Mais, à vrai dire, on ne voit pas jusqu'ici que les économistes de la nouvelle école se montrent supérieurs à ceux de l'ancienne quant à la manière d'établir leurs conclusions. Ces anciens économistes affirmaient le *laisser faire, laisser passer;* les nouveaux affirment l'intervention de l'État; mais ni les uns ni les autres ne démontrent rien. Or, c'est d'affirmations gratuites surtout que nous sommes las, et ce serait surtout de démonstrations rigoureuses que nous aurions besoin. Ce que nous reprochons, en somme, à M. Michel Chevalier c'est moins encore de conclure en matière de chemins de fer et de billets de banque à la liberté de l'industrie et du travail que de ne fonder cette conclusion sur aucune base quelconque, soit rationnelle soit expérimentale. Aussi ne saurait-il nous suffire d'entendre les socialistes de la chaire nous donner l'assurance qu'ils feront intervenir l'État en matière de chemins de fer, qu'ils le feront intervenir un peu plus que les économistes, sans toutefois le faire intervenir tout à fait autant que les socialistes proprement dits. À quel titre l'État peut-il et doit-il intervenir dans l'industrie des chemins de fer? Voilà ce que nous voudrions savoir. Nous saurions par cela même exactement dans quels cas et dans quelles limites il y peut et y doit intervenir. Nous sortirions enfin des systèmes pour entrer dans la science.

5. La politique économique s'adapte : crise, reprise, méprise

Au temps des premiers néoclassiques, l'Europe est en plein essor. Les difficultés des années 1840, qui ont conduit aux révolutions de 1848, ont disparu et le recentrage des théories économiques sur le consommateur, intervenant d'égal à égal avec le producteur sur le marché, traduit une réalité économique simple : la croissance des années 1850-1860 porte ses fruits, l'Europe vit mieux et les populations, même les plus pauvres; commencent à pouvoir acheter des objets diversifiés.

La réflexion économique naît toujours en Grande-Bretagne parce qu'elle demeure le pays dominant. En 1870, elle représente 33 % de la production industrielle mondiale et sa production textile a été multipliée par 14 depuis 1800.

Pourtant, assez vite, des signes de crise se font jour. À partir de 1873, l'Europe commence à connaître la déflation. Plusieurs interprétations courent alors pour expliquer ce phénomène.

La première est la **démonétisation de l'argent** qui contracte la masse monétaire. Effective en France dès 1876, il faut attendre plusieurs années encore aux États-Unis. Si le crédit bancaire assure une croissance régulière de la quantité de monnaie en circulation sous forme de monnaies fiduciaire et scripturale, la disparition de l'argent est porteuse de réduction de la base monétaire et donc, en fin de compte, de la masse monétaire.

La deuxième explication est l'**angoisse de la surproduction**. Les économistes néoclassiques ont annoncé que la consommation subissant des effets de saturation se diversifie. Le consommateur hiérarchise les biens et impose des évolutions de prix que l'entrepreneur ne peut pas anticiper. Quand le prix est la quantité de travail, il est, rappelons-le, « objectif ». Vers la fin du XIXe siècle, le subjectivisme s'impose, c'est-à-dire l'introduction de paramètres théoriquement compréhensibles, mais techniquement impossibles à mesurer comme l'utilité. Le débat qui s'installe dans les années 1880 porte sur la saturation et sa mesure. L'Europe est repue et elle ne voit pas pourquoi elle s'inventerait de faux besoins. L'État a beau assurer une redistribution à même d'offrir de nouveaux débouchés, cela semble ne pas pouvoir suffire. D'autant que les ouvriers réclament surtout du temps libre, des réductions de la durée du temps de travail et non plus des augmentations de revenu.

La troisième interprétation est la **généralisation de l'industrie** qui fait entrer sur les marchés de nouveaux pays concurrents. La France et l'Angleterre les accusent de concurrence déloyale et le libre-échange est sur la sellette.

En 1897, le Japon adopte l'étalon-or. Le système libéral anglais semble alors s'être imposé partout. Six pays, qui un siècle plus tard seront toujours les six pays dominants, font la course en tête de la croissance mondiale : le Royaume-Uni, la France, l'Allemagne, l'Italie, les États-Unis et le Japon. Un pays « émergent » fait figure d'épouvantail et de futur grand : l'Argentine[1].

1. En un siècle, l'Argentine s'est effondrée et le rôle du pays émergent que tout le monde craint appartient aujourd'hui à la Chine.

Pourtant, en cette fin du XIXe siècle, le doute est clairement installé sur l'avenir du système économique et les économistes doivent de nouveau reformuler leurs théories. La deuxième vague néoclassique est dès lors confrontée à trois questions :

- Le libre-échange est-il aussi automatiquement avantageux que les économistes l'affirment depuis Ricardo quand on voit les prix de « dumping » que pratiquent l'Allemagne et le Japon ?
- Le marché qui permet l'équilibre entre l'offre et la demande permet-il aussi d'atteindre cet équilibre dans ce secteur particulier qu'est l'emploi ?
- La croissance peut-elle trouver la quantité d'or dont elle a besoin pour permettre l'écoulement de la production ?

Quelques dates à retenir

Année	Événement historique	Pensée économique
1851	Coup d'État de Louis Napoléon Bonaparte ; victoire de la réaction après les révolutions de 1848	
1855		Le Play : *Les Ouvriers européens*
1871	Traité de Francfort : défaite de la France et unité allemande La France verse 5 milliards de francs à l'Allemagne	Jevons : *La Théorie de l'économie politique* Menger : *Principes d'économie politique*
1873		Mort de John Stuart Mill
1874		Walras : *Éléments d'économie politique pure*
1875		Walras prend position pour la nationalisation des chemins de fer
1876	Dernière année où la France frappe des pièces en argent	Wagner : *Traité de la science des finances*
1877	Crise du 16 mai : la IIIe République s'installe définitivement	Mort de Cournot Début de l'enseignement de l'économie à l'Université en France

1882		Mort de Jevons Mort de Le Play
1883	Lois sur la sécurité sociale en Allemagne	« Querelle des méthodes » entre les Autrichiens et les Allemands
1884	Congrès de Berlin : partage de l'Afrique	
1897	Le Japon adopte l'étalon-or	
1910		Mort de Walras
1917		Mort de Wagner
1921		Mort de Menger

Bibliographie

Jules Dupuit, *Œuvres économiques complètes*, Economica, 2009, 1350 p., Économie, ISBN-10 : 2717856293.

Antoine-Augustin Cournot, *Recherches mathématiques sur la théorie des richesses*, Dunod, 2001, 145 p., Théories économiques, ISBN-10 : 2100058967.

Léon Walras, *Études d'économie sociale pure*, Economica, 1990, 535 p., Œuvres économiques complètes, ISBN-10 : 2717812806.

Frédéric Le Play, *La Réforme sociale en France déduite de l'observation comparée des peuples européens*, BiblioBazaar, 2008, 462 p., ISBN-10 : 0554952521.

— 6 —

L'AFFIRMATION DES NÉOCLASSIQUES

1890-1930

Lorsque Jevons s'éteint en 1882, les théories dites néoclassiques sont entrées dans le langage courant des économistes. Tout au moins en Angleterre car en France, bien que l'une des figures marquantes des néoclassiques soit un Français en la personne de Walras, l'économie politique s'éloigne de la tendance dominante à mathématiser son langage. En 1877 sont donnés en faculté les premiers cours d'économie, mais les professeurs sont des juristes qui ne maîtrisent qu'imparfaitement les outils néoclassiques. La pensée économique, qui s'est d'abord développée en France puis en Grande-Bretagne, s'étiole dans l'Hexagone tandis qu'elle prospère de plus en plus en Autriche et aux États-Unis.

Deux personnages s'affirment dans l'héritage de Jevons : Marshall, qui enseigne l'économie à Cambridge, et son homologue à Oxford, Edgeworth.

1. La seconde vague néoclassique anglaise

1.1 Alfred Marshall (1842-1924), référence économique de la Belle Époque

Marshall est celui qui, depuis sa chaire de Cambridge, donne sa légitimité académique au marginalisme.

Alfred MARSHALL

Marshall naît en 1842 à Bermondsey, près de Londres. Son père est employé à la Banque d'Angleterre. Les portraits que l'on a de lui en font une caricature de bourgeois victorien tout droit sorti d'un livre de Dickens. Protestant austère, il ambitionne de faire de son fils un esprit universel et un sportif accompli. À force de le harceler, il finit par en faire un adolescent surmené et longiligne, qui hérite pour la vie, du fait de sa pâleur, du sobriquet de « chandelle de suif ».

Devenu professeur de mathématiques, Marshall se passionne d'abord pour la physique, puis pour l'économie après avoir lu John Stuart Mill. Son excentricité naturelle, bienvenue chez un universitaire anglais, tourne néanmoins à l'incongruité lorsque les autorités universitaires apprennent que non seulement il va épouser Mary Paley, mais qu'en plus il s'en déclare amoureux, une faute de goût à l'époque. Il est contraint de quitter le monde prestigieux d'« Oxbridge » pour Bristol. Il regagne néanmoins plus tard Cambridge où il crée la première chaire d'économie à part entière en 1884.

Marshall est l'incarnation du libéralisme, en politique comme en économie. Membre assidu de la Commission royale du travail, s'il y soutient les chefs d'entreprise, devenant la bête noire du travaillisme naissant, il y défend aussi la nécessité de réduire les inégalités.

À la veille de sa mort en 1924, il est devenu une institution, s'exprimant avec un humour pince-sans-rire sur de nombreux problèmes. Son sujet de prédilection reste l'économie dont il est le maître incontesté. Quand le jeune Keynes dont il fréquente la famille lui fait part de son désir d'être économiste, il lui dit que tout ce qu'il est possible de connaître en économie étant déjà dans ses propres œuvres, tout nouvel économiste est condamné à rabâcher !...

En 1890 paraissent ses *Principes d'économie politique* qui reprennent l'essentiel de son cours. Leur préface devient la référence des économistes pour définir leur science (voir encadré ci-après).

Les croix de Marshall

Sur la forme, Marshall recourt systématiquement aux mathématiques. Par rapport à la génération précédente, il utilise davantage la géométrie. Ainsi, Walras présente l'équilibre d'un marché en définissant une fonction d'offre (par laquelle la quantité produite dépend du prix) et une fonction de demande (par laquelle la quantité achetée dépend également du prix).

Pour trouver le prix qui réalise l'équilibre, il écrit deux équations :

Quantité offerte = f(p) ; quantité achetée = g(p),
Égalité offre/demande signifie f(p) = g(p).

Il résout algébriquement cette dernière équation.

Marshall part de la même égalité entre l'offre et la demande, mais au lieu de la présenter sous forme d'équations, il dessine dans un repère cartésien orthonormé une courbe d'offre et une courbe de demande et il trouve le prix et la quantité d'équilibre comme étant les coordonnées cartésiennes du point d'intersection de ces deux courbes.

C'est depuis Marshall que les économistes ont pris l'habitude de représenter graphiquement les équilibres de marché. Comme deux courbes se coupent sur ces dessins, on les appelle des « **croix de Marshall** ».

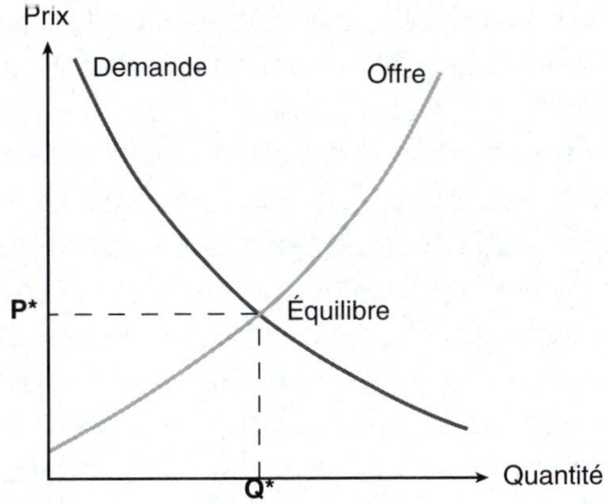

Figure 6.1 Croix de marshall

En outre, pour rester accessible au plus grand nombre, Marshall ne garde que les conclusions dans le corps de son texte, renvoyant les démonstrations mathématiques en fin de chapitre.

Préface des *Principes d'économie politique* d'Alfred Marshall (1890)

L'Économie politique ou Économique est une étude de l'humanité dans les affaires ordinaires de la vie ; elle examine la partie de la vie individuelle et sociale qui a plus particulièrement trait à l'acquisition et à l'usage des choses matérielles nécessaires au bien-être. Elle est donc, d'un côté, une étude de la richesse ; de l'autre, et c'est le plus important, elle est une partie de l'étude de l'homme. Car le caractère de l'homme a été moulé par son travail de chaque jour et par les ressources matérielles qu'il en tire, plus que par toute autre influence, si ce n'est celle des idéaux religieux ; et les deux grands facteurs de l'histoire du monde ont été le facteur religieux et le facteur économique.

[...] Étudier les causes de la pauvreté c'est donc étudier les causes de la déchéance dont souffre une grande partie de l'humanité. Aristote regardait l'esclavage comme étant voulu par la nature ; et les esclaves pensaient probablement de même dans l'Antiquité. La dignité de l'homme fut proclamée par la religion chrétienne ; elle a été affirmée avec une force croissante pendant les cent dernières années, mais c'est seulement à la suite du progrès de l'éducation dans ces derniers temps que nous avons enfin commencé à sentir l'entière importance de cette idée. Nous nous mettons enfin sérieusement à rechercher s'il est nécessaire qu'il existe des « basses classes » : c'est-à-dire s'il est nécessaire qu'un grand nombre d'hommes soient condamnés depuis leur naissance à un travail pénible dans le but de procurer à d'autres les choses nécessaires à une vie raffinée et cultivée, pendant qu'eux-mêmes sont empêchés par leur pauvreté et par leur labeur de prendre leur part de ces raffinements et de cette culture. L'espoir que la pauvreté et l'ignorance puissent graduellement disparaître trouve certes un grand appui dans les constants progrès des classes ouvrières au cours du siècle actuel. [...] Ce progrès a contribué plus que toute autre chose à donner un intérêt pratique à la question de savoir s'il est réellement impossible que tous les hommes puissent venir au monde avec la chance de mener une existence cultivée, à l'abri des souffrances de la pauvreté et de l'influence déprimante qu'exerce un travail mécanique excessif.

Cette question est au premier plan parmi les préoccupations de plus en plus graves de notre époque. La science économique ne peut pas y répondre complètement ; car la réponse dépend en partie des capacités morales et politiques de la nature humaine ; et, en ces matières, l'économiste n'a pas de lumières particulières ; il doit faire comme les autres, et deviner du mieux qu'il peut. Mais la réponse dépend dans une grande mesure de faits et d'inductions qui sont du domaine de l'économique ; et c'est là ce qui donne aux études économiques leur principal et leur plus haut intérêt.

Le marginalisme chez Marshall

Sur le fond, Marshall est marginaliste comme Jevons et Walras, même s'il connaît mal l'œuvre du Français. Il amende néanmoins sur six points importants les travaux de ses prédécesseurs.

1. Concernant la distinction chère à Walras entre une économie politique théorique (« pure ») et une économie politique appliquée, il en plaide le caractère artificiel. L'économiste n'est ni un pur esprit ni un décideur du monde politique ou de l'entreprise. C'est un intellectuel qui réfléchit au monde qui l'entoure, mais avec l'objectif clair d'en améliorer le fonctionnement. Pour Marshall, l'économiste est avant tout un universitaire, quelqu'un qui est à la fois un chercheur, un enseignant (pour pouvoir transmettre le fruit de son travail) et un contributeur régulier au débat public – Marshall est un membre actif du parti libéral.
2. Concernant le rapport aux prédécesseurs, il s'inscrit en faux contre le travers qui consiste à les accuser de n'avoir rien compris, travers de Jevons que reprendra Keynes. Marshall rend hommage à Smith et à Ricardo et cherche systématiquement à démontrer que ses travaux et leurs résultats sont la poursuite et non la négation de ce qu'ils ont écrit et pensé quelques années auparavant.
3. En admirateur affiché d'Adam Smith, Marshall considère que sa réflexion économique doit partir de la production et non du consommateur. Il construit une **théorie de l'entreprise inspirée formellement de celle du consommateur**. L'entreprise produit tant que ce qu'elle retire de la vente d'un bien est supérieur au débours lié à sa production. Chaque unité supplémentaire produite et vendue

rapporte l'équivalent de son prix et a un coût (le coût marginal). L'entreprise cesse d'accroître sa production quand rapport et débours sont égaux, c'est-à-dire quand le **coût marginal atteint le prix**. On retrouve le résultat de l'égalité du coût marginal au prix. Mais Marshall développe une analyse de l'entreprise qui se veut pragmatique et non mathématique, si bien qu'il cherche à interpréter concrètement ce résultat, obtenu par ailleurs, mathématiquement parlant, en considérant que l'entreprise maximise son profit et qu'en conséquence la dérivée du profit par rapport à la production est nulle. En particulier, s'il incorpore dans son raisonnement le mécanisme des rendements décroissants cher à Ricardo, mécanisme qui fait que le coût marginal augmente, il introduit aussi, dans la lignée de la thèse de Smith sur l'efficacité de la division du travail, la notion d'**économie d'échelle**. Concrètement, plus une entreprise produit, plus elle peut répartir et diluer ses coûts fixes. Cela signifie que le coût moyen (le coût total divisé par la quantité produite) commence par diminuer du fait des économies d'échelle, puis se met à augmenter à cause des rendements décroissants. Pour résumer ces deux phases de l'activité économique, il préfère utiliser l'expression de **rendements non proportionnels** à la place de rendements décroissants. Ce faisant, il revient à l'expression de Senior dans son quatrième postulat (voir chapitre 3).

Coût moyen et coût marginal

Marshall définit plusieurs notions de coût :

- le **coût fixe**, qui existe indépendamment de la production réalisée. Typiquement, pour une usine, l'entretien des locaux est un coût fixe ;
- le **coût variable**, qui dépend de la quantité produite et qui, du fait des rendements décroissants, s'accroît avec la production.

Le **coût total** C est la somme des deux.

Le **coût moyen** CM est égal à C/Q, où Q est la production.

Le **coût marginal** Cm est la dérivée de C par rapport à Q et correspond au coût de la dernière unité produite. Du fait des rendements décroissants, ce coût augmente.

Pour savoir comment évolue le coût moyen, on calcule sa dérivée par rapport à Q. Les règles de calcul des dérivées donnent :

$$(CM)' = C'Q - C/Q2.$$

CM est minimal quand sa dérivée est nulle, c'est-à-dire quand $C'Q - C = 0$, soit $C' = C/Q$, soit encore coût marginal = coût moyen.

Dans une entreprise, le coût moyen commence par baisser, atteint un minimum au moment où il devient égal au coût marginal, puis se met à augmenter.

4. Pour Walras, le consommateur adapte sa demande à un prix imposé, si bien que les quantités demandées sont fonction du prix. Il reprend ainsi la loi du débit de Cournot. En revanche, en se concentrant sur l'offre, Marshall soutient que les quantités produites sont le paramètre déterminant. Les entreprises disposent de capacités de production qui fixent ces quantités et par-delà leurs prix, égaux aux coûts marginaux. En partant des consommateurs, les premiers néoclassiques font du prix l'élément de régulation. En partant de l'entreprise, Marshall fait des quantités produites l'élément clé du fonctionnement du marché. D'où leur différence sur la nature du lien entre les prix et les quantités : pour Walras, les quantités échangées sont fonction des prix ; pour Marshall, les prix sont fonction des quantités. En pratique, dans les dessins en croix de Marshall, les disciples de Walras mettent les prix en abscisses et les quantités en ordonnée ; c'est l'inverse chez les continuateurs de Marshall. Par la suite, la différence de présentation devient une marque distinctive nationale.

Les économistes anglo-saxons prennent l'habitude de mettre systématiquement les prix en ordonnées et les quantités en abscisses, même quand le lien fonctionnel qu'ils analysent et développent supposerait l'inverse. Simultanément, Français, Italiens et Allemands prennent l'habitude de mettre les prix en abscisses. La plupart des manuels ont dorénavant adopté, presque systématiquement, les vues de Marshall sans que les tenants et aboutissants de l'opposition Walras/Marshall soient réellement connus.

5. Walras raisonnait en équilibre général. Dans sa description de l'économie, il parvient à établir un système d'équations suffisamment nombreuses pour en permettre une résolution algébrique. Il conclut que l'équilibre est réel, même s'il doit inventer la fiction du « commissaire-priseur » pour faire de l'existence d'une solution mathématique au problème de l'équilibre une réalité de la vie quotidienne. **Marshall raisonne quant à lui sur le marché de chaque bien**. Supposons un bien pour lequel les techniques de production se traduisent par des rendements décroissants. Plus les entreprises produisent, plus leur coût marginal est élevé, plus elles sont donc obligées d'augmenter leurs prix. La fonction d'offre qui lie le prix à la quantité produite est croissante. La fonction de demande, elle, est décroissante. Quand on représente ces fonctions par des courbes, l'une monte (l'offre) et l'autre descend (la demande) : il y a « croix de Marshall » et équilibre. Pour décrire cet équilibre, Marshall donne une image, régulièrement reprise, celle de la clé de voûte :

> La valeur normale de toute chose se trouve comme la clé de voûte d'un arc, en équilibre par rapport aux forces opposées agissant sur ses deux côtés. Les forces de la demande agissent d'un côté, celles de l'offre de l'autre[2].

Mais cet équilibre n'existe que pour un bien. Il est **partiel**. Marshall identifie des biens où cet équilibre partiel n'existe pas : les biens à rendements croissants (comme la radiophonie, qu'il voit naître), des biens où l'équilibre est perturbé par le temps (comme les biens agricoles, voir encadré ci-après). Pour Marshall, la vision d'une économie en situation globale d'équilibre est illusoire. Il existe un ensemble de marchés sur lesquels l'équilibre s'établit et, comme au-dessus, une situation générale au niveau du pays ou d'un groupe de pays, où l'économie agit en un déséquilibre dynamique. Une question que Marshall se pose, ainsi que ses successeurs, est de comprendre comment on passe de la collection des équilibres partiels et des déséquilibres inévitables sur certains marchés à une situation globale harmonieuse. En termes modernes, Marshall s'interroge sur l'articulation entre la micro et la macroéconomie.

2. Préface de la 2e édition des *Principes d'économie politique*.

Le problème des marchés agricoles chez Marshall

Pour Marshall, le décalage dans le temps entre le moment des semailles et le moment des moissons crée une inégalité d'information entre les acteurs des marchés agricoles. Le rôle d'un système de prix est de transmettre de l'information aux offreurs et aux demandeurs. Or, dans l'activité agricole, le temps qui sépare le moment où l'on sème du moment où l'on récolte provoque une distorsion d'information. L'offreur réagit à la situation économique de la période des semailles (t – 1) et le demandeur à celle de la période des moissons (t). Les fonctions d'offre (S) et de demande (D) s'écrivent :

$$D(t) = ap(t) + b \text{ et } S(t) = cp(t-1) + d.$$

L'égalité de l'offre et de la demande conduit à l'équation $ap(t) + b = cp(t-1) + d$.

Ce qui signifie que la série de prix s'établit selon une suite arithmético-géométrique.

Si la valeur absolue du rapport c/a est supérieure à 1, le processus ne converge jamais et les prix suivent une évolution erratique allant en s'amplifiant. En revanche, si $c = 0$, le marché trouve instantanément son équilibre au prix $p = d - b/a$. Conclusion paradoxale, c'est quand le paysan ignore la situation commerciale qui l'entoure, ou qu'il ne tient aucun compte des informations reçues par le biais du système de prix, c'est-à-dire quand $c = 0$, que le marché s'équilibre.

6. Enfin, Marshall reprend une partie des idées de Dupuit (voir chapitre 5), même s'il affirme n'avoir jamais entendu parler de lui. Il constate comme Dupuit que certains consommateurs seraient prêts à payer plus que le prix affiché pour se procurer un bien. Le jeu de la concurrence conduit à un prix unique alors que les satisfactions des consommateurs sont diverses. La somme des différences entre les satisfactions et le coût des acquisitions constitue une sorte de satisfaction supplémentaire dont bénéficient les consommateurs. Comme ils ne font rien de spécial pour l'obtenir, Marshall reprend en la

matière les expressions de Ricardo et parle de **« rente du consommateur »**. Par la suite, l'économiste américain Clark (voir section 7.2) adoptera l'expression de « surplus du consommateur », qui est désormais l'expression consacrée en la matière.

Marshall ne fut pas l'inventeur de l'analyse marginaliste (dont Walras, Menger et Jevons portent la paternité). Comme il le disait lui-même, s'il n'en eut pas la révélation, c'est lui qui en a construit la cathédrale. Il en a rédigé une synthèse qui reste aujourd'hui encore le fondement des analyses néoclassiques. Son apport pourrait se résumer comme suit :

- les courbes d'offre et de demande et leur intersection dans une croix de Marshall ;
- la notion d'économies d'échelle et l'étude des conséquences des rendements croissants – avec l'introduction des rendements non proportionnels ;
- l'équilibre partiel.

1.2 Francis Ysidro Edgeworth (1845-1926)

Edgeworth est le collègue de Marshall. Il en est surtout le rival installé à Oxford. Et il en sera le souffre-douleur, Marshall jugeant souvent ses positions ineptes et Edgeworth se soumettant sans volonté apparente de se justifier. Pourtant, moins flamboyant que Marshall, Edgeworth laisse une œuvre tout aussi considérable.

Francis EDGEWORTH

Edgeworth appartient à une vieille famille anglaise qui s'est retirée en Irlande par attachement au catholicisme. Il est l'arrière-petit-neveu du dernier confesseur de Louis XVI et est apparenté à l'écrivain Maria Edgeworth. Après des études de droit au Trinity College de Dublin, il s'installe comme avocat à Londres. Timide et peu entreprenant, il n'a guère de clients et sombre dans la misère. Pour ne pas avoir à payer de chauffage, il passe des journées entières à la British Library et, comme le poêle est dans la section consacrée à la physique, il devient un lecteur assidu des textes de Laplace et de Maxwell. C'est

la rencontre fortuite de Jevons qui l'oriente vers l'économie (Jevons est son voisin à Hampstead).
Nommé professeur au King's College en 1888, il occupe à partir de 1891 la prestigieuse Drummond Chair, la première chaire d'économie, celle qu'avait occupée au tout début Senior. Cette nomination renforce l'animosité de Marshall à son égard, même si les deux hommes échangent régulièrement sur les sujets économiques.
Théoricien affiché du bonheur, Edgeworth est profondément dépressif. Il mène une vie austère digne des recommandations de Kant. Lorsqu'on fait l'inventaire de sa chambre à Oxford après sa mort, on n'y trouve qu'un nécessaire de toilette et un costume de rechange.

Du fait de sa vie entièrement consacrée au travail, Edgeworth a laissé une œuvre particulièrement abondante. Néanmoins, ses deux textes essentiels restent « The Hedonical Calculus » (un article paru en 1879) et surtout son œuvre majeure, publiée en 1881, *Mathematical Psychics: An Essay on the Application of Mathematics to the Moral Sciences*.

Sur la forme

L'apport d'Edgeworth porte sur trois domaines.

1. Il consolide la présentation mathématique de l'économie et celle plus particulièrement géométrique de Marshall. Comme il s'inscrit dans la tradition de Jevons, il consacre sa formalisation à la théorie du consommateur. Il introduit la notion de **courbe d'indifférence**. Supposons qu'un consommateur a le choix entre deux biens dont il consomme les quantités x et y. Si U est sa fonction d'utilité, sa satisfaction s'écrit U(x,y). Supposons une situation où cette satisfaction est égale à un nombre donné k. Il existe en fait une infinité de paniers de biens qui fournissent le même niveau de satisfaction. En effet, si on augmente de façon judicieuse la quantité de bien x et qu'on diminue simultanément celle de bien y, on peut retrouver le même niveau de satisfaction que précédemment. C'est ce qu'Edgeworth appelle le mécanisme de la **substitution**. La satisfaction perdue avec la diminution de la quantité de y est compensée par la satisfaction liée à l'augmentation de la quantité de x. Donc il existe une infinité de paniers tels que U(x,y) soit égal à k. Edgeworth démontre que pour

chaque valeur de x, il existe une seule valeur de y permettant d'atteindre la satisfaction k. On peut donc mathématiquement construire une fonction y = f(x) définie par U(x, f(x)) = k. La courbe représentant f dans un repère cartésien orthonormé s'appelle une courbe d'indifférence.

2. Edgeworth entreprend un travail lexicographique considérable pour donner des noms très précis à chaque paramètre économique. Il invite tous ses collègues à adopter son vocabulaire et les définitions afférentes afin que les économistes ne perdent pas de temps à se quereller sur des faux problèmes liés à ce qu'ils ne désignent pas la même chose par le même mot. Dans ce vaste travail de définition et d'élaboration d'un langage, Edgeworth invente notamment le terme d'**économétrie** pour désigner la mise en relation fonctionnelle des liens existant entre certaines quantités économiques.
3. Edgeworth va formuler les premières règles de l'économétrie. Pour une relation fonctionnelle entre deux grandeurs économiques Y et X, Y = f(X), le problème est d'essayer de donner une formulation pratique de f. Pour cela, les mathématiciens disposent de quelques fonctions usuelles identifiées, peu nombreuses, et d'une règle d'expression des fonctions que l'on appelle leur développement en série entière. On exprime toute fonction Y = f(X) comme la somme infinie de termes de la forme $a(n)\ X^n$, les n étant la suite infinie des nombres entiers. Edgeworth met au point une technique, qui est à l'origine de ce que l'on appelle maintenant le **calcul en régression**, qui permet d'évaluer les a(n). Comme cela nécessite beaucoup de temps de calcul, il suggère de présenter systématiquement les fonctions économiques en calculant uniquement a(0) et a(1). Résultat, les relations fonctionnelles simplifiées des économistes sont de la forme Y = aX + b et les croix de Marshall deviennent des intersections de droites. Edgeworth consacre beaucoup de temps à faire avancer la statistique et la toute nouvelle économétrie. N'étant pas mathématicien de formation, il est d'une prudence extrême dans ses affirmations, ce qui rend sa lecture difficile. Néanmoins, il impose la méthode qui est celle des économistes modernes, où la physique est la référence et la statistique les modalités des expériences.

Sur le fond

L'apport d'Edgeworth porte encore sur trois domaines.

1. Edgeworth se demande d'abord comment passer des raisonnements effectués sur un individu (le consommateur) ou une entreprise à la situation de l'économie d'un pays. Il propose de commencer par étudier à fond le comportement d'un consommateur, puis de regarder ce qui se passe pour deux consommateurs. Il appelle le consommateur unique Robinson, puis le second consommateur Vendredi, de sorte qu'il désigne son schéma sous le nom de **robinsonnade**, reprenant un mot inventé semble-t-il par Marx. Pour construire sa robinsonnade, il représente chaque répartition de biens entre les deux consommateurs par la position d'un point dans un rectangle (désormais appelé une **boîte d'Edgeworth**). Par-delà cette représentation graphique, le résultat du passage d'un à deux consommateurs est double :

   - D'abord Edgeworth établit que, quand il est seul, le consommateur a une règle simple de comportement, celle décrite par Jevons. C'est-à-dire qu'il répartit ses achats de façon à ce que pour chaque bien, son utilité marginale divisée par le prix soit la même. En revanche, quand Vendredi arrive, Robinson a deux sources d'information : les prix affichés et une négociation éventuelle avec Vendredi pour répartir les richesses disponibles. L'introduction de Vendredi a pour conséquence de rendre certaines grilles de prix impossibles car elles conduisent Robinson à négocier avec Vendredi plutôt qu'à se porter acquéreur sur le marché organisé autour de la grille de prix en question. Edgeworth annonce ainsi qu'un pays dont les autorités chercheraient à fixer de façon arbitraire un système de prix se heurterait à l'apparition possible d'un marché noir. Edgeworth a vécu assez longtemps pour voir les communistes russes tenter de créer une grille de prix fondée sur des bases exclusivement politiques et subir en retour un épouvantable marché noir. En résumé, la première conclusion d'Edgeworth est que la multiplication des intervenants dans une économie réduit le nombre de grilles de prix possible, si bien qu'en fin de compte, ne reste acceptable que celle qui conduit à l'équilibre général walrasien (voir chapitre 5). Cette assertion est désormais connue sous le nom de « **conjecture d'Edgeworth** ».

- Ensuite, Edgeworth se demande si, indépendamment des prix, dans une économie où vivent Robinson et Vendredi, toutes les répartitions de richesse sont possibles. Là encore, il théorise que Robinson et Vendredi vont entrer en contact et échanger. Son propos final est de démontrer que le socialisme est impossible. Il le définit comme une situation de parfaite égalité dans la distribution des biens. Et il démontre que cela ne peut pas marcher car cela ne correspond pas aux attentes de la population. Prenons un exemple simple : on donne à tout le monde la même quantité de tabac. Les non-fumeurs vont aller voir les fumeurs pour échanger leur ration contre un bien qui leur procurera du plaisir et qui paraîtra moins utile aux fumeurs que le tabac. Edgeworth divise donc la répartition des richesses dans un pays entre les situations où les populations ne souhaitent plus échanger (ce qu'il appelle la « **courbe des contrats** ») et les situations par nature instables dans lesquelles les populations organisent la redistribution des richesses.

2. Constatant la difficulté de passer de l'analyse des cas individuels à celle d'un pays par simple addition de ces cas, il essaie d'appliquer la méthode de l'utilité, des plaisirs et des peines au niveau de l'État. L'État est comme le consommateur : il a des objectifs (une fonction d'utilité) et une contrainte (qui est de ne pas faire banqueroute). Néanmoins, il se heurte là encore à la difficulté de passer de l'État au pays. Ainsi, réfléchissant à la condamnation récurrente du protectionnisme, il arrive à la conclusion que cette condamnation dépend de la situation du pays. Par le protectionnisme, on améliore la situation de l'État (qui perçoit des droits de douane) et des producteurs nationaux, et on détériore celle des consommateurs. Le protectionnisme relève donc pour Edgeworth non pas d'une condamnation sans appel, mais d'une évaluation quantifiée de ses coûts et de ses avantages. Commencées en 1894, ses réflexions sur le commerce international débouchent en 1906 sur un article où, pour la première fois depuis Ricardo, un économiste officiel affirme que dans certains cas le protectionnisme peut être plus utile que le libre-échange. La difficulté réside pour trancher dans la capacité à mesurer les utilités afin de pouvoir mettre en balance la désutilité des consommateurs d'un côté, et l'utilité de l'État et des producteurs de l'autre.

3. Après 1897, Edgeworth s'intéresse au problème des finances publiques, ce qui le conduit en 1914 à devenir le conseiller du gouvernement britannique pendant la guerre. Il énonce à cette occasion le « **paradoxe d'Edgeworth** » selon lequel une augmentation des impôts indirects peut conduire à la baisse des prix des produits taxés. En effet, pour faire face à la baisse des ventes due à l'augmentation du prix après l'introduction de la taxe, les producteurs sont amenés à baisser drastiquement leurs prix. Gagnant moins par unité vendue, ils sont obligés de vendre plus, ce qui les pousse à amplifier la réduction des prix au-delà du montant de la taxe.

Devenu en 1891 rédacteur en chef de *The Economic Journal*, la première revue économique créée dans les années 1820, il occupe ce poste jusqu'à sa mort (sauf pendant une courte période où Keynes le remplace) et maintient une ligne éditoriale toute à la gloire de Marshall, qu'il qualifie d'« Achille de la pensée économique » !

Cette soumission affectée à l'égard de Marshall, qui agace son entourage, l'empêche de connaître de son vivant la gloire de son rival. Pourtant à la fin du XXe siècle, il sera beaucoup plus étudié et commenté que Marshall.

1.3 *Arthur Pigou (1877-1959)*

Pigou est le successeur de Marshall à Cambridge. Il s'inscrit dans ses travaux et développe notamment l'étude des externalités dont Marshall a esquissé les prémices.

Arthur PIGOU

Arthur Pigou étudie à Harrow, puis au King's College de Cambridge, où Alfred Marshall est son professeur. Il reprend d'ailleurs sa chaire d'enseignement à Cambridge et participe comme lui à de nombreux travaux pour l'administration. Il est également membre du jury du concours d'entrée au Trésor britannique. C'est à ce titre qu'il met une mauvaise note en économie à Keynes, qui, de ce fait, bien que reçu, est obligé de se contenter des postes coloniaux de l'administration des finances anglaise. Keynes, qui lui en veut à mort, ne cessera dans toute son œuvre de traiter Pigou d'incapable et de sot.

Pourtant Pigou est un esprit acéré qui, dans ses jeunes années, a été attiré par la philosophie et la théologie. Il publie en 1908 un ouvrage intitulé *The Problem of Theism*. Mais c'est aussi en 1908 qu'il remplace Marshall dans sa chaire d'économie de Cambridge, devenant définitivement économiste.

Systématiquement humilié par Keynes, il essaie en vain à la fin de sa vie de retrouver un certain crédit auprès du monde académique qui a fait de Keynes sa référence ultime.

Les économistes contemporains l'ont redécouvert, rappelant entre autres sa personnalité généreuse au point que certains se demandent aujourd'hui si, par idéal, il n'a pas été un compagnon de route caché mais très actif des débuts du communisme.

Effet Pigou et taxe pigouvienne

Son œuvre tourne autour de ce qu'on appelle l'économie du bien-être (*Welfare Economics*). Ce champ d'étude porte sur la répartition des revenus. Son objet est de concilier la réduction des inégalités voulue par le corps social et la recherche de la croissance économique la plus élevée possible. La démarche de Pigou renoue avec la logique de Ricardo. Il affirme en effet que l'on ne peut séparer dans le raisonnement économique la création des richesses de leur répartition. C'est dans ce cadre qu'il a repris l'analyse classique des salaires. Selon Pigou, augmenter les salaires pour améliorer la condition des ouvriers a le résultat inverse de l'objectif recherché. En effet, cela conduit à du chômage et à l'accroissement des inégalités. Le but de la politique économique doit être le plein emploi et seule la flexibilité des salaires est susceptible d'y mener.

Pigou est également rentré dans l'histoire de la pensée économique pour les notions d'**effet Pigou** et de **taxe pigouvienne**.

L'effet Pigou peut s'énoncer de diverses façons. La plus courante aujourd'hui est d'établir un lien entre l'évolution de l'inflation et le niveau d'épargne. On dit qu'**il y a effet Pigou si l'inflation augmente le taux d'épargne**. L'épargne est un moyen de projeter du pouvoir d'achat dans le temps. Supposons qu'il n'y a pas d'inflation et que, dans dix ans, un ménage souhaite disposer de 100. Pour y parvenir, il lui suffit d'épargner 100. Supposons maintenant une inflation telle qu'en dix ans, le niveau général des prix double. Pour avoir le pouvoir d'achat voulu, le ménage en question devra doubler l'épargne envisagée et la porter à 200. L'inflation dans ce cas augmente donc le taux d'épargne.

Dans la foulée de Marshall, Pigou s'est intéressé au problème des externalités, c'est-à-dire aux conséquences d'une activité économique qui ne sont pas prises en compte dans les prix. Une externalité peut être positive ou négative. L'exemple type de l'externalité positive est celle de la production de miel. Les abeilles produisent du miel dont le prix intègre comme coût l'entretien de la ruche. Cependant, par leur activité, elles favorisent la pollinisation des arbres fruitiers alentour. Le producteur de fruit bénéficie ainsi de l'activité de son voisin apiculteur, sans le rémunérer mais sans lui nuire. On parle alors d'externalité positive. En revanche, quand une industrie pollue, elle perturbe de façon négative la vie et l'activité de son voisinage sans avoir à payer quoi que ce soit. Économiquement parlant, on considère qu'une externalité est négative lorsqu'un agent est responsable d'un coût social supérieur au coût privé qui lui est imposé au titre des dégâts qu'il provoque. Le rôle de l'État est de prélever un impôt équivalent à la différence entre ces deux coûts (la **taxe pigouvienne**). Par exemple en cas de pollution, l'État doit prélever des taxes lui rapportant de quoi en réparer les conséquences. Dans ce cas particulier, l'impôt n'est pas seulement un moyen de financer l'État, c'est aussi un moyen de corriger une imperfection du marché.

Alors qu'Edgeworth initie un mouvement d'interrogation sur le procès fait au protectionnisme et que les politiques keynésiennes se fondent sur la dévaluation et le protectionnisme, Pigou reste jusqu'à ses derniers jours un défenseur du libre-échange.

Signalons, parmi les économistes anglais de cette seconde vague néoclassique, **Mary Paley Marshall** (1850-1944). Issue d'une famille de théologiens et de philosophes, Mary Paley est une des cinq femmes qui obtiennent pour la première fois de l'histoire, en 1871, le droit de suivre des cours à l'université de Cambridge. En 1877, elle épouse Alfred Marshall et participe à la rédaction de ses livres, même si elle ne les signe pas. Elle a vécu surtout dans l'ombre du grand homme, mais est reconnue aujourd'hui comme une des premières femmes économistes de l'histoire.

2. L'école de Lausanne après Walras : l'optimum de Pareto (1848-1923)

Tandis que Marshall développe les idées de Jevons et accessoirement celles de Walras, la tradition walrasienne proprement dite continue à vivre à Lausanne, où l'Italien Pareto succède à Walras. La théorie néo-classique connaît une forme d'apogée en 1906 avec la parution de son *Manuel d'économie politique*.

Vilfredo Frederico SAMOSO, marquis de Pareto

Pareto est né le 15 juillet 1848 à Paris, où vit son père, expulsé de Gênes pour activisme républicain. Après des études à l'Institut polytechnique de Turin, il devient ingénieur. Deux échecs comme candidat libéral à la Chambre des députés italienne en 1880 et 1882, la lecture de Cournot et d'Edgeworth, une correspondance nourrie avec Walras et un héritage qui le met à l'abri du besoin réorientent sa vie. Il se fait chercheur en sciences sociales et occupe après Walras la chaire d'économie politique de Lausanne à partir de 1893.

Le temps qui passe le rend de plus en plus amer. Il s'éloigne de l'économie pour la sociologie. Du libéralisme de sa jeunesse, il retient la composante économique pour rejeter la composante politique et c'est en compagnon de route, certes réticent, du fascisme qu'il meurt le 19 août 1923.

Son apport aux travaux de Walras porte sur trois sujets.

2.1 *Loi de Pareto*

Le premier thème concerne la méthode. Pareto reprend la désormais traditionnelle distinction entre deux approches de l'économie :

- l'économie pure d'une part, c'est-à-dire la théorie mathématisée dont l'exemple le plus abouti est le modèle d'équilibre concurrentiel, auquel il donne son nom actuel d'**équilibre général walrasien ;**
- l'économie appliquée d'autre part, qui repose sur l'analyse statistique de la réalité conduisant à la validation de l'économie pure et à l'énoncé de lois empiriques.

Disciple de Walras, Pareto n'en attache pas moins une grande importance aux lois empiriques. Il le peut d'autant mieux qu'un peu partout dans le monde, le XXe siècle naissant est aussi celui de la montée en puissance des services statistiques. Parmi les lois empiriques établies par Pareto, une est entrée dans l'histoire sous le nom de **loi de Pareto** ou **loi des 20/80**. En 1875, Pareto démontre que 20 % de la clientèle d'un magasin fournit 80 % de son chiffre d'affaires. Qui plus est, 20 % des vendeurs réalisent 80 % des ventes… D'où la loi de Pareto selon laquelle, dans les phénomènes sociaux, 20 % des causes expliquent 80 % des effets.

2.2 Optimum de Pareto

Le deuxième sujet d'étude de Pareto est la légitimation politique de l'économie de marché, en démontrant que l'équilibre walrasien correspond à une répartition optimale de la production. Pour ce faire, il commence par définir l'optimalité. Dans la tradition utilitariste (voir chapitre 5), la meilleure situation sociale possible est celle dans laquelle le bien-être collectif, qui est la somme des satisfactions individuelles, est maximal. Mais, rappelle Pareto, pour additionner des quantités, il faut qu'elles soient de même nature. Pour pouvoir calculer un bien-être collectif, il faudrait donc que les satisfactions individuelles soient de même nature. Edgeworth s'était posé cette question et semblait croire qu'il était possible de mesurer, de façon objective et opposable, la satisfaction de chaque individu. Il n'en est rien, il n'y a pas d'étalon de mesure du plaisir. Les hiérarchies que l'on peut faire en économie ne sont pas interpersonnelles mais intrapersonnelles : un individu donné peut comparer deux biens, mais on ne peut pas comparer les satisfactions de deux individus. En économie, on dit que **les fonctions d'utilité sont ordinales** (elles permettent de hiérarchiser pour chaque individu les satisfactions) **et non cardinales** (elles ne donnent pas une mesure objective de ces satisfactions).

Cela conduit Pareto à identifier deux types de situations :

- Celles d'abord où on peut accroître la satisfaction de chacun en redistribuant les biens. Puisque la redistribution, qui se fait par l'échange sur un marché ou par une action de l'État, apporte à chacun une amélioration, la situation initiale n'était pas optimale.

- Dans les autres situations, en revanche, toute modification de la répartition des biens diminue la satisfaction d'au moins une personne. Même si la perte de cette personne peut paraître négligeable, Pareto affirme qu'on ne peut pas considérer la nouvelle situation comme meilleure que la précédente. La situation initiale, qu'il est impossible de modifier sans détériorer la position de quelqu'un, est un **optimum de Pareto**. Des calculs complexes montrent que l'équilibre walrasien fait partie des optima de Pareto. Dans la boîte d'Edgeworth, la courbe des contrats est en fait le lieu des optima de Pareto.

2.3 L'apport sociologique

Le troisième apport de Pareto concerne la sociologie. En 1916, il publie un *Traité de sociologie générale* de plus de 1 800 pages. On y trouve notamment une défense et illustration du rôle des élites, ainsi que des considérations désabusées sur leur fragilité et leur perpétuel renouvellement.

Avec Pareto meurt l'illusion de pouvoir donner, comme l'avait espéré Bentham aux débuts de l'utilitarisme, une mesure incontestable à l'utilité de chacun et d'en inférer une utilité nationale qui serait la somme des utilités individuelles. Ce constat va avoir deux conséquences pour l'évolution de l'économie néoclassique. Puisqu'il y a clairement une frontière entre le raisonnement au niveau individuel et celui au niveau de l'État, certains vont faire de chaque branche l'élément central de leur réflexion. L'individualisme, déjà présent chez Menger, va nourrir l'école autrichienne, tandis qu'en Suède, dans la foulée de l'école historique allemande, va naître une réflexion centrée sur l'État et les grandeurs qu'il influence.

3. L'affirmation de l'école autrichienne

3.1 Eugen Böhm-Bawerk (1851-1914)

D'origine tchèque, sa famille sert fidèlement depuis plusieurs générations les Habsbourg et Böhm-Bawerk s'inscrit dans cette tradition. Il est ministre des Finances, notamment de 1900 à 1905. Il démissionne car il refuse l'augmentation des crédits militaires. Il s'efforce ensuite jusqu'à sa mort de persuader l'empereur François-Joseph de ne pas suivre aveuglément la politique militariste de Berlin. Malade et très fatigué au printemps 1914, il essaie une dernière fois de plaider pour la paix après l'assassinat de Sarajevo.

Böhm-Bawerk est un disciple de Menger, mais il en donne une lecture critique essayant de conserver l'héritage ricardien qui, en langue allemande, passe par la lecture de von Thünen et surtout de Marx. De Menger, il retient le subjectivisme et l'idée de la décroissance de l'utilité marginale. Mais il refuse d'assimiler purement et simplement cette utilité marginale à une dérivée, comme le font les Anglais. En effet, le formalisme mathématique introduisant la notion de dérivée suppose que la quantité de biens consommée soit infiniment divisible. En pratique, ce n'est pas le cas. Mathématiquement parlant, la dérivée suppose que les quantités augmentent de façon continue ; or, elles augmentent de façon discrète. Böhm-Bawerk en conclut que la construction intellectuelle de Marshall et de Walras est séduisante, mais qu'elle ne peut prétendre refléter totalement la réalité.

Apparaît ainsi une différence de vue entre deux branches de l'école néoclassique :

- une branche anglo-française aux conclusions très nettes, assises sur des calculs mathématiques très élaborés ;
- une branche autrichienne, qui appelle à la modestie intellectuelle et considère que l'appareil intellectuel de l'équilibre général walrasien est en fin de compte assez vain.

Investissement et détour de production

La contribution la plus marquante de Böhm-Bawerk est sa publication de *Théorie positive du capital* en 1888. L'investissement y est expliqué par une formule restée célèbre, celle du **détour de production**.

Böhm-Bawerk part des deux interprétations classiques de la dynamique de l'épargne et de l'investissement. Pour Ricardo et ses disciples, les entreprises empruntent le « fonds de salaire ». C'est-à-dire qu'un entrepreneur se lance dans une activité s'il a des machines. Ensuite, pour produire, il a besoin de salariés à qui il verse d'emblée et régulièrement un salaire, jusqu'à ce qu'il ait des rentrées liées aux ventes effectuées. Le fonds de salaire est la somme des salaires versés avant les premières ventes. Comme Ricardo raisonne encore dans une économie rurale, ce fonds correspond grosso modo au temps qui sépare les semailles de la récolte, c'est-à-dire un an de salaires. En face de cet emprunt apparaît, pour le financer, une épargne qui va être mobilisée grâce au taux d'intérêt assurant sa rémunération. À cette logique du taux d'intérêt, Senior (voir chapitre 3) ajoute celle de l'abstinence. En épargnant, même si le taux d'intérêt était nul, les ménages font un sacrifice immédiat, convaincus qu'ils pourront plus tard mieux profiter du pouvoir d'achat ainsi différé.

Böhm-Bawerk affirme que ces deux arguments (le fonds de salaire à financer et le pouvoir d'achat différé) sont absurdes. Il le fait en des termes tels que Marshall s'indigne de sa violence vis-à-vis de ses prédécesseurs. En fait, Böhm-Bawerk fonde l'investissement, et donc l'épargne qui le finance, sur le fait qu'il permet d'augmenter la production future :

> La valeur ne vient pas du passé des biens mais de leur avenir.

Le détour de production traduit l'idée que l'important n'est pas le fonds de salaire, mais le capital fixe installé et son efficacité. Avant de produire des produits finis, il est nécessaire de produire du capital fixe et de consacrer à cette production du temps et de l'argent.

Théorie positive du capital de Böhm-Bawerk (1888)

> Le but final de toute production est la formation d'objets qui peuvent satisfaire nos besoins, c'est-à-dire de biens de jouissance ou « biens de premier ordre » comme nous les avons appelés ailleurs. La voie qui conduit à leur production nous est déjà connue d'une façon générale. Nous combinons nos propres forces naturelles aux forces naturelles du monde extérieur de telle façon qu'en vertu des lois naturelles le bien matériel désiré doit se produire. Mais, dans cette manière de procéder très générale, se manifeste une diversité importante dont nous n'avons pas encore tenu compte. Elle se rapporte à l'intervalle qui existe entre l'intervention du travail humain et la production du bien matériel désiré. En effet, ou bien nous intervenons par notre travail tout près du but, de sorte que par l'adjonction de ce travail le cercle des conditions de la production du bien désiré est immédiatement complété, et que par

suite la production du bien se rattache directement à cette dépense de travail. Ou bien nous prenons intentionnellement un détour, de manière à combiner notre travail à des causes plus éloignées de la production du bien et à obtenir de cette combinaison non immédiatement le bien désiré, mais seulement une cause plus immédiate de sa production, qui, à son tour, doit être unie à d'autres matières et forces convenables jusqu'à ce qu'enfin – peut-être après plusieurs ou beaucoup d'opérations intermédiaires – le moyen de satisfaction se trouve achevé.

[…] Un campagnard a besoin d'eau potable et en désire. La source jaillit à une certaine distance de sa maison. Pour se procurer l'eau dont il a besoin il peut employer différents moyens. Ou bien il ira lui-même chaque fois à la source et il boira dans le creux de sa main. C'est le moyen le plus direct. […] Ou bien – et c'est le second moyen – le laboureur creuse dans un bloc de bois un seau dans lequel il portera en une fois de la source à la maison l'eau nécessaire pour la journée. L'avantage est évident ; mais pour l'obtenir il a fallu se servir d'un moyen détourné qui a son importance. L'homme a peut-être dû passer toute une journée pour tailler le seau, et pour pouvoir le tailler, il a dû auparavant abattre un arbre dans la forêt […]. Mais notre campagnard a encore un troisième moyen à sa disposition ; au lieu d'abattre un arbre, il en abat une quantité, il les creuse tous au milieu et en fait un canal par lequel il amène devant sa maison un filet abondant de l'eau de la source. Il est clair qu'ici le détour qui va de la dépense de travail à l'acquisition de l'eau est encore bien plus considérable, mais en revanche il a conduit à un meilleur état : notre homme n'a plus du tout besoin maintenant de faire péniblement le chemin qui sépare sa maison de la source et il a cependant à chaque moment chez lui une quantité abondante d'eau très fraîche.

Dans l'exemple célébrissime de l'approvisionnement en eau (voir encadré ci-dessus), Böhm-Bawerk veut montrer que ce qui détermine l'acte d'investissement, ce ne sont pas les sommes à mobiliser, mais bel et bien le résultat obtenu après avoir sacrifié du temps. Si le canal est la meilleure solution, c'est parce qu'il fournit la réponse la plus durable au problème posé.

La logique de ce résultat est que le taux d'intérêt ne dépend pas des dépenses à effectuer, mais de l'efficacité de l'investissement en termes de production supplémentaire et de capacité de vente supplémentaire.

Parmi les économistes classiques, Böhm-Bawerk est même assez proche de J.-B. Say qui avait déjà écrit que l'investissement se justifie par les gains de productivité qu'il permet. Mais il critique également Say et ce qu'il appelle sa naïveté, car faire des gains de productivité permet d'accroître la production, ce qui suppose d'avoir la certitude de l'écouler. Il ne sert à rien de produire plus et mieux des biens qui ne trouveront pas preneur.

Entre Ricardo et Say d'une part et Böhm-Bawerk d'autre part, on a changé d'époque : le consommateur est entré en scène et l'entreprise ne peut pas l'ignorer et se contenter de réfléchir en termes de financement du fonds de salaire et de productivité des machines. Elle investit pour produire ce que le consommateur souhaite acheter.

3.2 *Friedrich von Wieser (1851-1926)*

Beau-frère et ami de Böhm-Bawerk, Friedrich von Wieser est le deuxième grand disciple de Menger. Il conserve la tendance au subjectivisme, c'est-à-dire cette idée que la valeur est très largement subjective et qu'il est difficile d'additionner les utilités de chaque individu, même si en théorie c'est cela qui constitue la satisfaction générale de la population. Il est le premier à considérer que l'élément le plus objectif dans l'économie est le système de prix et que le rôle de la politique économique est de ne pas en perturber la formation. Deux facteurs empêchent l'émergence d'un système de prix efficace : le premier est l'existence de monopoles, le second est l'inflation. L'école autrichienne initie un courant de pensée économique qui identifie l'inflation comme un des problèmes essentiels des économies modernes.

En 1913 paraît le livre majeur de von Wieser, *Éléments d'économie sociale*. Il y présente une théorie plus générale et plus complexe que celle de la simple utilité. Il s'interroge en particulier sur le rôle des **coûts d'opportunité**, notamment en matière de finances publiques. C'est-à-dire qu'il considère que chaque fois que l'État dépense, il doit se demander ce que les particuliers auraient fait si on leur avait laissé l'impôt qu'ils ont dû payer pour financer cette dépense. L'utilité d'une dépense budgétaire ne s'apprécie pas uniquement en termes de service rendu, mais également en termes d'arbitrage entre cette dépense publique et la dépense privée qu'elle supprime.

La dislocation de l'Empire austro-hongrois le radicalise sur le plan politique. Son dernier livre, *La Loi et la Puissance*, est une dénonciation des monopoles économiques et une défense d'un pouvoir politique fort.

4. L'enseignement de l'économie en France : Charles Gide (1847-1932)

Tandis que Walras développe ses modèles mathématiques, la France des débuts de la IIIe République, traumatisée par la déroute de 1870, cherche à moderniser la formation de ses élites et introduit l'économie politique comme nouvelle discipline dans l'enseignement supérieur.

C'est un peu par hasard qu'un juriste s'en charge, avec comme conséquence que l'enseignement s'éloigne des mathématiques qui s'imposent en Grande-Bretagne, pour se caler sur le modèle de l'enseignement du droit.

Ce juriste est Charles Gide, en quelque sorte le « Senior » français dans la mesure où il est le premier professeur d'économie à enseigner dans le cadre de l'Université française.

Charles GIDE

Charles Gide est né le 29 juin 1847 à Uzès (Gard). Selon la tradition familiale – mais contre ses goûts –, il fait des études de droit à Paris où son frère Paul – le père de l'écrivain et prix Nobel de littérature André Gide – était professeur. Il soutient en 1872 une thèse sur « *la liberté d'association en matière religieuse* ». En 1874, il réussit l'agrégation de droit mais, peu attiré sur le fond par la matière, il choisit d'enseigner l'économie politique que l'on introduit alors dans les universités. C'est ainsi qu'il donne en 1877 le premier cours d'économie politique jamais délivré en France, à l'université de Bordeaux. À compter de 1880, il est nommé à Montpellier. En 1884, il fait paraître des *Principes d'économie politique* qu'il révisera toute sa vie et qui connaîtront vingt-six éditions françaises et dix-neuf traductions.

Il participe à la relance du mouvement coopératif français à compter de 1885 et à la création de *L'Émancipation (1886)*, le journal de ce que l'on appellera « l'école de Nîmes ». En 1887, s'opposant aux économistes libéraux français, il crée la *Revue d'économie politique* dont il restera jusqu'en 1932 le rédacteur en chef. Il meurt cette année-là après avoir été professeur au Collège de France.

Charles Gide n'est pas un grand théoricien, mais il joue un rôle clé dans l'histoire en faisant naître un enseignement structuré de l'économie en France. En 1896, l'enseignement des sciences économiques est doté d'une agrégation, rattachée à celle de droit mais en partie autonome (elle acquiert son autonomie complète en 1926).

Gide se heurte, comme Senior avant lui, à l'accusation d'introduire à l'Université une matière au contenu hautement contestable. Il s'en défend, mais n'affirme pas comme Senior la scientificité absolue de l'économie conduisant à une théorie unique. Pour lui, s'il y a différentes écoles économiques, celles-ci sont peu nombreuses si bien qu'il est toujours possible d'en présenter dans un enseignement l'ensemble des positions. Il identifie cinq écoles :

- les libéraux ;
- les socialistes scientifiques ;
- les socialistes d'État ;
- les chrétiens sociaux ;
- les solidaristes.

Lui-même se situe à cheval entre les deux dernières. Il défend le principe coopératif, non seulement dans la production mais également dans la consommation, devenant le porte-parole actif d'associations de consommateurs.

Sur le plan de la théorie économique pure, il s'oppose assez vite à Walras, qui le méprise pour son ignorance mathématique. Certes, la monumentale *Histoire des doctrines économiques* qu'il publie en 1909 a été coécrite avec **Charles Rist** (1874-1955), qui se définit comme un adepte de Walras. Mais il préside le jury qui colle à l'agrégation **Albert Aupetit**, disciple reconnu de Walras qui publie un prolongement de ses idées dans *Essai sur la théorie générale de la monnaie* (1901), l'obligeant à se rabattre sur un poste à la Banque de France.

Sur le fond, Gide a deux idées originales qui le distinguent parmi les économistes de son temps :

- Comme Jevons, il pense que la croissance va manquer d'or et propose un étalon plus diversifié.
- Comme Edgeworth, il a des doutes sur le libre-échange et pense que celui-ci ne peut reposer que sur des traités négociés. Au libre-échange unilatéral de Ricardo, en train de disparaître dans les années 1890 du fait de l'attitude de l'Allemagne et du Japon, il oppose un libre-échange multilatéral négocié.

Le bilan de Gide porte surtout sur l'enseignement et la consolidation de l'économie politique en France. En optant pour le modèle de l'enseignement du droit, il impose l'économie au monde universitaire mais crée une particularité française. L'économie se scinde dès lors en trois branches :

- des économistes universitaires très attachés au fonctionnement intellectuel issu du droit et qui ont du mal à connaître une réelle reconnaissance internationale ;
- des économistes théoriques maniant les mathématiques, internationalement reconnus et qui, dans la foulée de Dupuit et de Walras, sont pour l'essentiel des ingénieurs issus de l'École polytechnique ;
- des décideurs économiques qui sont surtout des inspecteurs des finances, naguère formés par l'École libre des sciences politiques, aujourd'hui issus de l'École nationale d'administration (ENA).

Dans le référentiel que nous avons adopté, Gide se rattache à l'esprit « espagnol », c'est-à-dire à une vision plutôt religieuse de l'économie. Cette vision est portée également par le catholicisme à travers les positions du pape.

Quand Gide publie, le pape Léon XIII se prononce sur la situation économique et sociale dans l'encyclique « *Rerum novarum* » (1891). Il y condamne la « concentration entre les mains de quelques-uns de l'industrie et du commerce, devenus le partage d'un petit nombre d'hommes opulents », ainsi que le marxisme qu'il qualifie de « peste mortelle ». Léon XIII donne une version modernisée du thomisme. Le travail a un prix, le salaire, et de même qu'il y a un juste prix, il doit y avoir un **juste**

salaire ; il y a également un juste prix du capital et Léon XIII invite patrons et ouvriers à chercher ensemble le juste salaire et la juste rémunération du risque. Il défend la propriété, mais selon un argumentaire qui n'est plus celui des thomistes puisqu'il retient la notion moderne de « droit naturel ».

La pensée économique religieuse de la fin du XIXe siècle penche vers les mouvements coopératifs, elle milite contre l'individualisme méthodique des économistes néoclassiques et contre la violence et l'athéisme du socialisme marxiste.

5. Le socialisme : la rénovation austro-marxiste

Ce socialisme marxiste sur le plan économique trouve son renouveau en Autriche et accessoirement en Allemagne. En Autriche, c'est Hilferding qui en est le porteur.

5.1 *Rudolf Hilferding (1877-1941) ou les derniers feux de la pensée marxiste avant la glaciation stalinienne*

Pour comprendre ses théories, un retour sur les transformations historiques de la monnaie s'impose.

Rudolf HILFERDING

Né à Vienne en 1877, Hilferding conclut une jeunesse studieuse et sans histoire par des études de médecine. Révolté par les inégalités sociales qu'il mesure chaque jour dans l'exercice de son métier, il adhère au parti socialiste autrichien. Il en devient le chroniqueur et l'expert économiques. Ses premiers articles sont d'une parfaite orthodoxie marxiste. En particulier, il défend la notion de la valeur travail, selon laquelle le prix d'un objet dépend de la quantité de travail nécessaire à sa fabrication, ce qui fait de lui l'adversaire de Böhm-Bawerk. Son premier livre s'intitule d'ailleurs *Critique marxiste de Böhm-Bawerk*. Avec le temps, ses idées évoluent en une adaptation du marxisme aux nouvelles conditions économiques. *Le Capital financier* (1910), son œuvre majeure, se présente comme une modernisation des thèses marxistes.

Quoique opposé à la guerre en 1914, il juge lâche, après son déclenchement, de ne pas y participer et rejoint l'armée autrichienne comme médecin. En 1919, il prend la nationalité allemande.

Au printemps 1941, il est torturé puis assassiné dans une geôle nazie. Il a été livré à la Gestapo par la police française, en vertu de l'article 19 de l'accord d'armistice par lequel la France vaincue s'engage à remettre aux nazis les Allemands réfugiés politiques en France. Il en est. Dans ses derniers écrits, lucide sans être résigné, il exprime son aversion pour Hitler, Staline et leurs sinistres épigones et sa conviction de leur inéluctable échec.

Retour sur la monnaie fiduciaire et scripturale

À l'origine, la monnaie remplace le troc. Le commerce s'en trouve facilité tandis que les prix changent de nature, cessant d'être associés aux échanges pour l'être aux objets. Jusqu'au XVIIIe siècle, la monnaie est métallique. Peu à peu, pour des raisons pratiques, le papier remplace le métal. Ce sont les banques qui assurent cette substitution, garantissant au papier une valeur équivalente à celle du métal conservé dans leurs coffres. **Ce papier (les billets de banque) s'appelle la monnaie fiduciaire**. En 1844, le gouvernement anglais, suivant les préceptes de Ricardo, fixe la quantité de monnaie fiduciaire au strict niveau du stock d'or et consolide cette décision en donnant à la banque centrale le monopole d'émission des billets. Le besoin croissant en monnaie dû à l'expansion industrielle se heurte à ce système très contraignant. Les banques réagissent en introduisant **une nouvelle monnaie fondée sur le crédit, la monnaie scripturale**. Chaque prêt bancaire augmente la capacité de dépense de l'emprunteur par l'inscription sur son compte courant d'une somme égale au montant du prêt consenti. Le crédit débouche ainsi sur un accroissement de la masse monétaire, et ce indépendamment de l'évolution du stock d'or. Après 1880, ce mécanisme joue à plein si bien que la politique monétaire relève de moins en moins de la géologie comme l'affirmait Ricardo, et de plus en plus de l'attitude des banquiers.

Les conséquences du crédit

Quand Marx élabore ses théories, le principe alors en vigueur d'identité entre l'or et la monnaie fiduciaire fonctionne pleinement, ce qui le conduit à considérer que la monnaie est une marchandise. Au moment où Hilferding écrit, ce schéma est obsolète : la monnaie est devenue surtout scripturale et immatérielle. Chez Marx, les chefs d'entreprise maximisent leur profit pour récupérer les fonds investis en machines. Chez Hilferding, leur souci premier est de rembourser leurs dettes, si bien que leur référence est moins le profit que le taux d'intérêt.

Hilferding tire du bouleversement né du crédit trois conséquences :

- **La primauté économique n'appartient plus aux industriels mais aux banquiers**. D'autant plus que ces derniers, multipliant contrôles et exigences pour avoir l'assurance d'être remboursés, finissent par évincer leurs débiteurs dans la gestion des entreprises. Ils deviennent progressivement propriétaires de l'appareil productif au point d'accaparer le pouvoir économique (d'où le titre de *Capital financier* donné à son livre de 1910).
- **Cette concentration annihile la notion de marché** : quand une banque détient à la fois une mine de charbon et une compagnie d'électricité, le prix du charbon facturé par la mine à la compagnie d'électricité ne dépend plus de l'offre et de la demande, mais des décisions de leur propriétaire commun.
- Les prix n'étant plus fixés par la concurrence, **les entreprises revoient leurs méthodes de gestion des coûts, notamment salariaux**. La détermination des salaires passe d'une logique de marché à une logique de rapport de force. De ce fait, les entreprises, en quête d'une main-d'œuvre docile, vont la chercher dans les colonies. Ce sont elles qui ont poussé les pays européens à conquérir des empires, à devenir, selon son expression, **impérialistes**.

Le succès du *Capital financier* fait de son auteur la référence économique de ce que l'on appelle l'austro-marxisme et un dirigeant écouté de la IIe Internationale.

Hilferding ministre des Finances

En 1923, il est ministre des Finances en pleine hyperinflation. S'appuyant sur l'idée que la monnaie n'est plus de l'or mais est issue du crédit, il conçoit un nouveau mark sans lien avec l'or, gagé uniquement sur les potentialités de l'économie allemande. Les dirigeants de la Reichsbank crient à l'hérésie, au scandale et obtiennent son départ… avant de mettre en application, sous l'autorité de Schacht, ses propositions monétaires : le 15 novembre 1923, naît une monnaie sans or, le rentenmark. De nouveau ministre en 1928, il défend le principe de la cogestion entre syndicats et patronat, dans le but d'organiser l'économie sans avoir recours à une planification autoritaire de type soviétique.

En 1933, il s'installe à Prague. Il y rédige la partie économique du programme des sociaux-démocrates en exil. À cette occasion, il s'oppose aux idées venues de Cambridge sur la relance par les grands travaux et le déficit budgétaire. Pour lui, cette politique débouche sur l'inflation.

Ses thèses sont abondamment plagiées par Lénine. Comme il dénonce en divers lieux son ambition et sa propension à s'approprier les idées et les écrits des autres, Lénine en fait un de ses adversaires systématiques. Il partage ce sort avec l'autre grande figure de la réflexion économique du marxisme de la Belle Époque, Rosa Luxemburg.

5.2 *Rosa Luxemburg (1871-1919), marxiste enthousiaste*

Comme Hilferding, Rosa Luxemburg identifie deux événements économiques majeurs depuis la mort de Marx : le développement du crédit bancaire et le colonialisme. Depuis les congrès de Gotha et d'Erfurt, le marxisme est la doctrine officielle du SPD. Les théoriciens du parti doivent développer des analyses conformes au cadre intellectuel qu'il fournit, notamment la thèse de la « baisse tendancielle du taux de profit ». Marxiste cohérente, Rosa Luxemburg considère que l'histoire du capitalisme se construit autour des tentatives d'échapper à ce mécanisme inexorable. Parmi ces manifestations, il y a l'invention du crédit et le colonialisme : **le crédit finance les investissements que les profits en recul relatif ne peuvent assumer, la colonisation fournit une main-d'œuvre facile à exploiter**.

Rosa LUXEMBURG

Rosa Luxemburg naît le 7 mars 1871 à Zamosc, en Pologne alors russe, dans une famille de commerçants juifs éduqués. Pleine d'énergie, elle a du charme malgré des traits quelconques et une légère claudication. Militante dès l'âge de 16 ans, elle s'installe à Zurich, avant qu'un mariage rapidement devenu fictif ne la conduise en Allemagne. Elle rejoint le parti social-démocrate (SPD), multipliant conférences et articles qui l'imposent avec Rudolf Hilferding – qu'elle n'aime guère – comme l'économiste de référence du socialisme européen.
Rosa Luxemburg se distingue par son internationalisme et son hostilité au nationalisme. Elle condamne la guerre et s'oppose en 1914 aux dirigeants du SPD qui votent les crédits militaires. Cet internationalisme intransigeant l'oppose aussi aux bolcheviks russes qui distinguent le nationalisme des colonisés de celui des colonisateurs, distinction officialisée au congrès de Bakou en 1920.
C'est ce combat contre toutes les formes de guerre qui lui fait le plus d'ennemis et explique son assassinat par l'armée légale en janvier 1919, à Berlin. Née avec la Commune de Paris, elle meurt avec celle de Berlin.

Elle complète toutefois cette vision par une approche originale qui sera celle des keynésiens de gauche. Dans son livre majeur, *L'Accumulation du capital* (1913), elle ne se limite pas à considérer l'investissement comme le moyen d'augmenter le stock de capital. Elle lui attribue un double rôle : accroître durablement les capacités de production, mais aussi fournir instantanément un débouché aux producteurs de biens d'équipement. **L'investissement crée une offre et une demande, mais une offre de long terme et une demande de court terme**. Ainsi, le capitalisme porte en lui un manque structurel de demande, source de déflation, de baisse des salaires et donc de révolte ouvrière. Les colonies fournissent momentanément non seulement une main-d'œuvre à exploiter, mais encore des clients. Mais cela ne fait que différer l'apparition du déséquilibre et de la surproduction.

Parallèlement au renouveau du marxisme, une pensée plus axée sur l'État mais indépendante de l'école historique apparaît à la même époque en Scandinavie. Le père fondateur de ce qui va devenir l'école scandinave est Knut Wicksell.

6. La pensée allemande s'installe en Suède : la naissance de l'école scandinave

Avec Böhm-Bawerk, l'économie s'intéresse à l'investissement en tant que tel et non plus seulement à l'épargne. Le basculement de la réflexion sur l'égalité entre l'épargne et l'investissement annonce le passage à la phase suivante de l'économie, celle qui succède aux néoclassiques, à savoir la phase keynésienne. Cette transition se fait par l'intermédiaire des Suédois.

6.1 *Knut Wicksell (1851-1926), l'épargne, l'investissement*

Wicksell développe ses théories dans deux livres majeurs, *Valeur, capital et rente* (1893) et surtout *Intérêt et prix* (1898).

Knut WICKSELL

Wicksell naît en 1851 dans le nord de la Suède, dans une famille de paysans pauvres. Son destin naturel est de devenir bûcheron, mais le pasteur de son village obtient une bourse qui lui permet de prolonger ses études. Élève brillant, il pense devenir professeur de mathématiques quand il décide de réorienter sa vie. Une conférence de Böhm-Bawerk le mène à l'économie tandis que ses amitiés étudiantes le conduisent à s'engager politiquement vers l'extrême gauche et à rompre avec l'Église luthérienne. Il rejoint ainsi le diable… qu'il va désormais devoir tirer par la queue. Il gagne en effet petitement sa vie grâce à des travaux précaires de pigiste et de conférencier.
Bien qu'il occupe à partir de 1901 une chaire d'économie à l'université de Lund et que ses *Leçons d'économie politique* (1901) deviennent un livre de référence en Suède, Wicksell a du mal à se faire connaître hors de son pays. Il doit sa reconnaissance internationale à un événement singulier. Démographe, il défend les idées de Malthus et milite pour la limitation des naissances. Lors d'un congrès en 1908, il appelle à la retenue des couples et, exprimant un doute sur la possibilité pour une vierge de donner la vie, ironise sur les performances sexuelles du Saint-Esprit. L'église luthérienne, qui se souvient par

ailleurs de son ingratitude, porte plainte pour blasphème : il passe huit mois en prison… Meurtri par ce triste épisode, il se réfugie dans la technique économique, et obtient un poste d'administrateur de la banque centrale suédoise. Il meurt en 1926.

L'égalité entre l'épargne et l'investissement

Si ses premiers écrits constituent un exposé clair mais assez conventionnel des thèses marginalistes dans leur version autrichienne, sa vraie originalité apparaît avec *Intérêt et prix*, où il développe une approche nouvelle de l'économie et notamment de l'inflation. Il part de deux constats :

- Premièrement, alors que la théorie néoclassique raisonne en termes d'équilibre et prévoit une convergence vers un système stable de prix, cette convergence ne se voit jamais dans la réalité. L'équilibre général walrasien n'existe pas et les conditions inventées par Walras (le commissaire-priseur) sont trop farfelues pour que cette théorie devienne réellement utilisable.
- Ensuite, alors que la théorie néoclassique établit que le prix se fixe en fonction de la structure des coûts, Wicksell, reprenant les interrogations de Ricardo sur l'évolution du prix du porto, constate que le prix d'un bon vin croît avec le temps sans aucun travail ni aucun coût induit : il en déduit que la théorie économique ne tient pas assez compte du temps.

Wicksell propose donc de construire son analyse autour du taux d'intérêt en tant que mesure des conséquences du temps. En particulier, il considère comme fondamentale **l'égalité entre l'épargne et l'investissement**, et ce pour trois raisons :

- Parce que la confrontation entre l'épargne et l'investissement détermine le taux d'intérêt. Épargne et investissement sont l'offre et la demande d'un marché dont le taux d'intérêt est le prix. Pour Wicksell, il faut abandonner l'idée d'un taux d'intérêt égal au taux de profit, le profit servant à rémunérer le fonds de salaire. Il faut en fait combiner la vision de l'épargne de Senior et celle de l'investissement de Böhm-Bawerk. Le taux d'intérêt rémunère l'abstinence des épargnants et oriente les investisseurs vers les détours de production les plus profitables.

- Parce que l'investissement, en augmentant le stock de capital, fournit les moyens de la croissance.
- Parce qu'une distorsion entre la volonté des épargnants et celle des investisseurs peut se résoudre par l'intervention d'un troisième acteur, le banquier, qui, par le crédit et donc la création monétaire, supplée au manque d'épargne.

Wicksell démontre ainsi que la monnaie n'est pas neutre, qu'elle n'est pas seulement un moyen d'échange. Le crédit, qui est à l'origine de la création de monnaie scripturale, finance l'investissement et donc la croissance.

Une nouvelle approche de l'inflation

L'objet monétaire a une double dimension : celle de monnaie ; celle d'une fonction économique qui tient à sa nature. Quand la monnaie est de l'or, sa nature non monétaire ne concerne que peu l'activité économique car elle est gérée par des bijoutiers. Quand elle est du crédit, cette seconde nature est fondamentale car elle est la quintessence du fonctionnement des banques.

Dans ce contexte, il faut avoir une nouvelle lecture de l'inflation. Elle traduit un excès de crédit, c'est-à-dire qu'elle est la mesure des erreurs des banquiers. Il y a inflation quand les banques ont financé des projets qui n'ont pas abouti et mis en circulation par ce biais une quantité de monnaie qui ne trouve pas son pendant sous forme de création de richesse. Pour corriger cette situation, la banque centrale est appelée à jouer un rôle nouveau. Auparavant, elle était surtout le banquier de l'État et le gestionnaire du stock d'or. Dorénavant, **la banque centrale utilise la politique monétaire pour contenir l'inflation**. En jouant de la quantité de billets qu'elle met à la disposition des banques et du coût qu'elle leur impose pour cela, elle les amène à modifier les taux qu'elles pratiquent et, par-delà, à faire montre d'une vigilance accrue dans leurs prêts. Au final, il existe dans l'économie deux taux d'intérêt :

- le taux que Wicksell qualifie de naturel, qui égalise épargne et investissement ;

- le taux pratiqué par les banques qui dépend de la politique monétaire et qui favorise ou limite le crédit.

À long terme, ils sont égaux ; à court terme, le taux de la politique monétaire fluctue autour du taux naturel.

Une croissance est équilibrée selon Wicksell à trois conditions :

- l'égalité entre l'épargne et l'investissement ;
- l'égalité du taux d'intérêt et du rendement des capitaux investis ;
- la stabilité des prix.

Avec Wicksell, la monnaie fait un retour en force dans l'économie. Évincés par les classiques, les mercantilistes (voir chapitre 1) redeviennent à la mode au début du XXe siècle, mais sur des bases nouvelles. Entre-temps, la monnaie a cessé d'être exclusivement métallique pour devenir fiduciaire et surtout scripturale. Wicksell a de nombreux disciples en Suède mais également en Angleterre, qui, à l'instar de Keynes et du cercle de Cambridge, vont fonder la politique économique du XXe siècle.

Avant de les aborder, il faut franchir l'Atlantique où l'économie politique s'installe à la fin du XIXe siècle.

7. L'économie politique aux États-Unis

L'économie politique se développe lentement aux États-Unis où, au début, on s'inspire naturellement des auteurs anglais. Le premier secrétaire au Trésor, **Alexander Hamilton** (1757-1804), bien que proche collaborateur de George Washington, est plutôt pro-anglais. Il s'inspire des institutions économiques britanniques notamment pour défendre l'existence d'une banque centrale jouant le rôle de prêteur en dernier ressort pour l'État, moyennant l'engagement par celui-ci de réduire régulièrement sa dette. Cette banque centrale est supprimée par le président Andrew Jackson en 1832. Étudiants et dirigeants se contentent pendant des années de commenter les écrits et les actes d'Hamilton.

7.1 Henry Charles Carey (1793-1879)

Il publie en 1838 ses *Principles of Political Economy*, qui deviennent le principal manuel dans les universités américaines. L'ouvrage servira encore dans certains programmes officiels des facultés de sciences économiques en 1973.

Carey, qui est d'origine irlandaise, se distingue par des prises de position radicalement antibritanniques. Pour lui, les thèses de Ricardo n'ont de sens que pour l'économie anglaise. Il juge absurde l'idée d'une rente due à la fertilité décroissante des terres. En effet, aux États-Unis, la marche vers l'Ouest a tendance à augmenter cette fertilité ; plus généralement, la concurrence entre les fermiers qui baisse les profits et assure ainsi l'augmentation de la rente est une hypothèse qui ne se vérifie pas en pratique : un fermier d'Écosse n'est pas en concurrence avec un fermier du bassin de Londres. Pour Carey, les théories de Ricardo sont une tentative habile de justifier le libre-échange, dont l'objectif unique est de consolider la domination économique de la Grande-Bretagne.

Carey devient le conseiller économique de Lincoln. Il lui recommande de mener une politique strictement protectionniste et de financer la guerre de Sécession par des émissions de monnaie, de même nature que les assignats pendant la Révolution française. Le **protectionnisme de Carey** influence les dirigeants américains et Grant, devenu président des États-Unis, augmente les droits de douane, à la fois pour renflouer les caisses publiques mises à mal par la guerre civile et pour écarter l'industrie européenne. Carey est traduit notamment en suédois, si bien qu'il sera un des inspirateurs des premiers économistes suédois comme Wicksell. Il est aussi au début le maître à penser de John Bates Clark.

7.2 John Bates Clark (1847-1938)

Clark est le premier Américain à mener une carrière d'économiste au sens moderne du terme, c'est-à-dire à vivre d'un enseignement d'économie dans un système universitaire organisé. En 1886, il publie *Philosophy of Wealth*, son œuvre majeure. En 1895, il donne son premier cours à New York, à l'université de Columbia. Pour commémorer cet événement, les économistes américains ont créé en 1947, à l'occasion du centième anniversaire de sa naissance, une **médaille J.B. Clark** qui récompense un jeune économiste de moins de quarante ans particulièrement prometteur[3].

Clark commence sa carrière en disciple de Carey. Il se rend en Europe pour parfaire sa formation et étudie à Heidelberg où il suit les cours de Knies. Ses premiers écrits sont marqués par ce parcours : il est un protectionniste convaincu et un partisan des thèses de l'école historique allemande. La lecture de Menger et de Marshall le fait complètement changer d'avis.

Il introduit le marginalisme aux États-Unis et fait avancer cette théorie dans une nouvelle direction. Il applique en effet la théorie de l'utilité marginale à l'entreprise. L'entreprise n'est pas uniquement un producteur, mais également un acheteur : elle achète du travail, elle achète du capital. Le prix du travail doit donc être égal à l'utilité marginale pour l'entreprise. Concrètement, Bates établit que le salaire est égal à la productivité marginale des travailleurs. Les entreprises embauchent tant que la production permise par le nouvel entrant est supérieure au coût de son entrée, c'est-à-dire son salaire. Cela signifie qu'il y a, comme l'analyse Marshall pour le consommateur, pour certains salariés une différence entre ce qu'ils perçoivent et ce qu'ils produisent, différence qu'empoche l'entreprise : Bates ne parle pas de rente, mais de **surplus**. Il y a ainsi un surplus du consommateur (la différence entre son utilité marginale et le prix) et un surplus de l'entreprise (la différence entre la productivité de certains employés et leur salaire).

Bates se fait l'analyste des facteurs de production. Pour lui, le salaire est égal à la productivité du dernier embauché, le taux d'intérêt à la productivité de la dernière machine utilisée. Il est dès lors possible de mesurer la quantité de salariés embauchés et le stock de machines, et donc de déterminer la production. Bates introduit ainsi en économie la notion de **fonction de production** qui lie la production aux facteurs de production. Il écrit :

$$Y = f(L,K)$$

3. Paul Samuelson, Milton Friedman, Joseph Stiglitz, Paul Krugman ou encore, en 2010, l'économiste française Esther Duflo font partie des lauréats.

où Y est la production d'un pays, L sa population active et K son stock de capital.

À la même époque, sur la côte Ouest, le développement des chemins de fer donne une nouvelle jeunesse au problème de la rente, tel que Ricardo l'avait posé, à travers les travaux de Henry George.

7.3 *Henry George (1839-1897)*

Né à Philadelphie, il rejoint, après une vie errante, les chercheurs d'or californiens de 1849. Il entame alors une carrière dans la presse à San Francisco, qui le mène de typographe à propriétaire de journal en passant par journaliste. En 1879, il publie *Progrès et pauvreté*, qui devient un best-seller aux États-Unis et en Europe. Il y part d'un constat tangible : le développement des chemins de fer fait la fortune de ceux qui possèdent les terrains à proximité des voies. Il distingue ensuite dans chaque société humaine deux groupes : ceux qui vivent de leur travail, principalement les salariés et les chefs d'entreprise ; ceux qui disposent d'une rente, principalement les propriétaires terriens. Sa conclusion est qu'il faut instaurer un impôt qui confisque la rente foncière. Impôt d'autant plus utile que, selon lui, il suffirait à couvrir les besoins de l'État.

Son succès est tel que les économistes du monde entier se mettent en devoir de commenter ses idées. Si Walras le soutient et admet le principe d'une nationalisation des terres, en revanche, Marshall lui oppose trois arguments :

- En pratique, la rente foncière est faible.
- La concurrence est plus efficace que la fiscalité pour résoudre le problème des rentes car elle transfère aux consommateurs, et ainsi à l'ensemble de la population, les fruits de la lutte contre les situations rentières.
- Le prix des terres n'augmente pas toujours. Des villes où aujourd'hui le prix de l'immobilier flambe peuvent demain être désertées et subir un effondrement du prix des terrains.

Quant à Böhm-Bawerk, il prend George pour un esprit excessif et simpliste.

Aux États-Unis, George devient une référence. En octobre 1897, il postule à la mairie de New York. Mais il meurt épuisé en pleine campagne électorale.

> Après 1904, ses partisans utilisent pour leur propagande un jeu conçu par une des leurs, Lizzie Magie. Ce jeu se veut une illustration de la dynamique qui permet à un propriétaire d'immeubles bien situés de s'enrichir indûment. En 1933, Charles Dorrow s'approprie ce jeu et en commercialise une version amendée : c'est l'invention du Monopoly.

8. Bilan et héritage de la seconde vague marginaliste

Successeurs ou même contemporains des pionniers que furent Jevons, Menger et Walras, les économistes de la seconde vague marginaliste écrivent dans une période économique moins troublée que les années 1870. La Belle Époque est une période de croissance au point que la contestation sociale se fait moins forte. Sur le plan politique, le parti socialiste dominant en Europe, le SPD allemand, est secoué par la querelle dite « révisionniste » par laquelle Eduard Bernstein, animateur de l'aile droite du parti, annonce l'indispensable révision que doit être l'enterrement du marxisme. Hilferding, qui pense l'économie pour la social-démocratie européenne, admet que le capitalisme a changé ; il est devenu financier et a prouvé une capacité d'adaptation peu commune. Les États ont compris la loi de Wagner et embauchent de plus en plus de fonctionnaires, ce qui fait émerger une classe moyenne urbaine qui ne rêve pas de révolution.

Si les économistes s'éloignent du libre-échange à cause du succès des politiques protectionnistes allemande, japonaise et américaine, ils digèrent surtout la grande mutation qu'a été l'abandon de la valeur travail pour une explication des prix par la logique de l'utilité. Cette logique, poussée à l'extrême par Bates, explique non seulement le comportement du consommateur, mais aussi celui des entreprises et donc le fonctionnement du marché du travail. La quantité de travail achetée se détermine par une fonction de demande. Si cette demande n'est pas assez élevée (c'est-à-dire s'il y a du chômage), c'est que le prix est trop élevé (c'est-à-dire que les salaires doivent baisser).

Face à toute crise et face au chômage, la bonne réponse est de laisser le marché agir et les salaires baisser pour permettre l'embauche des ouvriers dont la productivité marginale est faible.

À la veille de la Première Guerre mondiale, Marshall peut dire que, de même que les physiciens sont convaincus d'avoir atteint, à travers les lois de Newton sur la gravitation et les équations de Maxwell sur l'électricité, le point ultime de la connaissance en physique, de même à travers ses cours les économistes ont atteint une connaissance quasi parfaite de la mécanique économique.

Seulement voilà, l'expérience de Michelson va ébranler les certitudes des physiciens et conduire à la théorie de la relativité. Ce qui va ébranler les certitudes des économistes, c'est l'évolution du monde entre 1914 et 1934 : guerre, révolutions, crise s'enchaînent et il devient impossible face au chômage de masse de prétendre que la solution réside dans la patience, l'équilibre sur le marché du travail finissant par revenir de lui-même grâce à la baisse des salaires.

Le monde théorique « anglais » d'avant 1914 reposait sur quatre piliers :

- le libre-échange ;
- la monnaie comme un voile (c'est-à-dire sans impact sur la croissance) stabilisé par l'étalon-or ;
- la neutralité de la politique budgétaire grâce à l'équilibre des finances publiques ;
- l'égalité de l'offre et de la demande se réalisant par le biais d'un prix sur des marchés, y compris celui du travail, du fait que les fonctions d'offre sont croissantes et les fonctions de demande décroissantes.

Ce monde meurt en 1914 pour des raisons historiques évidentes. Il s'éteint aussi parce qu'il laisse non résolues certains questions, essentiellement cinq :

- Le facteur déterminant de l'activité économique est-il le prix, comme le pensent Cournot, Walras et l'école autrichienne, ou est-ce les capacités de production et les quantités produites, comme l'affirment Marshall et Bates ?

- La mutation de la monnaie en monnaie scripturale créée par le crédit bancaire remet-elle en cause sa neutralité ?
- Ne faut-il pas réinterpréter le temps et notamment le lien entre l'épargne et l'investissement ?
- Puisque le consommateur est devenu le personnage clé de l'économie et que ce sont ses utilités marginales qui président au fonctionnement du marché, la loi de Say a-t-elle toujours un sens ?
- La théorie des avantages comparatifs qui fonde le libre-échange ne doit-elle pas être reformulée dès lors que la notion de valeur travail qui la fondait a été écartée ?

Questions de fond qui vont, eu égard aux circonstances historiques, générer deux attitudes : une de rupture brutale d'avec la tradition anglaise pour se tourner vers la tradition « allemande » centrée sur l'État (c'est le keynésianisme, voir chapitre 7), l'autre de reformulation des théories néoclassiques.

Quoi qu'il en soit, celles-ci sont assez solides pour constituer le fondement de ce que les étudiants du monde entier apprennent sous le nom de microéconomie.

Quelques dates à retenir

Année	Événement historique	Pensée économique
1877		Charles Gide : premier cours d'économie à Bordeaux Naissances d'Arthur Pigou et de Rudolf Hilferding
1895	Loi Sherman sur la concurrence aux États-Unis Début de l'affaire Dreyfus en France	John Bates Clark : premier cours d'économie à New York
1897		Mort de Henry George
1898	Zola : « J'accuse »	Wicksell : *Intérêt et prix*
1906		Pareto : *Manuel d'économie politique*

1908		Pigou succède à Marshall
1910	Guerre douanière franco-allemande	Hilferding : *Le Capitalisme financier*
1914	Première Guerre mondiale Création de l'impôt sur le revenu en France	Mort de Böhm-Bawerk
1915	La Grande-Bretagne suspend *sine die* la convertibilité or de la livre	
1923		Mort de Pareto
1924		Mort de Marshall
1926		Morts de von Wieser, Wicksell et Edgeworth Agrégation autonome de sciences économiques en France
1929	Crise économique	
1932		Mort de Charles Gide
1933	Hitler au pouvoir	
1947		Médaille J.B. Clark
1959		Mort de Pigou

Bibliographie

Charles Gide, *Œuvres complètes*, http://www.lameta.univ-montp1.fr/CG/s_oeuvres.htm.

Rudolf Hilferding, *Le Capitalisme financier*, http://www.marxists.org/francais/hilferding/1910/lcp/hilf_lcp_01.htm.

Rosa Luxemburg, *Introduction à l'économie politique*, Agone, 2009, 480 p., ISBN-10 : 2748901134.

7
LA RÉVOLUTION KEYNÉSIENNE
1930 – Seconde Guerre mondiale

La Première Guerre mondiale chamboule complètement les économies européennes. Néanmoins, les économistes considèrent que leur connaissance de l'économie est suffisante pour répondre aux nouvelles conditions.

Les conditions économiques de l'après-guerre

En 1918, trois éléments ont changé par rapport à la Belle Époque.

D'abord, le cadre monétaire a explosé. Dès août 1914, les grands pays suspendent la convertibilité or de leur monnaie. Ils pensent avoir à le faire pour un court laps de temps. En janvier 1915, la puissance monétaire et financière de référence, la Grande-Bretagne, installe dans la durée sa rupture avec l'étalon-or et instaure un contrôle des changes. Le principe de libre circulation des capitaux et de changes fixes a volé en éclats si bien qu'en 1918, il faut reconstruire un système monétaire.

Ensuite, les pays ont atteint des niveaux d'endettement faramineux. Les États sont endettés auprès de leur banque centrale principalement, ce qui a pour effet de convertir la dette publique en moyens de paiement : l'inflation est générale. Si elle réduit le poids de la dette publique exprimée en monnaie nationale, elle ne réduit pas celui de tous les emprunts contractés en devises étrangères. L'Europe est endettée en dollars et il va lui falloir trouver une solution. À la dette de guerre viennent s'ajouter pour le pays vaincu les réparations réclamées par les vainqueurs.

Enfin, les outils de production sont détruits, notamment en France. Remettre l'activité économique en route suppose un effort d'investissement et de reconversion des usines d'armement considérable.

Face à ces enjeux, les économistes néoclassiques prônent un retour à la situation précédant le conflit, c'est-à-dire, en termes de politique économique, un retour à la convertibilité or des monnaies pour supprimer l'inflation et à des hausses d'impôts pour rembourser les dettes. Ils se heurtent à la montée en puissance de visions dissidentes qui vont finir par l'emporter, eu égard aux attentes de la population.

En effet, chaque transition précédente – des mercantilistes aux physiocrates, des physiocrates aux classiques, des classiques aux néoclassiques – s'est faite selon une logique de continuité. Chaque nouvelle école prétendait améliorer les théories des prédécesseurs. En outre, l'idée centrale était toujours de considérer que l'organisation naturelle de l'économie tourne autour du marché et de la concurrence. Ces changements s'inscrivaient dans le maintien de la logique « anglaise », laissant à l'État le privilège de nourrir les critiques entretenues dans les réflexions « allemandes » (voir chapitres 3 et 5).

Vers une vision dynamique de l'histoire économique

Avec les keynésiens, une rupture sensible s'organise : ils affirment que les prédécesseurs, Marshall et Ricardo en tête, se sont trompés et soutiennent que l'appel à l'État régulateur n'est ni un fantasme ni un moyen de pousser les partisans du marché à sortir de leur routine intellectuelle et à se montrer imaginatifs dans leur recherche de réponses aux problèmes posés. Le keynésianisme n'est pas un aiguillon intellectuel au sein de la pensée « anglaise » ; il marque une prise du pouvoir des idées « allemandes » dans l'économie politique anglaise.

Il doit son succès au fait que l'affirmation d'un retour normal à l'équilibre économique et à une situation, présentée comme optimale, du simple jeu des forces du marché engendre un risque politique pour les démocraties. Aux gouvernants qui disent à leur population que le chômage va baisser si l'on fait preuve de patience et si l'on accepte une discipline sévère des salaires, à ces mêmes gouvernants qui affirment que l'inflation va disparaître dès lors qu'on laisse les États équilibrer leurs comptes, les opinions répondent qu'elles attendent autre chose que la théorisation ébahie de leur propre inertie. Elles peuvent d'autant mieux le faire que, sur l'échiquier politique, apparaissent des mouvements extrémistes qui proclament trouver les solutions aux problèmes économiques dans l'expression d'une volonté politique, celle d'un chef charismatique pour les fascistes, celle d'un parti porté par le sens de l'histoire pour les communistes léninistes.

La révolution keynésienne s'impose parce qu'elle donne à l'État un rôle économique qui permet d'écarter ceux qui veulent lui donner un rôle de dictateur.

Si elle répond à une nécessité politique, la révolution keynésienne ne sort pas du néant. Elle met simplement en valeur des idées qui existaient déjà au XIXe siècle.

La première de ces idées repose sur la contestation de la notion d'équilibre pour lui préférer une vision dynamique de l'histoire économique où les fluctuations ont un sens.

L'introduction du temps non comme moyen de converger vers l'équilibre général ou partiel, mais comme élément explicatif d'**enchaînements en permanente mutation** est à l'origine de la **théorie du cycle économique** (*business cycle*).

1. L'équilibre remis en question

À la fin du XIXe siècle, tandis que les économistes officiels construisent de plus en plus leur raisonnement de façon abstraite avant de le vérifier par la statistique, certains amateurs éclairés élaborent des théories économiques sur des bases empiriques, à partir de l'analyse de la réalité.

1.1 Le cycle

Clément Juglar (1819-1905)

Le Français Clément Juglar, un médecin qui se passionne pour la Bourse, cherche à identifier, dans l'évolution du prix des actions d'abord, de l'activité économique ensuite, des mécanismes de répétition. En 1862, il publie *Des crises commerciales et de leur retour périodique en France, en Angleterre et aux États-Unis*. Juglar, s'inspirant en partie des idées de Sismondi (voir chapitre 4) sur un retour systématique des crises de surproduction, introduit le terme de **cycle économique**. Pour lui, il y a des régularités dans l'évolution économique, avec des phases de forte croissance et des phases de ralentissement. Il en fait le constat sur le plan statistique et en donne une explication : **l'origine du cycle est le crédit**. En période de croissance, les banques prêtent sans trop se poser de question. Un enchaînement s'opère dans lequel les dépôts bancaires initiaux permettent un crédit qui se traduit par un nouveau dépôt favorisant un nouveau crédit, et ainsi de suite. Chaque crédit constituant de la monnaie scripturale, la quantité de monnaie en circulation s'accroît même si le stock d'or reste le même. Cela soutient la demande et l'activité économique. Puis les emprunteurs étant de moins en moins fiables, le crédit se tarit, la quantité de monnaie cesse d'augmenter, les banques prennent peur et organisent le remboursement systématique des dettes : on assiste à un enchaînement « remboursement, contraction des volumes prêtés, contraction monétaire, déflation ». Le cycle selon Juglar est donc monétaire et se traduit par une alternance de périodes d'inflation et de déflation.

Un autre facteur peut conduire à ce mécanisme d'expansion/contraction de la quantité de monnaie en circulation. Il s'agit du commerce extérieur. Un déficit commercial conduit à une sortie d'or. Ce qui se contracte alors, ce n'est pas le volume des crédits bancaires, mais le stock d'or initial dont dispose le pays (ce que l'on appelle en économie la base monétaire). Le cycle est monétaire, mais la composante de la masse monétaire en jeu n'est plus la monnaie scripturale : c'est la base monétaire. Sa baisse conduit à la déflation qui rend le pays plus compétitif et lui permet de gagner des parts de marché à l'exportation. Cela conduit à des rentrées d'or qui réaugmentent la base monétaire. Plus de monnaie conduit à plus d'inflation, à des pertes de part de marché à l'export et à des sorties d'or. Et ainsi de suite…

Avec Juglar apparaît donc une **explication endogène du cycle** – c'est-à-dire directement liée aux mécanismes économiques eux-mêmes – par l'évolution de la quantité de monnaie. Cette évolution peut être suscitée soit par l'attitude des banques et leur gestion du crédit, soit par l'évolution même de la base monétaire et donc par la situation de la banque centrale, détentrice ultime du stock d'or. Quoi qu'il en soit, Juglar identifie un cycle qui selon lui dure neuf ans. Alors qu'il fait de ce cycle un mécanisme naturel inhérent à la dynamique économique, les théoriciens néoclassiques de son temps axent leur recherche sur l'équilibre. Jevons (voir chapitre 5), qui soutient le principe de l'équilibre, reconnaît l'existence objective de cycles, mais y voit la manifestation des caprices du soleil…

Les cycles de long terme ou cycles de Kondratieff (1892-1938)

Kondratieff part de la notion de cycle et de son interprétation à partir de séries de prix, donc d'éléments monétaires comme Juglar. Mais il construit ses thèses sur une évolution économique à long terme. Il remonte le plus loin possible dans l'histoire des grands pays industrialisés (Grande-Bretagne, France, Allemagne, États-Unis) et expose les résultats de ses travaux dans un article paru en 1922. Il y présente le capitalisme comme caractérisé par un enchaînement de périodes d'environ cinquante-cinq ans, se décomposant en deux phases presque égales, l'une de forte croissance, de plein emploi et de légère inflation, l'autre de stagnation, de chômage et de déflation. La nature des données dont il dispose (essentiellement des séries de prix) le conduit à interpréter ce séquençage sur la base du caractère plus ou moins rémunérateur du système de prix : pendant la période de forte croissance, les entreprises maintiennent des prix élevés qui leur garantissent des profits substantiels et leur fournissent les moyens pour investir. Pendant la période suivante, sous la pression de la concurrence, elles compriment leurs marges, ce qui réduit leurs disponibilités financières et limite leurs possibilités d'action.

Nicolas Kondratieff

Nicolas Kondratieff naît en mars 1892 à Vichuga, au nord-est de Moscou, dans une famille de paysans aisés. Étudiant en économie, il s'enthousiasme pour les cours de **Michel Tugan-Baranovsky**, un économiste ukrainien partisan de l'austro-marxisme de Rudolf Hilferding. Sous son influence, Kondratieff rejoint le parti socialiste révolutionnaire (SR), un mouvement de gauche proche du monde

paysan. Les SR sont opposés au parti social-démocrate russe et notamment à la vision sectaire du marxisme qu'y défend Lénine. Après la révolution de février 1917, Kondratieff est ministre du Ravitaillement de Kerenski. Écarté du gouvernement à la suite du coup de force des bolcheviks, il prend la tête de l'Institut de conjoncture de Moscou. Deux idées, issues directement de l'enseignement de Tugan-Baranovsky, y guident ses recherches : la première est que le décollage économique de la Russie suppose une agriculture prospère ; la seconde est que l'économie est spontanément cyclique.
Son attachement au rôle des paysans le conduit à manifester clairement son hostilité à la politique stalinienne de collectivisation des terres. À cette opposition s'ajoute sa vision cyclique d'un capitalisme en permanent renouvellement et donc pouvant échapper de ce fait à une disparition rapide. Deux mobiles pour s'attirer les foudres du pouvoir et le faire arrêter en 1930. Envoyé au goulag, il est exécuté en 1938.

Kondratieff a du mal à faire valoir son point de vue. Les dirigeants communistes l'accusent de favoriser la propagande bourgeoise, car il semble ignorer le sens de l'histoire et prétend nier la chute inéluctable du capitalisme. Les économistes occidentaux, qui découvrent ses théories en 1926 dans une revue allemande et en 1935 dans la revue d'Harvard, les trouvent hâtives et peu convaincantes. Il aurait probablement été oublié si Schumpeter (voir section 3.3) n'avait fait référence à ses travaux, tout en les adaptant, dans son livre *Business Cycles* (1939).

Schumpeter y décrit la dynamique de l'économie comme une combinaison de cycles de courte, moyenne et longue durées. Il appelle celui de longue durée « cycle de Kondratieff ». S'il garde l'ampleur du cycle établie par l'économiste russe, il en change l'interprétation. À l'approche financière, centrée sur les prix, qu'il réserve au cycle de moyenne durée, Schumpeter substitue une approche liée à l'évolution des techniques de production. Le cycle de Kondratieff revu et corrigé par Schumpeter est un cycle de productivité. À l'origine de la croissance, il y a ce que Schumpeter appelle une « grappe d'innovations ». L'expansion se fait par la rentabilisation d'une série de découvertes scientifiques. Une fois que le système productif en a épuisé les potentialités, la productivité stagne, et avec elle la production. Les industriels doivent alors partir en quête de nouvelles inventions. Depuis les débuts de la révolution industrielle, on identifie usuellement quatre phases de croissance soutenue, dites « **phases ascendantes de Kondratieff** » : 1785-1815, 1850-1870, 1895-1915 et 1945-1975. À chacune son progrès technique : pour la première, la machine à vapeur et la mécanisation de l'industrie textile; pour la deuxième, les chemins de fer; pour la troisième, le moteur à explosion et l'électricité; pour la quatrième, l'électroménager et les biens de consommation courante. Hors ces périodes, l'économie est atone, c'est la « **phase descendante de Kondratieff** ».

Si pour certains économistes, comme Paul Samuelson (voir chapitre 8), le cycle de Kondratieff n'est qu'un « objet de science-fiction », il n'en reste pas moins que les années 1920-1930 prennent l'habitude de se référer à la notion de cycle.

C'est en réalité de nouveau un Français qui, après les travaux de Juglar, donne sa légitimité au cycle. Il s'agit d'Albert Aftalion.

Albert Aftalion (1874-1956) et l'accélérateur

Aftalion, qui enseigne non seulement l'économie mais également la statistique, reprend la méthode quantitative de Juglar. Il partage sa thèse d'un cycle directement lié à la dynamique économique (c'est-à-dire, rappelons-le, « endogène »), mais en refuse son interprétation monétaire. En 1913, il publie *Les Crises périodiques de surproduction* où il explique les fluctuations économiques par ce qu'il est convenu d'appeler la sphère réelle de l'économie, à savoir l'investissement. C'est la métaphore du « poêle d'Aftalion ».

Albert AFTALION

Aftalion est né le 21 octobre 1874 en Bulgarie. En 1876, sa famille fuit les guerres à répétition qui secouent les Balkans et l'antisémitisme qui y règne. Élève brillant, il fait des études de droit. Collé à l'agrégation de droit, il passe celle d'économie qui est alors ouverte aux agrégatifs de droit recalés. Il devient ainsi professeur d'économie et mène l'essentiel de sa carrière à la faculté de Lille. Admirateur de Sismondi, auquel il consacre sa thèse en 1899, il manifeste une attirance pour les

économistes qui ne se rattachent pas directement à la pensée « anglaise ».
Pendant la Première Guerre mondiale, il organise à Lille un réseau de résistance contre l'occupation allemande, ce qui lui vaut après 1918 une renommée incontestable dans le milieu universitaire français. Il est néanmoins exclu de l'université en 1940 au titre des premières lois antisémites de Vichy.
Il est réintégré en 1946 et prend immédiatement sa retraite. Il défend des points de vue originaux, en rupture avec les thèses académiques dominantes de son époque. Et pour être sûr de se faire entendre, en 1950, il crée l'Association française de science économique et la *Revue économique*. Actif jusqu'à son dernier jour qui survient le 6 décembre 1956, il est convaincu de la nécessité de sans cesse nourrir et renouveler le débat en économie.

Le « poêle d'Aftalion »

Dans une pièce où il fait froid, on remplit le poêle de charbon. Comme celui-ci s'enflamme lentement, on a tendance à trop en mettre. Conséquence, quand le feu a vraiment pris, il finit par faire trop chaud. On ouvre alors la fenêtre si bien que l'air extérieur ramène la pièce à la température initiale. Et ainsi de suite… De même en économie, les entreprises, constatant des réserves de pouvoir d'achat, investissent. Ce faisant, elles augmentent non seulement les capacités de production mais également la demande, ce qui les trompe sur la réalité des débouchés existants dans l'économie et les incite à amplifier la dynamique de l'investissement. Résultat, au bout d'un moment, l'économie est confrontée à une surabondance de machines. S'inspirant de son idée du poêle, Aftalion parle de « **surchauffe** », expression qui est restée pour désigner les périodes de croissance économique excessive tirée par des niveaux d'investissement trop élevés.

Selon cette théorie, c'est l'inertie des entreprises et leur aveuglement qui provoquent la crise. Si la baisse des dépenses d'investissement permet de revenir à une situation meilleure en ramenant le capital à un volume conforme au besoin, elle accroît l'ampleur de la crise en réduisant les débouchés des industries de biens d'équipement.

John Maurice Clark (1884-1963), économiste américain et fils de John Bates Clark (voir chapitre 6), diffuse les idées d'Aftalion dans le monde anglo-saxon. Il le fait d'autant plus volontiers qu'il partage avec lui le goût pour les économistes originaux et plutôt hétérodoxes. Il nomme « **effet d'accélération** » l'enchaînement qui lie l'investissement à la croissance. La logique de cette dénomination tient à ce que l'investissement entretient la croissance qui conduit à amplifier encore l'investissement, et ainsi de suite.

Si le cycle vient perturber le retour à l'équilibre, ce retour est aussi considéré comme impossible sur le plan monétaire après 1918. C'est l'école suédoise qui, dans la foulée de Wicksell, soulève le problème.

1.2 Gustav Cassel (1866-1945), la parité des pouvoirs d'achat et la déflation

Gustav Cassel a reçu une formation économique où se mêlent les références néoclassiques et les derniers feux de l'école historique allemande.

Gustav Cassel

Cassel naît le 20 octobre 1866 à Stockholm. Étudiant à Uppsala, il obtient un doctorat de mathématiques, avant d'achever ses études en Allemagne. Il y découvre l'économie, qu'il enseigne ensuite à Stockholm. De tempérament solitaire et hautain, Cassel frise la misanthropie. Il ne rendra jamais hommage à aucun de ses collègues et pille assez souvent les idées des autres sans mentionner ses sources, si bien qu'il se fait beaucoup d'ennemis, notamment Wicksell. Il joue néanmoins un rôle fondamental à la fois comme théoricien et comme élément de circulation de la pensée économique dans l'entre-deux-guerres. Quand il meurt, le 14 janvier 1945, le keynésianisme s'impose comme référence incontournable, notamment en Suède malgré sa virulente opposition.

Son apport à la science économique porte sur trois domaines.

L'équilibre général chez Cassel

Le premier est la diffusion de la théorie de l'équilibre général de Walras (voir chapitre 5). *The Theory of Social Economy*, son livre paru en 1918[1], fait connaître aux Anglo-Saxons les idées walrasiennes et leur permet de mesurer l'écart entre Walras et Marshall. Il modifie toutefois certains aspects des théories de l'école de Lausanne. En effet, il attache moins d'importance à l'analyse détaillée des comportements du consommateur et du producteur et des effets de saturation qui les expliquent. Il centre son propos sur l'équilibre général, qu'il fonde sur le fait que toute hausse des prix conduit à une baisse de la demande – selon un schéma très proche de ce que décrit Cournot (voir chapitre 5) – et à une augmentation simultanée de l'offre. Il étend la logique des croix de Marshall à l'équilibre général walrasien.

Il souligne en outre le rôle essentiel de la loi de Say pour arriver à un système de prix stable, c'est-à-dire de l'égalité entre la production et le revenu. À ses yeux, en distribuant sous forme de salaires et de dividendes l'équivalent de leur production, les entreprises garantissent leurs débouchés. À court terme néanmoins, des phénomènes de stocks de marchandises ou de revenus (sous forme de thésaurisation) perturbent l'équilibre. Les premiers, en raréfiant les biens écoulés, donnent l'inflation ; les seconds, en raréfiant la monnaie, engendrent la déflation.

L'analyse du cycle économique

La théorie de Cassel est intermédiaire entre la vision purement financière de Juglar et celle construite autour de l'investissement par Aftalion. Le cycle de Cassel dépend de l'épargne. Toute phase de croissance conduit à une hausse des salaires. Cela a pour conséquence d'assurer des transferts relatifs vers la consommation au détriment de l'épargne ; ce qui diminue les financements à la disposition des entreprises et donc leurs investissements. D'où un ralentissement de l'activité économique. La reprise survient quand la baisse de la part des salaires dans la valeur ajoutée redonne aux firmes des moyens financiers. Le cycle de Cassel se déroule autour du partage de la valeur ajoutée.

1. Traduit en français sous le titre de *Traité d'économie politique*.

Le taux de change

Son troisième domaine d'influence, qui assure sa notoriété, est l'énoncé strict de la théorie de la détermination du taux de change d'une devise par la parité des pouvoirs d'achat (*purchasing power parity* ou PPP). Reprenant des idées anciennes qui furent notamment formulées au XVIe siècle par les scolastiques espagnols de l'école de Salamanque (voir chapitre 1), Cassel affirme que toute hausse des prix dans un pays conduit à une baisse de son taux de change. Cela peut s'exprimer d'une autre façon : le bon taux de change est celui qui rend égal le prix d'un même bien dans tous les pays. Il détaille sa position dans deux articles en 1916 et 1918, si bien qu'à la fin de la guerre la toute nouvelle Société des Nations (SDN) lui confie naturellement une étude sur l'avenir du système monétaire international. Il réunit un groupe de cinq experts où sont représentés les trois vainqueurs de référence de 1918 : Pigou (voir chapitre 6) pour l'Angleterre, Gide (voir chapitre 6) pour la France et Pantaleoni pour l'Italie. En accord avec Pigou, Cassel propose un retour à l'étalon-or, mais sur des bases de parités révisées conformes à la logique de la PPP : la dévaluation devient un instrument de politique économique. Avant 1914, un pays en déficit extérieur baissait ses prix pour redevenir compétitif. À partir du rapport Cassel, la dévaluation permet d'éviter la déflation.

En 1928, Raymond Poincaré, président du Conseil d'une des économies dominantes de l'époque, décide, pour échapper à la déflation, de dévaluer le franc : le franc germinal est mort[2].

Il ne faut pas néanmoins s'y tromper. Cassel est un économiste néoclassique de pure facture. Il est dans la même logique intellectuelle que Poincaré. La dévaluation est l'arme ultime pour corriger des déséquilibres macroéconomiques profonds. Mais ces déséquilibres doivent rester exceptionnels et la dévaluation également. Cassel condamne vigoureusement l'inflation et son hostilité à tout laxisme monétaire fera de lui un opposant au keynésianisme.

2. Créé par la loi du 7 germinal an XI (28 mars 1803), le franc germinal reprenait la parité or de la livre d'Ancien Régime qui avait été fixée en 1726. Poincaré a entériné la fin de deux cents ans de stabilité monétaire.

1.3 Irving Fisher (1867-1947) réintroduit la monnaie

Irving Fisher est un Américain appartenant à la mouvance intellectuelle néoclassique. Il diffuse en particulier les œuvres de Böhm-Bawerk aux États-Unis.

Sur le plan de la méthode, il impose à ces collègues américains l'idée que la physique doit être le mode intellectuel de référence des économistes. Pour illustrer son propos, il construit une grille de passage de la mécanique à l'économie. À l'espace du physicien, il associe la quantité de l'économiste. À l'énergie du physicien, il associe la satisfaction ou encore l'utilité de l'économiste.

Selon ce schéma, qui obéit à une certaine logique intellectuelle, le prix, qui peut être assimilé à l'utilité marginale, a comme correspondant physique la dérivée de l'énergie par rapport à l'espace. Un calcul élémentaire indique que cette dérivée est égale à la force. Un système de prix peut donc se théoriser comme un champ de forces[3].

Fisher intervient aussi dans la méthode en reprenant l'idée d'Edgeworth de fédérer les économistes. Au début du XXe siècle, l'économie a conquis d'importantes positions universitaires. Nombreux sont ceux qui font de l'économie leur métier. Dans sa préface à la *Théorie générale*, Keynes s'adresse « à ses confrères » : l'économiste ne peut plus être un amateur éclairé ou un citoyen ayant soif de connaissance. Dès lors qu'il faut faire une sorte de tri parmi tous ceux qui prétendent au titre d'économiste, Fisher devient un des plus actifs dans l'organisation de la profession. Le souci qui l'anime est double :

- faire en sorte que les économistes se comprennent, c'est-à-dire réaliser une harmonisation des termes utilisés pour caractériser les principaux concepts de la matière ;
- faire en sorte qu'ils partagent leurs découvertes pour accélérer les avancées de leur savoir.

3. Ce calcul peut s'écrire ainsi : l'énergie est assimilable à l'énergie cinétique, soit $1/2\ mv^2$. La dérivée par rapport à l'espace x est égale à $mv\ dv/dx$. Or, dv/dx est égal à $dv/dt\ dt/dx$. Soit, si g est l'accélération, g/v. Au final, la dérivée de l'énergie cinétique par rapport au déplacement est égale à $mv\ g/v$, soit mg, donc d'après le principe fondamental de la dynamique, la force.

Fisher devient ainsi le premier président de la Société d'économétrie (voir section 4.1).

Dans son souci de normalisation, il précise **l'équation quantitative de la monnaie**. Reprenant sous forme mathématique ce que Bodin avait énoncé pour la première fois sous forme littéraire (voir chapitres 1et 3), il écrit :

$$pT = \mu V$$

où p désigne les prix, T les transactions, µ la masse monétaire et V sa vitesse de circulation. C'est l'« **équation de Fisher** ». Il en déduit que l'inflation ne peut intervenir que si la quantité de monnaie a augmenté. Mais il indique qu'un des enjeux de la recherche économique est de déterminer à quelles conditions une augmentation de la masse monétaire conduit à une augmentation de la production plutôt qu'à une augmentation des prix.

Symétriquement, Fisher théorise ce qu'il appelle la « **déflation par la dette** ». Comme la masse monétaire est une somme de crédits bancaires, chaque fois qu'une entreprise croit résoudre ses problèmes en réduisant son endettement, elle l'aggrave. En effet, en remboursant ses dettes, l'entreprise contracte la masse monétaire, ce qui, d'après l'équation quantitative de la monnaie, débouche sur une baisse des prix et donc une réduction de ses profits. Si le mécanisme reste de peu d'importance quand il porte sur une seule entreprise, il devient facteur de crise déflationniste quand toutes les entreprises se mettent à rembourser leurs dettes.

Fisher rompt ainsi avec le présupposé d'une neutralité de la monnaie. Là encore, c'est l'expérience de la guerre et de ses suites économiques qui s'impose. Certains pays ont vécu des crises d'inflation délirantes comme l'Allemagne ou l'Autriche, mais d'autres ont connu une stabilisation rapide de leur monnaie comme la toute nouvelle Tchécoslovaquie. L'inflation, ignorée sur le plan pratique et théorique par le XIXe siècle, est un des phénomènes majeurs du XXe. La déflation également, une des traductions les plus brutales de la crise de 1929.

Dans la foulée, Keynes va investir le champ monétaire : de mécanisme rare et à éviter, il fait de l'inflation un remède ou une conséquence désagréable mais pas fondamentalement négative de toute politique économique capable de réduire le chômage. L'épargnant du XIXe siècle devient dans les écrits de Keynes un rentier qu'il convient d'« euthanasier »…

2. Keynes ou l'affirmation de la pensée « allemande »

2.1 John Maynard Keynes (1883-1946), le prince des économistes

Keynes ne cesse de susciter lecture, relecture et commentaires, au point qu'il reste inclassable. Il a inspiré 1) la social-démocratie, expression politique des classes populaires et moyennes qu'il méprisait ouvertement, 2) les économistes dont il se moquait, écrivant qu'ils ne deviendraient fréquentables que quand ils rendraient les mêmes services que les dentistes, et 3) les adeptes du dirigisme alors que toute sa vie, il s'est défini comme un libéral.

John Maynard Keynes

Keynes naît le 5 juin 1883 à Cambridge. Son père y enseigne l'économie, sa mère, personnalité en vue du parti libéral, y anime la vie politique. Après des études de mathématiques, il passe le concours du Trésor britannique. Premier en thème latin, il est reçu dans un rang médiocre à cause de l'économie. Il saura s'en souvenir : l'examinateur, qui n'est autre qu'Arthur Pigou, a droit à un chapitre vengeur dans la *Théorie générale de l'emploi, de l'intérêt et de la monnaie.* Comme la haute fonction publique l'ennuie, Keynes se fait professeur d'économie. Pourtant, Alfred Marshall avait essayé de l'en dissuader au prétexte qu'après ses propres travaux, plus rien de pertinent ne pouvait être énoncé… C'est probablement ce qui incite Keynes à explorer des voies nouvelles. Il étudie des économistes peu connus en Angleterre, comme le Suédois Knut Wicksell, ou, mêlant provocation et rigueur scientifique, fait l'apologie de non-conformistes. C'est ainsi qu'il se proclame le modeste disciple de Silvio Gesell. Totalement inconnu, ce personnage passe un temps pour une pure invention de Keynes. Il s'agit en fait d'un Argentin d'origine allemande, qui exerce pendant quelques semaines le rôle de commissaire du peuple aux finances de l'éphémère République soviétique de Bavière de 1919. Gesell se fait le chantre de l'inflation et invente la célèbre formule de « l'euthanasie des rentiers ».

Keynes devient célèbre en 1919 grâce aux *Conséquences économiques de la paix*, livre où il dénonce les réparations allemandes prévues par

le traité de Versailles. Mais c'est la publication en 1936 de la *Théorie générale* qui lui donne le statut d'économiste de référence.
Désormais reconnu il représente la Grande-Bretagne au sommet de Bretton Woods (1944) qui redéfinit les conditions économiques de l'après-guerre. Il meurt peu de temps après, le 21 avril 1946.

Les deux raisons du succès de Keynes

L'opposition aux classiques et néoclassiques : la distinction micro/macro

Premièrement, rompant avec la pratique antérieure des économistes qui fait de toute théorie nouvelle le dépassement des réflexions précédentes, il développe **une analyse en opposition frontale avec les thèses classiques et néoclassiques** issues de l'économie politique du XIXe siècle. Cette stratégie est payante dans la mesure où l'incapacité de leurs partisans à prévoir puis à corriger la crise de 1929 les a discréditées.

Sa première opposition affichée avec les néoclassiques porte sur la méthode. Ceux-ci conduisent leur raisonnement selon la technique mathématique de la récurrence : ils analysent le comportement d'un consommateur puis de deux, et généralisent ensuite à la société en introduisant la notion de fonction de demande. De même, ils étudient les coûts d'une entreprise pour établir des fonctions d'offre et caractériser ensuite l'ensemble de la production. Déjà, Cassel, bien que néoclassique, s'est interrogé sur la pertinence du passage de l'individu à l'économie globale d'un pays. Pour Keynes et ses disciples, il faut distinguer deux niveaux : celui de l'entreprise et du consommateur qui est **microéconomique** ; celui de la politique économique et de la régulation par l'État qui est **macroéconomique**. Les deux ne doivent pas être incompatibles, mais ne dépendent pas pour autant l'un de l'autre. Keynes, qui suit les travaux des physiciens, reprend la césure qui apparaît alors entre la mécanique quantique (qui concerne l'infiniment petit) et la mécanique relativiste (qui porte sur l'infiniment grand). L'incompatibilité apparente des approches des deux théories en mécanique heurte des physiciens comme Einstein, mais permet de faire progresser la connaissance de la réalité de la nature. Keynes procède de même en économie. Pour lui, l'économie classique/néoclassique est comme la mécanique de Newton : elle est dépassée et doit s'éclater en microéconomie (l'équivalent de la mécanique quantique) et macroéconomie (l'équivalent de la mécanique relativiste). Le chômage ayant un impact immédiat au niveau politique, il relève d'une analyse portant sur la politique économique, c'est-à-dire la macroéconomie.

La rupture sur la méthode étant menée, elle rebondit dans le choix des concepts et des déterminants du raisonnement économique :

- Quand les économistes classiques ou néoclassiques mettent au centre de l'expansion économique l'offre de biens, cette offre créant selon la loi de Say sa propre demande, Keynes clame son mépris pour Say et fait de la gestion de la demande globale l'origine de la croissance.
- Quand ils considèrent que l'épargne est essentielle car elle finance l'investissement, seul facteur de croissance, Keynes affirme que **l'économie se construit sur la consommation**, l'investissement trouvant toujours l'épargne dont il a besoin.
- Quand ils font du taux d'intérêt un paramètre majeur, fixé par la confrontation sur le marché des capitaux de l'épargne et de l'investissement, Keynes en fait une simple conséquence du fonctionnement monétaire de l'économie ; son niveau détermine avant tout la thésaurisation, qui mesure ce qu'il appelle « la préférence pour la liquidité » et réduit les débouchés.
- Quand ils croient que l'économie tend vers l'équilibre offre/demande par l'adaptation continue des prix, Keynes affirme la rigidité des prix et des salaires et l'ajustement par les quantités, si bien que peut s'établir dans l'économie un équilibre qui n'égalise pas l'offre et la demande, notamment sur le marché du travail. C'est l'équilibre de sous-emploi, situation de chômage durable que seul l'État peut corriger.

La recherche du plein emploi

Deuxièmement, Keynes propose **une politique économique** concrète et précise **à même de rétablir le plein emploi**. Il recommande une augmentation des dépenses publiques, réalisée sans diminuer les dépenses privées, c'est-à-dire sans prélèvement fiscal supplémentaire. Ayant accru ses dépenses sans avoir augmenté ses recettes, l'État creuse son déficit.

Mais il accroît la demande globale, ce qui regarnit les carnets de commande des entreprises et amorce la reprise de la production. Qui plus est, l'accroissement final de production est supérieur à celui initial de dépenses publiques : c'est la dynamique dite du « multiplicateur keynésien ». Conclusion, grâce au déficit budgétaire, l'État peut supprimer le chômage.

Si Keynes prend le dessus, c'est en capitalisant sur le discrédit des économistes de son temps et en apportant des solutions pratiques et compréhensibles à des hommes politiques terrorisés par les dégâts de la crise économique de 1929.

Les lectures de la réalité macroéconomique

Après 1936, deux conceptions extrêmes de la réalité macroéconomique sont possibles. À la première, la lecture classique ou néoclassique, s'oppose radicalement la lecture keynésienne.

Lecture classique/néoclassique	Lecture keynésienne
Le marché des biens et des services est régi par la concurrence. Dans ce cadre, s'établit un équilibre qui détermine le niveau de production et le niveau de prix. Ce qui est important dans le monde de l'économie classique, c'est que toute modification des conditions de production se traduit dans un premier temps par une évolution du système de prix. Une augmentation de la demande conduit les entreprises à augmenter leurs prix. Une augmentation de la productivité conduit les entreprises à baisser leurs prix.	Le marché des biens et des services est certes organisé par la concurrence, néanmoins, le keynésianisme, sans abandonner l'idée de concurrence ni celle des rendements décroissants, pousse la logique du système jusqu'à ses plus ultimes conséquences pour mieux en reformuler les conclusions. Dans la théorie classique, la concurrence bloque normalement les prix de l'offre à leur niveau le plus bas qui se traduit par un profit nul. Les keynésiens en concluent qu'une entreprise ne peut ni augmenter ses prix, car elle perdrait des parts de marché, ni les baisser car elle ferait un profit négatif et mettrait en cause son équilibre financier. Conséquence logique, toute modification de court terme de la donne économique qui n'est pas due à une amélioration de la productivité, c'est-à-dire à une incorporation de progrès technique dans le capital, se répercute non sur les prix mais sur les quantités produites.

	Ainsi le postulat de base sur le fonctionnement de l'économie de marché selon Keynes est radicalement opposé à la vision classique en ce sens que **la concurrence y a comme conséquence de rigidifier les prix**. Les fluctuations de l'économie ne se traduisent pas par des périodes d'inflation et de déflation, mais par des périodes de sous-emploi et de suremploi des capacités de production.
Le marché du travail a vocation à fonctionner comme n'importe quel marché. Un surcroît d'offre sur ce marché, c'est-à-dire du chômage, traduit un niveau de salaire trop élevé. Plus vite les salariés acceptent la baisse de leur rémunération, plus vite le chômage disparaît.	**Le marché du travail fonctionne comme un marché tel que décrit au point précédent, c'est-à-dire que les ajustements s'y font par les quantités**. Les entreprises ne jouent pas sur les salaires mais sur les effectifs. Il s'établit ainsi des équilibres de sous-emploi et prétendre qu'il suffit d'attendre que les salaires baissent pour résoudre le problème est absurde.
La monnaie est neutre. Cela veut dire que le rôle de la monnaie est purement de permettre l'échange. Les agents économiques n'ont aucune envie particulière de conserver de la monnaie et elle circule au fur et à mesure que la production s'accroît. La neutralisation d'une certaine quantité de monnaie par thésaurisation est stable dans le temps. À l'époque où la monnaie était de l'or, on peut considérer que cette thésaurisation représentait un volume non négligeable dans la mesure où existait un attachement quasi sentimental et irrationnel à l'or. Plus le système monétaire s'éloigne de l'or, plus la thésaurisation est négligeable.	**La monnaie n'est pas neutre**. En effet, la thésaurisation n'est pas un phénomène marginal, il y a chez les agents économiques une préférence pour la liquidité, c'est-à-dire un besoin qui varie dans le temps et dans l'espace de détenir plus ou moins de monnaie par-devers eux. En particulier, si les taux d'intérêt sont très bas, il n'y a aucun avantage à placer ses fonds et les agents économiques préfèrent les conserver, ce qui a pour effet de réduire la quantité de monnaie effectivement en circulation. Cette préférence pour la liquidité obéit à des motifs divers, celui de précaution (on préfère garder la monnaie plutôt que la confier à une banque) ou celui de spéculation (on attend une occasion meilleure d'emploi de la monnaie dont on dispose).
La détermination de l'investissement s'opère sur un marché qui est celui de la confrontation entre l'épargne et l'investissement. Il y a	**L'investissement traduit les anticipations des entreprises sur leurs débouchés**. Il ne dépend pas des conditions de son financement, c'est-à-dire de la formation des taux

égalité entre l'épargne et l'investissement. Cette égalité est une égalité de marché, un marché qui trouve son équilibre par le biais du prix du temps, à savoir le taux d'intérêt qui est le paramètre fondamental de la décision d'investir.	d'intérêt. Il y a toujours l'égalité entre l'épargne et l'investissement, qui a été analysée en particulier par Wicksell, mais elle repose sur les rapports entre le banquier et l'investisseur, c'est-à-dire sur l'opportunité d'investir. On investit non pas en fonction de l'épargne que l'on peut mobiliser, mais uniquement si l'on a la conviction que l'on vendra. Le déterminant ultime de l'investissement est ce que Keynes appelle l'efficacité marginale du capital, c'est-à-dire ce qu'un investissement supplémentaire est susceptible de rapporter.

Cet ensemble d'idées qu'exprime et que popularise Keynes est issu d'un groupe d'économistes de Cambridge, le « Cambridge Circus[4] », dans les travaux duquel Keynes pioche sans états d'âme. Le personnage le plus important en est Richard Kahn. Non seulement il en assure le suivi et l'organisation, mais c'est encore lui qui transmet à Cambridge l'héritage de la pensée « allemande ».

Théorie générale de Keynes (chapitre XXII)

Keynes affirme que la consommation n'est pas un moyen de relancer la croissance. C'est l'investissement qui nourrit les déséquilibres et sur lui qu'il faut faire porter l'action économique.

Il apparaît (...) que les fluctuations de la propension à consommer, celles de l'état de la préférence pour la liquidité et celles de l'efficacité marginale du capital, ont toutes un rôle à jouer. Néanmoins, c'est aux modes de variation de l'efficacité marginale du capital qu'il faut surtout attribuer, à notre avis, les caractéristiques essentielles du cycle économique ; notamment la constance de sa durée et la succession régulière de ses phases, qui justifient l'appellation de *cycle*.

4. Créé en 1930, il regroupe cinq économistes qui sont les fers de lance de la « révolution keynésienne » : Richard Kahn, John Meade, Joan Robinson, Austin Robinson et Piero Sraffa.

2.2 *Les keynésiens*

Richard Kahn (1905-1989) et le multiplicateur

Secrétaire général du Cambridge Circus, Kahn s'intéresse aux économistes hétérodoxes. Excellent germaniste, il étudie les économistes allemands, qui, refusant la notion d'équilibre des néoclassiques, concentrent leurs réflexions sur les cycles et les moyens d'en limiter l'ampleur.

Richard KAHN

Kahn naît le 10 août 1905 à Londres. Son père, instituteur, a quitté l'Allemagne pour les États-Unis. Mais il s'installe en fait en Angleterre. Il donne à ses enfants une éducation rigoureuse, dont Richard Kahn tire un caractère austère et effacé. La guerre de 1914-1918 perturbe la vie familiale au point qu'à plusieurs reprises il sera question de regagner l'Allemagne. Après avoir étudié les mathématiques puis l'économie, Richard Kahn obtient en 1930, grâce à Keynes dont il a été l'élève, un poste de maître assistant à Cambridge. Il ne devient professeur à part entière qu'en 1951 et prend sa retraite en 1972. Peu ambitieux, il est le collaborateur consciencieux d'économistes prestigieux, dont Keynes. C'est en 1931 que Keynes lui demande d'animer le Cambridge Circus. Un de ses avantages est que, parlant parfaitement allemand du fait de ses origines familiales, il a accès à une littérature économique ignorée alors en Grande-Bretagne. Kahn devient rapidement le responsable de la mise en forme des thèses keynésiennes. Il ne doutera jamais de la pertinence des thèses en question, même si, lorsqu'il meurt le 6 juin 1989, elles ont perdu de leur pouvoir de séduction.

En 1903, **Nicolaus Johannsen** publie à Berlin une brochure, passant d'abord inaperçue, où il explique que toute dépense nouvelle suscite une chaîne de dépenses qui se traduit, *in fine*, par un accroissement du revenu national supérieur à celui de la dépense initiale. En 1931, dans une Allemagne en crise, **Adolf Lowe**, un haut fonctionnaire de la République de Weimar, utilise cette idée pour conseiller une politique de grands travaux, qui doit servir à ses yeux à « réamorcer la pompe » : les salaires versés aux ouvriers travaillant sur les chantiers publics seront dépensés chez des commerçants qui, à leur tour, dépenseront, etc.

Fort de ces analyses, Kahn transmet à Keynes une note favorable à un certain activisme budgétaire. Il y calcule le rapport entre l'emploi directement lié à la commande initiale de l'État et l'emploi final, rapport qui mesure ce qu'il appelle l'« **effet multiplicateur** » de l'investissement public. À partir de cette note, Keynes construit un modèle connu aujourd'hui sous le nom de « **multiplicateur keynésien** ».

Si R est le revenu global d'un pays, la part consommée est cR. Le coefficient c est appelé la **propension à consommer**. Celle-ci est inférieure à 1 car on ne peut consommer plus que son revenu… Supposons maintenant que l'État augmente ses dépenses G d'une quantité dG. Les fournisseurs de l'État, qui reçoivent dG, donnent cette somme à leurs salariés, qui en consomment une partie, très exactement cdG. Les commerçants qui reçoivent cette somme en consomment à leur tour une partie, c (cdG), en achetant à d'autres commerçants. Ces derniers dépensent alors c (c^2dG) et ainsi de suite. Cet enchaînement se termine par une dépense totale égale à dG dépensé par l'État et cdG + c^2dG + c^3dG + … + c^ndG + … dépensé par les particuliers. La demande globale augmente dès lors de dG (1 + c + c^2 + c^3 + … + c^n + …), soit dG/1 – c. L'État a mis dG dans le circuit économique, la demande supplémentaire finale est de dG/1 – c. **1/1 – c est le multiplicateur.**

Ce mécanisme est efficace si rien ne vient en perturber le déroulement. C'est-à-dire que l'effet multiplicateur ne joue à plein qu'à trois conditions :

- Aucun achat ne s'effectue à l'étranger.
- Aucun agent économique ne réduit par ailleurs ses dépenses.
- Aucune entreprise n'ampute la demande effective par une hausse des prix.

La contestation de la théorie du multiplicateur s'est nourrie par la suite de ces conditions : elle a pointé du doigt le gonflement des importations, qui transfère les bénéfices de la relance budgétaire d'un pays à ses partenaires commerciaux, la baisse de l'investissement privé qui suit l'augmentation des dépenses publiques, ce que les économistes appellent

l'effet d'éviction, et l'inflation alimentée par le financement du déficit budgétaire.

John Hicks (1904-1989) et le modèle IS-LM

Parmi la formulation des théories keynésiennes, la plus emblématique est probablement le **modèle IS-LM**. Paradoxalement, ce modèle est né d'un article de John Richard Hicks, un économiste qui se définissait comme néoclassique.

John HICKS

Hicks est né en 1904 à Warwick, en Angleterre. Bon mathématicien, Hicks finit son cursus scolaire à Oxford. Il s'oriente finalement vers des études d'économie qui se révèlent vite plutôt laborieuses. Il enseigne à la London School of Economics (LSE) avant que la célébrité ne lui permette de rejoindre l'université de Manchester puis Oxford. Mais c'est la LSE qui détermine sa vie. D'abord, il y rencontre Ursula Webb, professeur de finances publiques, de huit ans son aînée, qui devient son pygmalion. Il l'épouse en 1935 et formera toute sa vie avec elle un couple très soudé. Il y découvre ensuite ce qui devient sa référence intellectuelle, l'œuvre de Walras. Au départ, parlant italien, il s'intéresse à Pareto dont le parcours intellectuel, du libéralisme aux sympathies fascistes, l'intrigue. C'est alors qu'il lit Walras, l'inspirateur des premiers textes de Pareto. *Valeur et capital*, le livre le plus dense de Hicks, paru en 1939, se veut un strict prolongement des thèses walrasiennes.

Après avoir initié les débats autour du modèle IS-LM, Hicks abandonne la théorie économique. Il préfère se consacrer à des études historiques dont il tire la conclusion que plus une économie s'éloigne des lois du marché, moins elle a de chance de se développer. Ultime volet d'une œuvre considérable couronnée par l'anoblissement en 1966 et le prix Nobel en 1972. En 1985, la mort de sa femme installe chez cet heureux tempérament une infinie tristesse. Devenu l'ombre de lui-même, il disparaît en 1989.

À l'instar de Walras, Hicks présente le consommateur comme achetant sur la base d'une comparaison entre la satisfaction que lui procure l'acquisition d'un bien et le désagrément que constitue le paiement de son prix. Mais il fonde également ses choix sur une comparaison des différents biens. Hicks introduit la notion de substitution comme élément central de la théorie néoclassique : par nature, l'échange, acte premier de l'économie, substitue un bien à un autre ; à cette substitution effective, il convient d'ajouter la substitution potentielle que représente la comparaison permanente de l'utilité des biens.

Dans le contexte intellectuel des années 1930 marqué par les écrits de Keynes, Hicks décide d'adapter les idées nouvelles aux idées néoclassiques. Il refuse l'approche de Keynes qui consiste à soutenir que tout ce qui a été précédemment affirmé est faux. Néanmoins il emboîte le pas au keynésianisme naissant en s'interrogeant sur les limites de la concurrence, allant jusqu'à affirmer que la certitude des débouchés propre au monopole crée un sentiment de quiétude au sein des entreprises par essence plutôt favorable à la production.

Mais c'est le **modèle IS-LM**, présenté dans un article en 1937, qui illustre le mieux cette démarche.

Hicks décrit l'économie d'un pays à travers deux marchés où s'égalisent une offre et une demande.

Le premier est celui des biens. La production Y constitue l'offre tandis que la demande se décompose en consommation C, investissement I et dépenses publiques G :

$$Y = C + I + G.$$

La consommation dépend du revenu (hypothèse keynésienne) qui dépend lui-même de la production : C s'exprime en fonction de Y ($C = cY$). L'investissement dépend du taux d'intérêt i (hypothèse néoclassique). En pratique, I décroît quand i augmente, car plus l'argent est cher, moins on investit. On a donc :

$$Y = cY + I + G, \text{ soit } Y(1 - c) = I + G.$$

Comme I est une fonction décroissante de i, il en va de même de Y. Cette fonction se représente graphiquement par une courbe descendante, la courbe IS.

Le second marché est celui de la monnaie. L'offre y est fixée par l'État. La demande correspond à un double besoin : l'acquisition de la production, la thésaurisation. Si M est la masse monétaire, V la vitesse de circulation de la monnaie, p le niveau des prix et L la thésaurisation, on a :

$$MV = pY + L.$$

Quand i s'élève, les épargnants apportent leurs liquidités aux emprunteurs et donc déthésaurisent : L est une fonction décroissante de i. Comme pY = MV – L, Y est fonction de i, mais cette fois une fonction croissante que représente une courbe ascendante appelée LM.

Deux fonctions, l'une croissante, l'autre décroissante, deux courbes, une qui monte, une qui descend, lient production et taux d'intérêt : cela détermine mathématiquement la valeur de ces deux variables, correspondant au point d'intersection des deux courbes. La production ainsi obtenue peut être inférieure à celle de plein emploi. L'État doit alors déplacer les courbes, augmentant Y jusqu'au niveau correspondant au plein emploi. Pour ce faire, il lui faut jouer sur G et M en créant un déficit budgétaire financé par la création de monnaie. Seule faiblesse du modèle, p est supposé constant[5].

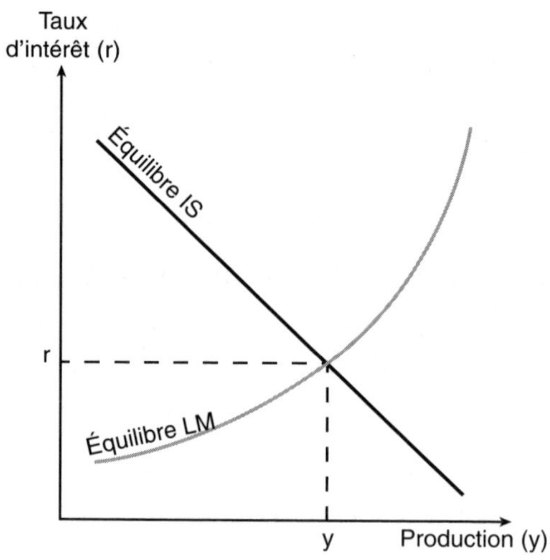

Figure 7.1 Modèle IS-LM

5. Or, dans les années 1970, on augmenta M, on augmenta G, et ce fut p qui bougea…

Il est à noter que dans la plupart des manuels, on représente les courbes IS-LM en mettant la production Y en abscisse, ce qui fait de ladite production le facteur explicatif et non le facteur expliqué du modèle. Cette présentation, qui est celle de Hicks, n'est pas naturelle mais elle correspond à la tradition marshallienne mettant les quantités en abscisse et les prix en ordonnée. Elle est tellement peu naturelle que les économistes anglo-saxons contemporains considèrent qu'il faut désormais admettre que, dans la représentation en coordonnées cartésiennes d'une fonction, c'est l'ordonnée qui représente le facteur explicatif…

James Meade (1907-1995) : la comptabilité nationale, la dévaluation, la courbe en J

Membre du Cambridge Circus, Meade s'y spécialise initialement dans les relations économiques internationales. Alors que l'époque abandonne ses préventions à l'égard du protectionnisme, il se fait l'avocat du libre-échange. Il se vantera par la suite d'avoir convaincu Keynes de renoncer à un protectionnisme massif et agressif. De Cambridge, il sort en « keynésien envoûté », selon ses propres mots. Il résume ses idées en parlant de théorie « lib-lab » : lib pour libéralisme, car il défend le marché et le libre-échange ; lab pour Labour, car il soutient le programme social des travaillistes.

James MEADE

James Meade est né le 23 juin 1907, dans le Dorset anglais. Après des études de grec et de latin peu axées sur les sciences sociales, il est nommé professeur d'économie à Oxford. À l'époque, sa formation économique se limite à des conversations savantes avec sa tante. Personnage fondamental dans sa vie, cette tante est une intellectuelle libérale dont la culture économique se limite à la lecture hebdomadaire de *The Economist*.

Conscient de ses lacunes, Meade accepte la proposition de son université de passer un an à Cambridge pour compléter son bagage et pouvoir ensuite enseigner son savoir tout neuf.

Il y arrive en 1930. Le Cambridge Circus est en train de naître. Devenu son ami, Richard Kahn l'y introduit. Dès ces années-là,

Meade devient à la fois keynésien et travailliste. En 1945, il rejoint comme conseiller économique le cabinet de Clement Attlee, le successeur travailliste de Churchill.
En 1947, Meade redevient enseignant, à la London School of Economics d'abord, puis après 1957 à Cambridge.
Ses travaux sur les politiques de change lui valent le prix Nobel en 1977. À l'occasion de la remise du prix, Meade rend un vibrant hommage à sa tante. Il en fait un portrait attendri, ne lui reprochant qu'une chose : elle est devenue monétariste. Pour Meade, s'il est normal qu'une lady anglaise fasse preuve d'excentricité, le problème est qu'adopter les thèses monétaristes va au-delà de l'excentrique pour sombrer carrément dans le mauvais goût !
Toujours attaché à l'idéal travailliste, il consacre ses dernières réflexions à la réduction de la pauvreté. Il publie sur ce sujet jusqu'à sa mort, survenue le 22 décembre 1995.

La comptabilité nationale

Meade dirige le service économique de la Société des Nations (SDN) de 1937 à 1940. Sa mission est de mettre au point les outils statistiques permettant de décrire la réalité économique d'un pays. De retour à Londres, il rejoint l'administration anglaise pour mettre en œuvre ce qu'il a commencé à la SDN. C'est ainsi qu'il crée avec Richard Stone la comptabilité nationale britannique, la première de l'histoire à voir le jour.

Inspirée dans la forme de la comptabilité privée, la comptabilité nationale a pour objectif de quantifier les déterminants de la situation macroéconomique. La demande y est décomposée sous forme de consommation C, d'investissements I, de dépenses publiques G et d'exportations X. L'offre est constituée de la production nationale Y, appelée le produit national brut (PNB)[6], et des importations M. Adoptant la terminologie des comptables privés, la comptabilité nationale appelle l'offre « les ressources » et la demande « les emplois ». L'égalité entre l'offre et la demande devient une égalité « ressources/emplois » et s'écrit :

$$Y + M = C + I + G + X.$$

6. En 1993, on substitue au PNB le produit intérieur brut (PIB).

Chaque lettre est l'initiale du mot anglais désignant le phénomène décrit (Y correspond à *yield* qui signifie « la récolte »).

R est le revenu perçu par les habitants d'un pays (R comme revenu en français, deuxième langue de l'économie, car I pour *income* est déjà utilisé pour investissement). La vieille loi de Say (voir chapitre 3) trouve une traduction sur le plan strictement comptable : Y = R.

Après son départ du cabinet d'Attlee, les recherches de Meade portent sur les deux difficultés majeures que rencontre la pratique keynésienne des années 1950 : la maîtrise des prix et le maintien de l'équilibre commercial extérieur. En 1951, paraît son livre le plus connu, *Théorie de la politique économique internationale*, qui lui vaudra le prix Nobel.

Concernant l'inflation, il s'inscrit dans la tradition keynésienne et milite pour une politique des revenus active, c'est-à-dire une négociation annuelle des salaires avec les syndicats pour en contenir l'évolution et limiter ainsi l'augmentation des coûts de production des entreprises.

La dévaluation et la courbe en J

Face au déficit extérieur, il identifie trois options possibles :

- Réduire la demande. Cela diminue les importations, ce qui assure le retour à l'équilibre. C'est ce que préconisent les économistes classiques. Pour réduire la demande, soit on baisse les revenus (la déflation), soit on accroît les impôts. Comme la baisse de la demande affecte également le marché intérieur, cette politique est accusée de provoquer du chômage.
- Recourir au protectionnisme, soit par contingentement, soit par augmentation des droits de douane, augmentation qui est en fait une version ciblée de l'option précédente puisque les droits de douane sont un impôt.
- Dévaluer la monnaie.

Meade retient la dernière option. Pour lui, la dévaluation est non seulement un moyen, comme pour Cassel, plus efficace et moins douloureux que la déflation pour corriger des déformations de prix, mais c'est un outil naturel et régulier de la politique économique. Les classiques tablaient sur la déflation, Cassel estimait qu'une dévaluation pouvait être un ultime recours ; Meade affirme qu'elle ne doit pas être vécue comme quelque chose d'exceptionnel mais bel et bien comme un élément naturel de la panoplie de la politique économique.

Néanmoins, pour en garantir le succès, il fait deux suggestions :

- La première porte sur la gestion dans le temps de la dévaluation. Immédiatement après une dévaluation, les exportations rendues moins chères (c'est le but recherché) rapportent moins. En revanche, le prix des importations augmente. Résultat, le solde commercial se dégrade. Cette phase correspond à une détérioration des « termes de l'échange », c'est-à-dire du rapport entre le prix des exportations et celui des importations. Cependant, peu à peu, joue un effet de compétitivité. Le pays vend mieux ses produits devenus meilleur marché, le volume des exportations s'accroît : la situation s'améliore. Meade popularise cet enchaînement, où une détérioration des comptes précède le retour à l'équilibre, sous le nom de **courbe en J**. La phase de descente du J s'appelle **phase d'effet termes de l'échange**. La phase ascendante s'appelle **phase d'effet volume**. La phase délicate d'une dévaluation est celle du début, quand joue la détérioration des termes de l'échange, celle où, le déficit se creusant, le pays dévaluateur continue à s'endetter. Il faut selon Meade que cette phase soit la moins pénalisante possible. Pour cela, il suggère d'impliquer les pays en excédent en leur imposant de prêter au pays dévaluateur à un taux bonifié ;
- La seconde est d'éviter que la dévaluation ne dégénère en inflation du fait de la hausse du prix des importations. Si l'inflation s'installe en effet, très rapidement l'augmentation des prix intérieurs se retrouve dans celle des prix à l'export, si bien que la demande adressée au pays diminue. L'effet positif de la dévaluation s'amenuise, voire disparaît. Meade parle alors de **courbe en W**. Il y a en effet successivement détérioration, amélioration, épuisement de l'amélioration, nouvelle détérioration et nouvelle dévaluation…

Alvin Hansen (1887-1975) : la diffusion de Keynes aux États-Unis

Le keynésianisme doit évidemment beaucoup au talent de Keynes, mais il ne s'est vraiment imposé que grâce à la pratique économique de Roosevelt et à l'enthousiasme de quelques économistes américains, dont le plus militant aura été Alvin Harvey Hansen.

Alvin HANSEN

Hansen naît le 23 août 1887 à Viborg, une petite ville américaine située dans le Dakota du Sud. Sa famille, des paysans modestes venus, comme beaucoup d'habitants du Dakota, de Scandinavie, vit pleinement le rêve américain. Il reçoit une éducation stricte, mêlant une religiosité empreinte de résignation à une confiance profonde en l'avenir de l'Amérique. Diplômé d'économie de l'université du Wisconsin, il commence en 1919 une carrière de professeur à l'université du Minnesota. En 1937, il rejoint Harvard où il enseigne jusqu'à son départ à la retraite en 1956.

Ses premières recherches portent sur la théorie des cycles et sur sa compatibilité avec celle de l'équilibre général. La misère du monde rural qui fait suite à la crise des années 1930 le pousse à s'engager politiquement. Il rejoint les équipes qui entourent Roosevelt et prend une part active à la conception du « New Deal ». Il en soutient le programme de grands travaux et les mesures sociales, mais s'oppose à la dévaluation – à ses yeux vaine – du dollar.

Il est associé à la gestion démocrate jusqu'à l'arrivée au pouvoir des républicains avec Eisenhower. Il conseille ainsi Truman à qui il inspire l'idée d'un passage du « New Deal » à un « Fair Deal ».

Quand il meurt le 6 juin 1975, la stagflation commence à ébranler l'édifice intellectuel keynésien dont il aura été un propagandiste déterminant, à la fois fervent mais lucide.

Après la mise en œuvre de la politique du New Deal, la rechute que connaît l'économie américaine en 1937-1938 radicalise Hansen. Il se rallie à l'idée incarnée par Keynes que l'économie doit être abordée de façon fondamentalement nouvelle et que les économistes des périodes antérieures se sont trompés ou pour le moins sont dépassés.

Ce ralliement débouche sur la publication en 1953 de *A Guide to Keynes*, qui devient un ouvrage de référence aux États-Unis, puis en Europe. On y trouve en particulier un exposé de la synthèse mathématique du keynésianisme, élaborée par John Hicks et connue sous le nom de modèle IS-LM. Depuis, dans la plupart des manuels, les deux hommes partagent la paternité de ce modèle. Mais Hansen ne se contente pas de faire œuvre de pédagogue. Le keynésianisme initial repose sur une analyse de l'économie en termes d'équilibre. Il établit que cet équilibre peut être un équilibre de sous-emploi que le déficit budgétaire permet de déplacer vers le plein emploi. Hansen se propose de dépasser l'aspect statique du keynésianisme et d'en donner une version cyclique.

Selon les schémas classiques et néoclassiques inspirés, entre autres, de Clément Juglar, c'est l'évolution du crédit qui détermine les cycles si bien que la politique monétaire en permet le lissage. Hansen rompt avec cette vision pour reprendre celle d'Aftalion axée sur l'investissement. En tant qu'achat de biens d'équipement, l'investissement est une composante de la demande ; mais, suscité par les anticipations de débouchés des entreprises, il en est aussi une conséquence. En résumé, l'investissement est cause et effet de la demande, il crée la demande qui elle-même le crée… Pour Hansen, c'est de ce double lien que naît le cycle, enchaînement d'expansion porteuse d'inflation et de récession source de chômage. Son modèle sera popularisé par un de ses plus brillants élèves, en la personne de Paul Samuelson, et appelé de ce fait **« l'oscillateur de Hansen-Samuelson »** (voir chapitre 8).

Ayant établi que le cycle n'est pas monétaire, Hansen propose de faire de la politique budgétaire le moyen de l'amortir. Pendant la phase de récession, l'État augmente ses investissements, ce qui limite le recul de la demande et fournit sous forme d'équipements publics, tels que les routes ou les réseaux électriques, une partie du capital nécessaire à la reprise. Pendant la phase de surchauffe, il absorbe la demande excédentaire par un surcroît de ponction fiscale sur la consommation, ce qui contient l'inflation. En pratique, la politique économique doit alterner relance budgétaire par l'investissement public et lutte contre l'inflation par l'encadrement fiscal de la consommation privée.

À la retraite, Hansen poursuit ses travaux sur les cycles et porte ses réflexions sur la pérennité de la croissance. S'il considère que la politique budgétaire est un régulateur conjoncturel efficace, il se montre pessimiste sur le long terme. Pour lui, après la reconstruction consécutive à la Seconde Guerre mondiale, l'épuisement du progrès technique et la saturation des besoins vont conduire à une croissance lente que les politiques de relance ne pourront dynamiser.

3. Keynes face à ses opposants

Au moment de la crise de 1929, quand Keynes s'affirmait, les économistes se référaient à ce qu'il était convenu d'appeler « l'opinion du Trésor » (anglais). Si l'histoire a associé la sortie de crise à Keynes et à ses théories, dans les années 1930, tout le monde s'intéressait et rendait hommage à Ralph Hawtrey, qui, en tant que plus haut responsable du ministère des Finances à Londres, était le porteur de ladite « opinion du Trésor ».

3.1 Ralph Hawtrey (1879-1975) et l'opinion du Trésor

Hawtrey adopte la théorie du cycle dans sa vision exclusivement monétaire.

Ralph HAWTREY

Né le 22 novembre 1879, Ralph Hawtrey a le profil type du haut fonctionnaire anglais, formé à Eton puis à Cambridge, qu'il quitte en 1901 avec un diplôme de mathématiques. Reçu au concours du Trésor, il en monte rapidement les échelons au point d'en devenir le chef en 1919. Il y croise Keynes dont il devient l'ami distant avant de s'en faire le détracteur. Il s'y fait aussi remarquer par sa maîtrise des problèmes monétaires. En 1922, c'est lui qui mène le jeu à la conférence de Gênes qui organise le retour à un système d'étalon-or. La victoire de Clement Attlee en 1945 mène au pouvoir une équipe d'économistes keynésiens, avec lesquels Hawtrey se heurte très rapidement. Il préfère faire valoir ses droits à la retraite en 1947 et se consacre à l'écriture et à la lecture. Il meurt en 1975.

Pour lui, à l'instar de Juglar, les fluctuations de la croissance sont dues à des phases de création excessive de monnaie par le crédit, suivies de phases de contraction de la masse monétaire par réduction brutale du volume des prêts consentis par les banques. Après avoir trop prêté, les banques essaient de corriger la situation et l'aggravent par un *credit crunch*. Dans son livre *Art of Central Banking* (1932), Hawtrey met en avant le rôle que doit dès lors assumer la banque centrale. Elle doit contenir les banques dans les périodes d'expansion du crédit et leur fournir du refinancement pour les inciter à prêter au moment de la récession. Son arme privilégiée est le **taux de refinancement** (le « taux d'escompte » à l'époque). Cette vision de l'origine monétaire des crises le conduit, durant les années 1930, à faire trois propositions :

1. Fortement baisser le taux d'escompte.
2. Dévaluer les monnaies par rapport à l'or pour augmenter la base monétaire et donc la masse monétaire globale. La dévaluation n'est plus conçue comme chez Cassel comme un régulateur de la situation extérieure du pays et un retour à la parité des pouvoirs d'achat, mais comme un instrument de politique monétaire interne. Il n'en reste pas moins que, chez Hawtrey comme chez Cassel, l'ennemi est la déflation et la dévaluation le moyen de l'éviter. Fort de cette idée, Hawtrey dénonce l'inertie américaine qui ne prend fin qu'en 1933 quand Roosevelt décide de dévaluer le dollar. Il dénonce aussi l'aveuglement des Français. Eux qui eurent l'intelligence de dévaluer en 1928 se mettent à demander le remboursement en or des livres détenues par la Banque de France. Ce faisant, ils vident les caisses de la Banque d'Angleterre, au risque d'assécher la base monétaire britannique et d'amplifier la crise, d'abord en Angleterre puis, par contagion, en France et en Europe.
3. Refuser une relance budgétaire. En effet, en période de crise, si un déficit public financé par les banques a l'avantage de créer de la monnaie et d'assurer la « reflation » de l'économie, il a un double inconvénient : il débouche souvent sur des investissements peu utiles ; il crée un besoin en emploi dans un secteur (en général, celui des travaux publics) qui ne correspond pas nécessairement aux compétences des chômeurs. Dès les années 1930, interrogé sur le recours à la politique budgétaire pour éviter la récession, Hawtrey annonce que cela ne conduira qu'à un cumul d'inflation et de chômage.

3.2 *Jacques Rueff (1896-1978) : le marché du travail, l'étalon-or*

En France, l'ennemi le plus résolu de Keynes est Jacques Rueff.

Jacques RUEFF

Jacques Rueff naît le 23 août 1896 à Paris. Il fait des études brillantes qui le conduisent à intégrer en 1916 l'École polytechnique. Il part alors sur le front comme officier d'artillerie. La guerre le sort du cocon familial. Il y fait montre d'un réel courage physique et d'une grande capacité de commandement. Après cette période dont il dira conserver un souvenir intense durant toute sa vie, il accomplit sa scolarité à Polytechnique. Il y devient un élève assidu et admiratif de Clément Colson, polytechnicien et économiste qui défend la nécessité d'adopter en économie les raisonnements inspirés de la physique. Des cours de Colson, Rueff retiendra en particulier l'importance de la statistique et de l'économétrie alors naissante pour valider les théories économiques.

Féru de problèmes monétaires, Rueff passe le concours de l'inspection des Finances. Il concilie dès lors son goût pour la réflexion avec son métier de haut fonctionnaire. Il occupe divers emplois au sein de l'administration, de conseiller de Poincaré au moment de la stabilisation du franc de 1928 à conseiller de de Gaulle au moment de celle de 1958, en passant par les postes les plus prestigieux du ministère des Finances. Les hasards de la vie administrative font qu'il est directeur du Mouvement général des fonds, l'ancêtre de la direction du Trésor (la DGTPE), à l'époque du Front populaire. Il occupe ainsi un poste stratégique au service d'un gouvernement dont il ne partage pas les idées. Conséquent avec lui-même, il offre deux fois sa démission au ministre, mais à chaque fois le gouvernement est renversé avant que celui-ci n'ait eu le temps de l'accepter...

Lorsqu'il meurt en 1978, l'étalon-or qu'il a défendu toute sa vie a disparu du système monétaire international depuis deux ans, l'inflation fait rage et le déficit extérieur américain prend des proportions abyssales. Ce déficit va entretenir une série de crises qui lui donneront raison à titre posthume. Son nom a été donné à une petite place dans Paris. La plaque le décrit comme homme d'État et économiste, oubliant qu'à l'Académie, il fut élu au fauteuil de Jean Cocteau, traditionnellement occupé par des poètes.

Loi de Rueff

Son premier texte marquant en économie est un article de 1925 sur le chômage. On y voit ce qui sera dans toute son œuvre sa méthode d'analyse. S'appuyant sur la théorie libérale, il reprend l'idée assez classique que le chômage est dû à un coût excessif du travail. Mais il ne se contente pas d'évoquer les travaux des grands économistes du XIXe siècle : il consolide son raisonnement par une vérification expérimentale qui, en l'occurrence, est une analyse statistique de la situation de l'emploi en Grande-Bretagne de 1920 à 1925. Le lien formel et mathématisé entre le niveau de chômage et le niveau de salaire réel est depuis appelé **loi de Rueff**. Cette méthode, visant à donner à l'économie une démarche scientifique fondée sur la quantification et la technique expérimentale, Rueff s'en fait le théoricien dans son ouvrage le plus abouti, *L'Ordre social* (1945), où il manie avec brio l'économie, la philosophie et l'histoire des sciences.

Les « faux droits »

Avec le temps, il se concentre sur la monnaie. Pour lui, l'élément central d'une économie développée est son système de prix. Tout ce qui le perturbe lui nuit. Or, deux choses empêchent l'émergence d'un système de prix stable et efficace :

- l'absence de concurrence ;
- l'inflation.

Un système de prix stable permet à chacun d'identifier la valeur des choses et de trouver dans son revenu ce qu'il appelle des « vrais droits ». Un système qui vit à crédit et qui est menacé de ce fait d'inflation distribue de « faux droits ».

La politique économique doit combattre la distribution des « faux droits » dont le keynésianisme a fait en quelque sorte sa « marque de fabrique ». Il faut d'une part éviter les situations de monopole qui confèrent à certains, au détriment du reste de la collectivité, un pouvoir de perturbation des prix ; d'autre part, il faut trouver un mode de gestion qui contraigne l'autorité monétaire et lui interdise toute forme d'arbitraire dans la création de monnaie. Ce mode de gestion monétaire existe, c'est le mécanisme de l'étalon-or. Dans ce système, la contrainte qui pèse sur la politique monétaire passe par la balance des paiements courants. Un pays frappé d'inflation perd de la compétitivité sur le marché mondial, voit ses exportations diminuer et connaît rapidement un déficit extérieur. Il solde ce déficit en perdant une partie de son stock d'or et donc de sa masse monétaire. La désinflation – ou même la déflation – qui suit cette contraction de la masse monétaire le rend plus compétitif, lui permettant d'exporter plus, et de retrouver ainsi son équilibre. Rueff réhabilite le mécanisme monétaire identifié par Hume et systématiquement défendu par la Grande-Bretagne au XIXe siècle.

Cette approche inspire à Rueff, tout au long de sa vie, ses réactions aux événements du moment : en 1919, il soutient que l'Allemagne peut payer les réparations. La baisse de son stock d'or débouchera sur une baisse de ses prix qui favorisera ses exportations. La dynamique exportatrice ainsi créée en Allemagne y suscitera une forte croissance économique, profitable en fin de compte à l'Allemagne comme à ses vainqueurs. Il prend l'exemple de la France, vidée d'une partie de son or par le traité de Francfort de 1871 et en excédent extérieur dès 1872.

En 1965, tandis que les États-Unis paient leur déficit extérieur courant en fournissant des dollars à leurs créanciers à la place de l'or, Rueff dénonce un système qui s'éloigne des automatismes de l'étalon-or et qui, multipliant le volume de dollars en circulation dans le monde, ne peut que créer de l'inflation. Ses articles, puis un livre intitulé *Le Lancinant Problème des balances de paiements* inspirent les demandes du général de Gaulle auprès des Américains pour un retour à un système centré sur l'or et non sur le dollar. Les Américains, en disciples plus ou moins assumés de Keynes, vont comprendre assez vite le point de vue de Rueff et les risques de retour à des politiques d'austérité qu'il représente. Ils abandonnent unilatéralement l'or en 1971 et imposent au reste du monde de cautionner cet abandon en 1976 au sommet de la Jamaïque.

3.3 *Joseph Schumpeter (1883-1950) et le rôle de l'entrepreneur*

Le nom de Schumpeter est tellement associé à la réflexion sur le créateur d'entreprise que l'on parle souvent d'entrepreneur schumpétérien. Pourtant, sa contribution à la science économique ne se limite pas à la défense de l'audace entrepreneuriale.

Joseph SCHUMPETER

Joseph Schumpeter naît en 1883, à Triesch, une ville austro-hongroise aujourd'hui tchèque. Sa famille, de culture germanique, y est propriétaire d'importantes usines textiles. Devenue veuve, sa mère épouse un représentant de la haute noblesse autrichienne, ce qui permet à Schumpeter d'accéder aux établissements d'enseignement de Vienne les plus prestigieux. Il se consacre à l'étude du droit, puis, attiré par les mathématiques et fasciné par les cours de Böhm-Bawerk, un des économistes alors les plus en vue de l'université de Vienne, il s'oriente vers l'économie.

Auteur prolifique, bon pédagogue, il ne se contente pas d'être un théoricien. L'effondrement de l'empire des Habsbourg le pousse à s'investir dans la lutte pour la survie d'une Autriche réduite à sa plus simple expression géographique. En 1919, il est ministre des Finances dans un gouvernement dominé par les socialistes, bien qu'il se méfie de leurs idées. Après avoir vainement tenté de créer une monnaie stable et d'endiguer l'inflation, il démissionne pour présider la Biedermannbank. La faillite de celle-ci en 1928 et le climat de violence politique qui règne en Autriche l'incitent à partir pour occuper une chaire à Bonn. La montée du nazisme l'oblige à quitter l'Allemagne en 1932 pour Boston, où il finira ses jours, après plusieurs années d'enseignement à Harvard. Schumpeter meurt en 1950, désabusé après une vie heurtée – il a dû fuir à plusieurs reprises, il s'est marié trois fois et s'est retrouvé bigame, ayant omis les formalités de divorce d'avec sa première femme, une Anglaise perdue de vue pendant la Première Guerre mondiale – et las d'un monde où le stalinisme semble irrésistible. Il laisse, outre une œuvre considérable, une multitude d'anciens élèves qui lui doivent leur intérêt pour l'économie et lui rendront régulièrement hommage. Beaucoup pourtant s'emploieront à diffuser les idées de Keynes, alors qu'à la mort de ce dernier, Schumpeter avait émis des réserves sur ses théories, pronostiquant que les politiques de déficit budgétaire finiraient plus par l'explosion de l'inflation que par la réduction du chômage.

Il est d'abord l'auteur d'une monumentale histoire de la pensée économique, véritable somme qui aujourd'hui encore n'a guère d'équivalent.

Concernant ses propres théories, on peut en retirer trois idées-forces.

Sur la notion d'équilibre

Pour Schumpeter, l'erreur des économistes est de raisonner selon une approche statique de recherche de l'équilibre. Comme l'histoire avance et introduit un progrès permanent du niveau de vie, les économistes complètent leur vision de l'équilibre par une vision de la croissance selon laquelle celle-ci est due à l'évolution de la population et à une intégration régulière et continue du progrès technique. Schumpeter se démarque en soutenant que l'économie obéit à un processus dynamique de bouillonnement permanent entretenu par quelques individus, les entrepreneurs. L'entrepreneur est un acteur majeur de l'économie qui combine esprit de décision et capacité à découvrir, dans la masse des innovations scientifiques, d'une part celles qui permettront l'augmentation de la productivité, d'autre part celles qui satisferont une demande non encore révélée. La croissance économique résulte d'un mécanisme de création/destruction (la **destruction créatrice**), où des entreprises obsolètes font faillite et cèdent la place à celles dont les fondateurs ont conçu des produits nouveaux correspondant à l'attente des consommateurs. Tout le monde n'est pas à égalité dans son impact sur l'économie et, sans entrepreneur, le progrès technique resterait lettre morte.

Sur la concurrence

La deuxième idée de Schumpeter part du constat que la concurrence a tendance à s'autodétruire. Mais, alors que les libéraux jugent cette évolution néfaste, considérant que seule la concurrence conduit à l'équilibre économique, alors que pour les marxistes la disparition de la concurrence annonce la disparition du capitalisme, Schumpeter voit dans l'apparition de **monopoles** le moyen de prolonger la dynamique de l'entrepreneur. Pour se sauver en situation de concurrence, une entreprise doit sans cesse réduire ses prix, donc laminer ses profits et se priver du financement de son investissement. Le monopole, libéré de cette contrainte, peut dégager, en augmentant ses prix, des moyens qui lui permettent d'investir et de financer la recherche scientifique indispensable à l'émergence de nouveaux produits. Et il ne peut pas abuser de la situation car il y a une limite à l'augmentation de ses prix, les consommateurs refusant ses produits s'il exagère. La concurrence a le défaut aux yeux de Schumpeter, en annulant les profits, de dessaisir l'entrepreneur du pouvoir de décision au profit du financeur. Il rejoint les critiques d'Hilferding, qu'il connaît et apprécie – même s'il ne partage pas ses idées politiques –, sur les dérives du capitalisme financier.

Sur l'évolution à long terme de la société

Rendu profondément pessimiste par l'histoire européenne des années 1930, Schumpeter publie en 1942 *Capitalisme, socialisme et démocratie*, où il prédit l'avènement de l'économie planifiée. Pour lui, l'entrepreneur ne peut tirer la société vers la richesse que s'il évolue dans un environnement social et culturel favorable. Or, il est en butte à l'envie suscitée et entretenue par les mouvements totalitaires (fascisme et bolchevisme). Progressivement écœuré, il finira par abandonner la partie, précipitant l'économie vers le déclin et livrant la société aux extrémistes de tout bord. Selon Schumpeter, l'entrepreneur est appelé à être supplanté par le **planificateur** comme élément moteur de la société. Les populations aspirent au confort médiocre des économies planifiées, d'autant plus naturellement que les crises les ont plongées dans des périodes de chômage assassines. Schumpeter ne pense pas que Keynes offre un rempart ou une alternative au planificateur. Il se contente d'organiser la ruine des finances publiques pour éviter un chômage apparent. Pour Schumpeter, Keynes ne propose qu'une fuite en avant irresponsable dans la dette publique.

Perspicace sur les défauts du keynésianisme, Schumpeter s'était laissé aveugler, comme beaucoup, par les soi-disant succès de l'URSS et les pouvoirs mirifiques de la planification. Le triomphe du planificateur qu'il avait cru définitif fut de courte durée. Celui-ci a quitté la scène historique, avec pour tout bilan une pathétique faillite économique et morale.

4. Les économistes redéfinissent leur rôle : Ragnar Frisch et la Société d'économétrie

Secoués par les affirmations péremptoires de Keynes, les économistes des années 1920-1930 sentent qu'il est plus que jamais nécessaire de trouver un lieu de rencontre et un forum d'échange. Celui qui concrétise les idées de Fisher à ce sujet et le propulse à la tête de ce forum est le Norvégien Ragnar Frisch qui, selon les opinions, invente ou impose le mot d'économétrie.

4.1 Ragnar Frisch (1895-1973), l'économètre

Ragnar Frisch est le premier lauréat, avec le Néerlandais Jan Tinbergen, du prix Nobel d'économie en 1969.

Ragnar FRISCH

Ragnar Frisch naît le 3 mars 1895 à Oslo, dans une famille où, de génération en génération, on est orfèvre. Fils unique, Ragnar porte les ambitions de sa mère qui, par haine de sa belle-famille, veut l'arracher à l'orfèvrerie. Elle demande aux autorités universitaires quelles études garantissent à un jeune homme sans talent l'obtention rapide d'un diplôme. Elle reçoit une réponse nette : celles d'économie. Après la faculté d'Oslo, Ragnar Frisch gagne Paris où il se lie à l'économiste polytechnicien François Divisia. Il en adopte les idées, décide de les publier et de les mettre en application. Divisia est un des rares économistes à avoir entretenu des relations systématiques avec Edgeworth (voir chapitre 6). Il juge donc indispensable de consolider le travail lexicographique de ce dernier et c'est Frisch qui s'en charge.

Revenu en Norvège, il devient le professeur d'économie de référence d'Oslo. Homme de conviction, il milite au sein du parti travailliste norvégien, est un membre actif de la résistance norvégienne antinazie, mène une vie austère où la morale joue un très grand rôle.

Il consacre ses dernières années à l'apiculture et à un retour à l'orfèvrerie, faisant preuve en ces domaines du même perfectionnisme que celui qui le conduisait à modifier sans cesse ses articles avant publication.

De ses échanges avec François Divisia, Frisch retient que la science économique des années 1920 nécessite trois adaptations :

1. La publication d'un lexique donnant de chaque concept économique une définition précise. Frisch s'y emploie, inventant même certains mots à l'instar d'Edgeworth. On lui attribue ainsi les termes macroéconomie et microéconomie.

2. L'adoption par l'ensemble des économistes d'une même méthode, celle des physiciens. C'est en décrivant les méthodes de vérification des relations économiques grâce à des techniques mathématiques fondées sur les statistiques et le calcul des probabilités qu'il généralise le mot d'économétrie. L'économètre, c'est l'économiste qui consolide ses assertions par des vérifications assises sur des modèles mathématiques, c'est celui qui selon Frisch « dénonce le jeu futile de l'emploi de la symbolique mathématique pour encourager son utilisation constructive ».
3. La création d'un lien systématique entre les économistes de façon que les travaux des uns fécondent ceux des autres. Il est la cheville ouvrière de la naissance de la Société d'économétrie en 1930, dont le premier président est Irving Fisher. Au sein de celle-ci, il dénonce les deux travers qui lui paraissent menacer l'économie :
   - La « playométrie », mot qu'il invente pour désigner l'usage vain et inconsidéré des mathématiques. L'adversaire de l'économètre, qui observe la réalité, la quantifie et veut systématiquement l'améliorer, est donc le playomètre, c'est-à-dire assez souvent un universitaire à l'esprit purement scolastique, qui publie dans des revues que personne ne lit des articles très mathématisés sur des problèmes qui ne se posent pas.
   - L'esprit partisan, dont il voit la plus éclatante manifestation chez les intellectuels d'extrême gauche, prêts à cautionner des idéologies fumeuses et à se faire les complices de marchands d'illusion. Que des économistes puissent s'affirmer communistes l'afflige.

Frisch fonde en 1933 la revue *Econometrica* dont il est rédacteur en chef jusqu'en 1955. Aujourd'hui, tous les économistes de renom sont membres de ladite société et il est inenvisageable d'avoir le prix Nobel d'économie sans avoir publié dans cette revue.

En tant que théoricien pur, Frisch n'échappe pas à la mode de son temps et étudie les cycles. Pour lui, la croissance, entretenue par le progrès technique, est perturbée par des facteurs cycliques multiples. Comme chacun a une fréquence propre, ces perturbations ne se traduisent pas par l'apparition d'un cycle régulier, mais par un enchaînement de ruptures et d'emballements.

5. Bilan et héritage du keynésianisme

Les dirigeants politiques confrontés à la crise des années 1929-1930 cherchent dans un premier temps la solution au chômage dans la baisse des salaires. Seule entorse au libéralisme, ils remettent en cause le libre-échange, auquel les néoclassiques sont moins attachés que les classiques.

5.1 New Deal et Front populaire

Hoover, le président des États-Unis de 1929 à 1933, est surnommé par ses adversaires démocrates « Do nothing ». Quand Roosevelt accède à la présidence au printemps 1933, la production américaine s'est contractée de 40 % par rapport à 1928. Sa réaction, le New Deal, se déroule en deux temps. D'abord, il applique plutôt les conclusions monétaires de Hawtrey. L'*Emergency Banking Act* reprend en main les banques pour éviter les dépôts de bilan en chaîne et la contraction de la masse monétaire qui s'ensuit. Puis, le 19 avril 1933, le dollar est dévalué, là encore pour augmenter la masse monétaire.

Vient à partir de 1937 ce que l'on appelle le deuxième New Deal. Tugwell, le conseiller économique des débuts de Roosevelt cède la place à des économistes plus directement influencés par Keynes, notamment Hansen. Ils augmentent les dépenses publiques mais, craignant de perdre le contrôle de la situation financière de l'État, ils accroissent simultanément les impôts. La dette publique en poids de PIB reste stable jusqu'à l'entrée en guerre des États-Unis fin 1941. Keynes, qui observe la situation, désavoue la politique menée car elle lui paraît trop timorée. Le New Deal devient le symbole des premiers pas du keynésianisme sous le feu roulant des critiques du Maître.

La France du Front populaire mène aussi une action de relance. Les salaires augmentent de 7 à 15 % selon les branches et les économistes proches de Léon Blum parlent de stimulation de la demande. Mais là encore, Keynes désapprouve : il faut augmenter l'investissement et non les salaires, car l'augmentation des salaires alourdit les charges des entreprises. Ce qui en fait dynamise l'économie française à la fin de 1936, c'est la dévaluation de septembre, longtemps refusée par le gouvernement et qui se révèle particulièrement efficace. Ce qui bloque la reprise, c'est la réduction du temps de travail à 40 heures qui rigidifie la gestion de la main-d'œuvre.

Lorsque Keynes meurt en 1946, tout le monde se réclame de lui mais personne ne peut se vanter d'avoir réellement appliqué ses recommandations. Les travaillistes anglais, au pouvoir depuis 1945, mènent une politique de réformes structurelles fondée en particulier sur des nationalisations que Keynes condamne et une politique de gestion de la conjoncture, inspirée par Meade, qui repose elle en revanche effectivement sur les prescriptions du Cambridge Circus.

L'héritage keynésien est pourtant considérable : tous les gouvernements de l'après-guerre se déterminent selon ses théories. La gestion de la croissance ne repose plus sur l'investissement en tant que moyen de pourvoir à l'accumulation de machines, mais sur la gestion de la demande globale et sur la réactivité de la demande publique en cas de chute de la production.

5.2 *Les limites du keynésianisme*

Derrière ce schéma intellectuel, le keynésianisme des premiers épigones comme Hansen pose quatre problèmes majeurs :

- Le premier est celui de la rupture. En affirmant l'inanité des théories précédentes, les keynésiens de la première heure menacent la science économique. Si, du jour au lendemain, on peut affirmer que tout ce qui était supposé avoir valeur scientifique était une erreur, toute nouvelle théorie est menacée du même sort. Keynes affirme que Ricardo fut le « Torquemada de la science économique ». Ce faisant, il court le risque de se faire traiter à son tour d'esprit faux et totalitaire. La première tâche de la génération postkeynésienne est de réaliser la synthèse avec les idées précédentes : c'est la synthèse néoclassique dont Samuelson va se faire le concepteur (voir chapitre 8).
- Le deuxième est celui de la mise en cohérence de la notion de cycle avec l'affirmation de l'existence d'un équilibre de sous-emploi. S'il y a équilibre de sous-emploi, pourquoi parler de cycle, qui nie la notion d'équilibre ? En revanche, s'il y a cycle, comment condamner l'inertie

des gouvernements en cas de chômage, lesquels se contentent d'attendre que le développement naturel du cycle fasse succéder à une période de chômage une période de croissance et de plein emploi ?

- Le troisième est celui du destin de la dette publique. Substituer l'investissement public à l'investissement privé suppose que l'État s'endette. La question est alors de savoir jusqu'où il peut aller. Si chaque crise laisse un stock de dettes, la croissance retrouvée permettra-t-elle de s'en débarrasser ? Certes, si ce n'est pas le cas, il y a toujours la possibilité de recourir à l'inflation. Mais, dans ce cas, c'est la question de la dose d'inflation qui se pose.
- Enfin, la dévaluation, qui permet de revenir à l'équilibre extérieur sans avoir à subir les baisses de salaire inhérentes à une politique de déflation, est fondamentalement « non coopérative ». Dans la déflation, on regagne progressivement des parts de marché. Dans la dévaluation, on baisse brutalement ses prix avec l'intention de regagner rapidement les parts de marché en question. Cela se fait alors nécessairement au détriment des autres pays. La dévaluation devient l'instrument non du retour à l'équilibre, mais du déclenchement d'une véritable guerre commerciale. On peut alors imaginer que tous les pays se mettent les uns après les autres à dévaluer, détruisant la confiance en leur monnaie sans en retirer le moindre résultat dans le redressement de leurs comptes extérieurs. Les W de Meade s'enchaînent inutilement. Il faut trouver un moyen d'éviter cette spirale.

Dès la fin des années 1940, les économistes s'emploient à résoudre ces problèmes. Mais l'impulsion vient maintenant des États-Unis. L'économie politique, qui fut française au XVIIIe, anglaise au XIXe, s'installe au milieu du XXe siècle aux États-Unis.

Quelques dates à retenir

Année	Événement historique	Pensée économique
1914	Suspension de l'étalon-or	
1919	Signature du traité de Versailles Hawtrey prend la tête du Trésor britannique Schumpeter ministre des Finances en Autriche	Keynes : *Les Conséquences économiques de la paix*
1922	Conférence de Gênes : retour à l'étalon-or (Hawtrey conduit la délégation britannique) Création de l'URSS	
1928	Poincaré dévalue le franc (Rueff fait partie de son cabinet)	
1929	Jeudi noir à Wall Street : début de la crise économique	
1930		Création de la Société d'économétrie Création du Cambridge Circus
1931		Richard Kahn introduit la notion de multiplicateur
1932	Taux de chômage de 20 % en Allemagne	Hawtrey : *Art of Central Banking* Schumpeter s'installe à Boston
1933	Hitler au pouvoir en Allemagne Roosevelt président des États-Unis Dévaluation du dollar	Premier numéro de la revue *Econometrica*
1936	Front populaire en France : relance de la demande par la hausse des salaires, dévaluation du franc	Keynes : *Théorie générale de l'emploi, de la monnaie et de l'intérêt*
1937	Deuxième New Deal : politique budgétaire active	Hicks publie la première version du modèle IS-LM
1938	Accords de Munich	Exécution de Kondratieff en URSS
1939	Deuxième Guerre mondiale	Hicks : *Valeur et capital* (introduction définitive de Walras en Grande-Bretagne)
1942		Schumpeter : *Capitalisme, socialisme et démocratie*

1944	Accords de Bretton Woods sur le système monétaire international	
1945	Attlee Premier ministre travailliste en Grande-Bretagne : début de l'État providence anglais	Rueff : *L'Ordre social* Mort de Cassel
1946		Mort de Keynes
1948	Coup de Prague : les communistes tchèques au pouvoir, début de la guerre froide	
1950		Mort de Schumpeter
1951		Meade : *Théorie de la politique économique internationale* (la courbe en J)
1953	Mort de Staline Eisenhower président des États-Unis	Hansen : A *Guide to Keynes*

Bibliographie

Nicolaï D. Kondratieff, *Les Grands Cycles de la conjoncture*, Economica, 1992, 562 p., ISBN-10 : 2717823182.

John M. Keynes, *Théorie générale de l'emploi, de l'intérêt et de la monnaie*, Payot, 1988, 346, p., Bibliothèque historique Payot, ISBN-10 : 2228880116.

John M. Keynes, *Les Conséquences économiques de la paix*, Gallimard, 2002, 501 p., Tel, ISBN-10 : 2070764842.

John M. Keynes, *La Pauvreté dans l'abondance*, Gallimard, 2002, 290 p., Tel, ISBN-10 : 2070422445.

John Hicks, *Monnaie et marché*, Economica, 1991, 154 p., ISBN-10 : 2717819193.

Jacques Rueff, *L'Ordre social*, 1949, ASIN : B00175EMTW.

Joseph A. Schumpeter, *Capitalisme, socialisme et démocratie*, Payot, 1990, 451 p., Bibliothèque historique, ISBN-10 : 2228883174.

Joseph A. Schumpeter, *Théorie de l'évolution économique : recherches sur le profit, le crédit, l'intérêt et le cycle de la conjoncture*, Dalloz, 1999, 371 p., Bibliothèque Dalloz, ISBN-10 : 2247037658.

— 8 —
LA SYNTHÈSE SELON SAMUELSON

1950-1979

La Seconde Guerre mondiale a été à tous égards encore plus catastrophique que la première. Outre les morts et les destructions massives de biens et d'usines, l'inflation s'est généralisée : en France, les prix ont été multipliés par 17 entre 1938 et 1946. En Hongrie, en décembre 1945, les prix doublent toutes les 48 heures[1]. En Allemagne, la monnaie a pratiquement disparu et a été remplacée dans les échanges au quotidien par la cigarette américaine. L'économiste américain J.K. Galbraith, parlant de cette période, dit que la cigarette américaine s'est révélée la meilleure monnaie possible. En effet, quand sa quantité est trop abondante et que les prix montent, sa thésaurisation devient moins intéressante si bien que ses détenteurs fument une partie de leur stock. La quantité de cigarettes disponible diminue, ce qui, vu le rôle joué par lesdites cigarettes, signifie que la masse monétaire se contracte, mettant ainsi un terme à l'envolée des prix.

Cette inflation a un avantage que Keynes et les keynésiens mettent systématiquement en avant. Elle lamine les dettes publiques. Et celles-ci sont à des niveaux sans précédent. Le Royaume-Uni a une dette publique de 300 % de son PIB, un niveau qui dépasse celui de 1815, à

1. Ce record n'a été battu depuis qu'au Zimbabwe en 2008.

la fin des guerres contre Napoléon. Mais cette fois, le gouvernement travailliste de Clement Attlee, élu au printemps 1945, a bien l'intention de s'en défaire par l'inflation.

Pour les économistes, l'inflation est installée dans le paysage. Elle devient l'élément central des théories, combinée avec une réflexion sur la croissance à long terme. Le personnage emblématique de cette période est un élève de Schumpeter (voir chapitre 7), Paul Samuelson. Son objectif est avant tout de redonner à la science économique une certaine cohérence pour éviter que les débats ne viennent anéantir la crédibilité même de ce concept.

1. Paul Samuelson (1915-2009) et la synthèse

Paul Samuelson est un économiste complet, le dernier même aux dires de certains historiens de la pensée économique. Pour lui, être économiste requiert une large palette de qualités allant de la capacité à nourrir une réflexion abstraite à celle de se faire entendre des responsables politiques, en passant par la participation au débat public.

Paul Samuelson

Paul Samuelson est né le 15 mai 1915 aux États-Unis, à Gary (Indiana). Après des études d'économie à Chicago puis à Harvard (où il obtient son doctorat), il devient en 1940 professeur au Massachusetts Institute of Technology (MIT). À Harvard, il est l'élève de Schumpeter et surtout d'Alvin Hansen, le conseiller économique de Truman et l'introducteur de Keynes aux États-Unis (voir chapitre 7). Samuelson est une figure reconnue de Belmont, cette banlieue de Boston où résident nombre d'enseignants et que Galbraith a moquée en en faisant le symbole du rassemblement des beaux esprits déconnectés du réel. Ce reproche ne concerne pas Samuelson, qui a su développer une méthode alliant rigueur scientifique et analyse concrète des faits.

Il maîtrise parfaitement la théorie économique qu'il a abondamment enrichie, ce qui lui vaut en 1970 le prix Nobel d'économie ; enseignant respecté, il est l'auteur d'un manuel illustre (*Economics*) qui, depuis sa première parution en 1948, a connu vingt éditions[2] ; démocrate, il devient l'un des conseillers de Kennedy. Cet attachement à une gauche américaine modérée le conduit à s'engager régulièrement lors des élections présidentielles aux États-Unis (il participe notamment à la campagne de John Kerry, le candidat démocrate en 2004) ; auteur de près de 400 articles publiés dans les revues scientifiques, il a également été, de 1960 à 1981, un des chroniqueurs réguliers de *Newsweek*. Eu égard à cette universalité, Kenneth Arrow, prix Nobel d'économie en 1972, l'a qualifié de meilleur économiste de l'histoire.

Il est mort en décembre 2009, sans avoir eu le temps de commenter la grave crise économique qu'a connue le monde à partir de 2008.

Trois phrases célèbres de Samuelson

Les profits sont le sang vital du système économique, l'élixir magique sur lequel repose tout progrès. Mais le sang d'une personne peut être le cancer pour une autre.

La croissance des années 1960 fut une sorte de miracle économique ; la véritable question n'est pas de savoir pourquoi les choses vont si mal aujourd'hui, mais comment elles ont pu aller si bien à l'époque.

Les économistes sont comme les Esquimaux qui dorment à huit dans un même lit et couchent tous du même côté, lorsque l'un d'eux se retourne, les huit se retournent.

En termes de méthode, son approche scientifique s'inspire, comme celle de ses prédécesseurs néoclassiques, de la physique. La thermodynamique le fascine et son maître à penser revendiqué fut en tout domaine Willard Gibbs, un physicien et chimiste américain de la fin du XIXe siècle particulièrement fécond. Il expose ses réflexions en 1947, dans un livre reprenant en partie sa thèse de doctorat et intitulé *Fondements de l'analyse économique*, où il défend l'usage des mathématiques. L'intérêt des mathématiques est de fournir un langage qui permet d'éviter la confusion des idées. Mondialement partagées, les mathématiques sont le mode d'expression naturel des sciences.

2. Economica, 2005 (dernière édition française).

Par-delà la méthode, Samuelson a principalement abordé trois domaines : la politique économique, la croissance et le commerce extérieur.

1.1 Sur la politique économique

Alors que les visions classique (qui lie le chômage à des salaires élevés) et keynésienne (qui associe chômage et faible demande) reposent sur la notion statique d'équilibre, Samuelson propose de centrer toute démarche théorique sur la notion de cycle. Il reprend les travaux d'Hansen et leur donne une version mathématique stable, **l'oscillateur d'Hansen-Samuelson**.

Dans ce modèle, on décrit l'économie sans secteur extérieur et sans État, puisque le but est de démontrer que le cycle n'est dû ni au commerce international, ni à des maladresses dans la conduite de la politique économique, mais qu'il est endogène et le résultat du fonctionnement de ce que l'on appelle « la sphère réelle de l'économie ». Le cycle n'est donc en rien monétaire.

On écrit quatre équations, deux équations comptables traditionnelles et deux équations théoriques, chacune correspondant à des moments divers du processus économique [3] :

1. **Égalité comptable entre l'offre et la demande** : $Y(t) = C(t) + I(t)$, où t désigne la période de référence.
2. **Version comptable de la loi de Say** (voir chapitre 3) : $Y(t) = R(t)$.
3. **Équation théorique sur la fonction de consommation** : $C(t) = c\,R(t-1)$.
4. **Équation théorique sur les mobiles de l'investissement** : $I(t) = a[R(t-1) - R(t-2)]$.

L'équation d'investissement (4) fait dépendre exclusivement le niveau d'investissement des débouchés prévus par l'entreprise à partir de la croissance constatée du revenu global. Elle nie l'impact du taux d'intérêt sur l'investissement et fait de l'égalité entre l'épargne et

3. Rappelons que, selon les notations usuelles, Y est la production, R le revenu, C la consommation, I l'investissement.

l'investissement un simple constat. Elle donne ainsi une vision strictement keynésienne de l'investissement (voir chapitre 7).

En combinant les quatre équations, on trouve que l'évolution de la production en fonction du temps doit satisfaire :

$$Y(t) - (c+a)\,Y(t-1) + a\,Y(t-2) = 0.$$

Ce problème mathématique se résout en étudiant ce qu'on appelle « l'équation caractéristique associée », qui est de la forme $x^2 - (c+a)x + a = 0$.

Si le discriminant $(c+a)^2 - 4a$ de cette équation du second degré est négatif, la solution est une ligne trigonométrique du temps si bien que la production peut s'exprimer selon une fonction périodique. La résolution du modèle donne comme solution une production pouvant s'écrire sous la forme :

$$Y(t) = Y0\,a^{\frac{t}{2}}\cos(\omega t).$$

Ce modèle est évidemment excessif car, poussé à sa logique ultime, il donne une vision du cycle dans laquelle l'économie passerait par des phases de production négative ! Pour Samuelson, il s'agit là encore de raisonner comme en physique : on isole un élément des événements et on regarde comment il agit sur l'ensemble. De même que la loi de la gravitation ignore les forces de frottement, de même l'oscillateur ignore certains déterminants de l'investissement et concentre sa démarche sur une explication du cycle.

Par-delà la formulation mathématique, l'oscillateur trouve son origine dans le fait que les entreprises ont tendance à surinvestir. Lorsqu'elles prennent conscience de leurs capacités de production excessives, elles contractent leurs achats en biens d'équipement. C'était déjà la logique d'Aftalion (voir chapitre 7). La baisse de la demande qui suit provoque une crise qui dure jusqu'à ce qu'elles se remettent à investir.

Une fois fournie l'interprétation théorique du cycle, Samuelson délivre une recommandation de politique économique. Ainsi, le déficit budgétaire sert à soutenir l'activité pendant la phase de contraction de la demande, tandis que la période d'emballement doit apporter excédent budgétaire et donc réduction de la dette publique. Samuelson relie cette logique à celle de la **courbe de Phillips** (voir section 3.1), selon laquelle inflation et chômage s'excluent l'une l'autre. En effet, la période de ralentissement est marquée par du chômage, celle de surchauffe par l'inflation. Samuelson complète son interprétation de l'inflation dans le cas des économies émergentes : c'est l'effet **Balassa[4]-Samuelson** selon lequel toute phase de rattrapage s'accompagne de hausse des prix régulière indépendante de la situation de l'économie en termes de cycle.

1.2 *Sur la croissance*

La **théorie de la croissance de Samuelson complète celle de l'oscillateur**. Tandis que la politique économique lisse la conjoncture et amortit les conséquences du cycle, la croissance tendancielle repose sur l'accumulation de capital par les entreprises. Ce disant, Samuelson se heurte dans les années 1960 aux keynésiens anglais de stricte obédience. Ceux-ci considéraient que la notion de capital est floue car elle additionne la valeur de machines qui n'ont rien en commun[5].

1.3 *Sur le commerce extérieur*

En ce domaine, Samuelson a contribué au **théorème Heckscher-Ohlin-Samuelson** (HOS)[6]. Selon ce théorème, en situation de libre-échange, l'abondance d'un facteur de production dans un pays détermine sa spécialisation. Les pays qui ont accumulé du capital et de la formation se concentrent sur les secteurs nécessitant machines et savoir-faire.

Samuelson y ajoute une analyse de l'évolution des prix liée à la politique commerciale : c'est **l'effet Stolper-Samuelson**. Pour l'expliquer, on peut dire que les droits de douane n'ont pas les résultats attendus. Le protectionnisme favorise des salaires élevés par absence de concurrence, ce qui réduit les profits et paradoxalement précipite le déclin des secteurs protégés.

---

4. Béla Balassa (1928-1991) est un économiste hongrois qui a travaillé avec Samuelson.
5. Comme le MIT est à Cambridge près de Boston et que ses adversaires enseignaient à Cambridge en Angleterre, le débat est devenu la « querelle des deux Cambridge » (voir section 2.5).
6. Certains travaux d'Heckscher ont déjà été signalés dans le chapitre 1, section 3.2.

L'œuvre de Samuelson obtint le prix Nobel pour « avoir contribué à élever le niveau de la science économique ».

Le prix Nobel ou la consolidation d'une discipline

Dans les années 1950-1960, les économistes américains prennent les rênes au détriment des Anglais. Ce basculement, qui s'accompagne d'un changement général de paradigme dans la mesure où le keynésianisme prend la place des pensées classiques et néoclassiques, ébranle l'édifice. Toute l'action de Samuelson tend à ce que, dans la foulée de la création de la Société d'économétrie (voir chapitre 7), les économistes aient des éléments fédérateurs qui évitent de donner l'image d'une foire d'empoigne sans fondement scientifique.

Il estime devoir compléter cet effort de synthèse, réalisé au niveau théorique, par un mode de reconnaissance externe de la profession. En 1947, la médaille J.B. Clark est créée aux États-Unis. Samuelson envisage d'instaurer un mécanisme analogue au niveau mondial qui ne paraisse pas totalement inféodé aux universités américaines. Il propose donc que soit décerné un prix Nobel d'économie, mais l'Académie Nobel refuse. Néanmoins, le projet rebondit lorsque Per Asbrink, le gouverneur de la banque centrale de Suède, décide de s'en emparer, à l'occasion de la commémoration des trois cents ans de la première banque centrale de l'histoire. Gunnar Myrdal, convaincu de la pertinence du projet, se lance dans un travail intense de lobbying auprès de l'Académie Nobel et obtient de pouvoir utiliser son nom. En 1968, le gouvernement suédois – qui assure la tutelle de la banque centrale – donne son accord et fixe les règles d'attribution, définitivement arrêtées en janvier 1969. Un comité de cinq professeurs suédois d'économie, présidé par Bertil Ohlin, est nommé et procède à une première sélection, avant que la banque centrale ne choisisse les premiers lauréats pour l'année 1969.

Depuis, le prix Nobel a donné une certaine visibilité aux économistes, mais reste très largement contesté. Myrdal, fondateur et lauréat, s'est lui-même déclaré contre le prix quand il a été attribué à Hayek, un représentant de l'école autrichienne vigoureusement hostile au socialisme et au keynésianisme.

Un des éléments de contestation est dans le travers américain des choix : 66 % des lauréats sont des Américains et, si la prééminence américaine s'explique par le rôle de l'enseignement de l'économie aux États-Unis, la réalité de la production mondiale en science économique n'est pas à ce point concentrée dans ce pays.

Légitimation maladroite de la science économique, l'attribution du prix Nobel est un exercice de plus en plus périlleux. Commentant le palmarès, certains dirigeants de la Banque de Suède n'ont pas hésité à déclarer qu'au début, les désignations étaient incontestables car il s'agissait de récompenser les figures ayant fait leur preuve dans les années 1930 à 1950, mais que, depuis, il était difficile d'identifier les économistes porteurs d'une véritable avancée théorique. Tout cela exprimé de façon imagée : au début, on a touché les sapins et, depuis les années 1990, on ne trouve que des arbustes…

Sur chacun des points qu'il a abordés (le cycle, la croissance, la politique économique, le commerce international et l'inflation), Samuelson a rencontré des soutiens (essentiellement américains) et des oppositions (essentiellement britanniques) même si, en fin de compte, il a réussi à faire triompher la nécessité d'une synthèse des idées en présence.

2. Keynésiens stricts et keynésiens modérés face à la croissance

Les keynésiens stricts (plutôt anglais) s'opposent aux keynésiens modérés (plutôt américains). Le débat se centre sur les théories de la croissance. Après les Anglais (voir chapitre 7), les Américains mettent rapidement en place la comptabilité nationale. Leur objectif est notamment de lancer de vastes recherches historiques permettant de légitimer les affirmations des théoriciens de l'économie.

Deux économistes s'illustrent en la matière : Wassily Leontief, prix Nobel d'économie en 1973, et Simon Kuznets, prix Nobel en 1971.

2.1 *Wassily Leontief (1906-1999) et la matrice input-output*

De sa formation, Leontief tire une grande admiration pour François Quesnay (voir chapitre 2), le premier à avoir pensé l'économie en termes de circuit, et pour le Suédois Gustav Cassel (voir chapitre 7), dont les écrits ont assuré la diffusion de la pensée néoclassique en Allemagne. De sa vie professionnelle, il tire une complicité intellectuelle avec Simon Kuznets (voir section 2.2), Ukrainien qui a fui comme lui le communisme et travaille également au National Bureau of Economic Research (NBER).

Wassily LEONTIEF

Wassily Leontief est né le 5 août 1906 à Saint-Pétersbourg dans une famille aisée (grand-père industriel, père universitaire). Suite à la révolution bolchevique, il quitte la Russie en 1925. Il gagne Berlin où il passe en 1928 un doctorat d'économie. En 1931, il s'installe aux États-Unis, où il se consacre à l'enseignement – à Harvard pendant quarante-quatre ans, puis à New York University – et à des travaux pour le NBER – l'INSEE américain.

Publié en 1941, son livre *La Structure de l'économie américaine (1919-1939)* introduit aux États-Unis **les concepts de la comptabilité nationale**. Il y décompose l'économie américaine en 44 secteurs. Son but est de décrire leur interdépendance en partant de l'idée que chacun est à la fois le client et le fournisseur des autres (le secteur du commerce jouant un rôle particulier, celui de vendeur au consommateur final). Leontief crée un tableau où les secteurs économiques sont en ligne et en colonne. Il inscrit à chaque intersection d'une ligne et d'une colonne la valeur de ce que le secteur en colonne achète à celui en ligne. On nomme ce type de tableau une « matrice *input/output* », un tableau d'échanges inter-industriels, ou encore, dans la terminologie rénovée de la comptabilité nationale, un « **tableau entrée/sortie** » (TES).

Cette présentation doit aider à mesurer l'impact des décisions de politique économique. Par exemple, pour apprécier l'efficacité d'une mesure favorisant les ventes de voitures, il est nécessaire de connaître non seulement la situation de l'industrie automobile, mais aussi l'ampleur de ses commandes à la sidérurgie et la capacité de réaction de cette dernière. Car, de façon générale, augmenter la demande d'un secteur en sous-emploi conduit soit à la résorption de ce sous-emploi, soit à l'augmentation des prix des fournisseurs, faisant dégénérer une relance en stagflation.

Signalons que Leontief est également connu pour le « **paradoxe de Leontief** ». En 1953, il étudie les comptes extérieurs américains de 1947 afin de valider les théories en faveur du libre-échange. De Ricardo à Samuelson, ces théories concluent qu'en économie ouverte, un pays se spécialise dans les activités ayant recours au facteur de production qui y est le plus abondant. Les États-Unis maîtrisant les découvertes les plus récentes, leurs exportations devraient être composées de produits de haute technologie et leurs importations de produits mobilisant du travail peu qualifié. Leontief constate l'inverse. L'explication de ce paradoxe tient à trois caractéristiques de l'économie américaine en 1947 :

- La productivité du travail y réduit le besoin en capital.
- Il y subsiste des droits de douane.
- Le pays est exportateur de matières premières.

Ce résultat ne pousse pas pour autant Leontief à devenir protectionniste : en 1977, dans un rapport pour l'ONU sur le monde en 2000, il soutient que sans libéralisation des échanges internationaux, le Tiers Monde ne rattrapera pas son retard.

2.2 Simon Kuznets (1901-1985) et l'étude empirique de la croissance

Kuznets n'est pas un économiste *a priori* théoricien. Il initie une pratique permise par l'émergence d'une grande quantité de statistiques qui consiste à se pencher sur les faits et l'histoire pour trouver des récurrences et tirer des conclusions.

Simon KUZNETS

Simon Kuznets naît le 30 avril 1901 à Pinsk en Ukraine, dans une famille juive qui rêve de fuir aux États-Unis les pogroms tsaristes. Il s'installe à New York en 1922, y obtient son doctorat en 1926 et rejoint un an plus tard le NBER. Il y travaille jusqu'en 1961, menant simultanément une carrière universitaire. Celle-ci s'achève par une chaire à Harvard, qu'il occupe entre 1960 et 1971. Chercheur dans l'âme, il ne quitte guère son bureau – si ce n'est pour participer à la création de l'enseignement de l'économie en Israël.

Sa première contribution à la science économique porte sur la statistique. Il participe à la définition des concepts de la comptabilité nationale et élabore des séries chiffrées sur les principales économies. De cette approche empirique il retire une description de la croissance qui ne s'inscrit dans aucun schéma préétabli.

- Son premier constat est que **la croissance repose sur la diffusion du progrès technique par le biais de l'investissement**. Pour accélérer la croissance, l'État doit contribuer à cette diffusion : une politique de formation augmente les savoir-faire et les compétences de la main-d'œuvre, transformant les innovations en gains de productivité du travail ; le financement de la recherche scientifique favorise les découvertes et l'émergence du progrès technique ; le libre-échange accroît les débouchés qui garantissent la rentabilisation à long terme des nouvelles technologies.
- Son deuxième constat est qu'**à court terme la croissance est cyclique**. Il rejoint donc Samuelson dans l'idée que l'État doit lisser les cycles. Pour cela, il dispose du déficit budgétaire en tant que régulateur conjoncturel. Mais son usage doit s'inscrire dans une approche de long terme. Il est un facteur de croissance durable s'il finance des investissements augmentant la productivité, et un facteur d'inflation future s'il résulte d'un accroissement des revenus sans lien avec l'évolution de la productivité du travail, par exemple en cas de baisses d'impôt.
- Son troisième constat est que **la croissance suppose des modifications en profondeur de la société**, comme la concentration de la main-d'œuvre dans les villes, l'acceptation de la mobilité professionnelle,

l'alphabétisation et la généralisation de la scolarisation, l'industrialisation et l'existence d'un secteur énergétique performant.
- Enfin, dernier constat, **la croissance est un état d'esprit**. Elle n'est possible que dans un environnement culturel favorable, qui encourage le risque et reconnaît les fonctions entrepreneuriales au même titre que les fonctions publiques ou artistiques.

Simultanément à l'étude empirique de la croissance apparaissent des formulations théoriques qui prolongent les apports keynésiens. La théorie de la croissance keynésienne s'incarne dans le modèle dit d'Harrod et Domar.

2.3 La croissance « keynésienne » : le sentier de croissance d'Harrod et Domar

Dès la publication de la *Théorie générale* de Keynes (1936), les économistes font un constat simple. La théorie classique/néoclassique opère une distinction entre le court terme (où s'établit un équilibre de marché) et le long terme (où la croissance se construit grâce au progrès technique). La rupture keynésienne immédiate parle d'équilibre de sous-emploi, d'une part, et de cycle de moyen terme, d'autre part. Pour qu'elle soit complète, il lui faut donc une interprétation de la croissance à long terme.

C'est chose faite avec l'article que publie en 1939 Roy Forbes Harrod.

Roy Forbes Harrod (1900-1978)

Harrod est un économiste anglais qui, sans faire partie du Cambridge Circus (voir chapitre 7), connaît Keynes. L'essentiel de ses préoccupations porte sur la méthode. Puisque l'économiste s'inspire du physicien, un des enjeux fondamentaux de l'économie est de trouver le moyen d'obtenir un type de résultat identique à ce que permet en physique la réalisation d'expériences. L'économiste ne pouvant reproduire des expériences, il est obligé de trouver dans l'histoire la confirmation de ses dires. Le problème réside dans la nature de l'aventure historique : se répète-t-elle et y a-t-il un déterminisme historique, ce qui permet de dégager des lois, ou au contraire, comme le pensaient certains philosophes grecs et David Hume (voir chapitre 2) sur lequel Harrod a travaillé, l'histoire se renouvelle-t-elle sans cesse si bien que, selon l'expression des philosophes grecs, dans une rivière, on ne se baigne jamais dans la même eau ? Harrod soutient que des permanences historiques existent et qu'un certain déterminisme économique agit. Une conséquence est que l'économie peut être non seulement explicative, mais encore prédictive. Il rejoint ainsi la démarche pratique de la SDN qui se lance dans la construction de modèles économétriques sur la base de la prolongation des tendances passées, tâche confiée au Néerlandais Jan Tinbergen (voir section 3.2).

Dans cette réflexion sur la prévisibilité, **Harrod cherche à quantifier et à théoriser ce que serait le taux de croissance tendanciel d'une économie décrite par la théorie keynésienne**.

Le modèle est assez simple. On écrit l'égalité de l'offre et de la demande en éliminant la politique économique (G) et le commerce extérieur (X et M). On a $Y = C + I$ et la loi de Say $Y = R$ (voir chapitre 3).

La première hypothèse du modèle, celle d'une stabilité de la consommation au travers d'une fonction de consommation, donne $C = cR = cY$.

Soit encore $Y = cY + I$.

Soit enfin $I = (1 - c)\,Y$ ou, en posant $1 - c = s$, $I = sY$.

Pourquoi prendre la lettre s ? L'épargne étant égale à l'investissement, $I = sY$ signifie $S = sR$. On retient donc « s » comme « *savings* ».

La deuxième hypothèse du modèle porte sur le lien entre la production et le capital.

On introduit l'idée que le capital installé dépend des anticipations de rentabilité que font les entreprises. Et, hypothèse là encore strictement keynésienne, ces anticipations reposent sur la demande potentielle, c'est-à-dire sur le revenu.

Le stock de capital K est donc proportionnel au revenu :

$$K = kR.$$

Enfin, l'investissement conduit à une augmentation du stock de capital. Ainsi dK, l'augmentation annuelle de capital, est égale à I.

Le modèle enchaîne donc les équations suivantes :

$$I = sY,$$
$$K = kR,$$
$$Y = R,$$
$$dK = I.$$

En combinant ces quatre équations, on obtient :

$$dK/K = I/K = sY/kR = s/k.$$

Harrod en conclut qu'il y a un taux d'épargne (s) optimal, celui qui est conforme aux capacités d'accumulation de capital.

Evsey Domar (1914-1997)

Économiste américain d'origine polonaise, Domar prolonge en 1947 la réflexion d'Harrod dans un article intitulé « Expansion et emploi ». Publiant aux États-Unis, il donne une légitimité renforcée au point de vue d'Harrod. En outre, il le complète et le précise. Il s'interroge d'abord sur le sens à donner au ratio dK/K. Plus il y a de capital, plus la croissance est élevée. Le stock de capital augmente au rythme de la croissance potentielle et celle-ci dépend de la force de travail. Pour Domar, dK/K est égal à g, taux de croissance potentielle de l'économie qui est la somme de la croissance de la population susceptible de travailler (ce que les statisticiens appellent la population active) et de la productivité de l'économie.

La règle d'Harrod et Domar s'énonce donc :

$$g = s/k.$$

Harrod commente ce résultat en parlant de **croissance « sur le fil du rasoir »**. Pour Domar, la fragilité de la croissance économique tient au double rôle de l'investissement : il est à la fois composante de la demande et source de l'offre en tant qu'il permet d'accumuler des moyens de production. Comme composante de la demande, comme il est volatil, il perturbe la croissance si bien que l'économie a intérêt à favoriser la consommation. Mais ce faisant, on réduit les capacités de production et le désir de consommation se heurte au manque de moyens de production. D'où le côté « fil du rasoir » de la croissance qui n'est équilibrée et régulière que pour des taux d'investissement très précis.

En pratique, il y a selon ce modèle une croissance naturelle (g) et une croissance réelle (s/k) qu'il est très difficile de faire coïncider. Le cycle devient alors une alternance de périodes où la croissance est trop forte (l'économie surinvestit) et de périodes de croissance trop faible (on manque d'investissement). La conclusion boucle le modèle keynésien dans la logique de l'oscillateur de Hansen-Samuelson et du poêle d'Aftalion.

Le keynésianisme de deuxième génération a un problème économique à gérer (le cycle), une interprétation de l'origine de ce problème (la volatilité de l'investissement), une solution (la politique budgétaire et l'investissement public) et un objectif (un taux de croissance moyen qui respecte la règle d'Harrod et Domar).

Pourtant, Samuelson lui-même s'interroge sur la logique Harrod/Domar et cherche la synthèse avec l'approche de la croissance de la période antérieure.

2.4 Paul Douglas, Robert Solow : la fonction de production et la croissance néoclassique

Pour les classiques et les néoclassiques, la loi de Say conduisait à faire de la réflexion sur la croissance une réflexion sur l'évolution de l'offre. Concevoir une théorie de la croissance dans ce cadre, c'est lier la production Y à des facteurs de production. Chez Ricardo et les classiques ces facteurs de production sont la terre (de moins en moins fertile), le capital et le travail. Pour les néoclassiques, tout peut se résumer en deux facteurs de production, le capital K et le travail L. Ne reste plus qu'à donner un lien mathématique formel entre Y, K et L. L'outil le plus répandu de description de la situation de l'offre au niveau national utilisant ces paramètres est la **fonction de production dite de « Cobb-Douglas »**. Cette fonction est apparue en 1928 dans un article de l'*American Economic Review* signé du mathématicien Charles Cobb et de l'économiste Paul Douglas.

Paul Douglas (1892-1976)

À l'origine, les recherches de Douglas portent sur le pouvoir d'achat et le partage de la valeur ajoutée entre salaires et profits.

Paul DOUGLAS

Paul Douglas est né le 26 mars 1892 dans le Massachusetts, à Salem[7]. Son enfance est difficile : sa mère meurt quand il a 4 ans; son père remarié s'enfuit en l'abandonnant à sa belle-mère. Celle-ci assume son éducation et lui paie des études supérieures qu'il conclut en 1921

7. Salem a été rendue célèbre par l'affaire des « sorcières » de 1692.

par un doctorat d'économie. Il devient professeur à l'université de Chicago. Homme de gauche, il est un militant syndical actif. Enthousiasmé par Roosevelt, il rejoint le Parti démocrate dans les années 1930. Élu sénateur de l'Illinois en 1948, il le reste pendant dix-huit ans. Peu favorable au keynésianisme et déçu par la courte présidence de Kennedy, il se retire de toute activité en 1966 et meurt le 24 septembre 1976.

Spécialiste de l'œuvre de von Thünen (voir chapitre 3), il y découvre une tentative de mise en équation de la loi des rendements agricoles décroissants de Ricardo.

De son expérience de propriétaire terrien, von Thünen affirme pouvoir retirer que la production d'un domaine est égale à $S^{\alpha} L^{\beta}$, où S est la surface cultivée et L les heures travaillées, α et β étant des exposants inférieurs à 1. Douglas transpose ce résultat au niveau d'un pays. Il postule que la production Y s'exprime en fonction du stock de capital K et de la population active L sous la forme $Y = A * K^{(1-\alpha)} * L^{\alpha}$, où l'exposant α est le ratio salaires/valeur ajoutée. Cette équation lui sert d'abord à exprimer le lien entre l'activité économique, la quantité de capital et celle de travail. Elle lui sert ensuite, à travers le calcul de α, à établir la part optimale des salaires dans la valeur ajoutée, c'est-à-dire celle qui maximise la production.

Si l'article de 1928 est avant tout une réflexion sur la répartition des revenus, c'est la fonction de production que contient ce texte qui en fait une référence théorique.

Robert Solow

La fonction de Cobb-Douglas rejoint définitivement la panoplie des économistes après son adoption en 1956 par Robert Solow (né en 1924). Solow est, avec Kuznets, l'un des deux économistes à avoir obtenu le prix Nobel pour ses travaux sur la croissance économique. Kuznets l'a fait sur des bases empiriques et statistiques, Solow a construit un raisonnement théorique s'appuyant sur des fonctions de Cobb-Douglas. Il trouve à celles-ci un triple mérite :

- D'abord, α en tant que rapport entre les salaires et la valeur ajoutée est compris entre 0 et 1. Il est dès lors facile de montrer qu'une

« Cobb-Douglas » décrit une économie en rendements décroissants, sur le facteur travail en particulier conformément aux hypothèses constantes des économistes depuis Ricardo.

- Ensuite, il y a substituabilité entre les facteurs de production, c'est-à-dire qu'en cas de diminution du capital disponible, on peut maintenir la production grâce à un surcroît de travail.
- Enfin, A s'interprète comme une mesure de l'évolution du progrès technique, lequel conduit, à quantité de travail constante, à une augmentation de la production. A est connu en théorie économique sous le nom de « **résidu de Solow** ».

Les études statistiques pour analyser la croissance dans la logique de Solow se sont heurtées au caractère vague et général de la composition et du fonctionnement du résidu. Il a été souvent difficile de mettre en lumière le progrès technique permettant d'expliquer les variations de A. Solow a même énoncé, dans les années 1990, le « **paradoxe de Solow** », à savoir que l'informatique, si on la voit dans les bureaux, on ne la voit guère dans la statistique. Cela signifie soit que l'informatisation systématique des tâches n'a pas conduit à des gains de productivité, soit que l'activité tertiaire est trop complexe pour que l'on puisse mesurer réellement A, K et L.

2.5 *Joan Robinson (1903-1983) et la querelle des deux Cambridge*

Ayant identifié un sentier étroit de croissance, Harrod et Domar donnent à la politique économique un objectif très précis que Solow s'efforce de mettre en cohérence avec la croissance des néoclassiques. Objectif trop précis selon Joan Robinson, pour qui Douglas et Solow font fondamentalement fausse route.

Joan Robinson

Joan Robinson (née Maurice) est née en 1903. Formée à Cambridge, elle devient économiste sous l'influence d'Alfred Marshall et d'Austin Robinson, son futur mari. Elle rejoint le Cambridge Circus à sa création. Elle est dès lors keynésienne, selon une version radicale. Proche de la gauche du parti travailliste mais outrée par l'opportunisme de ses

dirigeants, Robinson s'en éloigne progressivement et mène ses derniers combats, comme celui contre la guerre du Viêtnam, hors de toute structure militante. Déçue de ne pas avoir eu le prix Nobel, elle se désintéresse de l'économie. Un de ses traits d'humour les plus connus est d'avoir écrit, à son départ à la retraite, une lettre d'excuses au contribuable britannique pour avoir en tant qu'économiste été payée à ne rien faire de vraiment utile.
Néanmoins, Robinson réfléchit toujours aux évolutions de la société. Elle fait partie de ceux qui, après la mathématisation de la fin du XIXe siècle, ont réintroduit en économie une dimension morale et politique. Elle joint à la réflexion théorique une analyse historique des faits ainsi que de la personnalité des théoriciens. C'est ainsi que, très engagée à gauche, elle admire Marx, mais déclare faire la part dans son œuvre entre sa vision scientifique du capitalisme et ses discours haineux d'aigri.
Incrédule, elle assiste à la victoire de Margaret Thatcher et des monétaristes. L'échec du keynésianisme de sa jeunesse, sanctionné politiquement par la défaite travailliste de 1979 pour avoir créé l'inflation sans apporter le plein emploi, achève de lui ôter ses illusions. Elle meurt en 1983, laissant le souvenir d'une femme intelligente ayant su s'affirmer dans un monde universitaire souvent passéiste.

Joan Robinson est un personnage marquant de l'histoire économique et sa contribution théorique porte sur de multiples domaines. Trois l'ont particulièrement distinguée : la théorie de la concurrence imparfaite, l'examen des dévaluations et la théorie de la croissance où sa position, aboutissement ultime de la logique keynésienne, va heurter clairement les thèses de Samuelson.

La concurrence imparfaite

Le premier livre de Joan Robinson, *Économie de la concurrence imparfaite*, paraît en 1933. Se référant aux œuvres de Cournot (voir chapitre 5), elle critique le modèle néoclassique de la concurrence. Dans ce modèle, une entreprise communique avec ses clients exclusivement par l'intermédiaire de sa grille de prix. Il y a deux types d'entreprises, celles en situation de concurrence, contraintes d'adopter les prix fixés par le marché, et les monopoles libres de les fixer, avec toutefois une limite, la possible désaffection des consommateurs. Selon Joan Robinson, ces deux situations sont des extrêmes ne correspondant aucunement à la réalité. Une entreprise soumise à la concurrence cherche à se distinguer des autres pour accroître ses débouchés. Ne pouvant modifier ses prix, elle utilise d'autres moyens comme la publicité. Décrire le marché impose donc de **dépasser le mécanisme de fixation des prix pour s'interroger sur l'impact des stratégies non tarifaires**. En analysant cette capacité des entreprises à corriger la concurrence, Joan Robinson initie les théories dites de la concurrence imparfaite.

Les dévaluations

Oubliant ses préventions à l'égard des méthodes quantitatives, elle entreprend de mesurer statistiquement l'efficacité des dévaluations comme moyen de résorber un déficit extérieur. Une dévaluation a deux effets : une augmentation du prix des importations et un accroissement des débouchés pour les exportations (devenues moins chères). Ramenant son étude à celle d'un échantillon de 27 pays, Joan Robinson analyse la combinaison du premier effet, qui détériore la balance commerciale, avec le second, qui l'améliore. Elle donne ainsi son nom au théorème selon lequel une dévaluation réussit quand le pays dévaluateur exporte des produits dont la demande réagit fortement à une baisse des prix, en pratique des produits de consommation courante. Un pays producteur de matières premières, dont les débouchés sont contrôlés par quelques opérateurs mondiaux, n'a en revanche aucun intérêt à dévaluer.

La croissance

C'est surtout sur la croissance que Robinson fait rebondir les débats économiques. Au départ, elle s'inspire des travaux de l'Italien **Piero Sraffa** (1898-1983). Ayant fui le fascisme pour Cambridge, Sraffa se voit confier un immense chantier : la réédition des œuvres complètes de Ricardo. Comme souvent dans ce genre de situation, Sraffa devient non seulement le vecteur de la diffusion des idées de Ricardo, mais encore son interprète et son défenseur.

Ricardo considérait que le profit, en servant au financement de l'investissement, détermine le taux de croissance. Les néoclassiques associent le taux de croissance au taux d'intérêt auquel il est tendanciellement égal. Et Harrod lie la croissance au taux d'épargne et au rapport entre le stock de capital et le montant annuel de la production. Malgré ses affinités keynésiennes qui devraient la rapprocher du point de vue d'Harrod, Robinson repart de la vision de Ricardo réactualisée par Sraffa. Elle met le profit au centre de son analyse, mais selon un enchaînement de cause à effet original : ainsi, ce n'est pas le profit qui fait la croissance, mais c'est pour atteindre certains objectifs de profit que les capitalistes ont besoin de la croissance. **Le profit n'est pas le moyen de la croissance, il en est le résultat. D'où vient alors la croissance ? De la capacité de l'État à entretenir la demande**. C'est à partir de cette position que Robinson nourrit la « querelle des deux Cambridge[8] ».

La controverse Solow-Robinson

Si l'on revient aux physiocrates (voir chapitre 2), on se souvient que, pour eux, la croissance repose sur l'agriculture. Or, assez vite, ils avaient compris que derrière l'agriculture, on trouve le soleil. Ainsi, dès l'origine de la science économique, la croissance a été perçue comme la combinaison de l'énergie, essentiellement solaire, et de l'information, c'est-à-dire de la capacité de l'homme à transmettre et à améliorer ses savoir-faire. Les modèles mathématiques qui ont suivi se sont contentés d'exprimer cette idée en allant chercher l'énergie dans le travail humain et le capital accumulé, et l'information dans le progrès technique et l'amélioration de l'organisation.

Robert Solow exprime ce résultat en utilisant le formalisme des fonctions de Cobb-Douglas. Joan Robinson lui oppose deux arguments :

1. L'accumulation du capital est permise par la croissance, mais elle n'explique pas la croissance ; il n'est que de voir ce qui s'est passé en Europe dans les années 1930, où le capital était important et où l'économie s'effondrait, ou encore ce qui se passe dans les pays socialistes où se sont multipliés de pharaoniques et vains investissements.

8. Entre le MIT de Cambridge dans la banlieue de Boston et le Cambridge historique en Grande-Bretagne.

2. Pour Robinson, parler de capital, de travail, de croissance et les mettre en équation supposent que l'on soit capable de définir ces concepts et de les mesurer. Or, comment évaluer un stock de capital quand on doit additionner pour ce faire la valeur de machines n'ayant ni le même âge ni le même emploi. Qu'ont en commun une locomotive, un ordinateur, un hectare de terre, une machine-outil ? De même, que signifie le travail, comment additionner des heures d'enseignement et des heures sur une chaîne, des heures de comédien et des heures de paysan ? Pour Joan Robinson, croissance, capital, population active, rien de tout cela n'a de sens et les fonctions de Cobb-Douglas des économistes de Cambridge USA, où on trouve du capital (K) et du travail (L), sont incapables de décrire une réalité infiniment plus complexe.

La seule chose vraiment perceptible, à la fois pour les économistes, les hommes politiques et la population, c'est le chômage. On attend donc des économistes non des élucubrations approximatives sur le lien entre capital et croissance, mais des prescriptions de politique économique capables de réduire ce fléau. Ce que les économistes doivent expliquer, c'est comment l'État peut maintenir un volant de demande permettant d'éviter les enchaînements récessifs. L'attente d'un pays n'est pas la croissance en tant que telle car, dans une économie de marché, celle-ci s'organise d'elle-même, mais sa régulation par la politique économique, politique organisée autour de la demande. Comme la demande est la somme d'une demande stable (assimilable à la consommation), d'une demande volatile (assimilable à l'investissement) et d'une demande discrétionnaire (les dépenses de l'État), c'est la gestion de la demande discrétionnaire qui doit permettre d'amortir les fluctuations de la demande volatile et assurer une croissance régulière. La notion d'investissement en tant que moyen d'accumuler du capital de plus en plus productif disparaît. L'offre ne joue pas de rôle théorique, le seul souci de la science économique est de fournir aux décideurs les moyens d'éviter les ruptures dans les évolutions de la demande, ruptures qui donnent au mieux des cycles, au pire des récessions longues et socialement meurtrières.

La réponse de Samuelson

Samuelson soutient Solow et répond à Robinson que le bon sens montre bien que c'est parce qu'il y a des machines qu'il y a de la croissance économique. Et que s'il est difficile de mesurer finement le stock de capital, les fonctions de Cobb-Douglas sont un outil utile, notamment pour identifier les tendances.

Sraffa vient alors au secours du point de vue extrême de Robinson en essayant de montrer qu'il ne peut y avoir de taux d'intérêt unique dans l'économie et que ce taux devrait varier par secteurs d'activité. Comme ce n'est pas le cas, cela signifie que la notion même de « secteur d'activité » est économiquement inopérante.

Samuelson refuse de prolonger un débat qui s'envenime et cesse rapidement les échanges. La querelle meurt d'elle-même, mais laisse comme résultat la nécessité de repenser la dynamique intellectuelle que nourrit le keynésianisme si l'on ne veut pas que soient remises en cause les définitions les plus élémentaires des concepts économiques (comme l'investissement ou la croissance) et que, *in fine*, la science économique elle-même soit menacée. D'ailleurs, Robert Solow, effaré de l'extrémisme sur le fond et sur la forme de Robinson, va dans le même sens que Samuelson. Commentant les écrits des économistes de Cambridge UK, il conclut : « Une équipe d'intellectuels martiens débarquant sur la Terre après avoir lu cette "littérature" se serait attendue à y trouver l'épave du capitalisme brisée depuis longtemps par ses propres défauts. »

De façon plus positive, il reste également de cette querelle l'idée que l'État a une fonction économique claire, celle de la gestion du cycle.

3. La politique économique face à l'inflation

Le cycle est donc devenu l'élément central de la réflexion économique des années 1950-1960. Au fur et à mesure, sa définition se précise comme une alternance de chômage et d'inflation. Se pose dès lors la question de la vérification empirique de cette alternance : c'est ce que se propose de faire la courbe de Phillips.

3.1 *La courbe de Phillips*

Alban Phillips (1914-1975) est un des économistes à la fois les plus connus et méconnus. Toute personne qui s'intéresse un peu à l'économie a entendu parler de la courbe ou de l'arbitrage de Phillips. Pourtant, Phillips est peu connu en tant que tel. C'est qu'il ne fut économiste que sur le tard. Fils de fermier néo-zélandais, il a été longtemps mineur de charbon, avant de devenir professeur de statistiques à la London School of Economics dans les années 1950. En 1958, il fait travailler ses étudiants sur un cas concret d'économie : définir l'impact du chômage sur la détermination des salaires à partir de l'analyse de séries statistiques longues sur l'histoire de l'économie anglaise.

Dans la théorie néoclassique, le salaire que perçoit chaque travailleur correspond à l'efficacité de son travail, qui est indépendante de la situation globale du marché du travail. A *priori*, le chômage n'a ici aucune conséquence sur la situation individuelle de chaque salarié. Il se résorbe avec la baisse des prétentions salariales, celles de ceux en recherche d'emploi. Pourtant, on a assez spontanément le sentiment et l'intuition que le chômage produit angoisse et inhibition chez les salariés en place, si bien que ceux-ci sont disposés à accepter, en cas de sous-emploi général, des salaires moins élevés ou tout au moins une limite à leur évolution. C'est ce que veut vérifier Phillips en mettant en relation l'évolution des salaires au Royaume-Uni et le taux de chômage de 1867 à 1957.

Il publie le fruit de ses recherches en 1958 et arrive à la conclusion que le chômage freine bel et bien l'évolution des salaires. Soit w le salaire moyen et U le taux de chômage. L'évolution du salaire en pourcentage est de la forme dw/w, dw correspondant à sa variation annuelle.

L'équation calculée par Phillips est la suivante :

$$dw/w = -0{,}9 + 9{,}6838/U^{1{,}394}.$$

Cela signifie que toute hausse du taux de chômage se traduit par un ralentissement des gains de pouvoir d'achat.

Samuelson rebondit sur ces travaux pour affirmer qu'on constate ainsi de façon empirique que le taux d'inflation, c'est-à-dire l'évolution de tous les prix et pas seulement celle de ce prix certes fondamental mais particulier qu'est le coût du travail, est inversement proportionnel à l'évolution du chômage.

Il y a ainsi selon Samuelson un **arbitrage** ou dilemme de Phillips dans chaque économie, selon lequel les responsables de la politique économique auraient le **choix entre le chômage et l'inflation**, avec une certitude assez simple : à partir d'un certain seuil de chômage, il n'y aurait plus d'inflation ; à partir d'un certain seuil d'inflation, il n'y aurait plus de chômage. Ici, Samuelson se heurte à Jan Tinbergen.

3.2 *Jan Tinbergen (1903-1994) et le principe de Tinbergen*

Les positions extrêmes développées par les keynésiens anglais leur font perdre la main par rapport aux Américains. Résultat, sur la politique économique, les oppositions européennes que rencontre Samuelson viennent d'autres cieux. En l'occurrence, la plus pertinente repose sur les travaux du Néerlandais Jan Tinbergen. Ces travaux reflètent bien leur époque puisqu'ils portent au départ sur les cycles économiques et les moyens d'en atténuer l'ampleur.

Jan TINBERGEN, premier prix Nobel d'économie

Jan Tinbergen naît à La Haye le 12 avril 1903. Il est l'aîné d'une famille de sept enfants où domine le culte de la science : il reçoit le prix Nobel d'économie en 1969, son frère Nikolaas celui de médecine, en 1973.

Après un doctorat de physique en 1929, Tinbergen se réoriente vers l'économie. Pourtant, ses travaux de mécanique statistique étaient d'un tel niveau qu'on envisagera de lui décerner également le prix Nobel de physique. S'il choisit finalement l'économie, c'est qu'il y voit le moyen de valoriser sa formation scientifique tout en satisfaisant son militantisme politique. Il a en effet adhéré très jeune au parti travailliste (socialiste) néerlandais, dont il reste jusqu'à sa mort un membre fidèle.

Il s'implique dans la réflexion économique à partir d'une analyse très aboutie de ce qu'est un économiste. De ses recherches épistémologiques il tire la conclusion que nul n'est économiste s'il n'est mathématicien.

Toutefois, l'économiste ne peut se contenter de construire des théories abstraites. Il lui faut en faire partager les résultats aux décideurs et à la population : d'où un travail pédagogique délicat mais indispensable. Ce travail d'explication est rendu difficile auprès des dirigeants car il se heurte souvent à l'hostilité d'entourages qui se leurrent sur leur propre savoir économique. L'ascendant des imposteurs et des ignares agace d'autant plus Tinbergen qu'il les accuse d'entretenir la propension de la classe politique à « penser plus à l'élection future qu'à la génération future ».
Après une longue carrière universitaire à Rotterdam et une retraite très active, Tinbergen s'éteint le 9 juin 1994.

La prévision conjoncturelle

Chercheur à la Société des Nations, Tinbergen construit, de 1936 à 1938, un **modèle en 48 équations sur l'économie américaine** dont l'objectif est de décrire l'enchaînement cyclique de celle-ci. Ce modèle est célèbre à deux titres : d'abord par le travail fourni, car Tinbergen ne dispose pas d'ordinateur ; ensuite, par son originalité, car c'est le **premier modèle économétrique**. Il suscite de nombreux commentaires, sur le fond et sur la méthode, dans la mesure où il ouvre une voie nouvelle pour l'économie : la construction de modèles permet à la vérification des théories économiques de reposer non seulement sur la quantification du passé, mais aussi sur leur capacité à fournir des prévisions sur les années à venir. Avec ce modèle, Tinbergen fait naître une nouvelle branche de l'économie, la **prévision conjoncturelle**, qui s'inscrit pleinement dans la logique du rapprochement des méthodes de l'économie de celles de la physique.

Keynes, qui n'a pas été associé à l'opération, se montre très critique. Résultat, les deux hommes se brouillent. Si Tinbergen reconnaît les mérites du keynésianisme, il n'aura de cesse d'en souligner les limites, affirmant notamment que les dépenses de formation favorisent plus la croissance que le feu de paille des relances nourries de grands travaux.

Le principe de Tinbergen

En 1952, dans *À propos de la théorie en politique économique*, il énonce le « principe de Tinbergen », selon lequel **en politique économique, il faut**

disposer d'autant d'instruments que l'on a de problèmes. On a souvent résumé cette assertion en disant que pour Tinbergen, la politique budgétaire permet de réduire le chômage, la politique monétaire l'inflation, et la dévaluation le déficit extérieur. Sa position est plus complexe. Prenons le cas d'un pays qui souffre de chômage par manque de capital et d'investissement. Pour Tinbergen, trois conclusions s'imposent :

1. Il est inutile de relancer la demande en augmentant la dépense publique (la politique budgétaire est inopérante).
2. La bonne arme antichômage est la politique monétaire car une baisse des taux d'intérêt incite les entreprises à investir.
3. La lutte contre l'inflation, ne pouvant reposer sur la politique monétaire déjà mobilisée, doit se fonder sur la politique des revenus.

Tinbergen précise son principe en expliquant qu'il faut éviter toute contradiction entre les politiques menées. Ainsi, il critique les années Reagan marquées par une politique budgétaire expansive et une politique monétaire restrictive, si bien que l'État s'est fortement endetté à des taux exorbitants.

Une des conséquences de ce principe est de nier l'arbitrage de Phillips. En effet, si l'on doit pouvoir consacrer un instrument de politique économique à chaque problème, c'est que ces problèmes peuvent se manifester simultanément. Or, selon l'arbitrage de Phillips, on ne peut avoir à la fois de l'inflation et du chômage.

S'appuyant sur le principe de Tinbergen, les économistes américains des années 1960 vont chercher à faire avancer l'idée d'une synthèse opérationnelle des thèses économiques en présence. Il s'agit d'identifier tel instrument pour résoudre tel problème, de façon à donner des conseils très concrets aux gouvernements. Celui qui formalise le mieux cette démarche est un économiste en charge des études économiques du FMI dans les années 1960, Robert Mundell.

3.3 *Robert Mundell et la politique économique optimale*

C'est pendant son passage au FMI que Mundell formule plusieurs théories devenues des références.

Robert MUNDELL

Robert Mundell naît le 24 octobre 1932 au Canada. Après des études à Vancouver, il rejoint le MIT à Boston où il obtient son doctorat d'économie en 1956. Il commence alors une double carrière d'enseignant et de chercheur. De 1961 à 1966, il travaille au FMI avant d'être professeur à Chicago de 1966 à 1971, puis à l'université de Columbia à New York de 1974 à sa retraite. Mundell a obtenu le prix Nobel d'économie en 1999.

Son nom est attaché à cinq éléments théoriques majeurs :

1. Le « **modèle Mundell-Fleming**[9] » : l'idée de Mundell et de Fleming est d'améliorer le modèle IS-LM (voir chapitre 7). Celui-ci n'est valable que pour une économie fermée. Le modèle Mundell-Fleming l'adapte donc au cas d'une économie ouverte. Il conclut que l'efficacité de la politique budgétaire dépend du système de changes. En cas de changes fixes, comme dans le système de Bretton Woods, la politique budgétaire est efficace. En revanche, dans un système de changes flottants, comme celui qui s'impose après 1973, ce n'est plus le cas. En effet, en empruntant pour financer son déficit, l'État fait monter les taux d'intérêt, ce qui attire les capitaux étrangers. Résultat, la monnaie nationale est de plus en plus demandée et son taux de change s'apprécie. Cette appréciation se traduit par une perte de compétitivité et une baisse des exportations. Il se produit ce que les économistes appellent un « **effet d'éviction** » : plus de demande publique conduit à moins de demande extérieure et, en fin de compte, à une stagnation de la demande globale.
2. Une analyse de la politique monétaire dans un cadre de libre circulation des capitaux. Dans un tel cadre, si la banque centrale souhaite que sa devise garde une parité fixe, par exemple, par rapport au dollar, elle doit avoir les mêmes taux d'intérêt que la banque centrale américaine. Elle perd sa capacité à fixer ses taux d'intérêt, elle perd l'autonomie de sa politique monétaire interne. Si elle veut conserver cette autonomie, elle doit renoncer au change fixe et laisser flotter

9. Marcus Fleming (1911-1976) est un enseignant qui mène parallèlement à Mundell des recherches sur la politique économique.

sa devise pour s'isoler des autres banques centrales grâce à l'écran du marché des changes. En économie ouverte, il y a « incompatibilité » entre libre gestion de la politique monétaire et maintien d'un système de changes fixes : c'est le « **théorème des incompatibilités de Mundell** ».

3. La combinaison des deux résultats précédents. Pour Mundell, en changes fixes, l'acteur économique important est l'État à travers sa politique budgétaire, tandis qu'en changes flottants, c'est à la banque centrale d'assurer la régulation conjoncturelle. C'est une **reformulation du principe de Tinbergen**. Les instruments de politique économique à utiliser ne dépendent pas des problèmes à résoudre, mais de l'environnement monétaire international dans lequel évolue le pays.
4. La théorie de la « **zone monétaire optimale** ». C'est dans un article de 1961 que Mundell emploie pour la première fois cette expression. À l'époque, le monde évolue dans un système de changes fixes. Et puisque des pays en changes fixes ont nécessairement la même politique monétaire, pourquoi n'auraient-ils pas une seule et même banque centrale ? Favorable au maintien de ces changes fixes comme élément de stabilité, Mundell défend le principe d'une monnaie mondiale unique, rappelant à ceux qui doutent de sa faisabilité que cette situation a déjà existé avec l'or, entre 1871 et 1914. Si l'or n'a pas survécu, c'est dû à sa rareté relative, mais aussi au fait qu'une zone monétaire n'est optimale (*i.e.* durable) qu'à trois conditions :
   - Les économies de la zone ne connaissent pas de « chocs asymétriques », c'est-à-dire une rupture de leurs conditions de production, comme en cas de guerre.
   - Les facteurs de production (le capital et le travail) circulent sans entrave dans la zone.
   - La zone ignore l'inflation.
5. Bien que sensible aux thèses des monétaristes (voir chapitre 9), Mundell a une approche de l'inflation moins négative. Néfaste à long terme, l'inflation peut avoir un effet de court terme positif. En effet, en cas d'inflation, les entreprises accumulent les stocks et donc produisent, car elles savent que le prix de ces stocks va monter. En revanche, en cas de déflation, elles achètent des titres financiers.

Cette influence de l'inflation sur les gestions de trésorerie s'appelle « **l'effet Mundell-Tobin** ». Il est en quelque sorte l'opposé de l'effet Pigou dont nous avons déjà parlé (voir chapitre 6).

Parallèlement à Mundell, deux autres keynésiens cherchent à prolonger les idées de Samuelson sur le cycle et l'arbitrage de Phillips. Il s'agit de James Tobin et de Walter Heller, qui font partie comme Samuelson des équipes de conseillers qui entourent Kennedy.

3.4 *James Tobin, inventeur du NAIRU*

En 1972, le système monétaire international est en crise. L'or est en train de quitter la scène monétaire dans un déchaînement spéculatif. Pour Tobin, les banques centrales doivent soit renoncer aux parités fixes, soit renforcer leur arsenal face à la spéculation en ajoutant à la hausse des taux d'intérêt et à l'utilisation de leurs réserves en devise un outil fiscal : lors d'une conférence à Princeton, il propose un prélèvement sur les mouvements de capitaux à court terme qui pénalise et dissuade les spéculateurs. La **taxe Tobin** est née. Cette idée n'est pas pour autant le centre de ses préoccupations.

James TOBIN

James Tobin naît en 1918 à Champaign, dans l'Illinois. Les Tobin sont libéraux au sens américain, c'est-à-dire favorables à une gauche modérée. Le père est journaliste et la mère assistante sociale. James Tobin effectue un parcours scolaire sans histoire qui le mène à Harvard. C'est là qu'il lit en 1937 la *Théorie générale* de Keynes qui détermine sa vie. Après son doctorat, il choisit l'enseignement et devient professeur à Yale de 1950 à 1988, ne quittant sa chaire qu'en 1961-1962 pour conseiller Kennedy et en 1972 pour passer un an à l'université de Nairobi.

En effet, ses travaux et ses écrits embrassent tous les aspects de la politique économique. Leur point commun est une fidélité sans faille au keynésianisme. De Keynes, il retient la rigidité des salaires nominaux qui interdit, en cas de baisse des prix, le retour spontané de l'économie à l'équilibre. Il retient également l'efficacité de la politique budgétaire.

Lors de son passage à la Maison-Blanche, Tobin forge les critères modernes d'analyse de la politique économique : il parle de **production potentielle**, qui correspond à la production obtenue en situation de plein emploi et en l'absence d'inflation ; il définit le **solde budgétaire de plein emploi** qui est le déficit budgétaire garantissant le niveau de demande permettant d'atteindre la production potentielle. En 1977, il complète ces concepts par celui de NAIRU (*non-accelerating inflation rate of unemployment*, taux de chômage minimal d'une économie sans accélération de son inflation). Le NAIRU est conforme à l'arbitrage de Phillips : quand le chômage est supérieur au NAIRU, on est dans la partie « chômage » de la courbe de Phillips ; quand il est en dessous, on se trouve dans la partie « inflation ».

Quotient de Tobin

L'apport le plus original de Tobin au keynésianisme concerne l'aspect monétaire. Après Mundell, il constate dans un article de 1965 que l'inflation incite les agents économiques à favoriser l'accumulation de biens réels au détriment des encaisses monétaires (on retrouve l'effet Mundell-Tobin). Cette réflexion le conduit à préciser l'influence de la politique monétaire. Schématiquement, en augmentant son taux d'intervention, la banque centrale augmente le coût du crédit et décourage par là même l'investissement physique. Tobin donne de ce mécanisme une vision plus subtile, qu'il formule dans sa théorie du choix de portefeuille. Avant d'investir, l'entreprise arbitre entre acquisition d'actifs financiers et d'actifs réels. Le facteur décisif est ce que désormais les économistes appellent le **« quotient de Tobin » (Q de Tobin)**. Ce quotient est le rapport entre la somme des profits actualisés selon un calcul faisant intervenir le taux d'intérêt, somme qui correspond en pratique aux fonds propres consolidés, et le coût de remplacement du capital. L'entreprise investit en machines si ce quotient est supérieur à 1, sinon elle investit en titres financiers, tels que des bons du Trésor. Cette règle qui lie politique monétaire et investissement, et indirectement politiques monétaire et budgétaire, vaut à Tobin le prix Nobel en 1981.

Keynésien, il est nobélisé au moment où les attaques contre le keynésianisme prennent de l'ampleur. Après 1980, la typologie en vigueur dans les colloques universitaires américains divise le monde des économistes en « poissons de mer et poissons d'eau douce » : les poissons de mer sont les néokeynésiens qui viennent d'universités situées sur les côtes des États-Unis, singulièrement Boston ; ceux d'eau douce sont les néolibéraux qui enseignent dans les universités du centre du pays, sur les fleuves et les lacs comme Chicago. Tobin, lui, est gentiment « vieux crabe ». En effet, les nouveaux chercheurs, de mer ou d'eau douce, considèrent que la stagflation des années 1970 condamne le keynésianisme historique, les déficits budgétaires n'ayant pas enrayé la hausse du chômage mais provoqué une grave crise d'inflation. Tobin s'inscrit en faux contre cette analyse. L'inflation des années 1970 est à ses yeux une inflation de guerre : la guerre froide, qui a dégénéré au Viêtnam et au Proche-Orient en conflit armé, est à l'origine, comme toutes les guerres, d'une augmentation des coûts.

3.5 *Walter Heller (1915-1987) et la politique budgétaire*

Sous Kennedy, si de nombreux économistes travaillent avec la présidence, le principal conseiller économique est Walter Heller.

Né le 27 août 1915 à Buffalo, dans l'État de New York, Heller obtient un doctorat d'économie à l'université du Wisconsin en 1941 et rejoint dans la foulée les services du Trésor.

En 1947, il est affecté dans l'Allemagne vaincue et occupée pour superviser la création du Deutsche Mark. Il insiste auprès des Allemands pour qu'ils fixent un taux de change bas par rapport au dollar et qu'ils réduisent le taux marginal d'imposition sur les sociétés de 15 points. Le redémarrage de l'investissement en Allemagne, souvent présenté comme la conséquence de cette mesure, assure sa renommée. Devenu professeur à l'université du Minnesota, il forge les outils modernes de l'analyse économique. Tout comme Tobin, il introduit, à l'occasion de son passage auprès de Kennedy, les notions de PIB potentiel et de solde budgétaire de plein emploi.

Mais il s'impose avant tout comme le grand théoricien de la politique budgétaire dont il fait l'élément central de toute régulation économique. En effet, elle agit de façon structurelle par les dépenses qui doivent servir à assurer, en particulier, ce qu'il appelle la « guerre contre la pauvreté ». Et elle agit de façon conjoncturelle par la politique fiscale. Adoptant une vision tranchée de l'arbitrage de Phillips où inflation et chômage s'excluent mutuellement, il considère qu'en période de chômage on doit baisser les impôts, et en période d'inflation les augmenter.

En termes de politique économique, Heller constitue l'aboutissement du keynésianisme comme Robinson l'était en termes de théorie de la croissance. Face à tous les problèmes, les décideurs politiques ont un outil qui permet des réponses efficaces et diversifiées : la politique budgétaire. Fort de ces idées, Heller propose à Kennedy, qui hérite de la période Eisenhower une économie en mal d'expansion, une baisse significative des impôts. C'est Johnson qui finalise l'opération en 1964 et engrange la croissance qui en découle.

Sa référence permanente à l'outil budgétaire comme outil exclusif de la politique économique en fait l'adversaire désigné des monétaristes. Friedman critique vertement son livre *New Dimension of Fiscal Policy* (1966) où, commentant son expérience auprès de Kennedy, Heller conteste l'efficacité de la politique monétaire : quiconque en use pour réduire l'inflation obtient essentiellement du chômage. De leur controverse naît en 1969 un livre écrit à quatre mains (*Monetary versus Fiscal Policy*) où Heller confirme ses thèses : la qualité de la dépense publique améliore la vie en société ; la quantité des impôts détermine l'évolution conjoncturelle.

3.6 *Richard Musgrave (1910-2007)*

À l'époque où Kennedy affirme le succès du keynésianisme, Musgrave, un économiste allemand qui se réfugie et s'installe aux États-Unis après la prise du pouvoir par les nazis, expose son schéma sur le rôle de l'État dans *The Theory of Public Finance* (1959). Il y décrit les trois fonctions économiques de l'État :

1. **La fonction dite d'allocation**. L'État doit intervenir sur l'allocation des ressources pour atteindre des objectifs jugés économiquement ou socialement plus satisfaisants que ceux qui résultent du marché. En guise d'exemple, on voit que l'État peut utiliser la fiscalité pour

encadrer certaines consommations. Ainsi, en augmentant le prix du tabac, il incite normalement la population à limiter l'usage de ce produit nocif. Certes, il doit agir avec habileté et mesure, de façon à ne pas favoriser l'apparition d'une importante contrebande et de la criminalité afférente. Mais, par les impôts indirects dont il frappe le tabac, l'État en réduit automatiquement la consommation. De même, la fiscalité sur le pétrole doit se donner comme objectif non seulement de fournir à l'État des ressources simples à collecter, mais là encore d'inciter à une moindre consommation de ce produit non renouvelable.

2. **La fonction dite de redistribution.** L'État démocratique cherche en général à corriger la répartition initiale des revenus afin de réduire les inégalités. Il agit en conformité avec la vision que la société se fait de la justice sociale. Pour atteindre le résultat voulu, il dispose bien évidemment au premier chef de la fiscalité. Mais il peut également améliorer la situation des catégories sociales jugées *a priori* comme défavorisées en utilisant ses dépenses. C'est en particulier le point de vue de Walter Heller (voir section 3.5).
3. **La fonction de stabilisation.** Dans cette logique, l'État se donne comme objectif d'assurer une croissance économique équilibrée, c'est-à-dire de faire en sorte d'assurer le plein emploi sans inflation et sans déficit extérieur. Cette fonction s'incarne dans la mise en œuvre de politiques monétaire et budgétaire visant à lisser les aléas du cycle.

Tandis que la pensée économique dominante devient celle des États-Unis et que les économistes anglais se réfugient dans une attitude d'opposition plus ou moins agressive, en France, les économistes doivent faire face à la mainmise intellectuelle du parti communiste. La production théorique s'assèche en partie et l'économiste français qui domine l'après-guerre, François Perroux, se rattache à des traditions diverses dans lesquelles la composante chrétienne joue un rôle non négligeable.

4. François Perroux (1903-1987) et les pôles de développement

Ce qui fait la force de Perroux, c'est son caractère inclassable. Il critique le libéralisme des néoclassiques, le marxisme et le keynésianisme pour construire sa propre théorie qu'il dit inspirée de Schumpeter, de Cournot et des économistes de l'école autrichienne. En fait, une des dimensions importantes de son approche est sa formation littéraire, à la fois source d'une vaste érudition, mais aussi d'un attachement aux idées du catholicisme social.

François PERROUX

François Perroux est né le 19 décembre 1903 à Lyon. Licencié ès lettres en 1923, il est major de l'agrégation d'économie en 1928. Il enseigne d'abord à Lyon jusqu'en 1937, puis à Paris où il occupe de 1955 à 1974 la chaire d'économie du Collège de France, succédant indirectement à Charles Gide dont il se veut le disciple. Travailleur infatigable, il multiplie les activités, publie énormément et accumule les fonctions : il est membre du comité de rédaction de la *Revue d'économie politique* en 1946, du Conseil économique et social en 1959 ; il fonde en 1944 l'Institut supérieur d'économie appliquée (l'ISEA qui devient ensuite l'ISMEA grâce à l'ajout des mathématiques) ; il est docteur *honoris causa* de dix-huit universités ; il préside même en 1964 le comité de patronage du Congrès international de psychodrame… Forte personnalité, il fait montre d'une originalité qui confine à l'excentricité. Très tôt, il affiche une surdité dont il joue pour conduire les conversations à sa guise. Tombé amoureux fou de sa femme le jour de leur divorce, il lui fait une cour assidue et partage à nouveau sa vie. Sa disparition en fait un veuf inconsolable, qui prétend nourrir une conversation suivie avec elle dans l'au-delà…

Homme libre, Perroux suscite des disciples admiratifs et fidèles qui vont du compagnon de route du communisme au pragmatique libéral comme Raymond Barre. Il meurt en 1987 avec deux regrets : bien que gaulliste, son influence décline avec la fin de la IVe République ; économiste mondialement connu, il n'obtient pas la reconnaissance que confère le prix Nobel.

De la théorie néoclassique, Perroux conteste tant la forme que le fond. Dans la forme, ce littéraire qui entretient des rapports douloureux avec les mathématiques défend pourtant l'usage systématique du formalisme algébrique. Et il reproche aux épigones de Walras et de Marshall de continuer à user des mathématiques de Lagrange quand les progrès de la topologie mathématique et les travaux du groupe « Bourbaki » ont conduit les mathématiciens à revoir la présentation du calcul différentiel, et les physiciens celle de la mécanique. Sur le fond, il juge irréalistes certaines hypothèses qui fondent la notion de concurrence pure et parfaite à partir de laquelle le marginalisme néoclassique se construit, notamment les hypothèses d'égalité et d'atomicité. L'idée d'une égalité des agents économiques ne peut être considérée que comme une approximation car **l'économie est faite de rapports de force entre acteurs** dont certains sont plus puissants ou mieux informés que d'autres. L'atomicité est une situation limite, celle d'une infinité d'intervenants sur le marché, infinité d'autant plus inaccessible que la dynamique même de la concurrence tend à la concentration. À ses yeux, la réalité est celle de la concurrence imparfaite telle que décrite par l'Anglais Chamberlain dont il diffuse les travaux et par Joan Robinson. Il invente le concept de « **pôles de développement** », lieux où la production est structurée non seulement par le marché mais aussi par l'existence d'une activité de référence, qui apporte travail et dynamisme tout en imposant prix et salaires.

Préfacier laudateur de Marx dans « la Pléiade » et auteur d'un « Que sais-je ? » critique sur le capitalisme, il s'oppose néanmoins au marxisme dévoyé de l'URSS stalinienne. Associé aux travaux du commissariat au Plan de Jean Monnet, il y défend une vision souple de la planification aux antipodes des pratiques des pays de l'Est. Pour lui, planifier signifie « organiser ». Pour ce faire, l'État doit d'abord rassembler les informations et les statistiques qui permettront aux décideurs d'agir en connaissance de cause. C'est pourquoi Perroux s'est particulièrement investi dans la mise au point de la « comptabilité nationale » française. L'État doit ensuite compléter l'action des entreprises par la réalisation d'équipements collectifs. L'annonce de leur réalisation constitue pour Perroux le texte du plan. Quand il décide d'aborder les problèmes du Tiers Monde, il s'inscrit dans cette logique. C'est ainsi que, dans les années

1960, il conseille aux jeunes États issus de la décolonisation une politique d'incitation et non de nationalisation de l'appareil de production.

Le keynésianisme, même à l'époque de son apogée, ne le convainc guère. Dans son livre majeur, *L'Économie du XXe siècle*, il propose une politique économique à rebours des schémas keynésiens officiels issus du principe de Tinbergen, selon lesquels le gouvernement dispose de la politique budgétaire pour atteindre le plein emploi et de la politique monétaire pour la stabilité des prix. Pour lui, la relance par le déficit public est illusoire et même néfaste car elle crée des dettes qui handicapent l'avenir. En revanche, la politique budgétaire trouve toute sa pertinence dans la lutte contre l'inflation, l'augmentation des impôts permettant d'éponger la demande excédentaire. Quant à la politique monétaire, elle est un moyen de relance puisque la baisse des taux d'intérêt favorise l'investissement.

5. La Scandinavie s'affirme keynésienne quand l'Allemagne devient libérale

La Première Guerre mondiale est l'occasion pour les économistes des écoles dominantes de découvrir le foisonnement intellectuel des économistes scandinaves. Wicksell (voir chapitre 6) ne s'est pas contenté d'enseigner Böhm-Bawerk ; Cassel, bien que néoclassique de pure facture, a été capable de théoriser la dévaluation et la parité des pouvoirs d'achat.

Très influencés culturellement par les Allemands, les Scandinaves deviennent les champions du keynésianisme, idéologie complète qui est le fruit de la « pensée allemande » moulinée par des Anglais. Trois d'entre eux dominent leur génération.

5.1 *Gunnar Myrdal (1898-1987) et la social-démocratie en action*

Gunnar Myrdal occupe la chaire de Cassel. Juriste de formation, il est très impliqué dans l'action politique en Suède puisqu'il est à plusieurs reprises ministre social-démocrate. Sa contribution à l'économie rejoint celle de Kuznets au sens où il développe ses analyses à partir d'enquêtes de terrain et de réflexions sociologiques. Il introduit deux éléments essentiels en économie.

Son livre *Théorie économique et pays sous-développés* (1957) est considéré comme le premier texte de la future « **économie du développement** ». Pourquoi aborder l'économie du développement de façon spécifique ? Parce que selon Myrdal, ce qui caractérise les économies qualifiées à l'époque de sous-développées, ce sont des cercles vicieux. Ainsi, le sous-développement se traduit par un manque d'épargne, qui conduit à un endettement extérieur important, qui impose pour le remboursement des politiques d'austérité, qui entretiennent le sous-développement…

Autre apport de Myrdal, la systématisation de la notion d'anticipation, qui sera utilisée ensuite par la génération des économistes des années 1980. Myrdal reçoit le prix Nobel en 1974.

5.2 *Bertil Ohlin (1899-1979) et le libre-échange*

Bertil Ohlin, devenu professeur d'économie à Stockholm en 1930, publie en 1933 *Interregional et International Trade*. Il suit les travaux de son maître à penser Heckscher et développe une justification du libre-échange où la spécialisation se fonde sur les avantages de chaque pays en facteurs de production. On ne parle plus de vin et de drap comme chez Ricardo, mais de capital et de travail. Ces travaux, diffusés aux États-Unis par Samuelson, deviennent le **théorème Heckscher-Ohlin-Samuelson** (HOS). Très proche de Samuelson, Ohlin refuse la version socialiste du keynésianisme et lui préfère une version plus modérée. Il est d'ailleurs membre du parti libéral suédois. En 1977, il obtient le prix Nobel d'économie.

5.3 *Trygve Haavelmö (1911-1999) et la politique budgétaire*

En Norvège, l'héritage de Ragnar Frisch (voir chapitre 7) est porté par Trygve Haavelmö. De son maître, il hérite le goût pour l'économétrie et produit d'importantes recherches sur les conditions de fiabilité des équations d'un modèle. Du keynésianisme, il retient la nécessité de préciser les conditions d'efficacité de la politique budgétaire. Son modèle, encore appelé « théorème d'Haavelmö », peut se décrire à travers les équations suivantes :

Égalité entre l'offre et la demande :

$$Y = C + I + G.$$

Loi de Say :

$$Y = R.$$

À ces deux équations comptables, on ajoute l'équation qui décrit la consommation :

$$C = c(R - T).$$

On obtient, en combinant les trois égalités :

$$Y = c(Y - T) + I + G.$$

Soit en différentielle, un accroissement de production :

$$dY = dG - cdT/1 - c.$$

On retrouve $1/1 - c$ comme multiplicateur keynésien.

On voit trois choses importantes dans ce raisonnement :

- En cas d'accroissement des dépenses de l'État sans déficit et donc sans accroissement de la dette publique, c'est-à-dire si $dT = dG$, il y a accroissement de la production avec un effet multiplicateur réduit à 1.
- En cas de financement de l'ensemble de l'augmentation des dépenses publiques par l'emprunt, l'effet multiplicateur est maximal et égal au multiplicateur keynésien de référence, à savoir $1/1 - c$.
- En cas de baisse des impôts plutôt que d'augmentation des dépenses, il y a de nouveau un effet multiplicateur, mais celui-ci est cette fois de $c/1 - c$. Il est donc inférieur au multiplicateur de référence.

Haavelmö obtient le prix Nobel en 1989 en tant qu'économètre, car alors l'idée que le déficit budgétaire est le meilleur moyen de créer de la croissance n'est plus directement d'actualité.

5.4 Whilelm Röpke (1899-1966) et l'ordo-libéralisme de l'école de Fribourg

Tandis que la Grande-Bretagne adopte avec le keynésianisme une pensée « allemande », l'Allemagne de l'après-guerre tourne la page de l'école historique et se rapproche des visions « anglaises » du XIXe siècle. La version libérale de l'économie politique allemande est l'**ordo-libéralisme**, dont les principaux penseurs sont **Walter Eucken** (1891-1950), qui enseigne à Fribourg – d'où le nom également donné à l'ordo-libéralisme d'**école de Fribourg** –, et Whilelm Röpke.

Whilelm Röpke, qui fut conseiller de Konrad Adenauer et de Ludwig Erhard, ministre des Finances puis chancelier associé au « miracle économique allemand », est probablement le plus représentatif de l'ordo-libéralisme.

Whilelm RÖPKE

Il est né près de Hanovre le 10 octobre 1899, dans une famille protestante très pratiquante. Röpke est marqué par son père, un médecin respecté qui considère que la charité chrétienne doit le conduire à soigner gratuitement ses patients les plus pauvres. Röpke est surtout traumatisé par les horreurs de la Première Guerre mondiale et par les événements qui suivent à Berlin l'armistice de novembre 1918. Il en retire une aversion pour les foules fanatisées et pour les extrémismes de tout bord comme le nazisme ou le bolchevisme. Ainsi, c'est dès la prise de pouvoir d'Hitler en 1933 qu'il s'exile, d'abord à Istanbul jusqu'en 1937, puis à Genève où il enseigne jusqu'à sa mort en 1966.

Les théories de Röpke cherchent à conserver l'héritage de l'école historique allemande tout en incorporant les thèses de l'école autrichienne. De la première, il tire la conviction que la réflexion économique ne peut ignorer les traditions de chaque pays. De la seconde, il retient le rôle essentiel du marché et du mécanisme de formation des prix. Il lit avec passion Böhm-Bawerk et se lie avec von Mises et Hayek, auquel il succède comme deuxième président de la société du Mont Pèlerin, un cercle libéral fondé en 1947.

Quatre idées-forces sous-tendent son œuvre :

1. Liberté d'entreprendre, libéralisme économique, absence d'intervention de l'État dans le fonctionnement du marché ne signifient pas anarchie. Le marché assure un « ordre spontané » si l'État se cantonne à sa fonction de producteur de la norme juridique. « Ordo-libéralisme » signifie que l'ordre rationnel et juste dont se réclament les divers socialismes n'est pas leur apanage. Au contraire, l'économie de marché, que Röpke qualifie d'« **économie sociale de marché** », dès lors que l'État fixe les règles du jeu en rédigeant notamment un code du travail, est plus juste et mieux organisée que les économies dirigées et nationalisées.
2. Le libéralisme économique n'est qu'un élément d'une vision plus générale de la vie en société qui doit l'associer au **libéralisme politique**. L'*homo œconomicus* néoclassique, tout en égoïsme et en recherche de son intérêt, est trop réducteur. Ignorer la liberté politique comme élément de cohésion sociale et donc d'efficacité économique serait un contresens.
3. L'économiste doit compléter ses raisonnements quantitatifs non seulement par une réflexion politique, mais également par une **réflexion morale**. Tout ce que la science économique appelle des « externalités » doit être étudié avec autant de précision que le lien marchand. Röpke attache une grande importance à l'amour, à l'amitié, au sentiment esthétique, au respect de la nature.
4. **La forme la plus pernicieuse des perturbations dues à l'action de l'État est l'inflation**. Röpke défend l'indépendance de la banque centrale et dénonce dans le keynésianisme une promotion sans finesse de l'inflation. Rien de plus dangereux à ses yeux que la négation de l'épargne par les keynésiens et leur obsession en faveur de taux d'intérêt bas. Il conteste l'arbitrage de Phillips et soutient que l'inflation réduit le pouvoir d'achat des faibles sans ramener le plein emploi.

De la période de l'école historique et de l'héritage caméraliste subsiste dans la démarche des ordo-libéraux l'idée qu'on ne peut ignorer le rôle de l'État. Cet État est présent, mais il doit rester à sa place. Surtout, l'expérience historique du XXe siècle, qui a montré la nocivité de l'inflation et l'efficacité de la Bundesbank (créée en 1949), complète la réflexion sur l'État par une défense structurée de l'indépendance de la banque centrale.

6. À l'est, du nouveau

Après la révolution russe apparaît un marxisme officiel qui justifie l'action des communistes en URSS ou cherche à en donner une interprétation critique mais toujours bienveillante. Ce marxisme, qui a besoin de l'accord des autorités de Moscou pour s'exprimer, devient assez vite une langue de bois à l'intérêt intellectuel limité.

Pourtant, dans le bloc communiste, des économistes originaux trouvent le moyen de défendre une interprétation nouvelle de la pensée économique du socialisme. Ils connaissent leur heure de gloire au moment des ruptures politiques dans le bloc de l'Est, en 1956 en Pologne, en 1968 en Tchécoslovaquie.

6.1 *Oscar Lange (1904-1965) et le « marxisme walrasien »*

Oscar Lange est né à Poznan, en Pologne. Après des études de droit, il s'intéresse à l'économie et se passionne pour les développements de l'économétrie. Peu porté sur les mathématiques au début de sa vie, il s'impose d'en faire à haut niveau et garde jusqu'à la fin de sa carrière une attirance pour la statistique et l'économie mathématique. En 1936, il obtient une bourse pour les États-Unis où il s'installe. Militant socialiste, il soutient à la fin de la guerre les communistes et adhère au Parti ouvrier unifié polonais né de la fusion forcée des communistes et des socialistes.

Sur le plan théorique, il se définit comme un disciple de Walras (voir chapitre 5). Il étudie les conditions de réalisation de l'équilibre général et sa stabilité. Et il défend l'idée que le « commissaire-priseur walrasien », au départ une invention de Walras et Pareto pour décrire la convergence vers l'équilibre, peut réellement exister dans une économie dès lors qu'elle est planifiée. Pour Lange, la force des économies socialistes est de pouvoir trouver les prix d'équilibre par des processus itératifs d'échange d'information organisés par le commissariat au Plan. Cela le conduit pendant la période stalinienne, malgré des prises de position très orthodoxes, à s'interroger publiquement sur la valeur travail défendue par Marx. En 1956, le changement de dirigeants à Varsovie et l'accession au pouvoir de Gomulka lui permettent d'engager un processus de fixation des prix sur la base de la détermination des prix de l'offre comme égaux aux coûts marginaux et de la construction statistique de fonctions de demande. Très vite, Gomulka durcit ses pratiques et abandonne les idées de réformes de Lange, qui meurt ambassadeur de Pologne à Londres.

6.2 *Ota Sik (1919-2004) et la troisième voie*

Après l'« Automne polonais » de 1956, le « Printemps de Prague » de 1968 cherche également à revisiter la pratique et la théorie marxistes. C'est à cette occasion qu'apparaît l'expression de « troisième voie » pour désigner une gestion économique à mi-chemin entre un capitalisme qualifié de sauvage, pratiqué en Occident, et un socialisme outrancièrement dirigiste, théorisé et pratiqué en Europe de l'Est.

L'inventeur de la « troisième voie » est l'économiste tchèque Ota Sik. Ouvrier électricien, il rejoint la résistance antinazie en Bohême en 1940 et adhère dans la foulée au parti communiste. Le « Coup de Prague » de février 1948 lui fournit l'accès aux allées du pouvoir. De plus en plus investi dans la réflexion économique, il se montre rapidement critique. Après leur prise de pouvoir, les communistes ont augmenté les salaires afin d'améliorer le pouvoir d'achat des travailleurs. Ils se sont heurtés alors à l'inflation et ont cherché à accroître la production pour satisfaire aux besoins à même de s'exprimer, du fait des hausses de salaires. Ils ont donc lancé de grandes campagnes de mobilisation stakhanoviste. Mais ils n'ont obtenu que pénurie et accumulation de stocks invendables. Comme, niant l'inflation qu'ils provoquent, les pays communistes refusent de toucher aux prix, on voit s'y multiplier un mécanisme de marché noir et de queue devant des magasins vides.

En Tchécoslovaquie, inflation, pénurie, gaspillage de la force de travail poussent les dirigeants communistes à réduire en 1953 la quantité de monnaie en circulation. Cette contraction monétaire conduit à la spoliation d'une partie de l'épargne, achevant de déconsidérer un régime qui ne tient que par la terreur policière.

Pour Ota Sik, l'impasse du communisme stalinien n'est pas exclusivement politique au travers de la terreur, mais aussi économique. Il est entendu et, en 1961, il est nommé directeur de l'Institut économique de l'Académie des sciences tchécoslovaque. En 1966, son plan de réformes est promulgué. En fait, on l'écoute sans l'entendre et ce n'est qu'avec l'arrivée de Dubcek qu'il a vraiment les coudées franches. Il propose de décentraliser la fixation des salaires et des prix, de laisser les entreprises faire du profit et de supprimer le système de subventions de l'État à l'industrie. Il est à Belgrade au moment de l'entrée des chars russes à Prague et choisit l'exil. Revenant dans un livre de 1974, intitulé *Troisième voie*, sur ses propositions de 1968, il théorise ce qu'il appelle une « **démocratie économique humaine** » à partir de trois idées-forces :

1. La motivation humaine repose soit sur l'intérêt monétaire, soit sur la peur face à une autorité plus ou moins coercitive, soit sur la foi, religieuse ou militante. Cette foi aurait pu fonder les sociétés socialistes du XXe siècle, mais la violence stalinienne l'a effacée pour ne laisser que la terreur. Et l'expérience comme la morale conduisent à considérer que l'intérêt monétaire est plus efficace que la terreur.
2. La société doit reconnaître les talents. Cette reconnaissance passe en termes économiques par la libre formation des prix et des salaires. Un égalitarisme absolu est vain car il étouffe l'imagination, l'intelligence et le dynamisme. Le culte abusif de l'égalité et la manipulation de la valorisation des choses et des tâches qui en résulte deviennent en pratique la défense de la médiocrité.
3. L'État a un rôle historique de protection des faibles. Son outil principal pour y parvenir est la gestion dans la durée de services publics efficaces, dont les deux principaux sont l'éducation et la santé ; il doit éviter d'aller au-delà. En particulier, il faut substituer à la planification contraignante et rigide une planification indicative.

7. Bilan et héritage du keynésianisme de deuxième génération : la politique économique des années 1950-1960

Après la victoire électorale travailliste en 1945, le keynésianisme devient la référence des politiques économiques des principaux pays développés. Aux États-Unis, c'est sous Kennedy puis Johnson que des politiques de relance sont systématiquement mises en place pour soutenir l'activité et atteindre le plein emploi. Heller écrit, à l'époque où il conseille Kennedy, que les hommes politiques n'ont plus à se soucier du chômage et des menaces qu'il peut représenter pour la démocratie car la politique budgétaire permet de le résorber.

Cet enthousiasme trouve sa limite dans le problème de l'arbitrage de Phillips. Les politiques keynésiennes sont durablement efficaces si l'arbitrage de Phillips est avéré. Or, au tournant des années 1960, l'inflation s'installe concomitamment au chômage, sous deux formes : une hausse des prix qui va en s'accélérant ; un déséquilibre offre/demande qui conduit à des déficits extérieurs. En Grande-Bretagne, l'inflation est accueillie sereinement car elle lamine la dette publique née de la Seconde Guerre mondiale. Puis elle devient un problème. En effet, pour en corriger les conséquences à l'export, il faut dévaluer la livre. Et chaque dévaluation est suivie d'une période de défiance vis-à-vis de cette monnaie et de retrait des capitaux de Grande-Bretagne.

En 1967, la livre est dévaluée, mais la Grande-Bretagne doit s'engager à convertir en dix ans les emprunts libellés en livres et détenus par des entités non britanniques en emprunts libellés en dollars. Elle n'y parvient pas et, en 1976, doit faire appel au FMI.

L'inflation n'a pas permis d'empêcher l'explosion du chômage et a déstabilisé la position extérieure de la Grande-Bretagne.

Quant aux États-Unis, ils se heurtent à ce qu'il est convenu d'appeler « **le dilemme de Triffin** », du nom de Robert Triffin (1911-1993), un économiste belge spécialisé dans les problèmes monétaires.

Triffin rappelle qu'au XIXe siècle, l'or servait strictement de contrepartie à la monnaie fiduciaire. Progressivement, les banques centrales ont mis, en regard des billets en circulation, de la dette publique et utilisé l'or pour solder leurs déficits courants. Comme la circulation physique de l'or est compliquée, des titres libellés dans la devise du pays dominant (la livre d'abord, le dollar ensuite) servaient en pratique au commerce international.

D'où le dilemme : pour permettre l'expansion du commerce international, le pays dominant doit exporter sa monnaie, engendrant ainsi un déficit extérieur. Mais la suspicion à son égard s'installe alors. Les autres pays lui réclament de l'or, le vidant de sa substance monétaire. C'est ainsi que la Grande-Bretagne n'a pu soutenir la livre et que les États-Unis ont perdu leur or : ils détenaient 66 % de l'or mondial en 1946, 38 % en 1961 et 24 % en 1971.

L'autre versant du dilemme est le refus du déficit extérieur par le pays dominant. Il garde alors son or, mais le commerce mondial est bridé par manque de monnaie et sa politique économique ne peut pas se permettre une relance budgétaire sans limite ou même simplement d'atteindre le solde budgétaire de plein emploi. Robert Triffin propose deux solutions : la création d'une monnaie mondiale gérée par le FMI ; l'abandon par le pays dominant de toute référence pour sa monnaie. Se trouvant alors sans possibilité d'être échangée, celle-ci cesse d'être menacée. Triffin défend la première proposition, mais doit constater que les États-Unis choisissent la seconde : en 1971, exit l'or, et avec lui toute contrainte sur l'émission de dollars. C'est le « privilège exorbitant » des États-Unis, qui leur permet de vivre au-dessus de leurs moyens grâce aux nécessités de la croissance du commerce international…

Robert Triffin parle d'un remplacement du système monétaire international par un « **scandale monétaire international** ».

C'est là le bilan du keynésianisme des années 1960 : l'inflation a créé les déficits extérieurs et, pour ne pas avoir à en subir les conséquences, les États-Unis ont abandonné la discipline monétaire mondiale. Après les ajustements par déflation du XIXe siècle, ceux par dévaluation proposés par Cassel puis les keynésiens, le système adopte les **changes flottants**.

En face de ces perturbations, le monde développé affronte les chocs pétroliers et le chômage. Stagflation (c'est-à-dire chômage plus inflation), changes flottants, chocs pétroliers : de nouveaux problèmes nécessitant une nouvelle vague théorique. C'est l'heure du monétarisme et de la nouvelle macroéconomie classique.

L'héritage de cette seconde période keynésienne est triple :

- Les outils de la politique économique (la croissance potentielle, l'arbitrage de Phillips, le solde budgétaire de plein emploi, le NAIRU) ont été définis et mis en place.
- Le cycle est devenu une composante à part entière de la réflexion économique.
- Mais il est à résoudre en théorie et pratique.

Quelques dates à retenir

Année	Événement historique	Pensée économique
1945	Les travaillistes prennent le pouvoir en Grande-Bretagne	
1946		Mort de Keynes Modèle d'Harrod et Domar
1948	Début de la guerre froide	Samuelson publie la première édition de son manuel
1954		Premier article de Joan Robinson sur la notion de capital
1956	Déstalinisation à l'est Réformes en Pologne	Solow défend les fonctions de production de Cobb-Douglas : « querelle des deux Cambridge » Lange et le « marxisme walrasien » Mort d'Aftalion
1957	Traité de Rome	Myrdal : *Théorie économique et pays sous-développés*
1958	De Gaulle au pouvoir en France Il confirme l'adoption du traité de Rome créant le Marché commun (signé en 1957)	Courbe de Phillips Débat Samuelson/Tinbergen sur l'inflation et la politique économique
1960	Élection de Kennedy Décolonisation	
1961		Mundell rejoint le FMI Tobin et Heller conseillers à la Maison-Blanche Perroux : *L'Économie du XXe siècle*

1963	Assassinat de Kennedy	Modèle « Mundell-Fleming »
1967	Dévaluation de la livre sterling	
1968	Troubles politiques et sociaux en Europe et aux États-Unis Printemps de Prague	
1969	De Gaulle quitte le pouvoir	Premier prix Nobel d'économie : Frisch et Tinbergen Heller/Friedman : *Monetary versus Fiscal Policy*
1970		Samuelson prix Nobel
1971	Abandon de la convertibilité or du dollar	Kuznets prix Nobel
1975	Les Américains quittent le Viet-nam ; récession suite au choc pétrolier de 1973-1974 Politique de relance coordonnée entre les pays développés	Morts de Phillips et Hansen
1976	Sommet du FMI à la Jamaïque : fin de l'or ; changes flottants	
1977		Tobin introduit le NAIRU
1979	Sommet du G7 à Tokyo : abandon du keynésianisme Élection de Margaret Thatcher en Grande-Bretagne	
1983	La France abandonne le keynésia-nisme	Mort de Robinson

Bibliographie

Paul A. Samuelson, William, D. Nordhaus, *Économie*, Economica, 2005, 782 p., ISBN-10 : 2717850805.

Joan Robinson, *Contributions à l'économie contemporaine*, Economica, 1984, 286 p., Économie, ISBN-10 : 2717808337.

François Perroux, *Le Capitalisme*, 1962, ASIN: B0017V2WRK.

François Perroux, *L'Économie du XX*[e] *siècle*, 1961, ASIN: B0000DTSSW.

Wilhelm Röpke, *Au-delà de l'offre et de la demande*, Belles Lettres, 2009, 366 p., Bibliothèque classique de la liberté, ISBN-10 : 2251390502.

Ota Sik et Marcel Chabernaud, *Pour une troisième voie*, Puf, 1978, 254 p., ASIN : B0014MC7WC.

— 9 —

LE RETOUR DE LA PENSÉE « ANGLAISE » : MONÉTARISME ET NOUVELLE MACROÉCONOMIE CLASSIQUE

1980-2006

La synthèse de Samuelson s'impose dans les années 1960 sur la base d'un consensus autour de l'arbitrage de Phillips (voir chapitre 8). Une nouvelle vague d'économistes émerge lorsque le doute s'installe sur la réalité de cet arbitrage, au moment du premier choc pétrolier de 1973. Ce prélèvement brutal sur le revenu des économies développées, c'est-à-dire celles des pays membres de l'OCDE, les plonge en 1975 dans leur première récession depuis 1945. La réponse est une stratégie coordonnée de relance de l'activité par des déficits budgétaires accrus. Le résultat est décevant : les déficits extérieurs se creusent, l'inflation s'emballe, le chômage ne baisse pas. Le nouveau terme de **stagflation** sert à désigner un cumul d'inflation et de chômage, en théorie impossible dans le cadre d'une courbe de Phillips. Puisque l'inflation est devenue un problème sans être une solution à celui du chômage, les nouvelles théories économiques dominantes sont celles qui fournissent une réponse à l'inflation.

L'opposition qu'elles suscitent se fait autour soit d'une défense organisée du keynésianisme, soit d'une rénovation de ce courant. Simultanément, la science économique, devenue de plus en plus sûre de sa méthode, devient un moyen de compréhension et de théorisation d'événements ne relevant pas de façon immédiate de l'économie. Des réflexions se construisent sur ce que signifie l'application de la notion d'intérêt à l'organisation de la vie quotidienne ou à des problèmes philosophiques. On voit ainsi naître des théories économiques de la criminalité, de l'amour, de la religion, en un foisonnement intellectuel qui modifie les frontières de la notion même d'économie.

L'offensive contre la courbe de Phillips se structure dans ce qu'on appelle le monétarisme, dont le théoricien de référence est l'Américain Milton Friedman.

1. Milton Friedman (1912-2006) et le monétarisme

Terme apparu pour la première fois en 1968 dans un article de Karl Brunner sur la politique monétaire[1], le monétarisme désigne une idée ancienne. Peut-être même la plus ancienne qui ait jamais été formulée : toute augmentation de la quantité de monnaie en circulation se traduit par une augmentation du niveau général des prix, c'est-à-dire par de l'inflation. Dit autrement, la monnaie est un instrument de l'échange qui ne joue aucun rôle dans la dynamique de création de richesse, ce que les économistes résument par la notion de **neutralité de la monnaie**. Cette idée, nous l'avons déjà croisée avec Nicolas Oresme (voir chapitre 1) et surtout au XIXe siècle avec Ricardo et Say (voir chapitre 3). En ce sens, le monétarisme est un retour à la pensée économique anglaise traditionnelle.

1. Publié par la Réserve de Saint Louis aux États-Unis, c'est-à-dire la succursale de la banque centrale américaine pour les États du centre du pays.

1.1 *L'équation quantitative de la monnaie*

Une fois le principe de neutralité de la monnaie posé, il convient de voir quelles en sont la légitimité, la validité et les conséquences pour la politique économique.

La légitimité moderne de cette affirmation repose sur **l'équation quantitative de la monnaie** telle que Fisher l'a définitivement formulée : MV = pT.

Concrètement, cette équation traduit deux constats :

- Chaque dépense donnant lieu au versement d'une certaine quantité de monnaie, le montant global des dépenses est égal à la masse monétaire disponible multipliée par le nombre de fois où elle est utilisée.
- On dépense pour acquérir des biens, donc le montant total des dépenses est égal à la valeur de ce qui est vendu.

Aux origines de l'économie, cette relation paraît d'autant plus évidente que la monnaie a un contour bien précis : la masse monétaire d'un pays correspond à la quantité physique d'or qui y circule. Le premier économiste à décrire de façon systématique le lien entre les prix et la quantité d'or fut **Nicolas Oresme** (1320-1382) dans son *Traité des monnaies*.

Si l'équation quantitative est un résultat comptable incontestable, et est à ce titre admise par tous, elle nourrit le débat entre ceux qui considèrent qu'une augmentation de la masse monétaire se traduit par une augmentation des prix et ceux qui, en revanche, sont persuadés qu'elle se traduit par une augmentation des transactions et donc des quantités produites.

Être monétariste signifie que l'on pense qu'en économie ce sont les prix qui bougent. C'est donc rejoindre les tenants historiques du libéralisme économique comme les classiques et David Ricardo. En revanche, c'est s'opposer à ceux qui considèrent que les prix sont stables et que ce sont les quantités qui s'adaptent, à savoir les mercantilistes et les keynésiens.

1.2 *Monétarisme moderne et courbe de Phillips*

Le théoricien le plus représentatif du monétarisme est Milton Friedman.

Milton FRIEDMAN

Milton Friedman est né à New York le 31 juillet 1912 dans une famille venue de Hongrie et de Slovaquie. Après de brillantes études, il s'oriente vers la fonction publique. Il quitte rapidement le service de l'État pour l'enseignement, gardant de son passage dans l'administration un goût pour la politique et les débats de société. Il est professeur à l'université de Columbia à New York, puis à celle de Chicago qu'il rend mondialement célèbre, ses anciens élèves s'illustrant en maints endroits sous le nom des *Chicago boys* par la mise en œuvre d'une politique économique souvent qualifiée d'ultralibérale. Auteur prolifique, Milton Friedman manifeste dans ses écrits une personnalité à deux facettes : celle de l'universitaire, monétariste rigoureux condamnant l'inflation, celle du militant, libéral et polémiste habile proche du Parti républicain. Le trait unificateur de son œuvre est l'**hostilité à l'État et à toute forme d'interventionnisme**, et donc en particulier à la traduction moderne de l'interventionnisme que représente le keynésianisme.

Dans les années 1960, tout le monde s'affirme keynésien, y compris Richard Nixon pendant les primaires de 1972 et parfois, par lassitude, Friedman.

Le choc pétrolier, l'inflation, la croissance réduite ébranlent l'édifice keynésien et remettent en selle les positions de Friedman. C'est ainsi qu'il finit par obtenir le prix Nobel en 1976.

Comme libéré par la reconnaissance de ses théories, il prend position dans des domaines très divers ; il accuse les syndicats de nuire non seulement à la production, mais encore au bien-être des travailleurs. Il défend le principe de la vente libre des drogues, qualifiant la législation antidrogue de socialiste.

Il reste très actif jusqu'à sa mort en 2006.

Pour développer ses théories, et en collaboration avec Anna Schwartz, Friedman part de l'étude empirique de l'évolution des prix et de la quantité de monnaie en circulation aux États-Unis entre 1867 et 1960.

Ils en publient les résultats en 1963 dans *Une histoire monétaire des États-Unis (1867-1960)*, dont la thèse centrale est que la déflation de 1929 comme l'inflation de la fin des années 1950 sont dues à une mauvaise politique monétaire qui a laissé la masse monétaire, dans le premier cas, se contracter trop brutalement et, dans le second, se gonfler inutilement.

Au total, ils tirent deux conclusions théoriques de ce monumental travail de compilation :

- À court terme, la vitesse de circulation de la monnaie est constante.
- En tout temps et en tout lieu, l'inflation est un phénomène monétaire.

Ces conclusions sont à la base du monétarisme. Celui-ci reprend bel et bien, pour l'essentiel, les idées naguère défendues par Oresme ou Ricardo, mais il tient compte dans sa formulation de l'évolution de la monnaie devenue immatérielle. Alors que, jusqu'en 1914, la monnaie était directement ou indirectement un métal, désormais, elle repose sur le crédit. La création de monnaie s'identifie à l'octroi d'un prêt par un organisme bancaire.

Friedman introduit la notion de **demande de monnaie**, relativement stable à court terme même si elle ne correspond pas uniquement au besoin d'achats mais aussi au souhait de thésaurisation, et celle d'**offre de monnaie** qui dépend des autorités monétaires, c'est-à-dire principalement de la façon dont la banque centrale contrôle et encadre l'activité des banques. Pour lui, cette offre de monnaie ne peut modifier le besoin et donc la demande de monnaie, si bien que les décisions discrétionnaires des gestionnaires de la monnaie ne se traduisent que par des ruptures dans l'évolution normale des prix.

Une traduction originale de cette idée selon laquelle l'augmentation de l'offre de monnaie par les autorités monétaires n'influe pas sur la production mais sur les prix est la forme que prend pour les monétaristes la **courbe de Phillips** (voir chapitre 8).

Si on trace une courbe de Phillips standard en portant sur un graphique, année après année, en abscisse le taux de chômage et en ordonnée le taux d'inflation, on obtient selon Samuelson une courbe décroissante assimilable à une hyperbole. Pour les keynésiens de stricte facture, comme il y a rigidité des prix, toute politique économique accroissant la masse monétaire et donc la demande se traduit par une baisse du chômage. Le taux d'inflation est constant, si bien que **la courbe de Phillips keynésienne est une droite horizontale**. Pour les monétaristes, toute injection de monnaie conduit à une hausse des prix tandis que le taux de chômage ne bouge pas : **la courbe de Phillips monétariste est une droite verticale.**

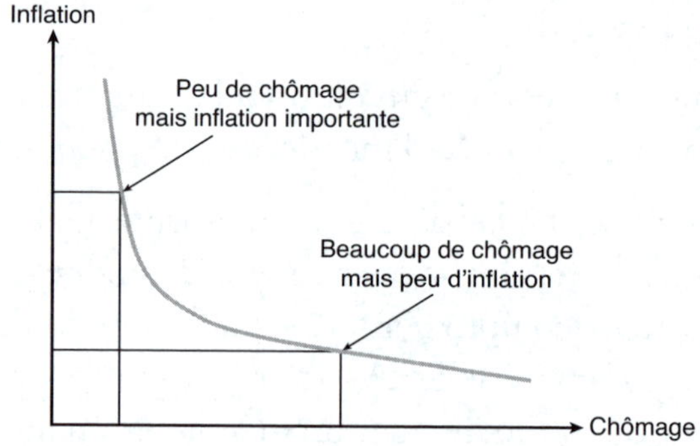

Figure 9.1 Courbe de Phillips

Cela signifie pour les monétaristes qu'une politique économique qui prétend réduire le chômage et augmenter la croissance en augmentant la masse monétaire est vouée à l'échec. La bonne politique monétaire met en circulation la quantité de monnaie qui correspond à l'augmentation des transactions, augmentation liée à la dynamique de la croissance que créent les gains de productivité.

1.3 La contestation générale des outils keynésiens

Si Friedman revient implicitement à Oresme et Ricardo, son objectif réel et ultime est de déconstruire le keynésianisme pour se débarrasser de sa domination intellectuelle. La fragilité première du keynésianisme résidant dans l'apparition de l'inflation, Friedman concentre au départ son tir sur l'aspect monétaire et sur l'inflation. Il s'attaque ensuite aux autres aspects du keynésianisme, notamment à la politique budgétaire et à la dévaluation.

Sur la politique budgétaire

Pour nier l'efficacité de la politique budgétaire, Friedman introduit la notion de **revenu permanent**. Les keynésiens affirment que la politique budgétaire peut modifier l'activité économique sans modifier la quantité de monnaie en circulation et même sans déficit (voir le théorème d'Haavelmö, chapitre 8). La logique keynésienne stipule en effet que, quand l'État prélève, il dépense des sommes que les ménages auraient sinon plus ou moins thésaurisées. Friedman conteste ce résultat. Il nie en fait l'existence de l'effet multiplicateur. Pour qu'il y ait effet multiplicateur, chaque agent économique doit réinjecter systématiquement dans le circuit les sommes qu'il reçoit. Or, dès le premier moment de l'enchaînement revenu/dépenses, la séquence décrite par Richard Kahn (voir chapitre 7) s'arrête sur la thésaurisation et la volonté d'épargne des ménages.

Et il en est ainsi de façon systématique parce que les ménages raisonnent en termes de revenu permanent. Cela signifie que les acteurs économiques sont moins sensibles à leur revenu instantané qu'au revenu global qu'ils s'attendent à percevoir en cumulé dans leur vie. Aussi les actions de relance, les injections de pouvoir d'achat organisées par l'État se perdent-elles dans les sables de la vision à long terme des ménages. Augmenter artificiellement le revenu des ménages par des prestations sociales les conduit à augmenter leur épargne. Chercher à modifier la demande privée est vain. Ainsi, non seulement les politiques de relance échouent, mais l'État providence n'a pas de légitimité. Tout un chacun est capable d'anticiper les conséquences de l'évolution de son âge sur ses revenus et d'organiser sa retraite. C'est pourquoi, pour parfaitement responsabiliser les gens et leur fournir un maximum d'informations sur ce que seront leurs ressources, Friedman propose de remplacer les prestations sociales par un versement dégressif et unique de l'État, **l'impôt négatif**, à charge pour chacun de s'assurer contre les aléas de la vie.

Sur la dévaluation

Pour nier l'efficacité de la dévaluation, Friedman affirme que les États sont incapables de déterminer de façon relativement précise la PPP (*purchasing power parity*, parité des pouvoirs d'achat) théorisée par Cassel (voir chapitre 7). Ils sont par ailleurs tentés, à l'occasion d'une dévaluation, de prendre les devants et d'essayer de gagner de la compétitivité au-delà du nécessaire, c'est-à-dire de procéder à des dévaluations sauvages et excessives. Nocif, l'État l'est également dans la gestion du change. Conséquence, les changes fixes sont dépassés : **le prix d'une devise, comme les autres prix, doit être fixé par le marché et non par les autorités monétaires**. La solution réside dans les **changes flottants**.

Depuis la victoire de Margaret Thatcher en Angleterre en 1979, le monétarisme inspire peu ou prou les politiques économiques des pays développés. La traduction la plus manifeste de son succès intellectuel est que, pour éviter toute tentation de retour à des politiques de forte expansion monétaire, la plupart des pays ont désormais une **banque centrale indépendante** du pouvoir politique traditionnel.

2. L'école de Chicago et la diffusion du monétarisme

Les propositions de Milton Friedman connaissent un grand succès à la fin des années 1970. En 1973, les changes flottants s'imposent ; en 1979, Margaret Thatcher gagne les élections sur la base d'un programme monétariste et, au G7 de Tokyo, le démocrate Jimmy Carter rend prioritaire la lutte contre l'inflation, malgré les réticences de la France où, à partir de 1983, ce sont les socialistes eux-mêmes qui mènent des politiques monétaristes.

Tout cela consolide la célébrité de l'université de Chicago en tant que centre dominant de production de la science économique. La montée en puissance de l'école de Chicago s'est faite avant le monétarisme, grâce à un des professeurs de Friedman, Frank Knight.

2.1 Frank Knight (1885-1972) et l'incertitude

Dans son célèbre ouvrage *Risk, Uncertainty and Profit* (1921), issu de sa thèse (« A Theory of Business Profit »), Knight fait une distinction entre les risques assurables (que l'on peut évaluer en faisant un calcul statistique débouchant sur l'expression d'une loi de probabilité) et l'incertitude (des événements sur lesquels aucune loi de probabilité fiable ne peut être construite). En particulier, le profit gagné par l'entrepreneur qui prend des décisions dans un environnement incertain est sa récompense pour avoir pris un risque non assurable.

Frank KNIGHT

Né le 7 novembre 1885 à White Oak dans l'Illinois, Knight fait ses études à l'université du Tennessee, puis à l'université Cornell (dans l'État de New York) où il obtient son doctorat en 1916. Nommé professeur à l'université de l'Iowa en 1919, il rejoint celle de Chicago en 1927. Il y reste jusqu'en 1952, date à laquelle lui est décerné le titre de professeur émérite. Parmi ses étudiants les plus remarquables figurent Milton Friedman, George Stigler et James Buchanan, futurs lauréats du prix Nobel d'économie.

Son livre intitulé *The Economic Organization* (1951) est un exposé très complet de la **théorie microéconomique néoclassique** qui est le fondement doctrinal de l'école de Chicago. Knight y rappelle les hypothèses fondamentales qui permettent de déterminer une situation de concurrence pure et parfaite et qu'il avait énoncées pour la première fois en 1921.

Ces conditions, parfois appelées les **conditions de Knight**, sont les suivantes :

- **L'atomicité**. La présence d'un très grand nombre d'acteurs sur le marché, un nombre si élevé que le retrait de l'un d'entre eux n'aurait aucune conséquence sur l'évolution des prix et des quantités échangées.
- **L'homogénéité des produits**. Chaque produit échangé reçoit ou peut recevoir un nom, qui est compris de la même façon par les intervenants sur le marché.
- **La transparence**. Tout le monde sait exactement ce qui est proposé à l'achat. Le consommateur comme le producteur ont une opinion claire et précise de ce qu'ils échangent. Ce principe sous-entend l'égalité des offreurs et des demandeurs.
- **La liberté d'entrée et de sortie du marché**. Nul n'est obligé de vendre ou d'acheter, nul n'est interdit de vendre ou d'acheter. Cela

concerne également les fournisseurs étrangers, si bien que la concurrence suppose le libre-échange.

- **La libre circulation du capital et du travail**. Il n'y a pas de travail forcé ni d'investissement interdit.

Ces conditions, qui vont au-delà de la simple main invisible de Smith ou des axiomes de Senior (voir chapitres 2 et 3), donnent les hypothèses modernes qui sous-tendent la vision « anglaise » de l'économie. Quand Knight les exprime, il s'inscrit dans la ligne des néoclassiques, mais aussi dans celle d'une **définition de l'économie de concurrence comme le contraire de l'économie planifiée** mise en place en Russie. Les deux dernières conditions sont à l'opposé des pratiques du socialisme réel telles que les contemporains de Knight peuvent les observer.

Reprenant une approche issue de Walras, Knight s'oppose également aux keynésiens qu'il considère comme dangereux. En ayant rompu frontalement avec l'héritage néoclassique, ceux-ci ont fait reculer la science économique. Cette idée est reprise par son disciple le plus immédiat, George Stigler.

2.2 George Stigler (1911-1991) et l'invention de l'économie industrielle

Ses recherches portent sur trois domaines :

1. **L'histoire de la pensée économique**. Ses lectures abondantes le conduisent à affirmer que l'économie est une science au plein sens du mot. Et pour lui, la formulation la plus aboutie de cette science est la théorie néoclassique. Cette théorie fournit une démonstration mathématisée de l'efficacité du libéralisme et de l'économie de marché en tant que moyen d'accroître la production et d'en assurer la répartition. Cette démonstration est en outre corroborée par l'expérience historique. Stigler invite tout un chacun à comparer la croissance occidentale à la déroute des économies socialistes. Il invite également à mettre en parallèle les économies concurrentielles avec les économies keynésiennes qui s'abîment dans l'inflation. Pourtant, il constate que la théorie néoclassique – le libéralisme – suscite de virulentes critiques, qui se nourrissent souvent de travaux d'économistes reconnus. Pour

expliquer l'attitude de ces derniers, Stigler met en avant le traditionnel dépit du clerc face à la réussite du marchand. Aristote, Keynes, Marx et une foule de théoriciens moins illustres ont décrit le monde des affaires comme inculte et corrompu. Mais leurs vitupérations ne sont que pure frustration. Stigler fait de John Stuart Mill (voir chapitre 3) un cas d'école : il juge son œuvre inconsistante et attribue son prestige à d'artificielles postures moralisatrices.

2. **La microéconomie**. Stigler est un des fondateurs d'une de ses branches, **l'économie industrielle**. Son objet est la **modélisation du comportement des firmes**. Stigler insiste sur le fait que les bénéfices attendus de la concurrence ne peuvent se réaliser que parce que l'hypothèse des rendements décroissants du capital et du travail est avérée – en langage néoclassique, on dit que le coût marginal est croissant. Mais il propose de compléter l'analyse traditionnelle des entreprises en intégrant un nouveau facteur de production, l'information. Dans un article devenu une référence, « L'Économie de l'information » (1961), il recommande de réorienter les recherches d'économie industrielle vers l'économie de l'immatériel (finance, publicité, marketing, communication), appelée à prendre une place déterminante.
3. **Une théorie de la décision publique, connue sous le nom de « théorie de la capture de la réglementation »**. Pour Stigler, le marché permet de résoudre l'essentiel des problèmes. Il est faux de dire, comme le font les keynésiens, que l'État intervient pour suppléer ses défaillances, notamment en termes de chômage. Qui plus est, l'État n'est pas le défenseur de l'intérêt général, ne serait-ce que parce qu'il est incapable de le définir ! Il est prisonnier – d'où le nom donné aux thèses de Stigler – des lobbies : industriels cherchant à fuir la concurrence, fonctionnaires en mal de pouvoir, syndicats idéologisés. Conseiller de Nixon, Stigler inaugure une vaste politique de déréglementation qui s'amplifie sous Reagan.

George STIGLER

George Stigler naît le 17 janvier 1911 à Renton dans la banlieue de Seattle. Son père est bavarois, sa mère hongroise. Brasseur, le père est ruiné par la prohibition. Faisant le parallèle entre les déboires familiaux et les fortunes acquises dans la contrebande d'alcool, Stigler acquiert la conviction du danger des réglementations, surtout quand les dirigeants politiques prétendent faire le bonheur des gens malgré eux.
Il obtient son doctorat d'économie à Chicago en 1938 sous la houlette de Frank Knight. Il devient alors enseignant.

3. La contestation de l'État au-delà du monétarisme : la courbe de Laffer

La contestation du keynésianisme faite par les monétaristes porte en premier lieu sur la politique monétaire. Certes, l'école de Chicago défend la supériorité de la concurrence sur l'action publique. La politique budgétaire est critiquée par Friedman dans la logique du revenu permanent, mais l'impôt en tant que tel n'est pas la préoccupation centrale des monétaristes. L'offensive contre la politique fiscale prend un tour nouveau avec la courbe de Laffer.

Les origines de la courbe de LAFFER

Arthur Laffer est né le 14 août 1941 à Youngstown dans l'Ohio. Il suit des études d'économie à Yale puis à Stanford, où il obtient son doctorat en 1972. Les universités californiennes sont à l'époque la proie de la contestation anti-guerre du Vietnam. Agacé par cette agitation, qu'il juge plus lâche que réfléchie, il adhère au Parti républicain. Il devient professeur à l'University of South California (USC) et fonde parallèlement un cabinet de consultants.
En décembre 1974, il dîne avec Jude Wanniski, un journaliste conservateur, et deux cadres républicains appelés à un grand avenir, Dick Cheney et Donald Rumsfeld (respectivement vice-président des États-Unis entre 2000 et 2008 et secrétaire à la Défense entre 2000 et 2006).

Nixon a démissionné au mois d'août précédent. Thème du dîner : comment effacer le Watergate ? Wanniski et Laffer militent pour un recentrage sur les problèmes intérieurs et proposent une baisse généralisée des impôts. Rumsfeld s'en inquiète, estimant qu'il faudra augmenter les budgets militaires. Laffer plaide alors qu'en baissant le taux d'imposition, on obtient *in fine* un surcroît de rentrées fiscales et donc une capacité de dépense plus grande. Pour expliquer ce paradoxe, il trace sur la nappe ce qui deviendra la « courbe de Laffer ».
Brandissant son dessin, Laffer passe de la théorie à l'action. En 1978, c'est lui qui rédige la « proposition 13 », un texte voté par les Californiens qui prévoit une réduction de 30 % de l'impôt foncier. En 1981, conseiller de Ronald Reagan, il le pousse à réduire fortement les prélèvements obligatoires. Pourtant, le résultat est décevant : les rentrées fiscales annoncées ne sont pas au rendez-vous, le déficit explose. Le vice-président Bush parle « d'économie vaudoue ».

Dans la courbe de Laffer, on place en abscisse le taux d'imposition et en ordonnée le rendement fiscal (ce que perçoit effectivement l'État). Quand le taux d'imposition est nul, l'État ne perçoit rien. Quand il est égal à 100 %, il ne perçoit rien non plus (plus personne n'accepte de travailler). On résume souvent ce résultat par deux expressions célèbres : « trop d'impôt tue l'impôt » ou encore « les hauts taux tuent les totaux ».

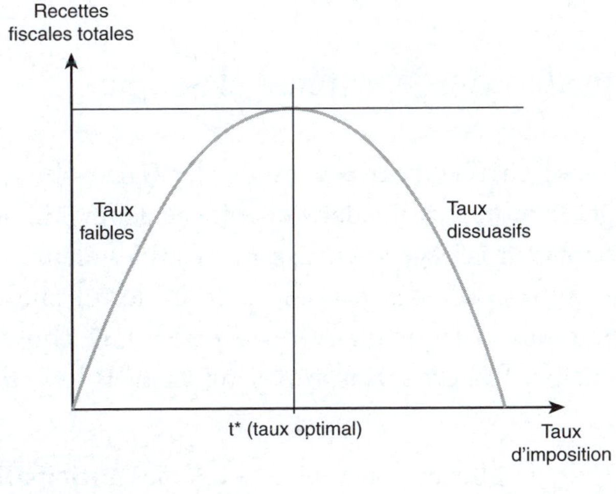

Figure 9.2 Courbe de Laffer

Mathématiquement, la courbe qui donne le rendement en fonction du taux part de 0 pour un taux d'imposition de 0 %, commence par monter, puis redescend vers le 0 correspondant à 100 %. Elle a la forme d'un **U renversé**. Le taux d'imposition qui correspond au sommet du U est celui qui garantit à l'État un montant maximal de recettes : c'est le **taux optimal d'imposition**, au-delà duquel le travail, pénalisé, se dérobe et les rentrées fiscales fondent. L'idée de son existence est en réalité ancienne : en 1707, Vauban en parle dans sa *Dîme royale* et l'évalue à 30 %. Cinquante ans plus tard, Quesnay le ramène à 20 %. Keynes évoquera de nouveau 30 %.

Au-delà du taux optimal, l'État a intérêt à baisser les barèmes d'imposition. Politiquement, il se rend populaire. Économiquement, il encourage les agents privés à travailler plus, ce qui accroît la production. Comme ce type de politique ne joue pas sur la demande, mais tend à inciter les firmes à investir, on parle de **politique de l'offre**. Le résultat sur les finances publiques peut être le même qu'une politique keynésienne au sens où la baisse des impôts conduit immédiatement à un déficit budgétaire, mais la logique est radicalement inverse.

Si cette théorie a quelque chose d'imparable (les deux extrêmes de la courbe étant incontestables), sa mise en œuvre pratique se heurte à une difficulté majeure : **personne n'a réussi à déterminer clairement le taux d'imposition optimal**.

4. La nouvelle macroéconomie classique

Les thèses de la « nouvelle macroéconomie classique » ont comme objectif de prolonger le monétarisme dans sa volonté de revenir aux principes anciens et de tourner la page keynésienne. Tous les éléments du keynésianisme sont ainsi contestés, y compris le cycle tel que théorisé par Hansen et Samuelson (voir chapitres 7 et 8). Ces thèses, énoncées principalement par Robert Lucas, reposent sur trois hypothèses fondamentales :

- La première et la plus importante est celle des **anticipations rationnelles**. Exposée de façon systématique pour la première fois en 1961 par John Muth (1930-2005), elle postule que les agents économiques anticipent les conséquences des décisions prises par eux et par les autres acteurs de l'économie, notamment l'État. Pour Friedman, il y a anticipations adaptatives, c'est-à-dire que les agents économiques passent leur temps à revoir leur décision en fonction des événements qu'ils croisent. Pour Lucas, il faut aller plus loin : les agents anticipent ces événements. Pour Friedman, face à une hausse d'impôts, les ménages modifient leur comportement d'épargne. Pour Lucas, ils anticipent la hausse en question et modifient leur comportement d'épargne avant même que la hausse d'impôts soit votée.

- La deuxième hypothèse est celle d'une vision dynamique du marché, c'est-à-dire d'un **ajustement continu des prix**. En particulier, sur le marché du travail, le chômage traduit la vitesse d'adaptation des salaires. Plus elle est lente et plus le chômage dure.
- La troisième est une relecture de la loi de Say selon laquelle **la croissance de long terme comme de court terme dépend de l'offre et non de la demande**. Ainsi, l'investissement est le moyen naturel d'accumulation de capital et donc d'organisation de la croissance. Il n'a pas d'influence cyclique sur l'activité, les cycles tenant à des chocs extérieurs à l'économie (**chocs exogènes**). Les baisses de croissance sont les conséquences d'événements aléatoires liés au caractère non écrit de l'histoire humaine. C'est ainsi que la croissance se brise sur les chocs pétroliers ou en Europe, en 1992, sur l'offensive spéculative contre le SME, événements qui n'ont rien à voir avec l'évolution de l'investissement.

Outre Lucas qui obtient le prix Nobel en 1995, deux économistes vont illustrer la logique de la nouvelle macroéconomie classique, Robert Barro dans sa dimension budgétaire et Thomas Sargent dans sa dimension monétaire.

4.1 Robert Lucas ou l'adieu au keynésianisme

Robert Lucas, né en 1937, fait des études d'ingénieur. Il a un bon niveau mathématique et une connaissance approfondie de la physique, ce qui le conduit à systématiquement utiliser un formalisme très exigeant.

En 1969, il publie « Real Wages, Employment and Inflation », un article où il condamne l'analyse keynésienne. Il accuse Keynes d'avoir commis trois erreurs fondamentales :

- La première est d'avoir pris à la légère les travaux de ses prédécesseurs et d'en avoir fait une critique caricaturale, traduisant en fait davantage son inculture que l'originalité de sa pensée.
- La deuxième est de s'être éloigné de la logique de Walras tendant à chercher les conditions de l'équilibre général, qui se traduit notamment par un équilibre sur le marché de l'emploi.
- La troisième est de s'être montré en général confus et d'avoir eu une maîtrise très approximative des concepts développés.

En tant que fondateur de la nouvelle macroéconomie classique, c'est Lucas qui diffuse les notions d'anticipations rationnelles et de chocs exogènes. Il insiste néanmoins sur trois points :

1. La distinction entre microéconomie et macroéconomie n'a pas de sens. L'économie est un tout et ce qu'en attend la population, ce sont des réponses concrètes à ses problèmes sans se livrer à des arguties lexicographiques.
2. La dynamique naturelle de l'économie de marché conduisant à l'équilibre, moins l'État s'en mêle, plus vite cet équilibre est atteint. En particulier, puisque les cycles n'existent pas et que les perturbations viennent de chocs exogènes, le mieux à faire en période de récession est de ne pas modifier les comportements budgétaires de long terme.
3. L'État a un rôle dans la croissance, celui de gestionnaire des services publics. L'éducation sert à la croissance quand elle est bien menée. Ce qui importe dans la dépense publique, ce n'est pas sa quantité comme le soutiennent plus ou moins explicitement les keynésiens, mais sa qualité. Lucas initie ce qui va devenir la théorie du capital humain.

Les raisons du succès de Keynes et de ses disciples sont au nombre de deux pour Lucas. Premièrement, Keynes a correspondu à un moment donné à « l'air du temps ». Les politiques de grands travaux menées pour réduire la crise de 1929 ont moins été inspirées par Keynes que justifiées *a posteriori* par lui. Ensuite, le keynésianisme permet assez facilement de mettre l'économie en équations économétriques et donc de faire des modèles de projection et de prévisions conjoncturelles. C'est l'outil de base dont se servent les bureaucraties économiques publiques nées après la Seconde Guerre mondiale, si bien que celles-ci font tout pour le faire vivre même artificiellement.

Pourtant, les temps ont changé et les prévisions faites par les modèles ne cessent d'être infirmées par la réalité des faits.

4.2 Robert Barro et l'équivalence ricardienne

Robert Barro complète les thèses de Lucas en démontrant l'inefficacité générale et globale de la politique budgétaire, l'instrument de prédilection des keynésiens.

Né à New York le 28 septembre 1944, Barro étudie la physique, puis l'économie. Diplômé en 1969, il devient professeur, occupant à partir de 1987 une chaire à Harvard puis à Columbia à New York. Ses premiers travaux le situent dans la mouvance keynésienne. Progressivement, il s'en éloigne, se rapproche des monétaristes puis de la nouvelle macroéconomie classique. Barro affirme actualiser le raisonnement de Ricardo sur les finances publiques, dans son article « Are Government Bonds Net Wealth ? » (1974) qui postule l'inanité des politiques de relance.

Pour Ricardo, il y avait équivalence dans le financement de l'État entre l'emprunt et l'impôt. En effet, que les particuliers paient contraints et forcés un impôt ou qu'ils souscrivent un emprunt attirés par la perspective du versement d'un intérêt, ils transfèrent en tout état de cause une partie de leurs ressources à l'État, dont le rôle se limite à dépenser ce qu'il leur a pris. Il n'y a pas de différence économique entre l'emprunt et l'impôt, seulement une différence comptable et une différence sociale :

- Comptablement, en cas d'emprunt, le taux d'épargne des ménages augmente.
- Socialement, l'accumulation de la dette publique due à l'emprunt modifie la répartition des revenus. L'existence de la dette publique favorise la concentration des fortunes, les impôts ponctionnés sur les pauvres servant à payer les intérêts et à assurer une rente aux créanciers. Conclusion : le déficit budgétaire ne sert qu'à creuser les inégalités.

Pour contrer ce raisonnement, les keynésiens ont proposé de financer le déficit non par l'épargne, mais par le crédit bancaire et donc la création monétaire. Mais dans ce cas, pour Barro, les ménages augmentent quand même leur épargne. Anticipant une augmentation des impôts pour rembourser les banques (on retrouve l'hypothèse des anticipations rationnelles), ils accumulent les actifs financiers qu'ils réaliseront au moment de faire face à cet accroissement de la pression fiscale. Il énonce ainsi ce que les économistes appellent le « **théorème de Ricardo-Barro** » : « la désépargne publique – c'est-à-dire le déficit budgétaire – engendre un surcroît équivalent d'épargne privée ». Dit autrement, toute augmentation de demande publique diminue la consommation et la demande privées[2].

4.3 *Thomas Sargent et l'inefficacité de la politique monétaire*

La démarche globale de l'école des nouveaux classiques étant de réhabiliter le marché au détriment de la politique économique, sa critique ne pouvait ignorer la politique monétaire. Aux monétaristes qui affirment qu'une politique monétaire expansionniste débouche sur de l'inflation, les keynésiens répondent qu'il y a effet Cantillon (voir chapitre 2), c'est-à-dire que tous les prix n'augmentent pas de la même façon. En particulier, les salaires augmentent moins vite, ce qui rétablit les marges des entreprises et permet une baisse effective du chômage. C'est là que se trouve l'explication de la courbe de Phillips.

Pour les tenants de la nouvelle macroéconomie classique, cet argument ne tient pas. En effet, une politique monétaire expansionniste conduit à des hausses de prix ne portant pas sur les biens vendus par les entreprises, mais sur les actifs. Concrètement, les politiques économiques actives qui se traduisent par une création de monnaie débouchent sur des bulles, dont la plus récurrente est la bulle immobilière.

Qu'en est-il alors de l'inflation ? Pour Thomas Sargent (né en 1943), il s'agit avant tout d'un phénomène budgétaire. **C'est la création de monnaie pour financer le déficit budgétaire qui permet l'inflation**. En

2. On associe parfois à ce théorème Jean-François Melon, l'économiste du XVIIIe siècle (voir chapitre 2) : on parle alors de théorème de Melon-Ricardo-Barro.

1981, il publie avec Neil Wallace un article important, « Some Unpleasant Monetarist Arithmetic », qui donne un modèle où s'enchaînent en une série dramatique les événements négatifs de la politique économique. En situation de chômage, l'État keynésien réagit par du déficit budgétaire qu'il finance, pour éviter l'effet d'éviction, par de la création de monnaie. Cela conduit à de l'inflation contre laquelle la banque centrale réagit en augmentant ses taux. Cela pénalise l'industrie privée qui réduit ses investissements. Donc la quantité de monnaie en circulation diminue. Dès lors, l'inflation semble jugulée. En réalité, le secteur privé n'investissant plus, la croissance ralentit, le chômage s'amplifie et les rentrées fiscales s'amenuisent. Le déficit budgétaire se creuse, l'État fait créer de la monnaie pour le financer, la masse monétaire augmente de nouveau et l'inflation repart. Par son déficit budgétaire, l'État crée une inflation que la politique monétaire ne peut réduire et même qu'elle amplifie. En conclusion, la politique monétaire elle-même est limitée dans ses résultats car l'inflation qu'elle est supposée combattre est d'origine budgétaire. Le bon moyen de lutter contre l'inflation est donc de ne pas faire de déficit budgétaire.

5. Le retour des problèmes néoclassiques : la nouvelle microéconomie

Simultanément à la disparition de la suprématie keynésienne, réapparaissent des économistes dont l'objectif est de prolonger les néoclassiques de la fin du XIXe siècle (voir chapitre 6). Ce qui est important, c'est que ce renouveau néoclassique, en terre anglo-saxonne, s'appuie non pas sur Marshall, qui avait été la référence néoclassique absolue, mais sur Walras, présenté souvent par ses commentateurs anglo-saxons comme « suisse » (probablement pour ne pas avoir à reconnaître une forme de supériorité française dans l'expression d'une théorie économique fondamentale...).

Les néoclassiques des années 1980 reprennent le problème du « commissaire-priseur », c'est-à-dire le problème de la convergence des économies vers l'équilibre général walrasien. Celui qui s'illustre le plus en la matière est Kenneth Arrow.

5.1 *Kenneth Arrow*

À la fois très curieux et très fécond, Arrow a construit une œuvre considérable. En 2005, à la question de savoir qui était le plus grand économiste de tous les temps, les prix Nobel d'économie ont placé en tête Samuelson puis Arrow, devant Smith, Ricardo et Walras.

Kenneth ARROW

Arrow est né le 23 août 1921 à New York. Après des études au City College de New York, il rejoint l'université Columbia, où il étudie les mathématiques et les sciences sociales. Pendant la Seconde Guerre mondiale, il rejoint l'armée de l'air et est affecté au service météorologique. Il se passionne pour la modélisation de l'évolution du temps qu'il fait et se demande comment retrouver ce mélange de rigueur scientifique et d'imprévisibilité. C'est alors qu'il décide de devenir économiste. De retour à la vie civile, il passe un doctorat d'économie puis entame une carrière de professeur et de chercheur. Il enseigne à Stanford de 1949 à 1968, à Harvard de 1968 à 1979, puis de nouveau à Stanford jusqu'à sa retraite en 1991.

Sa double formation en mathématiques et en sciences sociales le conduit à s'intéresser à de multiples aspects de l'économie, allant des éléments les plus formalisés à des considérations historiques, sociologiques et politiques.

Avec le temps, le doute sur la légitimité de ses travaux est venu et sa réflexion s'est concentrée sur la définition même du savoir économique. Agacé par les publications « grand public » où se multiplient prévisions et conseils de placement financier formulés par des experts qualifiés d'économistes, il a coutume d'expliciter sa vision du rôle de l'économiste par une parabole très illustrative :

> Demander à un économiste de prévoir avec précision le prix de l'énergie à la fin de l'année revient à demander à un spécialiste de l'évolution quelle est la prochaine espèce qui va évoluer.

Pour Arrow, l'économiste est un savant austère et discret, non une sorte de magicien annonçant à partir de modèles plus ou moins élaborés ce que sera ou ce que devrait être le monde à venir.

De ses travaux très variés et constructifs, on peut retenir trois domaines où il a marqué l'évolution théorique.

Le théorème d'impossibilité

Le premier porte sur la formation des choix collectifs et la manière dont une société démocratique prend ses décisions. Il énonce en 1951 le « théorème d'impossibilité » qui le rend célèbre. Partant du « paradoxe de Condorcet[3] » (voir chapitre 2), Arrow étudie ces situations de formation des votes et cherche à formaliser de façon rigoureuse les idées de Condorcet. Il arrive à la conclusion qu'un système démocratique peut conduire, selon les modes d'expression choisis, à des résultats très différents même si les préférences individuelles restent identiques. En outre, il est impossible de dégager une décision prévisible dans un système où les votants sont égaux. Le seul moyen d'y parvenir serait d'accepter que l'opinion d'un individu prime celle des autres, c'est-à-dire en pratique celle d'un « dictateur ».

Le théorème Arrow-Debreu

Kenneth Arrow s'intéresse ensuite à l'équilibre général walrasien. Au cours de ses études, il a pris connaissance de la théorie néoclassique dans les écrits de Marshall. En effet, jusqu'aux années 1940, Walras reste peu connu des Anglo-Saxons. C'est John Hicks (voir chapitre 7) qui, par son ouvrage *Value and Capital*[4], l'introduit durablement en Angleterre et aux États-Unis. Arrow tombe par hasard sur ce livre et considère dans la foulée que Marshall est un pâle imitateur de Walras. Il s'investit alors dans un nouveau sujet de réflexion : existe-t-il bel et bien un équilibre économique général et non pas seulement, comme le pensait Marshall, une série d'équilibres sur des marchés particuliers ?

En 1954, associé au Franco-Américain **Gérard Debreu** (1921-2004) et à travers diverses hypothèses dont celle, fondamentale, de rationalité

---

3. Rappelons que, appelé au début de la Révolution à donner son avis sur le meilleur système électoral possible, l'illustre philosophe et mathématicien français avance l'idée que les choix collectifs ne sont pas transitifs. Concrètement, une assemblée peut dans un vote préférer A à B, B à C et (c'est là le paradoxe) C à A.
4. Arrow aura d'ailleurs le plaisir en 1972 de partager le prix Nobel d'économie avec Hicks et il rappellera alors avec émotion le rôle déterminant de son co-impétrant dans l'évolution de ses idées.

des agents (ceux-ci choisissent, parmi toutes les possibilités qui leur sont offertes, celle qui maximise leur bien-être), **Arrow démontre l'existence d'un équilibre général que la concurrence permet d'atteindre (« théorème Arrow-Debreu »)**. Cette démonstration donne aux travaux de Walras une assise rigoureuse et fait du modèle walrasien le modèle de référence de l'économie néoclassique, au détriment de Marshall. Une des originalités d'Arrow et de Debreu est que, pour parvenir à leur résultat, ils n'utilisent pas les outils algébriques et de calcul différentiel classiques, mais font appel à une branche nouvelle des mathématiques, la topologie.

Le rôle de l'apprentissage et de l'innovation dans la croissance

Arrow participe aussi aux réflexions de son temps sur la croissance. En pleine « querelle des deux Cambridge » (voir chapitre 8), il décide de donner son point de vue, mais en mettant un point d'honneur à refuser toute polémique, en cherchant à ne froisser personne et en essayant d'explorer au maximum tous les aspects du problème.

Parmi les éléments de la croissance qui lui paraissent absents du débat, il cite le **processus d'apprentissage** (il lance en 1962 la formule de « *learning by doing* »). En effet, si, comme tous les économistes, il associe la croissance de long terme à l'évolution de la productivité, il considère que cette productivité augmente certes avec le progrès technique, avec la formation des travailleurs, mais aussi, plus simplement, avec l'expérience des gens qui travaillent. D'où l'intérêt des entreprises et de la société à ce que les salariés ne quittent pas trop vite leur fonction, soit de leur fait, soit en raison de restructurations répétées. Il amorce ainsi les travaux connus dans les années 1980 sous le nom de **théorie de la croissance endogène**, c'est-à-dire des facteurs de croissance qui reposent sur l'amélioration globale de la qualité du travail fourni.

Dans ses travaux sur la croissance, il utilise une fonction de production dite à élasticité de substitution constante (*constant elasticity of substitution*, CES), appelée depuis une **fonction CES d'Arrow**. Devenue une concurrente de la fonction de Cobb-Douglas (voir chapitre 8), elle s'écrit :

$$Y = A\,(aK^{r} + (1-a)\,Lr)^{\frac{1}{r}}.$$

Le but ultime de ses recherches sur la croissance est d'essayer de comprendre le rôle effectif du progrès technique. Mêlant considérations mathématiques, analyses historiques et réflexions personnelles sur la motivation de l'innovation, Arrow conclut que **le progrès technique est non seulement à l'origine de la croissance, mais encore qu'il est issu de la croissance** : une société peu développée innove peu, une société riche multiplie centres de recherche, innovation et investissements de productivité. L'innovation devient ainsi un mécanisme cumulatif. Plus on innove, plus on a de croissance ; plus on a de croissance, plus on innove…

Ce retour en force de la microéconomie comme mode de réflexion conduit certains économistes à en faire un outil d'interprétation de la réalité sociale qui ne soit pas exclusivement celle de l'inflation et du chômage. Pour mieux montrer les limites du keynésianisme, les nouveaux microéconomistes, tel Gary Becker, soutiennent que celui-ci est non seulement infirmé par l'histoire, mais encore réducteur. Il n'est qu'un discours sur la politique économique, alors que la « vraie » économie fournit des méthodes et des instruments d'analyse autrement plus puissants que la théorisation de la politique budgétaire.

5.2 *Gary Becker et la puissance de la microéconomie*

L'idée de Becker est de revenir sur le principe d'hédonisme et d'en faire l'élément quasi exclusif de compréhension du comportement humain. Pour ce faire, il faut admettre que l'intérêt ne se mesure pas seulement de façon monétaire. Les actes de chacun permettent de révéler leur intérêt implicite pour tel ou tel résultat et, une fois cet intérêt révélé, celui-ci est stable.

Gary BECKER

Gary Becker (né en 1930) est un pur produit de l'école de Chicago. Il y fait ses études, y obtient son doctorat et y passe l'essentiel de sa carrière. Il obtient la médaille J.B. Clark en 1967, puis en 1992 le prix Nobel pour « avoir étendu l'analyse microéconomique à un grand nombre de comportements humains et à leur interaction, y compris à des comportements non marchands ».

Pour Becker, on peut comprendre les actions individuelles et collectives à partir de la **notion d'intérêt** à deux conditions :

- La première est de constater que, s'il y a « paradoxe de Condorcet » au niveau collectif, il n'en est pas de même au niveau individuel. Les préférences de chacun sont transitives : si quelqu'un préfère A à B et B à C, il préfère A à C.
- La seconde est d'accepter le principe de la stabilité des choix individuels dès lors qu'aucune information nouvelle n'est disponible.

Fort de ces hypothèses, Becker applique la notion d'intérêt à quatre domaines principaux : la discrimination, la criminalité, le capital humain et la famille. Il dégage ainsi, à côté des mobiles évidents des comportements, des mobiles cachés que l'observation et la réflexion permettent de décrire et fait des recommandations de politique économique.

Par exemple, il soutient que l'on doit analyser la criminalité en supposant que les criminels sont rationnels. Chaque criminel ne se contente pas avant d'agir d'évaluer le gain. Il fait un calcul coût/avantage dans lequel interviennent la probabilité de se faire prendre et les conséquences de son arrestation. Ainsi, s'il est sûr d'être arrêté mais aussi de sortir de prison au bout d'un temps assez court, il sera plus incité à commettre son forfait que si sa probabilité d'arrestation est faible mais la sanction très lourde.

De même, pour Becker, le mariage obéit à un calcul reposant sur une comparaison entre la satisfaction sentimentale et monétaire, d'une part, et le désagrément lié à certains aspects de la vie commune et au coût de sortie que représente le divorce, d'autre part.

Avec un autre prix Nobel, **Theodore Schultz** (1902-1998), il introduit la notion de **capital humain**. L'idée est de rebondir sur la querelle des deux Cambridge. Les keynésiens ont contesté la pertinence des modèles de croissance fondés sur une fonction de production, sous prétexte qu'il est impossible de mesurer le capital. Mais, disent Schultz puis Becker, il est surtout impossible de mesurer le travail. Celui-ci n'est pas homogène. Il est donc curieux que les keynésiens aient été si sensibles au manque d'homogénéité du capital et pas à celui du travail. Résultat, vouloir réduire comme ils le proposent le chômage par une action globale d'injection de demande est vain. D'ailleurs, ils sont obligés de le reconnaître, l'inflation est plus que le plein emploi la conséquence de leur politique.

Pour Becker, il faut avoir une vision individualisée du marché du travail dans laquelle chacun évalue un coût (l'effort de formation à fournir) et une satisfaction (le type de métier que l'on peut exercer). Mener une politique de réduction du chômage, c'est mesurer le capital humain et chercher en le formant à avoir le meilleur à sa disposition.

6. L'école autrichienne

Cette individualisation de l'approche des problèmes économiques rejoint en partie celle de Menger (voir chapitre 5). Si le retour des néoclassiques se fait surtout dans le monde anglo-saxon par une découverte de Walras au détriment de Marshall, il subsiste un peu partout des groupes d'économistes fondamentalement attachés à la tradition autrichienne.

Les plus ardents défenseurs sont néanmoins assez naturellement des Autrichiens. Fuyant les troubles en Autriche puis, après 1938, l'annexion par l'Allemagne nazie, ils assurent la diffusion de leurs idées dans le monde des économistes internationalisés, c'est-à-dire aux États-Unis et en Angleterre. Les deux principales figures sont Friedrich von Hayek et Ludwig von Mises qui se distinguent par leur hostilité farouche au socialisme.

6.1 *Ludwig von Mises (1881-1973) et l'inefficacité du socialisme*

Von Mises est né à Lemberg, dans une famille éduquée de la communauté juive de Galicie. Cette ville alors austro-hongroise est devenue Lviv, la principale ville de l'Ukraine occidentale. Après des études de droit et d'économie qui le mènent à un doctorat en 1912, il commence une carrière d'enseignant. La Première Guerre mondiale lui fait prendre en horreur tous les extrémismes. Chargé en 1919 pour le compte de l'Autriche de négociations économiques avec l'éphémère gouvernement communiste hongrois de Béla Kun, il acquiert la conviction du caractère absurde des raisonnements communistes.

Ses idées tournent autour de trois éléments centraux :

- Le premier est que l'on ne peut comprendre la société sans avoir une vision théorique du comportement individuel de chacun. L'économie doit reposer sur ce qu'il appelle une praxéologie, c'est-à-dire une **analyse du comportement individuel**. Par ce biais, il défend que l'économie est subjective et qu'il est très difficile d'anticiper et de décrire de façon précise le déroulement des événements économiques. Comprendre l'économie, c'est comprendre les hommes avant de comprendre la société. La société en question est leur association dans le but de répondre à un besoin clair d'efficacité, celle que l'on obtient par la division du travail théorisée par Smith et Ricardo.
- Le deuxième est que **l'élément objectif dont dispose l'économie est le prix**. Chacun ayant une vision subjective de la valeur, le prix est de fait le vecteur neutre de l'information. Sa formation libre sur un marché fournit l'information dont a besoin le consommateur pour se déterminer. Elle permet d'atteindre un équilibre. Le socialisme est voué à l'échec parce que sa démarche repose sur une volonté de déterminer les prix, notamment celui du travail. En intervenant dans la fixation des salaires prétendument pour protéger les travailleurs, les socialistes, des plus modérés comme la social-démocratie scandinave aux plus extrémistes comme les communistes, ruinent l'économie et appauvrissent leurs concitoyens.
- Le troisième est que **la monnaie n'est pas neutre**. D'abord parce qu'elle est représentée par un objet qui a une utilité en soi (on aime l'or pour lui-même, on utilise le crédit bancaire pour gérer le temps). Ensuite parce qu'il y a « effet Cantillon ». En augmentant la masse de monnaie en circulation, on modifie les hiérarchies des prix et on perturbe le mécanisme stabilisant du marché. La recherche de l'inflation par les keynésiens au nom de l'« euthanasie des rentiers » est plus un problème qu'une solution.

Von Mises, qui s'installe aux États-Unis en 1940, fait paraître en 1949 *L'Action humaine*, qui devient la bible de tous les tenants de l'école autrichienne. Mais c'est seulement en 1982, avec la création du Ludwig von Mises Institute, que l'école devient une des références de la pensée économique.

6.2 Friedrich von Hayek (1899-1992) et la société du Mont Pèlerin

Né en 1899, Hayek suit des études d'économie à Vienne. Il est l'élève de von Wieser puis de von Mises, et acquiert très vite une grande aversion pour tous les totalitarismes. En 1944, il publie un best-seller, *La Route de la servitude*, dans lequel il explique comment la volonté de contrôler l'économie conduit à celle de contrôler la vie des gens et finit par le totalitarisme.

Il reçoit le prix Nobel en 1974. Comme il le partage avec le socialiste suédois Myrdal qui lui dénie toute qualité d'économiste et le considère comme un philosophe réactionnaire, le jury justifie son choix d'une formule assez générale, affirmant récompenser Hayek pour « ses travaux pionniers dans la théorie de la monnaie et des fluctuations économiques et pour son analyse pénétrante de l'interdépendance des phénomènes économique, social et institutionnel ».

Hayek a de fait contesté les positions de Keynes sur la monnaie, engageant avec ce dernier une polémique restée célèbre et qui lui a assuré une réelle notoriété. Dans la lignée de von Mises, il considère que les prix sont essentiels. Et il accuse Keynes et les keynésiens de centrer leur raisonnement sur un concept général et global qui est l'inflation. L'inflation est la hausse du niveau général des prix. **Pour Hayek, il n'y a pas de niveau général des prix**, mais des prix concrets que chaque consommateur a sous les yeux quand il effectue ses achats et qui déterminent son comportement.

Ce qui perturbe essentiellement les prix, c'est l'absence de concurrence. Constat particulièrement vrai pour ce prix singulier qu'est le taux d'intérêt. Il y a un taux d'intérêt naturel, celui qui égalise l'épargne à l'investissement, et il y a le taux que les autorités monétaires manipulent, la banque centrale pouvant tout se permettre du fait de sa situation de monopole. Ces manipulations conduisent à des expansions mal contrôlées de masse monétaire, suivies de contractions, ce qui explique l'existence d'un cycle économique. Pour Hayek, comme naguère pour Juglar et Hawtrey (voir chapitre 7), **le cycle est monétaire** et non pas lié à un comportement mal renseigné des investisseurs.

Hayek tire de ses travaux quatre conclusions :

- L'économie doit se fonder sur le subjectivisme, c'est-à-dire sur l'idée que chacun a une interprétation personnelle des événements et des signaux économiques qu'il reçoit.
- Le marginalisme est la théorie économique la plus aboutie. En particulier, la concurrence est le seul régulateur efficace, si bien que tous les monopoles, y compris celui de la banque centrale, doivent être abolis.
- Le cycle est monétaire et toute politique monétaire doit donc se fonder non sur un indicateur très général d'inflation, mais sur un objectif de stabilité effective de chaque prix. Un système de prix est un réseau d'information qui doit être préservé en tant que tel.
- La volonté de l'État de parvenir à des objectifs économiques précis conduit à l'échec économique et à l'asservissement politique.

Très engagé sur le plan politique contre le communisme, Hayek crée au début de la guerre froide, en 1947, la société du Mont Pèlerin dont l'objet est de défendre le libéralisme économique et politique contre la fascination intellectuelle qu'exerce alors le marxisme bolchevisé. Il en est le président de 1947 à 1961 et reste jusqu'à sa mort l'inspirateur de ce groupe de réflexion qui rassemble les intellectuels libéraux les plus en vue de l'époque.

7. Les keynésiens font de la résistance

La vague monétariste suscite les réactions des économistes restés keynésiens. Elles sont soit radicales, niant toute nécessité de remettre en cause leurs théories, soit modérées, acceptant des amendements au corpus keynésien d'origine. Puisque l'offensive monétariste porte sur l'inflation, c'est autour d'elle que s'organise la riposte.

7.1 *Sidney Weintraub (1914-1983) et la politique des revenus*

Sidney Weintraub est né à New York en 1914. Son parcours est classique : London School of Economics (LSE), Columbia University à New York, doctorat en 1941 et, à partir de 1952, enseignement à l'université de Pennsylvanie.

Disciple convaincu de Keynes, il reproche en particulier à Samuelson de déformer le keynésianisme. Mais sa cible privilégiée est le monétarisme. Pour Weintraub, le monétarisme commet une grave erreur en affirmant que l'inflation est un phénomène principalement ou exclusivement monétaire. En fait, elle est la conséquence des affrontements entre les groupes sociaux autour de la répartition du revenu national. En particulier, elle est liée à la capacité des salariés d'obtenir des hausses de salaires déconnectées de l'évolution de leur productivité.

Weintraub est le théoricien de référence de **l'inflation par les coûts**. À l'équation quantitative de la monnaie qui lie augmentation des prix et gonflement de la masse monétaire, et fonde la théorie de l'inflation par la demande, il substitue une équation associant les prix et les salaires (soit **p = k w/A**, où p représente les prix, w les salaires, A la productivité, et k une constante propre à chaque pays). On évite dès lors l'inflation en négociant avec les syndicats une évolution des rémunérations et donc du coût du travail conforme à celle de la productivité. C'est **la politique des revenus**.

Quant aux succès attribués à la politique monétaire, ils reposent en fait sur un mécanisme malsain : une restriction monétaire provoque faillites d'entreprise et chômage, ce qui amoindrit la détermination revendicative des salariés. Dans son livre *Capitalism's Inflation and Unemployment Crisis*, paru en 1978, Weintraub donne en modèle la politique allemande des années 1970, une politique des revenus active confortée par une banque centrale indépendante. Pour lui, l'indépendance de la banque centrale n'a de sens que parce qu'elle incite les partenaires sociaux à s'entendre. Ils savent en effet que tout échec de la politique des revenus sera sanctionné par une politique monétaire restrictive et donc du chômage.

7.2 Nicholas Kaldor (1908-1986), ultime symbole du keynésianisme et inspirateur des post-keynésiens

Né à Budapest dans une famille de juristes, Nicholas Kaldor est mort membre de la Chambre des lords avec le titre de Baron Kaldor of Newnham in the City of Cambridge... Trajectoire exceptionnelle d'un enfant de l'Europe centrale que les vicissitudes politiques hongroises ont transformé en sujet de sa Gracieuse Majesté maniant avec talent une excentricité toute britannique.

Ses théories sont strictement issues de Keynes. Mais, bien que keynésien et clairement protectionniste, il ne cache pas son admiration pour Ricardo le libre-échangiste. Ses véritables ennemis sont les néoclassiques et leurs héritiers monétaristes.

Sa première critique des thèses néoclassiques porte sur la notion d'équilibre. L'économie ne peut jamais l'atteindre. Et c'est d'ailleurs préférable car cette absence d'équilibre provient entre autres de la dynamique de la croissance.

Sa deuxième critique concerne la notion d'optimalité défendue par Pareto (voir chapitre 6). Ce dernier part du principe qu'il n'y a aucune légitimité à mener une action économique qui améliorerait la situation de quelqu'un au détriment de quelqu'un d'autre. Pour Kaldor, ce point de vue est irréaliste car il conduirait à la paralysie publique. Il prend l'exemple des aéroports : de tels équipements sont utiles à la collectivité, mais ils réduisent de fait le bien-être quotidien des riverains. Pris à la lettre, le raisonnement de Pareto interdirait leur construction, ce qui est inenvisageable. En pratique, l'État est régulièrement amené à prendre des décisions au nom de l'intérêt général même si certains en pâtissent. Les économistes appellent ces décisions des « **optima de Kaldor-Hicks** ».

Enfin, il concentre ses attaques sur les monétaristes. Leur souci de réguler l'évolution de la masse monétaire ignore que l'augmentation de la quantité de monnaie repose dans une économie moderne sur le crédit bancaire, c'est-à-dire sur le financement par les banques de l'investissement et donc de la croissance. Commentant devant la Chambre des lords la politique de Mme Thatcher, il déclare :

> Elle a fait de l'économie britannique un désert et elle l'a appelé stabilité.

Face aux néoclassiques et autres monétaristes, Kaldor développe son propre modèle économique qu'il essaie de promouvoir dans les années 1960 et 1970 en tant que conseiller des chanceliers de l'Échiquier travaillistes. Il place le cycle au centre de ses réflexions, et en trouve l'origine dans le décalage entre l'épargne et l'investissement. Si, à long terme, il y a stricte égalité entre les deux, dans l'immédiateté de la vie des affaires, des distorsions apparaissent. Ces distorsions viennent de l'adaptation permanente des entreprises à l'évolution de leurs débouchés et de leurs ressources financières. Elles passent leur temps à modifier le partage de leurs profits entre investissements physiques et placements financiers. Une bonne politique économique est celle qui permet de lisser ce cycle avec comme objectif de maintenir l'égalité entre le taux d'intérêt à long terme et le taux de croissance. Pour y arriver, Kaldor milite pour le recours à la politique budgétaire. **Il défend l'investissement public et propose de réformer la fiscalité de façon à favoriser l'investissement privé.** C'est pourquoi il imagine de réduire toute fiscalité à un impôt unique dont l'assiette serait la dépense hors investissement.

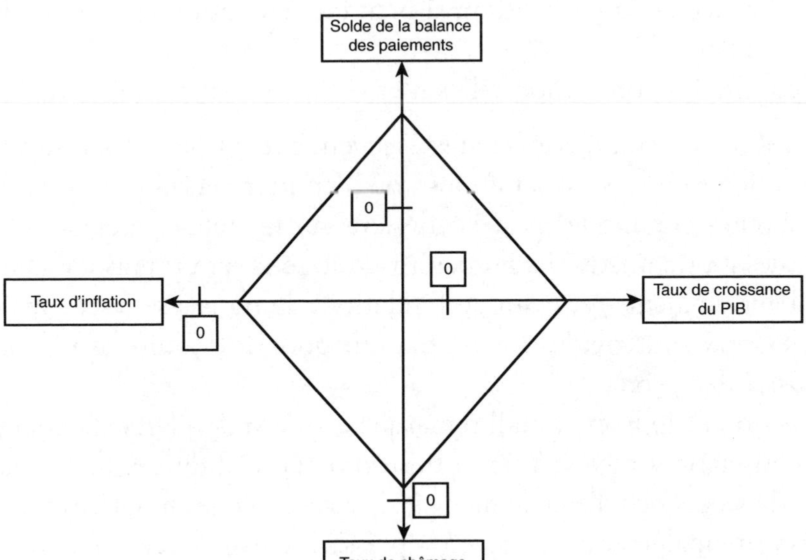

Figure 9.3 Carré magique de Kaldor

Aujourd'hui, de son œuvre abondante dont l'économiste français Alfred Sauvy (1898-1990) écrivait qu'elle était beaucoup plus originale que celle de Keynes, les étudiants ne retiennent souvent que le « **carré magique de Kaldor** », description graphique parlante mais très simple de la situation économique d'un pays en termes de chômage, d'inflation, de déficit extérieur et de croissance : après tout, créer de bons outils pédagogiques, c'est aussi faire progresser le savoir.

Dans la foulée des travaux de Kaldor s'est formé un groupe d'économistes constitués principalement d'Anglais mais également d'Américains qui représentent le courant post-keynésien. La plus connue des économistes post-keynésiens est l'Américaine **Victoria Chick** (née en 1936), qui a mené l'essentiel de sa carrière d'enseignante à l'University College de Londres. Elle est notamment l'auteur de *Recent Developments in Post-Keynesian Economics* paru en 1992. Les idées des post-keynésiens s'articulent autour de quatre axes :

- C'est la demande effective qui détermine le taux de croissance.
- La concurrence ne peut être qu'imparfaite.
- L'augmentation de la quantité de monnaie reposant sur le financement de l'investissement, elle débouche essentiellement sur une croissance de la production, si bien que l'inflation est un problème secondaire.
- Les anticipations rationnelles n'ont aucune réalité objective.

Néanmoins, certains économistes jugent que si le keynésianisme n'est pas à rejeter en bloc, il serait absurde d'en nier certaines limites et de s'arc-bouter comme les post-keynésiens sur un refus systématique des critiques monétaristes. Ils proposent de le rénover et, puisque l'un des problèmes majeurs est celui de l'inflation, de ne pas se fixer sur l'idée que les prix sont rigides. Ils souhaitent donc introduire la notion de **viscosité des prix**.

L'économiste Robert Hall remarque que les refondateurs néokeynésiens enseignent à New York, à Boston ou en Californie. Il les qualifie donc de « poissons d'eau de mer » et il surnomme les monétaristes, installés principalement à Chicago, « poissons d'eau douce ». Eau de mer, Ben Bernanke et Nicolas Mankiw, qui ont perdu leur sel pour devenir respectivement président de la Réserve fédérale et conseiller de George

Bush ; eau de mer, Joseph Stiglitz, aux idées de plus en plus « salées » ; eau de mer surtout, Edmund Phelps.

7.3 *Edmund Phelps, un modèle de néokeynésianisme*

Dans *Seven Schools of Macroeconomic Thought* (1990), Edmund Phelps (né en 1933) identifie sept écoles économiques. Et, dit-il, uniquement pour se limiter à un nombre magique. Il constate ce foisonnement avec un mélange d'humour et d'irritation. Car pour lui les problèmes macroéconomiques ne justifient pas la multiplication des théories.

En schématisant à l'extrême, on peut les ramener à une question simple : **toute économie se caractérisant par des prix et des quantités, une modification du contexte fait-elle évoluer les prix ou les quantités ?** En d'autres termes, quand et pourquoi un pays subit-il de l'inflation (évolution incontrôlée des prix) ou du chômage (incapacité à augmenter les quantités) ? Or, dans la foulée de Keynes qui traitait Ricardo de « Torquemada », certains économistes ont cru bon dans les années 1950-1960 de répondre sans nuances, dans une véritable attitude de combat. Face à ces comportements, Samuelson a essayé de concilier l'héritage néoclassique dont se réclament les monétaristes et le keynésianisme (voir chapitre 8). Edmund Phelps est resté attaché à une certaine modération et à l'esprit de Samuelson. Son projet est de prendre dans le monétarisme et dans le keynésianisme ce qu'il y a de plus pertinent.

Du monétarisme, il retient l'existence d'un taux de chômage naturel en dessous duquel on ne peut descendre sans emballement de l'inflation. Sa courbe de Phillips est entre l'équerre et l'hyperbole de Samuelson.

Du keynésianisme, il garde la rigidité de certains prix, notamment celle des salaires, dont la baisse est impossible, même en cas de chômage. Phelps complète ce principe de rigidité à la baisse des salaires par la théorie du **salaire d'efficience**. Selon cette théorie, la rigidité à la baisse des salaires n'est pas due exclusivement à la volonté des salariés de conserver leur revenu. En effet, les entreprises hésitent à baisser leurs rémunérations de peur de voir les meilleurs les quitter. Phelps a cette expression imagée : le marché du travail n'est pas régi par « la main invisible » mais par la « poignée de main invisible ». Pour lui, le marché du travail dépend du prix qui s'y forme, c'est-à-dire du salaire, mais aussi d'une série d'engagements réciproques plus ou formalisés entre employeurs et employés.

Du keynésianisme et du monétarisme, il confirme enfin le résultat selon lequel la situation économique optimale est celle où le taux d'intérêt nominal est égal au taux de croissance en valeur : c'est la **règle d'or de la croissance**.

7.4 Nicholas Gregory Mankiw, auteur d'un manuel de référence

Mankiw est né le 3 février 1958 dans le New Jersey, d'un père ingénieur et d'une mère enseignante. Élève doué, il mène des études de mathématiques, puis s'oriente vers l'économie qu'il étudie à Princeton et au Massachusetts Institute of Technology (MIT). Il obtient son doctorat en 1984 et rejoint dans la foulée Harvard comme maître assistant. En 1987, il y est nommé professeur.

Il a acquis une renommée mondiale grâce à la publication d'un manuel d'économie. Vendu à plus d'un million d'exemplaires, traduit en vingt langues, le « Mankiw » a supplanté le « Samuelson ».

Avant tout pédagogue, Mankiw a publié des travaux de recherche qualifiés de néokeynésiens[5].

Dans les années 1990, lui qui passe pour démocrate fréquente de plus en plus les *think tanks* républicains. Si bien qu'en août 2003, il rejoint la Maison-Blanche. À ceux qui le traitent d'opportuniste et lui rappellent ses attaques contre Reagan, il répond qu'il a accompagné son père à des meetings de soutien à Richard Nixon en plein Watergate. Et dans les éditions les plus récentes de son manuel, il a modifié le chapitre sur le comportement des consommateurs, le Pepsi-Cola républicain se substituant dans les exemples étudiés au Coca-Cola démocrate… Surtout, il se justifie en affirmant que l'économie n'est ni de gauche ni de droite, mais scientifique. De la période Reagan, Mankiw a retenu que la pire combinaison de politique économique est celle associant une politique monétaire rigoureuse à un budget fortement déséquilibré : en effet, les

5. Normal pour quelqu'un qui se définit comme un admirateur et un disciple de James Tobin, au point d'avoir donné le nom de Tobin à son chien.

taux d'intérêt élevés que pratique alors la banque centrale alourdissent considérablement la charge de la dette publique. Aussi, conseiller économique du gouvernement, il fait pression sur la Réserve fédérale de Greenspan pour que la politique monétaire accommodante de l'après-11 septembre 2001 perdure tant que le budget fédéral est en déficit.

8. À l'est, le marxisme se meurt

Tandis que les pays occidentaux abandonnent le keynésianisme, dans les pays socialistes, la production intellectuelle marxiste disparaît. Les économistes les plus en vue rejoignent la dissidence et surtout défendent l'idée que le marxisme ne doit pas être amendé mais bel et bien abandonné : c'est notamment l'avis de l'économiste Janos Kornaï.

8.1 *Janos Kornaï et l'économie de pénurie*

Cet ancien communiste hongrois a développé une analyse des pays socialistes d'Europe de l'Est concluant que leurs contre-performances économiques étaient inhérentes aux théories de Marx et de Lénine.

Janos KORNAÏ

Kornaï naît le 21 janvier 1928 à Budapest, dans une famille juive aisée. Son père, déporté par les nazis, meurt en camp de concentration. Lui rejoint, après la guerre, le parti communiste qui accède au pouvoir en 1947. Il est fasciné par l'assurance des intellectuels communistes qui présentent le marxisme comme une science. En 1955, économiste reconnu dans son pays, il est ébranlé dans ses convictions par les premières mesures de déstalinisation et commence à prendre ses distances avec le régime. La rupture finale intervient quand il publie en 1980 son livre de référence sur le socialisme, *Socialisme et économie de la pénurie*.

Kornaï considère le modèle néoclassique d'équilibre général comme inutilement compliqué sur le plan mathématique, et naïf sur le fond dans l'idée que l'économie puisse être décrite en termes d'optimalité, de stabilité et d'harmonie dans l'égalité ultime entre l'offre et la demande. Il considère néanmoins que l'économie libérale, par la contrainte que la demande impose aux entreprises, permet l'expression d'une efficacité qui s'est mesurée, depuis les débuts de la révolution industrielle, dans la croissance générale du niveau de vie. En revanche, l'abolition de la propriété privée intrinsèquement associée au socialisme donne le pouvoir à des acteurs qui ne font aucun cas des attentes des consommateurs. Kornaï parle de « **contrainte budgétaire lâche** ». Le directeur d'une entreprise nationalisée peut ne pas vendre, car les pertes ne conduisent ni à la faillite de son entreprise ni à son éviction. Qu'il soit nommé par l'État ou par un conseil ouvrier selon le principe de l'autogestion plus ou moins en vigueur dans les années 1970 dans la Yougoslavie de Tito, ce qu'attendent de lui ceux qui l'ont nommé, c'est d'assurer le plein emploi indépendamment des possibilités concrètes de vente. Cette exigence fait des entreprises davantage des lieux de présence que des lieux de production.

Kornaï complète ses réflexions par une typologie des managers capitalistes. Celui qui obtient des bénéfices dans la recherche permanente de nouveaux marchés est dans l'esprit de l'économie libérale. En revanche, le strict « *cost killer* » s'inscrit dans la logique du directeur d'usine communiste. Il se déconnecte de la demande pour se contenter de satisfaire des exigences de court terme.

9. Le monétarisme en action et les ambiguïtés américaines

Un temps évincé par le keynésianisme et sa version édulcorée défendue par Samuelson, le libéralisme « anglais » redevient la référence des actions économiques après 1979.

Cette année-là, réunis à Tokyo, les dirigeants des sept économies les plus développées du monde occidental (le G7), constatant que les politiques de relance consécutives aux chocs pétroliers n'ont pas donné les résultats attendus, décident de faire de la lutte contre l'inflation leur priorité.

Simultanément, l'élection de Thatcher en 1979 en Grande-Bretagne, de Reagan en 1980 aux États-Unis et le tournant de la rigueur dans la France de Mitterrand en 1983 ont pour effet de transformer la simple lutte contre l'inflation en un abandon des principes keynésiens. Les années 1980 sont celles du retour à l'idée que **le marché est le meilleur régulateur**.

À l'abandon de la relance vient s'ajouter la privatisation. Et la privatisation est consolidée par la déréglementation.

En 1986, l'Union européenne adopte l'Acte unique, texte par lequel elle fait de la concurrence l'élément central de sa politique économique.

Mais ce retour au marché n'est pas aussi net que les apparences pourraient le faire croire. Devenu conseiller de G.W. Bush, Mankiw n'hésite pas à dire que « les monétaristes n'ont jamais quitté les universités ; ils n'ont jamais eu le pouvoir ; ils ont dû se contenter de fournir les éléments de discours des hommes politiques, mais ceux-ci ont continué à user de la politique économique et du déficit budgétaire pour soutenir l'activité ».

De fait, Reagan initie une politique de déficit budgétaire massif. Sa référence est moins Friedman que Laffer. On parle alors de « **keynésianisme néoconservateur** », les déficits reposant non plus, comme à l'époque des travaillistes anglais ou des démocrates de Kennedy, sur l'augmentation des dépenses, mais sur la baisse des impôts.

Un système hybride se met en place en 1979 qui dérégule et privatise, qui croit en la concurrence comme les néoclassiques et au libre-échange comme Ricardo. Mais il ne revient pas à l'équilibre budgétaire d'antan et s'accommode sans difficulté de la disparition de l'étalon-or.

Ce système est encensé aux États-Unis où il fait merveille avec des taux de croissance de 4 % en moyenne entre 1992 et 2007. Mais il s'effondre dans une crise terrible réclamant un état des lieux sérieux de la pensée économique. Entre-temps, il a perdu un adversaire : le communisme est mort, malgré l'affirmation des dirigeants chinois de construire un modèle nouveau d'« économie socialiste de marché ».

Quelques dates à retenir

Année	Événement historique	Pensée économique
1973	Choc pétrolier	
1974	Démission de Nixon (Watergate)	Barro : article sur l'équivalence ricardienne Myrdal et Hayek prix Nobel
1978		Weintraub : *Capitalism's Inflation and Unemployment Crisis*
1979	G7 de Tokyo : abandon officiel des politiques de relance Élection de Margaret Thatcher Début de la politique des réformes en Chine	
1980	Élection de Ronald Reagan	Kornaï : *Le Socialisme de la pénurie*
1983	Abandon du keynésianisme en France	Mort de Weintraub
1986	Acte unique européen	Mort de Kaldor
1987	Alan Greenspan à la tête de la Réserve fédérale des États-Unis	Solow prix Nobel Mankiw professeur à Harvard Mort de Hayek
1989	Chute du mur de Berlin	
1992	Élection de Bill Clinton	Becker prix Nobel
1995		Lucas prix Nobel
2000	Élection de George W. Bush	
2003		Mankiw rejoint la Maison-Blanche
2004		Kydland et Prescott prix Nobel, théoriciens de la nouvelle macroéconomie classique
2006		Phelps prix Nobel Mort de Friedman
2007	Crise des *subprime*	
2008	Crise financière	
2009	Crise économique	Première attribution du prix Nobel à une femme (E. Ostrom)
2010	Crise sociale	

Bibliographie

Milton Friedman, *Capitalisme et liberté*, Leduc S., 2010, 320 p., À contre-courant, ISBN-10 : 2848993693.

Kenneth Arrow, *Théorie de l'information et des organisations*, Dunod, 2000, 292 p., Théories économiques, ISBN-10 : 2100046985.

Robert J. Barro, *Les Facteurs de la croissance économique*, Economica, 2000, 128 p., ISBN-10 : 2717839771.

Friedrich A. Hayek, *La Route de la servitude*, Puf, 2005, 176 p., Quadrige – Grands textes, ISBN-10 : 2130553184.

Ludwig von Mises, *Abrégé de l'action humaine*, Belles Lettres, 2004, 215 p., Bibliothèque classique de la liberté, ISBN-10 : 2251390375.

Edmund S. Phelps, *Économie politique*, Fayard, 2007, 729 p., Littérature générale, ISBN-10 : 2213632561.

Grégory Mankiw, *Principes de l'économie*, Economica, 1998, 972 p., ISBN-10 : 2717835350.

Janos Kornaï, *Socialisme et économie de la pénurie*, Economica, 1984, 587 p., ISBN-10 : 2717808140.

— 10 —

ÉTAT DES LIEUX

La science économique a abordé le XXIe siècle dans des conditions ambiguës. Comme nous l'avons souligné à propos des idées de Phelps (voir chapitre 9), l'effort de synthèse voulu par Samuelson n'a pas parfaitement réussi puisque les économistes se définissent encore assez souvent par leur rattachement à des écoles de pensée (sept pour Phelps), écoles qui ont tendance chez certains d'entre eux à devenir des sortes de chapelle. Au XIXe siècle, même ceux qui critiquaient le modèle libéral dominant n'en contestaient ni la validité ni la pertinence. Ils l'accusaient simplement d'être daté ou de permettre à une classe sociale ou à un pays de profiter de ses vérités pour asseoir leur pouvoir, y compris dans des dimensions qui ne relèvent pas *a priori* de l'économie. N'en restait pas moins acceptée l'idée que l'économie est une science et donc qu'elle est porteuse d'une vérité.

Vérité qui peut être améliorée mais vérité quand même.

Le choc keynésien a fait voler en éclats cette démarche. Il a tendu à faire accroire que l'économie n'est pas une science mais un débat, où tout le monde a le droit de s'exprimer, si bien qu'en fin de compte tout le monde a le droit de prétendre avoir raison. Sentant le danger mortel couru alors par l'économie, Samuelson a construit une synthèse, laquelle a pourtant de nouveau vacillé sous les coups des partisans d'un retour pur et simple à l'ordre intellectuel ancien du libéralisme et de la théorisation classique/néoclassique.

Face à l'échec du keynésianisme, certains, comme les défenseurs de la nouvelle macroéconomie classique, ont voulu plus qu'une nouvelle synthèse. Ils ont voulu tourner la page. Robert Lucas, après avoir reçu son prix Nobel, n'hésita pas à déclarer qu'on pouvait très clairement être un économiste respectable et de bon niveau sans avoir lu ni Keynes ni ses épigones, mais qu'en revanche on ne pouvait prétendre faire de l'économie sans avoir lu Walras.

La multiplication des discours sur l'économie

Ce flou et cette idée qu'un débat est non seulement possible mais encore souhaitable ont ouvert les possibilités à une multiplication des discours et des intervenants, conduisant à s'interroger sur la notion même d'économiste.

Simultanément, le vocabulaire et les préoccupations de la science économique ont connu un incroyable succès et une assez large diffusion dans la population. Les organes de presse ont créé des rubriques spécifiques. À côté de l'économiste sont apparus des « experts » au statut et à la formation très divers. Les hommes politiques ont des conseillers économiques établis et les partis politiques n'envisagent plus d'aller devant les électeurs sans leur présenter des programmes économiques savamment développés. À côté des économistes universitaires sont apparus des économistes travaillant pour des entreprises privées. Enfin, de grandes bureaucraties économiques au niveau national ou international ont vu le jour.

Une des conséquences est que, parallèlement au développement de la science économique, est née une sorte d'« économisme » mondain qui brouille le contenu de l'économie. Pour parler comme Kenneth Arrow (voir chapitre 9), l'économie moderne souffre de ce qu'elle est une astronomie tombée aux mains d'astrologues…

Dans cette confusion, le noyau central de la science économique a lui-même du mal à conserver un semblant de cohérence indispensable au maintien de son statut scientifique et à la volonté naturelle des économistes de progresser dans le champ de la connaissance. Schumpeter soulignait dans son livre sur le socialisme et la démocratie[1] que la science économique classique/néoclassique avait le mérite d'un formalisme rigoureux, d'une capacité explicative réelle et d'une conformité à une réalité (le capitalisme) dont la population avait plutôt à se réjouir. Et pourtant, cette théorie avait à affronter en permanence des contestations radicales, venant non seulement de personnes ne maîtrisant qu'imparfaitement le savoir économique mais encore d'authentiques économistes, faisant profession de l'être et reconnus comme tels. Il voyait à cela deux raisons :

- d'une part, l'insatisfaction naturelle de l'humanité face à son destin, même quand celui-ci s'améliore ;
- d'autre part, l'intérêt personnel qu'a tout économiste à se positionner en contestataire.

Concrètement, si l'économiste applique le principe d'hédonisme qui fonde le raisonnement classique/néoclassique, il doit chercher à accélérer le déroulement de sa carrière en fournissant le minimum d'efforts. Et comme, selon Schumpeter, l'Université trouve en partie sa légitimité auprès des populations en entretenant une opposition sourde au pouvoir du moment, sa façon la plus sûre de faire carrière est de contester l'économie classique et de s'indigner du principe d'hédonisme. Pour Schumpeter, l'existence de théories hétérodoxes traduit l'adoption dans le comportement individuel de l'économiste hétérodoxe des éléments les plus fondamentaux et déterminants de l'économie orthodoxe.

Par-delà ce paradoxe, l'équilibre pour les économistes est à trouver entre, d'une part, l'affirmation souvent populaire d'un point de vue moral se voulant novateur et iconoclaste, d'autre part, la prolongation des travaux de leurs pairs passés et présents pour conserver une cohérence intellectuelle indispensable au maintien de la légitimité scientifique de leur discipline et, enfin, leur capacité à fournir aux décideurs politiques des prescriptions de politique économique à même de résoudre les problèmes qui se posent.

Cette quête a été rendue encore plus difficile par la violence de la crise de 2008-2010.

---

1. *Capitalisme, socialisme et démocratie*, Payot, 1990.

L'économie mondiale en crise

La longue période de croissance qu'a connue le monde dans les années 1990, après la chute du communisme dans sa patrie d'origine, et la capacité américaine apparente à gommer les difficultés nées de la crise asiatique en 1997 ou de la crise des NTIC en 2001 avaient donné l'impression que les recettes mises au point par les économistes pour garantir croissance et plein emploi étaient enfin efficaces ; la science économique, par-delà les différends, pouvait prétendre justifier son existence par le plein emploi américain et la dynamique des pays dits émergents.

La même illusion avait cependant marqué le début des années 1960, quand Walter Heller, le grand théoricien de la politique budgétaire, avait cru pouvoir affirmer que grâce à une gestion habile des finances publiques, le monde occidental ne subirait plus le chômage de masse des années 1930 (voir chapitre 8). Pour lui, la science économique avait atteint une forme de plénitude intellectuelle et morale car elle fournissait une explication aux évolutions historiques de la croissance, un moyen d'éviter le chômage et au-delà un moyen de répondre aux angoisses politiques des populations, angoisses qui avaient conduit au fascisme des années 1930 et au communisme de la fin des années 1940. Le plein emploi des années 1960 et l'enchaînement de « miracles économiques » qui caractérisait le retour vers la prospérité de l'Europe occidentale et du Japon étaient là pour conforter ses assertions.

Hélas, la stagflation des années 1970 a douché son enthousiasme keynésien.

De même, la récession dramatique de la fin des années 2000 renvoie à leurs études les théoriciens de la politique monétaire et met de nouveau les économistes sur la sellette.

L'économie mondiale est en crise, comme l'était l'économie française quand les physiocrates ont formulé leurs théories, comme l'était l'économie anglaise de 1815 au sortir des guerres napoléoniennes quand Ricardo défendit le libre-échange, comme l'était l'économie américaine de 1930 quand Keynes théorisa *a posteriori* les mérites des politiques de grands travaux.

La crise ouvre de nouveaux chantiers pour la théorie économique qui la poussent à remettre en cause ses raisonnements anciens et le programme de recherche qu'elle s'était donné. Faire l'état des lieux, c'est donc regarder à quoi s'intéressent les économistes d'aujourd'hui, tout en sachant qu'il est trop tôt pour pouvoir évaluer leurs travaux, faute d'un recul suffisant.

1. Les interrogations sur la forme

Les économistes actuels, académiquement reconnus, ont adopté de façon claire et nette une méthode de raisonnement dont la référence est la physique.

C'est ce que résume assez bien N.G. Mankiw (voir chapitre 9) dans un article publié en 2006 (« The Macroeconomist as a Scientist and an Engineer ») :

> Nos collègues du département de physique, de l'autre côté du campus, peuvent trouver saugrenue l'idée que nous considérions que notre travail est très proche du leur. Mais nous sommes capables d'expliquer à qui en douterait et serait prêt à nous écouter que, à l'instar des physiciens, les économistes construisent leurs théories avec la précision que permet l'usage des mathématiques, qu'ils accumulent d'immenses bases de données portant sur les comportements individuels et collectifs et qu'ils utilisent les techniques statistiques les plus sophistiquées pour parvenir à des résultats empiriques exempts d'idéologie.

L'économiste applique donc le même langage mathématique et la même méthode que le physicien, la partie expérimentale de la physique ayant son pendant dans l'analyse de statistiques de plus en plus fournies.

1.1 Le développement de l'économétrie

Cette situation est aujourd'hui confortée par le développement des ordinateurs et de leur puissance de calcul. Cette puissance ouvre d'abord la possibilité d'accumuler des **statistiques** sur une multitude de sujets. La comptabilité nationale, mise au point à l'occasion de la Seconde Guerre mondiale, n'a cessé depuis de se développer. Elle a pris une forme nouvelle avec la redéfinition des principaux agrégats en 1993. C'est ainsi que le PNB (produit national brut) a été remplacé par le PIB (produit intérieur brut), correspondant à une vision plus territoriale et moins politique de l'activité économique. Les statistiques portent maintenant sur des sujets sociaux dépassant la vieille « arithmétique politique », celle des premiers économistes, qui se limitait au recensement de la population.

Ensuite, la puissance de calcul permet de développer des **modèles économétriques**. Les 48 équations du premier modèle économétrique, celui de Tinbergen (voir chapitre 8), ne nécessitent plus que quelques secondes de travail informatique. C'est dans les années 1960 que les premiers ordinateurs permettent de construire des modèles contenant plus de 500 équations. En France, l'INSEE met au point en 1968 son premier modèle économétrique géré par ordinateur, le modèle FIFI (pour « physico-financier »). Depuis, l'économétrie n'a cessé de se développer et les économistes peuvent à tout instant vérifier la pertinence des relations qu'ils théorisent.

Un des problèmes de ce développement est le fait qu'elle tend chez certains à se substituer à la réflexion théorique préalable. Ainsi il est possible, à peu de frais et en peu de temps, de mettre en relation des centaines de variables et d'essayer d'identifier, statistiquement parlant, un lien entre elles sans avoir à se préoccuper de la logique explicative de ce lien. Jevons, qui naguère fut ridiculisé pour avoir soutenu que les taches solaires expliquaient le cycle économique, n'aurait pas ce genre de problème aujourd'hui. La nature du lien n'est plus au centre de la démarche économétrique, qui cherche simplement à faire apparaître le lien en question. Les **conjoncturistes**, c'est-à-dire les économistes qui font les prévisions de court terme, utilisent des indicateurs avancés de l'évolution de la situation économique sans se préoccuper des raisons qui font que ces indicateurs permettent de prévoir, avec une certaine fiabilité, l'évolution de la croissance. C'est ainsi que les conjoncturistes les plus pointus savent que l'évolution du moral du patronat belge est assez bien corrélée avec celle de la croissance de l'économie mondiale. Leur problème est donc de suivre l'état d'esprit des patrons de Liège, par exemple, sans avoir à se demander pourquoi cet indicateur est si performant.

Un des éléments associés à ce développement de la prévision économique par la recherche de concomitance est le rôle croissant donné au **traitement des séries temporelles**. En introduisant le cycle comme un facteur essentiel de compréhension de l'économie et en écartant une analyse trop exclusivement centrée sur l'équilibre, les économistes de la fin du XXe siècle ont donné à la logique économique une dimension temporelle. Grâce à l'économétrie, la théorie économique peut céder la place à l'analyse de courbe où le temps est en abscisse. L'idée d'un cycle légitime celle d'une reproduction des événements et l'analyse économétrique des séries temporelles évite d'avoir à se poser des questions théoriques. L'économétrie permet d'**éluder le débat sur les relations de cause à effet** qui peuvent prendre rapidement un cours polémique. Les économistes du XXIe siècle se demandent donc, puisque l'attente sociale à leur égard est faite de besoin de prévision et de consolidation de décisions qui se sont révélées efficaces, si finalement la mathématisation de l'histoire par l'économétrie ne suffit pas.

1.2 De la physique à l'économie

Le second type d'interrogation sur la forme concerne la capacité à calquer les développements de la physique. Fisher (voir chapitre 7) a conçu une grille de passage des concepts de la physique newtonienne à ceux de l'économie néoclassique. Il a fait de l'énergie d'un système physique l'équivalent de l'utilité dans un système économique, de l'espace du physicien l'équivalent des quantités de l'économiste. Il en a déduit que le système de prix était un champ de forces.

Or, depuis Fisher, les physiciens ont intégré dans leurs théories et dans leur formalisme la relativité d'Einstein et la mécanique quantique. Tout un champ de recherche se développe donc pour essayer de reproduire le travail de Fisher et **transférer les nouveaux résultats de la physique en économie**. Que peuvent signifier pour les économistes le principe d'incertitude d'Heisenberg (qui rend impossible au niveau micro la parfaite connaissance simultanée de la vitesse – donc de la trajectoire – et de la position) ou l'équation célèbre d'Einstein qui, au niveau macro, associe l'énergie à la masse par le biais de la vitesse de la lumière ? Cette transposition des évolutions de la physique est-elle un simple jeu intellectuel ou peut-elle apporter un progrès dans la compréhension des mécanismes sociaux ? Et si elle est un simple jeu intellectuel, jusqu'où l'économiste a-t-il intérêt à faire dépendre sa méthode de celle du physicien ?

L'introduction d'éléments incertains dans la physique à travers la mécanique quantique conduit les économistes à essayer de définir des facteurs de production eux-mêmes incertains, dépassant le cadre traditionnel d'une économie fondée sur du travail accumulé (le capital) et du travail en action (le travail proprement dit).

2. Les nouveaux chantiers de réflexion sur le fond

La science économique moderne doit tenir compte des ruptures fortes rencontrées dans l'organisation de la production. De même que les économistes du XXe siècle ont transféré les rendements décroissants de l'agriculture (théorisés par Ricardo) à la situation de l'industrie, de même les économistes modernes doivent s'interroger sur l'impact dans la croissance de ce nouveau facteur de production qu'est l'information.

La théorie économique raisonne depuis les physiocrates sur un problème d'accumulation, c'est-à-dire de mise en œuvre de processus tendant à accroître les **quantités**. Les théories modernes incorporent de plus en plus une réflexion sur la **qualité**.

2.1 *Croissance endogène*

La réflexion en termes de qualité s'exprime à travers la théorie de la croissance endogène et l'analyse du capital humain. Dans le prolongement de la nouvelle macroéconomie classique, les recherches sur la croissance endogène tendent à donner un rôle à l'État qui ne dépende ni du niveau des dépenses publiques ni de leur mode de financement (par le déficit ou par l'impôt), mais de leur contenu.

La notion de croissance endogène a été lancée par Paul Romer (né en 1955) dans son article « The Origins of Endogenous Growth » (1994). Depuis, aussi bien les néokeynésiens comme Phelps ou Mankiw que les nouveaux classiques ont multiplié les articles sur le sujet. Le point de départ est de considérer que la croissance ne dépend pas simplement de la population active, mais aussi de son efficacité. Cette efficacité n'est pas liée uniquement au progrès technique incorporé dans les machines, elle dépend également de la **formation des travailleurs**. La croissance est endogène parce qu'elle ne repose pas sur les inventions, qui sont aléatoires dans l'histoire et indépendantes de la politique économique suivie, mais sur le niveau de formation de la population qui est fonction du système d'éducation. Apprendre à lire favorise la croissance, tout comme former des ingénieurs. L'enjeu de la réflexion économique est de trouver le moyen de formaliser cette idée et de la mesurer. Concrètement, après des années où les théories de la croissance ont cherché à identifier l'impact de l'évolution du stock de capital et, à travers la querelle des deux Cambridge, à comprendre la nature profonde du capital, il s'agit de se pencher sur l'autre facteur de production et d'en donner une analyse plus fouillée. Le capital physique, qui fut l'objet de tant de polémiques, s'efface devant le « capital humain ».

Romer propose de modifier les fonctions de production de type Cobb-Douglas et d'introduire comme arguments de ces fonctions non plus le capital et le travail, mais le capital et le niveau scolaire.

Le développement de la théorie de la croissance endogène en est à ses débuts. Il ouvre un nouveau champ de recherche en proposant de revoir complètement les facteurs de production. Il avance selon une formulation théorique de plus en plus aboutie, mais se heurte dans sa vérification empirique au problème de la mesure du capital humain.

George Akerlof (né en 1940), prix Nobel en 2001, propose d'introduire dans la liste des facteurs de production, outre le capital humain, la **confiance**. Les déterminants usuels de l'investissement et donc du stock de capital sont pour les classiques le taux d'intérêt et pour les keynésiens les débouchés. Pour Akerlof, l'investissement est aussi un état d'esprit, une démarche irrationnelle dans laquelle l'investisseur affiche une foi en son destin. Des travaux empiriques ayant montré la dimension culturelle de l'évolution économique, il propose d'en faire non pas une composante anecdotique de la réalité économique, mais le fondement de toute politique de croissance. Il imagine donc une fonction de production où seraient en arguments le niveau scolaire et le niveau de confiance que la société a en elle-même. Plus encore que la qualité du travail et donc le stock de capital humain, la confiance est difficile à mesurer. On ne peut l'appréhender que de façon indirecte, par des indices.

2.2 Théorie des jeux

La dimension psychologique que recouvre la notion de confiance devient un objet de plus en plus étudié et on parle désormais d'économie comportementale ou même de **neuroéconomie**. Cet ensemble de recherches peut partir d'une formalisation, très poussée sur le plan mathématique, de la prise de décision chez les acteurs économiques, mais également d'éléments de biologie sur la façon dont le cerveau fonctionne, sur le temps qu'il lui faut pour susciter une réaction chez un individu et sur la part de contrôle réel qu'a tout un chacun, et par récurrence la société dans son ensemble, dans l'expression de sa volonté.

Au centre de l'analyse des processus de décision, on trouve maintenant la prise en compte de son environnement à travers la **théorie des jeux**.

Cette théorie est l'analyse quantifiée des rapports entre deux ou plusieurs acteurs. Si elle est ancienne, puisque les premiers éléments de calcul des probabilités établis par Blaise Pascal peuvent être considérés comme relevant de cette théorie, c'est après la publication de la *Théorie des jeux et du comportement économique* (*Theory of Games and Economic Behavior*) en 1944 par **John von Neumann** (1903-1957) et **Oskar Morgenstern** (1902-1977) qu'elle devient un élément central de recherche en économie.

La théorie des jeux tend à rendre compte de la nature des échanges de façon plus complexe que la vision usuelle de l'économie tournant autour du marché. Dans un échange marchand, chacun dispose d'une information au travers du prix, information jugée suffisante pour dicter son comportement. Avec la théorie des jeux, d'autres éléments entrent en ligne de compte pour guider l'action de l'acteur économique. Comme dans un jeu, celui-ci fait des hypothèses sur les intentions des autres, sur la réalité de ce qu'ils affirment et sur les possibilités de gain en fonction non seulement de sa propre décision mais aussi de leur comportement.

On définit ainsi des **jeux à information complète (on sait tout du présent de l'autre) et parfaite (on sait tout de son passé)**. Le jeu d'échecs est un jeu à information complète et parfaite, le poker ne l'est pas – c'est même ce qui en fait l'intérêt... Dans la vie, les décideurs économiques sont impliqués dans des actions qui relèvent de cette logique de jeu, dans lequel ils disposent de plus ou moins d'informations.

John Forbes Nash (né en 1928), prix Nobel d'économie en 1994, est un mathématicien spécialiste de géométrie différentielle et de théorie des équations aux dérivées partielles. Il a formalisé une situation d'équilibre dans le cadre de la théorie des jeux, connue sous le nom d'« **équilibre de Nash** » : c'est un équilibre dans lequel chaque « joueur » ne peut changer de stratégie qu'à son détriment. L'équilibre de Nash prolonge les thèses de Cournot et de Pareto. Aujourd'hui, la théorie des jeux a conduit à initier tout un champ de recherches sur la nature de l'équilibre économique, recherches dans lesquelles le prix n'est pas le seul élément d'information. Ainsi, par exemple, les économistes se demandent comment doivent procéder les États quand ils décident de mettre aux enchères une entreprise publique qu'ils veulent privatiser, une fréquence de téléphonie ou une gamme de fréquence pour des opérateurs de radiophonie. Doivent-ils choisir celui qui propose le prix le plus élevé ou se demander pourquoi justement il propose ce prix ? Symétriquement, quand un État cherche à allouer un marché public, est-ce le moins-disant qui est le mieux-disant ?

Dans ces approches, le travail théorique est en train de quitter le quantifiable immédiat pour demander à l'économétrie et aux mathématiques de constituer des modèles, où une vérité cachée finira par être mise en évidence grâce à la multiplication d'indices indirects retraçant cette vérité.

La formation, la confiance, la psychologie, autant d'éléments qui rejoignent la démarche initiale de Menger et de l'école autrichienne (voir chapitre 5) et qui appellent à l'incorporation systématique dans les raisonnements de tout ce qui est immatériel. Effet de réputation, perception de l'autre, objectifs inconscients, besoin de notoriété, besoin de domination, volonté de pouvoir, méfiance ou crainte de l'autre, autant de composantes de l'action humaine qui concourent à l'intérêt, mais en donnent une vision plus large et plus riche que celle de la simple comparaison de l'utilité marginale d'un objet à son prix décrite par les théories néoclassiques. Dans cette logique, l'économie fait un retour vers ses origines. Rousseau avait décrit l'action humaine comme la résultante de la somme vectorielle de l'amour-propre et de l'amour de soi. L'économie politique s'est construite en écartant l'amour-propre. L'*homo œconomicus* d'antan satisfait son intérêt en ignorant les autres. En argument des fonctions d'utilité des néoclassiques, il n'y a que les paniers de biens dont ils disposent. Et jamais ceux des autres. Cet *homo œconomicus* est à la fois égoïste et dénué de toute forme d'envie.

Maniant des symboles, des informations, et non des objets, le consommateur moderne est plus complexe. Il est théorisé comme un gestionnaire d'informations et non pas exclusivement d'actifs matériels. Il a de nouveau un « amour-propre ».

2.3 Rendements croissants

Une autre branche des réflexions en cours essaie de cerner au mieux la nature même de l'information. Cette branche tend de plus en plus à focaliser ses recherches sur les économies à rendements croissants. L'économie politique depuis Ricardo fonde ses raisonnements sur les rendements décroissants. C'est grâce à cette hypothèse que les néoclassiques ont construit des fonctions d'offre croissantes ; et comme les fonctions de demande sont clairement décroissantes, ils ont pu établir l'existence d'un prix d'équilibre, prix unique dont le **théorème d'Arrow-Debreu** (voir chapitre 9) permet de définir les conditions de réalisation. Cette hypothèse des rendements décroissants est tellement fondatrice (elle est d'ailleurs un des quatre axiomes de Senior, voir chapitre 3) que son abandon revient quasiment à tout remettre à plat en science économique.

Avec l'information entre en scène un produit à rendements croissants. Ainsi, lorsque sont apparues les premières émissions de radio, certains avaient souligné le caractère original de ce produit. Il est en effet caractérisé par ses rendements croissants. Le coût d'une émission de radio est le même, que cette émission ait un auditeur ou 10 000. Le coût moyen a tendance naturellement à baisser, mais le coût marginal est nul. D'où l'impossibilité de faire apparaître dans ce secteur une fonction d'offre croissante et un prix d'équilibre. Le financement de cette activité ne pouvant reposer sur un mécanisme de fixation d'un prix et un processus de facturation, elle a commencé par être publique, l'État instituant un impôt pour la payer. Puis elle a trouvé un financement non directement lié à ce qu'elle est, à savoir la publicité. Ce n'est pas le consommateur immédiat (l'auditeur) qui paie, mais une tierce personne.

Depuis l'apparition de la radio, les activités à rendements croissants se sont multipliées.

La théorie a généralisé la réflexion sur les rendements croissants en s'intéressant sur le plan mathématique à des fonctions de production de la forme Cobb-Douglas, mais en supposant que la somme des exposants des différents facteurs de production est supérieure à un. Cependant des attentes concrètes se font jour sur des problèmes immédiats, comme celui du mode de facturation de l'information ou plus généralement de toute activité créatrice. La rémunération des sites Internet dont l'usage est à rendements croissants, la protection de la production musicale ou cinématographique face au téléchargement sont des problèmes qui relèvent d'une théorisation efficace des économies à rendements croissants.

2.4 *Politique économique et crise*

Avant la crise des années 2008-2009, la politique économique semblait avoir atteint une forme aboutie. La disparition des contraintes liées à l'étalon-or, le célèbre métal précieux ayant été exclu en deux temps du système économique[2], avait mis les **banques centrales** au centre de la politique économique. Devenue indépendante, la banque centrale a été l'objet des principales recherches sur la politique économique des années 2000. Après le travail de Mundell (voir chapitre 8), John Taylor (né en 1946), professeur à Stanford, met au point une règle empirique qui doit guider la détermination des taux d'intervention de la banque centrale.

2. En 1971, avec l'abandon par les États-Unis du principe de la couverture or du dollar ; en 1976, avec l'acceptation de cet abandon par l'ensemble des principales économies au sommet du FMI de la Jamaïque.

Le taux de refinancement affiché par la banque centrale doit être une combinaison linéaire pondérée de la différence entre l'inflation voulue et l'inflation subie, d'une part, et de la différence entre la croissance potentielle et la croissance réalisée, d'autre part.

La crise a mis de nouveau la politique économique en question. Les États surendettés sont à la recherche de moyens pour retrouver des marges de manœuvre. La **banqueroute**, dont l'idée même avait disparu après les drames des XVIIe et XVIIIe siècles, notamment l'épisode révolutionnaire en France, est de nouveau évoquée comme une possibilité pour certains États. La politique monétaire, naguère parée de toutes les vertus, cherche une suite à la règle de Taylor.

Quant aux changes flottants qui se sont imposés après l'abandon de l'or, ils sont de plus en plus critiqués au point que certains économistes proclament la nécessité de réintroduire l'or, mais évidemment sur la base d'un prix très supérieur à celui qui était le sien en 1971. La réflexion en la matière est au centre de ce que l'on appelle la **nouvelle macroéconomie internationale**. Son théoricien le plus connu est **Rudiger Dornbusch** (1942-2002).

Dès 1976, Dornbusch affirme que l'équilibre du marché des changes annoncé par les monétaristes sur des marchés en change flottant ne sera pas atteint.

Rudiger DORNBUSCH

Il naît le 8 juin 1942 à Krefeld en Allemagne. Ses études d'économie en Europe puis à Chicago, où il obtient son doctorat, lui ouvrent la carrière d'enseignant. Chercheur de haut niveau, il alterne publications théoriques, manuels très didactiques essentiellement consacrés à la macroéconomie internationale et articles de jounaux plutôt militants. Démocrate dans l'âme, il rejoint l'équipe d'économistes de Bill Clinton juste après sa naturalisation américaine en 1992.

Ses thèses sur le taux de change partent du constat que les échanges internationaux sont des échanges non seulement de marchandises mais aussi d'actifs financiers. L'ajustement ne s'opère pas à la même vitesse sur le marché des biens et sur les marchés financiers. Sur les marchés financiers, les prix évoluent instantanément, les relations s'y nouant de façon électronique, c'est-à-dire à la vitesse de la lumière. En revanche, les prix des biens et services ne s'adaptent que lentement.

Dès lors, si à long terme l'équilibre économique reste défini par la parité des pouvoirs d'achat, à court terme, le marché des changes est guidé par les mouvements de capitaux. Et ceux-ci dépendent à la fois des écarts de taux d'intérêt et des anticipations sur le cours de chaque monnaie. Quand les opérateurs pensent qu'une devise, du fait notamment d'une politique monétaire laxiste, va se déprécier, ils la vendent. Cela déclenche une baisse de son taux de change, baisse cumulative qui va en s'amplifiant. Dornbusch analyse ce phénomène en parlant de « **surréaction du taux de change** ». Il y a surréaction dans la mesure où les fluctuations de change vont au-delà de la correction normale permettant d'atteindre la parité de pouvoir d'achat. Pour enrayer une dynamique baissière, une banque centrale n'a guère le choix : elle doit monter ses taux, et ce souvent à des niveaux supérieurs à ceux que réclame la situation monétaire interne du pays. De ce fait, la surréaction du taux de change rend le système de changes flottants structurellement instable et fondamentalement handicapant pour la croissance. Il importe donc de repartir à zéro dans la réflexion sur le bon système de change, l'économie mondiale ayant en quelque sorte successivement utilisé tous les systèmes du « triangle d'incompatibilité de Mundell » (voir chapitre 8).

Les physiocrates voulaient réduire l'endettement public, les classiques accélérer la croissance, les keynésiens réduire le chômage ; ce que la crise de 2008-2010 a montré, c'est que les économistes modernes ont une lourde tâche : réaliser les trois !

3. L'économie, jusqu'où ?

Bien que la crise ait mis en lumière la nécessité de répondre à des questions simples que l'on croyait depuis longtemps résolues, la matière économique s'est éloignée progressivement de son domaine d'origine et de plus en plus d'éléments gravitent autour d'elle.

3.1 Économie, finance, gestion

De l'économie traditionnelle s'est détachée peu à peu la finance. Le raisonnement en équilibre, qui est devenu rapidement dominant en économie, a conduit à donner un rôle mineur au temps. Lorsque des économistes contestèrent ce raisonnement, plus que le temps, c'est l'histoire qu'ils voulurent introduire. C'est-à-dire que l'école historique allemande (voir chapitre 3) avait fait du passé un élément déterminant quand l'école classique théorisait le temps présent. Ricardo introduit certes le crédit, mais c'est pour financer le fonds de salaire. L'idée que le temps ait un prix ne se fait jour que lentement. C'est Senior (voir chapitre 3) qui en donne pour la première fois une formulation cohérente. Néanmoins, sous la pression à la fois de l'activité bancaire, qui est de la gestion du temps et de la conversion du temps (l'activité dite de transformation des banques consiste en effet à prêter à long terme des sommes qui leur ont été confiées à court terme), et du développement du calcul des probabilités, apparaît une branche nouvelle du savoir économique : la finance. Elle n'est pas à proprement parler de l'économie, mais des professeurs de finance ont obtenu le prix Nobel pour avoir élaboré des modèles financiers. L'opinion publique est prompte à qualifier d'économistes les théoriciens de la finance et les économistes ne peuvent ignorer les modèles qui président à l'activité des banques et des compagnies d'assurance. L'économiste a théorisé le développement de l'industrie et l'évolution de la productivité sans être pour autant un ingénieur. Il est donc capable de théoriser le monde des banques et la politique monétaire sans être un spécialiste de la finance. Les deux sciences sont sœurs, même si souvent on les voit carrément jumelles… L'économiste intègre le temps passé et présent, la finance cherche à prémunir contre les aléas du futur.

De même, l'apparition d'un enseignement de gestion à compter du XIXe siècle s'est faite dans la foulée du raisonnement économique. La première école de gestion jamais créée dans le monde est probablement l'École spéciale de commerce (aujourd'hui ESCP Europe), fondée par J.-B. Say (voir chapitre 3). Dans le monde entier, Business School et School of Economics sont sous le même toit et les professeurs de gestion sont assimilés à des professeurs d'économie. Les chefs d'entreprise sont supposés faire de la microéconomie comme Monsieur Jourdain faisait de la prose, « sans le savoir ». Pourtant, si l'entreprise est un élément déterminant de la réflexion économique, la gestion n'est pas à proprement parler de l'économie.

3.2 Aller plus loin : cliométrie, freakonomics, économie de la religion

Cette question de l'économie sortant de son lit traditionnel se pose de plus en plus pour certains domaines, qui relèvent plus traditionnellement de la sociologie ou de l'histoire.

Robert Fogel (né en 1926) et Douglass North (né en 1920) ont obtenu le prix Nobel d'économie en 1993 pour des travaux d'histoire économique dont le principe fonde ce que l'on appelle la **cliométrie**. Il s'agit de quantifier l'histoire pour la comprendre et de s'interroger sur le bilan de certaines décisions économiques : par exemple, le monde avait-il besoin des chemins de fer ? Que se serait-il passé si l'on avait attendu le moteur à explosion pour se défaire des chevaux ? Pourquoi a-t-on abandonné l'éclairage à l'acétylène ?

Quête intellectuelle qui intéresse autant l'historien que l'économiste, source de ce que l'on appelle parfois des « uchronies », la cliométrie se développe aux marges de l'économie traditionnelle.

De même, dans le prolongement des développements de la microéconomie insufflés par Gary Becker (voir chapitre 9), on assiste à la multiplication des travaux d'économistes tendant à expliquer les comportements les plus divers de l'homme. Steven Levitt (né en 1967), professeur à l'université de Chicago, a publié en 2005 *Freakonomics* (« l'économie farfelue »)[3], où il analyse des événements courants à partir de la grille de lecture de l'intérêt, qui est celle fondamentale de l'économiste.

L'exemple le plus célèbre de sa démarche est celui de la parabole de la crèche de Haïfa. De quoi s'agit-il ? D'une histoire authentique. Dans cette crèche, les parents doivent venir récupérer leurs

3. Denoël, 2006. Voir également *SuperFreakonomics*, Denoël, 2010.

enfants le soir avant 17 h. Or, le personnel se plaint que, pratiquement tous les jours, un ou deux parents se présentent avec dix ou quinze minutes de retard. Dans un premier temps, le maire, pour éviter que ce phénomène ne prenne de l'ampleur, fait distribuer un court texte rappelant que la ponctualité fait partie des éléments constitutifs de la vie en société. Le nombre de retards diminue. Pourtant, le personnel continue à se plaindre de deux ou trois malotrus. Le maire prend alors le taureau par les cornes et affiche un barème d'amendes par heure de retard. Résultat, la plupart des parents paient les amendes et viennent à 20 h : en donnant une valeur monétaire à l'absence de ponctualité, la mesure prise permet aux parents d'en réévaluer la nature profonde. L'émergence d'un prix (l'amende) change les références éthiques (le respect de la ponctualité). Cet exemple illustre un nouveau champ de recherche, qui s'interroge sur le rapport de *l'homo œconomicus* avec les autres composantes de la personnalité humaine.

Un des domaines où ces recherches sont les plus poussées est celui de l'**interprétation du phénomène religieux**.

Qu'a à dire l'économie face à la pratique et au sentiment religieux ? Elle peut les aborder de trois façons :

- La première est de se demander ce que la religion a à dire sur l'économie (ce que nous avons plus ou moins traité tout au long de ce livre). Aujourd'hui, elle prend un aspect moins important, même si l'on parle de plus en plus de « finances islamiques », par exemple.
- La deuxième est de s'interroger sur les conséquences qu'une religion peut avoir sur le développement économique. Elle a fait l'objet de nombreux de travaux de sociologie. Max Weber s'est ainsi rendu célèbre pour avoir affirmé que le protestantisme, dans sa version calviniste, est une religion particulièrement favorable au développement économique[4]. Cette thèse, qui a eu beaucoup de succès au XXe siècle, est toujours en débat, mais elle mobilise davantage les philosophes, les historiens ou les sociologues que réellement les économistes.

4. Voir *L'Éthique protestante et l'esprit du capitalisme*, Flammarion, 2009.

- La troisième est d'utiliser les concepts et les méthodes de l'économie pour décrire le mécanisme religieux. Elle est en train de nourrir un nouveau champ de réflexion économique. Ainsi, l'économiste commence par s'interroger sur les caractéristiques économiques d'une religion : elle cherche à être en monopole (elle condamne les autres religions accusées d'hérésie) ; souvent, son « Dieu » est lui-même en monopole, avec tout ce que cela implique pour l'attitude du croyant ; le « produit » qu'elle propose (en général, la consolation ici-bas et le bonheur dans l'au-delà) est très particulier dans la mesure où il échappe à tout contrôle effectif de la conformité de ce qui est réalisé à ce qui est proposé ; elle répond enfin au besoin très présent dans le caractère humain du don, du dévouement, de la gratuité, tout domaine de l'action humaine que, par hypothèse, l'économie a tendance à écarter.

Situation paradoxale donc que de voir, alors que la crise fragilise la légitimité de l'économie, que les économistes se dispersent vers des réflexions de plus en plus éloignées de leur champ d'origine.

Enseigner l'économie

Une des choses qui légitiment l'économie est sa forte présence académique. On l'a vu, l'enseignement de l'économie a commencé au XIXe siècle.

En France, cet enseignement a d'abord été élitiste et réservé aux amateurs éclairés qui avaient la possibilité d'assister aux cours du Collège de France. Après la volonté vaine de Louis Philippe d'assurer une plus large diffusion à l'économie politique, la révolution de 1848 s'est traduite par une suspicion générale à son égard et sa mise à l'écart. C'est Charles Gide qui, en 1877, a réintroduit l'économie dans le monde universitaire. Sa formation de juriste le conduit à écarter les économistes mathématiciens (voir chapitre 6), si bien que l'enseignement de l'économie au niveau supérieur se scinde encore en France en trois :

- Un enseignement inspiré de celui du droit, qui forme des universitaires à l'approche plutôt littéraire de l'économie et assez souvent coupés des économistes de réputation mondiale que l'on trouve en Grande-Bretagne et aux États-Unis.

- Un enseignement destiné à former les économistes de métier, essentiellement des hauts fonctionnaires. La quintessence en est l'Inspection des finances, formée naguère à Sciences Po et aujourd'hui à l'ENA. L'enseignement, proche du précédent, est souvent très pratique, axé sur les finances publiques et la politique économique. Une des singularités françaises est que le décideur (l'inspecteur des finances) n'a en fin de compte que peu de liens avec le monde académique (le gouverneur de la banque centrale aux États-Unis est presque toujours un ancien professeur d'université, détenteur d'un doctorat et reconnu pour ses publications sur la politique monétaire; celui de la banque de France est traditionnellement un inspecteur des finances dont on chercherait bien souvent en vain des livres ou des articles théoriques sur la monnaie).
- Un enseignement très mathématisé, délivré dans les écoles d'ingénieur et très en ligne avec les standards internationaux de l'économie. Pour les économistes du monde entier, l'économiste français de référence est soit polytechnicien, soit normalien, et assez souvent diplômé de l'École nationale de la statistique et de l'administration économique (ENSAE), qui dépend de l'INSEE.

Par-delà cette spécificité française, on constate un développement considérable de l'enseignement de l'économie dans le monde entier. En France, l'Université compte désormais en moyenne 100 000 étudiants dans ses filières d'économie et de gestion. Certes, la filière d'économie pure pâtit d'une certaine désaffection, mais globalement les études économiques attirent.

L'économie est devenue une matière scolaire à part entière, dont l'enseignement commence au lycée. Un baccalauréat de sciences économiques et sociales a été créé en 1960 (à l'époque, le bac B) et maintenu lors de la réorganisation de ce diplôme en 1993 (il est alors devenu le bac ES).

4. Le débat sur la crédibilité de la science économique

Décerné depuis 1969, le prix Nobel d'économie paraît déjà vieux puisque certains n'hésitent pas à réclamer sa mort. Il souffre de trois handicaps, ceux qui atteignent aujourd'hui la science économique :

- La **dispersion des économistes en écoles**, malgré les efforts de synthèse, notamment ceux accomplis naguère par Samuelson et aujourd'hui par des Américains comme Mankiw.
- La **dispersion des champs de recherche**. L'économiste se spécialise de plus en plus et bien souvent ignore des aspects fondamentaux de sa discipline. Samuelson aura probablement été le dernier à combiner culture historique, parfaite maîtrise des théories de ses prédécesseurs, compréhension des mathématiques à un haut niveau et insatiable curiosité, ensemble de qualités qui avait fait la force des économistes d'antan.
- La **dispersion dans la perception de l'économie**, dispersion qu'illustrent particulièrement les choix effectués par la Banque de Suède. En 2009, le prix Nobel d'économie a été donné pour la première fois à une femme, ce que tout le monde s'est empressé de saluer. Mais l'impétrante Elinor Ostrom (née en 1933) n'a jamais enseigné l'économie et ne s'est jamais définie comme économiste[1].

Déconsidérés par leur incapacité à prédire la crise, les économistes tiennent néanmoins à conserver un prix Nobel, certains d'y avoir droit du fait de la proximité de leur méthode avec celle des physiciens. Cela leur permet d'affronter le procès récurrent qui leur est fait, dont le verdict a tendance aujourd'hui à être une condamnation « à sarcasme à perpétuité ».

En France, ce procès est faussé par une vision à la fois partielle et partiale de la science économique. En effet, le besoin de comprendre se combine avec l'opinion selon laquelle l'économie doit se nourrir d'un débat sans fin. Ce que Samuelson considérait comme une erreur est vécue en France comme une nécessité. Tout se passe comme si tout et son contraire devaient être affirmés, chaque assertion ayant comme rôle non pas de fournir une

1. Elinor Ostrom a reçu le prix Nobel d'économie « pour avoir démontré comment les biens communs peuvent être efficacement gérés par des associations d'usagers ».

solution aux problèmes mais de cataloguer celui qui s'exprime. Tout jugement sur le déficit budgétaire ou sur le niveau des salaires est interprété comme une marque d'allégeance, et non comme un apport scientifique.

Selon les termes des spécialistes, un économiste est libéral, keynésien, néoclassique ou nouveau classique ; pour le grand public, il est de gauche ou de droite ; pour les militants, il est stipendié par le grand capital ou manipulé par des officines trotskistes. Mais il est admis qu'il ne peut pas être considéré comme le détenteur d'un savoir objectif.

Quand Tony Blair a déclaré à l'Assemblée nationale en 1998 qu'il n'y a pas de politique économique de droite ou de gauche, mais des politiques qui marchent et d'autres qui échouent, il a soulevé un tollé. Il défendait simplement l'idée que l'économie est arrivée à une certaine maturité qui, sans en faire l'équivalent de la physique, l'en rapproche. En revanche, une fois établis certains résultats, il y a des choix de répartition des revenus, d'organisation de la société, de définition des impôts qui relèvent de la politique et qui, eux, sont de gauche ou de droite. Plus que d'un « débat interdit » que certains dénoncent, ce dont souffre la réflexion économique, notamment en France, c'est d'un « débat imposé ».

Si cette appétence très française pour la controverse brouille en partie l'appréciation sur la pertinence de l'économie, il n'en reste pas moins que, partout, ceux qui peuvent légitimement s'affirmer économistes sont sous le feu des critiques. Paul Krugman et Joseph Stiglitz, tous deux prix Nobel, doivent à leur appétit de reconnaissance médiatique le douteux privilège d'avoir été la cible systématique des journaux américains en 2008 et 2009. Leur défense a été de prétendre avoir tiré les sonnettes d'alarme sur la politique monétaire de Greenspan sans avoir été compris ou crus, puis de souligner que la corporation dans son ensemble avait plutôt exprimé des doutes sur l'évolution de l'économie américaine depuis dix ans. Défense fragile, surtout depuis que Nouriel Roubini, supposé avoir sauvé l'honneur de ses semblables en ayant annoncé la déroute bancaire américaine bien avant la faillite de Lehman Brothers, a connu un retour dans l'ombre pour avoir prédit une inévitable nationalisation des banques aux États-Unis, au plus tard en juin 2009, ce qui n'a pas été le cas…

On pourrait multiplier les exemples d'erreurs, les prévisions infirmées, les récessions non annoncées, comme celles de 1982 ou de 2009 aux

États-Unis ou de 1993 en Europe. Pourtant, en conclure que l'économie est, comme la théologie scolastique de la fin du Moyen Âge, une réflexion vaine et déconnectée du réel qui stérilise inutilement de brillants esprits serait réducteur et priverait les décideurs d'outils importants.

Si l'on se réfère à la liste des prix Nobel d'économie – échantillon pas forcément représentatif de ce que la science économique mondiale d'aujourd'hui est capable de produire en raison d'une surreprésentation américaine (70 % des lauréats) –, on trouve dans les travaux récompensés des avancées objectives, qui ont débouché sur des recommandations de politique économique utilisées avec succès.

On trouve dans la liste John Hicks, qui donna au keynésianisme sa forme la plus aboutie et sut clairement définir à quelle condition la politique budgétaire est l'outil le plus efficace pour réduire le chômage – à savoir une situation de rigidité des prix.

On y trouve Milton Friedman, qui donna au monétarisme ses lettres de noblesse et sut clairement définir à quelle condition une politique monétaire de lutte contre l'inflation évite le chômage – à savoir une rigidité de la production.

On y trouve Paul Samuelson, qui fit la synthèse des deux et montra que l'enjeu pour les responsables de la politique économique est le dosage des composantes keynésienne et monétariste de la réalité.

On y trouve Robert Lucas, qui mit en avant la capacité des acteurs de l'économie à corriger leur comportement face aux actions de politique économique, au point d'en rendre les résultats différents de ceux attendus.

On y trouve George Stigler, qui affirma l'unité de la théorie économique, les courants dits hétérodoxes rassemblant soit des ambitieux désireux de trouver dans le paradoxe les voies d'une reconnaissance académique obtenue au nom de l'originalité, soit des provocateurs soucieux de pousser leurs collègues par des positions extrêmes à mieux formuler leurs idées.

On y trouve Joseph Stiglitz qui, dans un rapport remis en septembre 2009 au président de la République français, écrit : « Le PIB n'est pas faux en soi, mais peut être faussement utilisé. » Voilà une formule qui doit à la fois rassurer et inquiéter les économistes : si comprendre est difficile, se faire comprendre l'est encore plus.

Bibliographie

Steven D. Levitt et Stephen J. Dubner, *Freakonomics*, Gallimard, 2007, 336 p., Folio actuel, ISBN-10 : 2070341798.

Dominique Roux, *Nobel en économie*, Economica, 2007, 592 p., Économie, ISBN-10 : 2717853847.

Philippe Aghion et Peter Howitt, *Théorie de la croissance endogène*, Dunod, 2000, 768 p., Théories économiques, ISBN-10 : 2100045067.

Conclusion générale

La réflexion sur l'économie a vraiment débuté au XVIIIe siècle.

Auparavant, Hésiode, saint Paul ou les dominicains ont développé une vision morale du travail. Il est source de richesse mais aussi accomplissement du destin de l'homme. En travaillant, le laboureur d'Hésiode fait plaisir à la déesse de la terre ; en travaillant, le chrétien de saint Paul manifeste son appartenance à la communauté et répond à la damnation de l'homme suite au péché originel.

Avec Quesnay et sa formule « pauvres paysans, pauvre royaume, pauvre royaume, pauvre roi » naît vraiment l'économie politique au sens plein du terme, à savoir une réponse fournie par le savant ou le philosophe à une question qui correspond non aux préoccupations de(s) Dieu(x) mais à celles de l'État.

L'économie entre dans le champ de la science parce qu'elle a un objectif laïcisé, une attente sociale (en l'occurrence, répondre au problème financier qui se pose au roi, c'est-à-dire à l'État) ; elle a une méthode qui, pour se légitimer, va devoir se rattacher durablement aux méthodes en vigueur dans les sciences dites dures ; elle a des résultats qui dépassent le simple « bon sens ». Elle est capable normalement de faire le tri entre « ce qui se voit et ce qui ne se voit pas », selon l'expression de Bastiat.

À partir du XVIIIe siècle et des physiocrates, un corps spécifique de penseurs naît, ce qu'il est depuis convenu d'appeler des économistes.

L'économiste est le producteur intellectuel de la science économique et celui qui a pour mission de répondre au programme que nous venons de décrire (avoir une méthode scientifique pour résoudre des problèmes concrets, en apportant des solutions que le non-économiste aurait été incapable de trouver par lui-même).

Dans ce contexte, ce qui caractérise l'histoire de la pensée économique, c'est d'abord l'identification d'un problème immédiat pour l'État auquel les dirigeants souhaitent apporter une solution ; puis l'évolution de la méthode pour pouvoir formuler une réponse à la fois efficace et, en cas de doute ou d'échec, compréhensible et amendable ; enfin, la capacité à faire comprendre aux non-économistes les raisons pour lesquelles les solutions apportées étaient en fait des erreurs liées à des apparences trompeuses.

Le terme d'« économie politique » traduit bien le fait que le problème à résoudre au départ porte sur la gestion de l'État. Ce qui a conduit à élargir le champ d'étude, ce sont là encore Quesnay et les physiocrates. Pour absorber la dette publique qui paralyse l'action de la monarchie française, surtout après le désastre de la guerre de Sept Ans, l'économiste ne propose pas l'annulation d'une partie des dettes (qui, en conduisant à une hausse du taux d'intérêt, reporte en l'amplifiant le problème), mais la croissance, c'est-à-dire une politique où l'État, trouvant le moyen d'enrichir son peuple, s'enrichit lui-même.

Depuis, l'économie fonctionne toujours de la même façon, déportant néanmoins le centre de ses préoccupations de la stricte gestion publique vers la définition des conditions permettant de consolider la croissance et d'enrichir la société.

Plusieurs vagues d'économistes se sont attelées à cette tâche. À chaque fois, ils tentèrent de cerner le problème le plus immédiat réclamant une réponse rapide et claire. Ils y ont répondu en tenant compte de l'héritage intellectuel qu'ils avaient reçu de leurs lectures, de leurs propres réflexions, de leurs sentiments et également des événements auxquels ils assistaient.

Ainsi s'est construit le savoir économique actuel. Analyser ce savoir oblige à replacer chaque période de production intellectuelle dans son contexte sans commettre d'anachronisme. En particulier, il faut faire la part dans chaque théorie formulée entre ce qui traduit les sentiments

– pour ne pas dire les obsessions – d'un auteur, ce qui correspond à une réponse à un problème très spécifique de son temps, et ce qui relève d'un résultat scientifique, c'est-à-dire d'une avancée de la connaissance toujours d'actualité.

Chaque époque a fourni son lot de découvertes, essentiellement organisé selon une vision de la société et de l'économie que nous avons qualifiée d'« anglaise ». Simultanément une critique se développait, qui bien souvent se vivait comme exclusivement critique et non prescriptive et qui était une défense du rôle de l'État. Cette critique, nous l'avons qualifiée d'« allemande ». Enfin, des idées ont été défendues, là aussi dans une démarche *a priori* de plus en plus critique et de moins en moins prescriptive, fondée sur des références religieuses ou tout au moins morales, et que nous avons qualifiée d'« espagnole ».

La science économique a connu un ébranlement presque fatal quand les économistes anglais ont adopté un point de vue « allemand », c'est-à-dire quand Keynes et ses disciples ont rompu avec leurs prédécesseurs à la fois sur le fond et sur la forme, proclamant que cette rupture n'était pas un simple aménagement des idées précédentes, mais leur remise en cause générale et le moyen de prétendre imposer une refonte globale de l'économie.

Depuis, l'économie cherche un retour à l'unité. L'œuvre considérable de Samuelson est d'avoir balayé systématiquement tous les domaines de la science économique et d'avoir tenté d'y unifier le discours. Pour Samuelson, il n'y a pas d'explication keynésienne ou classique de l'économie, mais des circonstances où l'économie s'inscrit dans une logique classique et d'autres où elle est dans une logique keynésienne. Il y a des cas où les prix sont rigides (hypothèse keynésienne) et d'autres où les prix s'adaptent (hypothèse classique). L'enjeu pour l'économiste n'est donc pas de se rattacher à une école, de se définir par rapport à un ensemble de croyances, car croire relève de la religion et non de la science. L'important est, avant toute référence théorique, d'être capable de formuler un diagnostic sur les caractéristiques d'une économie à un moment donné et de fournir ensuite les éléments qui répondront à l'attente première des populations et des dirigeants.

Les théories économiques fournissent des remèdes. L'erreur serait pour l'économiste de prétendre défendre un seul traitement et d'en faire la panacée. De même que chaque maladie a son remède, de même chaque situation économique a sa pathologie dominante et l'économiste doit s'en faire le médecin. En se souvenant que le principe fondamental de la médecine reste *primum non nocere* (d'abord ne pas nuire).

Comme par une sorte de fatalité historique, la science économique va devoir de nouveau résoudre le problème de l'endettement public qui l'enfanta. La réponse est la même : à la tentation des États de se débarrasser de leur dette en l'annulant (de façon plus ou moins brutale par un défaut de paiement) ou en ruinant les créanciers par l'inflation – tentation qui aurait dans les deux cas la conséquence déjà théorisée par Condorcet, à savoir une hausse durable des taux d'intérêt –, l'économiste doit opposer la croissance.

Cette croissance, les physiocrates la voyaient dans l'énergie, celle du soleil projetée par l'agriculture. Adam Smith la voyait dans la division du travail, c'est-à-dire dans l'innovation et l'efficacité d'organisation des entrepreneurs.

Toutes choses égales par ailleurs, rien n'a changé : la croissance viendra de la capacité de l'humanité à gérer son énergie, et notamment les raretés relatives sur les énergies fossiles, et à susciter de l'innovation, du progrès technique, de l'organisation, ce que théorise la croissance endogène.

Néanmoins, par rapport à l'époque des physiocrates, le problème de l'économie est d'éviter de s'autodétruire. Les physiocrates étaient une dizaine de personnes se réunissant dans un entresol du château de Versailles avec l'intention de trouver des solutions concrètes et des articles à faire paraître dans leur publication. Les économistes d'aujourd'hui sont des milliers qui se déchirent comme des théologiens médiévaux. La solution à trouver pour fournir les nouveaux outils de la croissance passe aussi par la poursuite de l'œuvre de celui qui fut le dernier des « Grands », l'œuvre de synthèse voulue par Samuelson.

Période historique	Principaux problèmes économiques	École dominante	Proposition	Critique
1763-1789	Dette publique	**Physiocrates** **Adam Smith** Description de la réalité et réflexion de l'économiste	• Croissance économique par **l'agriculture** (physiocrates) et **la division du travail** (Smith) • Nécessité de la **concurrence**	**Caméralisme allemand :** • Rôle déterminant de l'État dans la croissance • Recettes fiscales par droits de douane
1820-1848	Accroissement de la population Pauvreté associée au travail	**Ricardo et ses disciples : école classique** Adoption de la méthode des mathématiques en référence à une axiomatique (les postulats de Senior) Économie de l'offre : l'offre crée sa propre demande (loi de Say)	• Accroître l'offre productive par **l'investissement** • Réduire les rentes par la concurrence notamment internationale (**le libre-échange**) • Favoriser le progrès technique pour éviter les conséquences des **rendements décroissants** • Équilibre des finances publiques • Affirmation de la neutralité de la monnaie qui suppose une politique monétaire indépendante grâce à l'étalon-or • **Valeur travail**	**École historique allemande** : • L'économie ne peut s'inspirer des mathématiques car elle a une forte composante nationale et sociale : chaque pays a des traditions et une histoire différentes • Protectionnisme • La croissance repose sur l'État par ses investissements et par la formation qu'il donne à sa population **Socialisme :** • La rente provenant de la propriété privée, abolition de la propriété privée • La misère ouvrière provenant de la concurrence entre les ouvriers, abolition de la concurrence

Période historique	Principaux problèmes économiques	École dominante	Proposition	Critique
1870-1913	Crainte de la surproduction Problème de répartition de la croissance économique	**École néoclassique : Jevons, Walras, Menger** puis **Marshall, Edgeworth, les Autrichiens, Pareto** Adoption de la méthode de la physique Économie de marché : égalité offre/demande qui suppose une analyse de la formation de l'offre et de la demande	• Nouvelle explication des prix par **l'utilité marginale** • Le marché comme lieu d'efficacité économique : **les prix s'adaptent** pour atteindre l'équilibre • La **concurrence** comme régulateur de l'économie, avec comme problème la disparition du profit • L'accumulation du capital comme source de croissance : **l'épargne source de croissance** • **Équilibre budgétaire et neutralité de la monnaie**	**Marxisme et austro-marxisme** **Seconde école historique allemande :** • Théorisation du capitalisme financier • Théorisation de la surproduction • L'État régulateur ultime (loi de Wagner) ou porteur de rupture (socialisme) **Les premiers Scandinaves, Wicksell :** Le crédit se substitue à l'épargne pour financer l'investissement
1930-1950	Chômage Crise économique Émergence du totalitarisme	**Basculement vers la « critique allemande » : Keynes** La physique comme référence Économie de la demande : la demande publique comme moyen de résoudre les difficultés **Modèle IS-LM** **Hansen et la prédominance américaine**	• **Les prix rigides** et l'adaptation par les quantités • Le marché générateur **d'équilibre de sous-emploi** • **Concurrence imparfaite** • Le temps et l'introduction du cycle • La politique monétaire efficace car la monnaie n'est pas neutre • Le **déficit budgétaire comme instrument de la politique économique**	**La critique devient « anglaise » :** Rueff, Hawtrey, les Autrichiens • Le marché synonyme de liberté • Le chômage expliqué par le coût salarial • Le maintien du principe de la neutralité monétaire et de la nécessité de l'équilibre budgétaire • Les dangers du protectionnisme • La définition du taux de change comme égal à la parité des pouvoirs d'achat

1950-1979	Début de l'inflation Dispersion des idées économiques Répartition de la croissance	**La synthèse : Samuelson** La physique comme référence, l'économétrie comme moyen de reproduire les expériences Mieux définir les composantes de la demande	• Le **cycle économique** comme explication de la réalité • **Arbitrage inflation/chômage** (courbe de Phillips)	**Critique « anglaise », le monétarisme :** • Inefficacité de la politique économique • Logique de revenu permanent • Nécessité du retour aux raisonnements néoclassiques **Critique keynésienne (Robinson) :** • Querelle des deux Cambridge • La demande comme source exclusive de la croissance • La politique des revenus pour lutter contre l'inflation **Fin de la pensée socialiste autonome : Lange et le « socialisme de marché »**
1979-2006	Ralentissement de la croissance Bulles spéculatives	**Retour de la pensée « anglaise » : monétarisme, économie industrielle, nouvelle macroéconomie classique** Physique + économétrie + bureaucratie économique Retour à l'équilibre de marché	• Adaptation de la politique économique de la synthèse samuelsonienne • **Privatisation/concurrence/dérégulation** • Politique monétaire indépendante / rôle majeur de la banque centrale • **Équivalence ricardienne** • Anticipations rationnelles • **Croissance endogène**	**Critique « allemande », défense de l'État et de la politique budgétaire, néokeynésianisme :** • La politique budgétaire en stabilisateurs automatiques • Prix non rigides mais « visqueux » • Efficacité de la politique monétaire par baisse des taux d'intérêt et dévaluation compétitive • « Salaire d'efficience »
2010	Crise Endettement public	?	?	?

Index

A

Accélérateur 263, 265
Arrow (Kenneth) 305, 369-372, 392
Autrichienne (école) 185, 196, 232, 236, 253, 310, 336, 341, 375, 376, 401

B - C - D

Bastiat (Frédéric) 126, 127
Boisguilbert (Pierre Le Pesant de) 43, 44, 46, 47

Caméralisme 79, 81
Cantillon (Richard) 47-50, 60, 75, 94, 95, 191, 368, 376
Cassel (Gustave) 265-267
Chicago (école de) 358, 359, 362
Classique (école) 113, 129, 132, 139
Cobb-Douglas (fonction de) 317-319, 322-324, 372
Cournot (Augustin) 178, 179
Cycle économique 259, 260, 266, 275, 306, 307, 377, 396, 421

Débouchés (loi des) 97, 120-122, 124, 125

E - F

Edgeworth (Francis Ysidro) 222-227, 230
Enseignement de l'économie 107, 110, 113, 211, 237, 310, 313, 409, 410
Équation quantitative de la monnaie 94, 103, 124, 132, 269, 353, 379

Friedman (Milton) 250, 352, 354, 358, 359, 413

G - H

Gide (Charles) 9, 90, 203, 237, 238, 254, 255, 336, 409

Hansen (Alvin) 284, 285, 304
Harrod et Domar (Modèle de croissance) 314, 316, 317, 319, 348
Hésiode 10, 12, 415
Hicks (John) 278, 279, 281, 285, 300, 371, 380, 413
Historique allemande (école) 88, 129, 130-132, 139, 140, 167, 168, 176, 198, 204, 208, 232, 250, 265, 341, 406, 419, 420

J - K - L

Jevons (William Stanley) 50, 185, 186
Keynésianisme 254-279, 284, 285, 286, 290, 294, 297, 298, 309, 310, 317, 318, 320, 324, 327, 331-356, 362, 364-366, 373, 379, 380, 382-388, 392, 413
Keynes (John Maynard) 270

List (Friedrich) 88, 129
Lucas (Robert) 364, 365, 392, 413

M

Malthus (Thomas Robert) 113, 114
Mankiw (Nicholas Gregory) 384
Marshall (Alfred) 185, 214, 216, 229, 270, 319
Marx (Karl) 133, 141, 155, 163, 171, 172, 175
Menger (Carl) 185, 196
Mercantilisme 23, 25-30, 32-38, 49, 50, 53, 61, 72, 73, 75, 79, 82, 83

Méthode de l'économie 177, 178, 224, 294, 296, 392, 398, 405, 411
Mill (John Stuart) 110, 116, 184, 211, 214
Monétarisme 354
Montchrestien (Antoine de) 2, 39
Multiplicateur keynésien 273, 277, 340
(IS/LM) 279, 281

N

Néoclassique (école) 185, 196, 201, 213, 233, 237, 369, 375
croissance 317, 319
Nouvelle macroéconomie classique 7, 347, 351, 364-368, 388, 392, 398, 421

O - P

Oresme (Nicolas) 20-22, 34, 39, 49, 54, 352, 353, 355, 356
Pareto (Vilfredo) 230-232, 254, 255, 278, 343, 380, 401, 420
Pensée scolastique 16, 20, 22, 24
Perroux (François) 335, 336
Petty (William) 30-32, 39
Phillips (courbe de) 307, 324, 325, 332, 351, 352, 354-356, 368, 383, 421
physiocratie 37, 42, 54-59, 61, 63, 73, 82, 83
Physiocratie 54, 69
Pigou (Arthur Cecil) 227, 254, 270

Q - R

Querelle des deux Cambridge 308, 319, 322, 348, 372, 374, 399
Quesnay (François) 2, 54, 55, 311
Quincey (Thomas de) 105
Rendements décroissants 84, 90-99, 108, 117-133, 171, 188, 195, 199, 207, 218, 220, 273, 319, 361, 398, 402, 419
Ricardo (David) 87, 88, 92, 98, 115, 116, 134, 156, 191, 353
Robinson (Joan) 275, 319-323, 337, 348
Romer (Paul) 398
Rousseau (Jean-Jacques) 3-5, 39, 66, 72, 74, 76, 85, 114, 143, 146, 171, 181, 183, 402
Rueff (Jacques) 288, 289

S

Samuelson (Paul) 250, 263, 286, 304, 310, 413
Say (Jean-Baptiste) 109, 120, 156, 178, 179
Scandinave (école) 244, 245
Schumpeter (Joseph Alois) 50, 291, 292
Senior (Nassau William) 107
Sismondi (Jean Charles Simonde de) 96, 144, 145, 171, 172, 207, 263
Smith (Adam) 3, 7, 24, 26, 36, 41, 45, 50-106, 116, 117, 125, 127-132, 144, 182, 191, 217, 418, 419
Socialisme 140, 167
austro-marxiste 240
de la chaire 204, 205, 208, 209
est-européen 343, 345, 385, 386
ricardien 145
scientifique 155, 170, 171
utopique 147, 171

T

Thomas (d'Aquin) 17-23
Thünen (von) (Johann Heinrich) 118, 178
Tinbergen (Jan) 295, 315, 326
Turgot (Anne Robert) 62

U - V

Utilité, utilité marginale 188, 189, 194, 196, 199, 225, 233, 250, 268, 402, 420
Villeneuve-Bargemont (Alban de) 169

W

Wagner (Adolph) 204, 205
Walras (Léon) 7, 185, 191-198, 200, 208, 211-253, 266, 278, 300, 337, 343, 360, 366, 369, 370-372, 375, 392, 420
Wicksell (Knut) 244, 245, 270

Dépôt légal : août 2010 - IMPRIMÉ EN FRANCE - Imprimeur n° 10586
Achevé d'imprimer le 2 août 2010 sur les presses de l'imprimerie « La Source d'Or » - 63039 Clermont-Ferrand